Z-9

Wolfgang Aschauer

Landeskunde als adressatenorientierte Form der Darstellung –
ein Plädoyer mit Teilen einer Landeskunde des Landesteils Schleswig

FORSCHUNGEN ZUR DEUTSCHEN LANDESKUNDE

Herausgegeben im Auftrag
der Deutschen Akademie für Landeskunde e.V.
von Otfried Baume, Alois Mayr, Jürgen Pohl
und
Manfred J. Müller
(federführend)

FORSCHUNGEN ZUR DEUTSCHEN LANDESKUNDE

Band 249

Wolfgang Aschauer

Landeskunde als adressatenorientierte Form der Darstellung –

ein Plädoyer mit Teilen einer Landeskunde des Landesteils Schleswig

2001

Deutsche Akademie für Landeskunde, Selbstverlag,

24937 Flensburg

Zuschriften, die die Forschungen zur deutschen Landeskunde betreffen, sind zu richten an:

Prof. Dr. Manfred J. Müller, Deutsche Akademie für Landeskunde e. V.
Universität Flensburg, Schützenkuhle 26, 24937 Flensburg

Schriftleitung: Dr. Reinhard-G. Schmidt

ISBN: 3-88143-070-9

Alle Rechte vorbehalten

Titelbild: Aschauer, Montage

EDV- Bearbeitung von Text, Graphik und Druckvorstufe:
    Erwin Lutz, Kartographisches Labor, FB VI, Universität Trier
Druck: Clasen-Druck, 24937 Flensburg

Inhaltsverzeichnis

		VERZEICHNIS DER TABELLEN UND ABBILDUNGEN	7
		PROLEGOMENA	10
1		EINLEITUNG	11
2		LANDSCHAFT UND LANDSCHAFTSGEOGRAPHIE	16
	1	Die Methodologie der Landschaftskunde	17
	2	Landschaft, Landschaftsbild und Weltbild	21
	3	Zur Bewertung der Landschaftsgeographie	23
3		AKTUELLE FORSCHUNGSRICHTUNGEN DER GEOGRAPHIE	27
	3.1	DER RAUMWISSENSCHAFTLICHE ANSATZ	27
	1	Zum Raumbegriff	28
	2	Die chorische Analytik	28
	3	Chorologische Modelle und Theorien	31
	4	Kritik am raumwissenschaftlichen Ansatz	34
	5	Geographische Informationssysteme	37
	3.2	DIE BEWUSSTSEINSGEOGRAPHIE	50
	1	Raumwahrnehmung und Mental Maps	50
	2	Geographie und Territorialität	56
	3	Die Heimat der Geographie	58
		Heimat(kunde) bei Spranger	59
		Kritik an der traditionellen „Heimat"	62
		Neue „Heimat"-Konzepte	63
		Aktuelle „Heimat"-Konzepte in der Geographie	66
	4	Identität und Raum	70
		Raumbezogene Identität bei Individuen	72
		Raumbezogene Identität bei Gesellschaften	74
	5	Regionen und ihr Bewußtsein: das Regionalbewußtsein	82
		Die Münchner oder BHP-Variante des Regionalbewußtseins	83
		Die Oldenburger Variante des Regionalbewußtseins	90
4		AUFBAU UND MERKMALE EINER AKTUELLEN LANDESKUNDE	97
	4.1	ZUR THEORIE DER LANDESKUNDE – DER STAND DER DISKUSSION	97
	1	Landeskunde als angewandte Allgemeine Geographie	98
	2	Landeskunde als eigenständige Forschungs-Disziplin	101
	3	Landeskunde als eigenständige Darstellungs-Disziplin	109
	4.2	POSTMODERNE INTEGRATION VON WISSENSCHAFTSRICHTUNGEN	112
	1	Postmodernes Denken und postmoderne gesellschaftliche Realität	116
	2	Normative und methodologische Begründungen postmoderner Wissenschaft	122
	3	Aspekte postmoderner Produktion und Gestaltung	125

	4.3	LANDESKUNDLICHE DARSTELLUNG ALS FRAGE DES DESIGNS	130
		1 Traditionelle Formen geographisch-landeskundlicher Ästhetik	133
		2 Landeskundliche Darstellung im Schnittpunkt von Ästhetik und Adressatenbezug: das „user centred design"	138
5		**LANDESKUNDE ALS ADRESSATENORIENTIERTES SYSTEM VON BILDERN – DER LANDESTEIL SCHLESWIG**	147
	5.1	VORBEMERKUNGEN	147
	5.2	LANDESKUNDE UND LANDESKUNDLICHE THEMEN	150
	5.3	DATENBANKEN ALS SYSTEM LANDESKUNDLICHER QUELLEN	153
	5.4	BILDTYP I: GESAMTDARSTELLUNG UND VERTEILUNGSMUSTER	158
		1 Der Landesteil Schleswig, seine Kreise und die kreisfreie Stadt Flensburg	160
		2 Der Landesteil Schleswig und seine Charakteristika auf Gemeindeebene	164
		3 Kleinräumige Besonderheiten im Landesteil Schleswig	188
	5.5	BILDTYP II: MULTIVARIATE RAUMKATEGORIEN UND MODELLE	191
		1 Gemeindetypisierung mittels Clusteranalyse	191
		2 Raummodelle und ihre Anwendung für den Landesteil Schleswig	196
	5.6	BILDTYP III: BEDEUTUNGSREICHWEITE REGIONALER SUBTYPEN	206
		1 Messung der Bedeutungsreichweite von Regionsbegriffen durch Befragungen	210
		2 Regionsbegriffe in den Bezeichnungen von Institutionen und Unternehmen	213
		3 Regionale Zugehörigkeiten bei Heimatvereinen	217
		4 Die Bedeutungsreichweite von Regionsbegriffen in der Literatur	220
		5 Regionsbegriffe im Tourismus	223
	5.7	BILDTYP IV: RAUMBILDER UND IMAGES	228
		1 Raumbilder im Schulunterricht	228
		2 Raumbilder in Publikationen staatlicher und privater Einrichtungen	228
		3 Raumbilder im Tourismus	235
		4 Raumbilder in Reiseführern, Regionalbeschreibungen und Bildbänden	242
	5.8	ADRESSATENORIENTIERUNG ZWISCHEN POLITIKBERATUNG UND POPULÄRWISSENSCHAFTEN	246
6		**ZUSAMMENFASSUNG UND AUSBLICK**	261
7		**SUMMARY**	263
8		**LITERATURVERZEICHNIS**	265

VERZEICHNIS DER TABELLEN

Tab. 4-1	Moderne und postmoderne Architektur bei Charles Jencks		128
Tab. 5-1	Ausgewählte Angaben zum Landesteil Schleswig im Vergleich		161
Tab. 5-2	Übereinstimmung der Pendlereinzugsbereiche mit den Gebieten der Arbeitsamtsdienststellen und den Verbreitungsarealen der regionalen Tagespresse		176
Tab. 5-3	Anteile an den gültigen Stimmen zur Landtagswahl 1996 im Landesteil Schleswig		185
Tab. 5-4	Häufig in der Literatur behandelte Themen in einzelnen Teilregionen und Gemeinden des Landesteiles Schleswig		189
Tab. 5-5	Clusterbildung mit ausgewählten Daten des Landesteils Schleswig		192
Tab. 5-6	Beschreibung der Landschaftsnamen im Landesteil Schleswig		207
Tab. 5-7	Zuordnung der Befragungsorte zu Regionsbegriffen seitens der Befragten		211
Tab. 5-8	Bezeichnungen der Urlaubsregionen im Landesteil Schleswig (ohne Inseln) seitens der Fremdenverkehrsvereine		224
Tab. 5-9	Wichtige landeskundlich relevante Internet-Adressen im Landesteil Schleswig		249

VERZEICHNIS DER ABBILDUNGEN UND KARTEN

Abb. 2-1	Qualitäten des Wissenschafts-Realitäts-Bezugs	16
Abb. 3-1	Seattle im absoluten und im relativen Raum	29
Abb. 3-2a	Wechselbeziehung zwischen der Komplexität und dem empirischen Erklärungsgehalt von Modellen	33
Abb. 3-2b	Wechselbeziehung zwischen den Anwendungsvoraussetzungen, die mit zunehmender Komplexität der Modelle restriktiver werden, und dem Anwendungsbereich von Modellen	33
Abb. 3-3	Komponenten Geographischer Informationssysteme	39
Abb. 3-4	Aufbau eines Geographischen Informationssystems „Malaysia"	42
Abb. 3-5	Hettners „Länderkundliches Schema"	42
Abb. 4-1	Aspekte der Diskussion um Landes- und Länderkunde	98
Abb. 4-2	Regionen in der geographischen Forschung	107
Abb. 4-3	Postmoderne Wissenschaft nach Betrachtungsebenen	114

Abb. 5-1	Lage des Landesteiles Schleswig	149
Abb. 5-2	Struktur einer landeskundlichen Datenbank des Landesteils Schleswig	155
Abb. 5-3	Datenblätter der Literatur- und Adressdatenbank zum Landesteil Schleswig	156
Abb. 5-4	Naturräumliche Gliederung des Landesteils Schleswig	158
Abb. 5-5	Ämter, Städte und Gemeinden im Landesteil Schleswig	159
Abb. 5-6	Bevölkerungsdichte im Landesteil Schleswig 1995	165
Abb. 5-7	Bevölkerungsentwicklung im Landesteil Schleswig 1970-1987	166
Abb. 5-8	Bevölkerungsentwicklung im Landesteil Schleswig 1987-1996	167
Abb. 5-9	Bevölkerungsentwicklung in der Region „Mitte" 1970-1996	168
Abb. 5-10	Bevölkerungskonzentration im Landesteil Schleswig und in Schleswig-Holstein	169
Abb. 5-11	Anteil der Auspendler an den Erwerbstätigen 1987	171
Abb. 5-12	Pendelbeziehungen im Landesteil Schleswig 1987	172
Abb. 5-13	Pendelbeziehungen im Landesteil Schleswig 1996	173
Abb. 5-14	Arbeitsamtsbezirke und -dienststellen im Landesteil Schleswig	174
Abb. 5-15	Abonnentenverteilung der Regionalausgaben von Tageszeitungen aus dem sh:z-Verlag	175
Abb. 5-16	Bedeutung der Landwirtschaft im Landesteil Schleswig (1987)	177
Abb. 5-17	Anteil der Ackerfläche an der landwirtschaftlichen Nutzfläche (1995)	179
Abb. 5-18	Anteil der Getreideanbaufläche an der Ackerfläche (1995)	180
Abb. 5-19	Umsatz im Gastgewerbe des Landesteils Schleswig (1992)	182
Abb. 5-20	Anzahl der Fremdenbetten pro 100 Einwohner im Landesteil Schleswig (1993)	182
Abb. 5-21	Anteil der Personen mit höchstem Schulabschluß Realschule (1987)	184
Abb. 5-22	Residuen der Regression des Anteils der CDU-Wähler (1996) nach dem Anteil der Beschäftigten in Landwirtschaft und Handel (1987)	186
Abb. 5-23	Anteil der SSW-Wähler bei den Landtagswahlen 1996	188
Abb. 5-24	Clusterentwicklung (nach dem WARD-Algorithmus)	193
Abb. 5-25	Gemeindetypen im Landesteil Schleswig	194
Abb. 5-26	Verkehrsströme nach Flensburg	197
Abb. 5-27	Kürzeste Rundreise im Landesteil Schleswig (Luftlinien)	198
Abb. 5-28	Kürzeste Rundreise im Landesteil Schleswig (restriktives Distanzkonzept)	199

Abb. 5-29	Zentrale Orte im Landesteil Schleswig nach dem Huff-Modell	202
Abb. 5-30	Zentrale Orte im Landesteil Schleswig in der Raumordnung	203
Abb. 5-31	Prognose des Zentrale-Orte-Systems im Landesteil Schleswig bei Ansiedlung von Einzelhandelsunternehmen in der Gemeinde Viöl	204
Abb. 5-32	Landschaftsnamen im Landesteil Schleswig	206
Abb. 5-33	Untersuchungsorte im Landesteil Schleswig	211
Abb. 5-34	Vorkommen regionaler Bezeichnungen in Adressen	214
Abb. 5-35	Regionseinteilungen in den Tageszeitungen Flensburger Tageblatt und Schleswiger Nachrichten	217
Abb. 5-36	Tätigkeits- und Einzugsgebiete der Mitgliedsvereine des Schleswig-Holsteinischen Heimatbundes im Landesteil Schleswig	218
Abb. 5-37	Ortsnennungen in Sammlungen von Märchen aus Angeln und Nordfriesland	221
Abb. 5-38	Zuordnungen von Gemeinden zu Urlaubsregionen	225
Abb. 5-39	Titelbild der staatlichen Informationsbroschüre „Schleswig-Holstein. Ein Lesebuch"	229
Abb. 5-40	Raumbild des „Grünen Binnenlandes"	236
Abb. 5-41	Raumbild von Südtondern	238
Abb. 5-42	Raumbild der Hallig Hooge	239
Abb. 5-43	Ein Raumbild der Insel Sylt: Die Vereinigung von Meer, Sport und eleganten Menschen	241
Abb. 5-44	Internet-Seite (Homepage) des Kreises Schleswig-Flensburg	250
Abb. 5-45	Internet-Seite (Homepage) von Kappeln	251
Abb. 5-46	Internet-Seite (Homepage) von Flensburg-Online	251
Abb. 5-47	Internet-GIS mit Gemeinden Schleswig-Holsteins	253
Abb. 5-48	Inhaltsverzeichnis der CD-ROM zum Atlas Bundesrepublik Deutschland	254
Abb. 5-49	Stadt-Umland-Wanderung (Saldo) für Flensburg	254
Abb. 5-50	Nationalpark Schleswig-Holsteinisches Wattenmeer (Startseite und Seite „Halligen")	255
Abb. 5-51	Geografix96 – nach Gemeinden auswählbare Informationen	256
Abb. 5-52	Nationalpark Hohe Tauern – Themenseite „Bergbau"	257
Abb. 5-53	Besondere Standortfaktoren für Gewerbeansiedlungen in Nordfriesland – Startseite mit Verzweigungen	258

Prolegomena

Der vorliegende Text ist eine geringfügig veränderte Version meiner Habilitationsschrift, die unter dem Titel „Aktuelle Tendenzen der Geographieentwicklung und ihr Beitrag zu einer Neukonzeption der Landeskunde – dargestellt und durchgeführt am Beispiel einer Landeskunde des Landesteiles Schleswig" an der Universität Potsdam eingereicht wurde (Abschluß der Habilitation am 16.7.1999).

Als Gutachter haben im Habilitationsverfahren Gerhard Hard, Wilfried Heller und Manfred J. Müller sowie in der Vorbereitung dieser Veröffentlichung Walter Sperling mir wertvolle Hinweise zur Ausgestaltung dieses Textes geben können.

Kritische Leser und Kommentatoren der Arbeit waren Günther Beck, Jörg Becker, Peter Dassau und Hans-Jürgen Hofmann.

Gerade deshalb liegt die Verantwortung für den Text ausschließlich bei mir.

Wolfgang Aschauer

> „... we recognise these Englands for what they are: images, further glosses upon an already deeply layered text. These images might also be seen as additional reflections to a more dazzling and more superficial pattern. From such a post-modern perspective landscape seems less like a palimpsest whose 'real' or 'authentic' meanings can somehow be recovered with the correct techniques, theories or ideologies, than a flickering text displayed on the word-processor screen whose meaning can be created, extended, altered, elaborated and finally obliterated by the merest touch of a button."
>
> (DANIELS/COSGROVE 1988:8)

1 EINLEITUNG

Landeskunde scheint – beim Blick auf die einschlägige Literatur – ein gleichzeitig zu einfaches und zu schwieriges Unterfangen zu sein: Zu schwierig, denn es vergeht kaum ein Jahr, in dem nicht von einer oder mehreren Seiten die Notwendigkeit betont wird, Konzepte für eine „moderne" Landes- und Länderkunde (hier zunächst synonym) zu entwickeln und in tatsächliche Landes- und Länderkunden umzusetzen (zuletzt BLOTEVOGEL 1996a:22; POPP 1996) – ein Ziel, das eben durch seine wiederholte Formulierung die mangelnde Verwirklichung dokumentiert. Zu einfach, denn offensichtlich unbeeindruckt von diesem Defizit werden in ungebremster Folge (nicht nur innerhalb der Geographie) Länderkunden erstellt und finden sich Artikel, die etwa in den „Berichten zur deutschen Landeskunde" abgedruckt werden – wenn sich auch darunter oft Beiträge befinden, die das unzureichende Gewicht der Landeskunde innerhalb der Geographie monieren ...

Dieses Mißverhältnis zwischen der zahlreich praktizierten Landes- und Länderkunde und den Klagen über ihr Fehlen ist nun nicht quantitativ aufzulösen, indem danach gefragt wird, ab welchem Anteil explizit landeskundlicher Veröffentlichungen an allen geographischen Publikationen denn eine zufriedenstellende Menge an Landeskunde erreicht ist, sondern ausschließlich qualitativ.

Dies klingt bereits in dem Adjektiv „modern" an, wodurch die eingeforderte Landeskunde sich von der weniger erstrebenswerten Art der – dann „unmodernen" – Landeskunde unterscheidet. Auch die Hinweise auf (wenige) „gelungene" Landeskunden (so etwa BLOTEVOGEL 1996a: Fußnote 8; ähnlich POPP 1983:passim; WOLF 1994:363) implizieren das Vorhandensein von (zahlreichen) weniger gelungenen Landeskunden.

Tatsächlich kommt kaum eines der aktuellen Plädoyers für die (Erneuerung der) Landeskunde ohne die Gegenüberstellung von „traditioneller" und „moderner" Landes- und Länderkunde aus. Das Zentrum der Differenz zwischen diesen beiden

Qualitäten von Landeskunde besetzen Begriffe wie „Wissenschaftlichkeit" und – allgemeiner – „Theorie".[1]

Damit läßt sich das skizzierte Mißverhältnis zwischen tatsächlicher Landeskunde und programmatischen Forderungen noch einmal und pointierter darstellen: Auf der einen Seite finden sich – offensichtlich eher traditionelle – Landeskunden, die zwar vor dem gestrengen Auge wissenschaftstheoretischer Postulate nicht bestehen können, aber via Nachfrage ein Bedürfnis nicht nur dokumentieren, sondern auch befriedigen; auf der anderen Seite stehen teilweise feinziselierte Zielvorgaben einer „modernen", d. h. theoretisch fundierten und damit wissenschaftlichen Landes- und Länderkunde, die aber zu keiner entsprechenden Wissenschaftspraxis führt.

Nun könnte dieses Mißverhältnis als ein bloß rhetorisches verstanden werden, das recht einfach aufzulösen ist. Denn offenbar schadet es der praktizierten Landes- und Länderkunde überhaupt nicht, traditionell, unwissenschaftlich und theorielos zu sein; vice versa scheint es nicht nur wenig nützlich, sondern sogar kontraproduktiv zu sein, eine moderne, theoriegeleitete Landes- und Länderkunde einzufordern (vgl. a. WERLEN 1997:115). Diese Unverträglichkeiten führen zu der Alternative „Theoretische Landeskunde" *oder* „Praktische (oder gar: Tatsächliche) Landeskunde", die Züge eines Antagonismus aufweist und daher jede theoretische Begründung von Landeskunde sinnlos macht: die Begründung eines Unterfangens, die dieses in praxi verhindert. Wozu also eine Theorie der Landes- und Länderkunde, wenn diese ohne Theorie viel besser (oder überhaupt erst) funktioniert? Mit dieser Frage könnte die vorliegende Arbeit abgeschlossen, besser: abgebrochen werden, bevor sie überhaupt begonnen hat.

Daß die Diskussion an dieser Stelle aber keineswegs abgeschlossen werden kann, ergibt sich aus der Überlegung, daß es sich bei den Autoren geographischer Landes- und Länderkunden wie bei den Landeskunde-Programmatikern um Vertreter *einer* Institution, und zwar der Hochschulgeographie handelt. Sie befinden sich jedoch nicht nur in dieser Institution, sondern werden auch von derselben Zielsetzung „moderner" Landeskunde geleitet. So verstehen die „Programmatiker" ihre Beiträge als Vorschläge zu einer Verbesserung landes- und länderkundlicher Praxis, halten diese also sowohl für notwendig als auch für reformierbar. Und aus der Perspektive der „Praktiker" ist die Diskrepanz zwischen Theorie und Praxis ebenfalls ein sehr unbefriedigender Zustand. Wenn schon nicht als Anleitung für die tatsächliche Schaffung einer Landeskunde, so sollte die Theorie zumindest eine Klarstellung für den wissenschaftlichen Stellenwert von Landeskunde bieten, um nicht auf die Nachfrage von außerwissenschaftlichen Interessenten (z. B. Verlagen) als einziges Kriterium der Rechtfertigung wissenschaftlicher Praxis angewiesen zu sein. Mithin reflektieren die programmatischen Äußerungen der „Theoretiker" auch ein entsprechendes Bedürfnis der „Praktiker" – wobei beide Aktivitätstypen auch in einer Person vorliegen können, d. h. ein Praktiker auch ein Theoretiker sein kann. In einem solchen Fall

---

[1] Die Linie von Argumentationen, die zwischen „guten" und „schlechten" Länderkunden unterscheiden und mit jeweils differierenden Konzepten die Länderkunde zu erneuern suchen, zieht sich – bei Berücksichtigung lediglich von Publikationen „nach Kiel" und ohne Anspruch auf Vollständigkeit – von WIRTH 1970; WIRTH 1978 über STEWIG 1979; STEWIG 1981 bis POPP 1983 oder BLOTEVOGEL 1996a.

dienen die theoretisch-programmatischen Ausführungen der Rechtfertigung auch der eigenen wissenschaftlichen Tätigkeit.

Wenn jedoch ein gemeinsames Ziel – eine „moderne" Landeskunde – trotz beidseitiger Bemühungen nicht erreicht wird, stellt sich die Frage, woran das liegt. Wenn eine wissenschaftliche Praxis (die tatsächlichen Landeskunden) effektiv ist, obwohl sie nicht dem Stand theoretischer Postulate entspricht, und wenn eine theoretische Zugangsweise zu Anforderungen an eine wissenschaftliche Praxis führt, die nicht umzusetzen sind, kann nicht von vornherein der wissenschaftlichen Praxis der Part des Schuldigen zufallen; eventuell ist auch die andere Seite verantwortlich zu machen. Die zentrale Hypothese dieser Arbeit sieht das Grundproblem moderner Landeskunde deshalb in einem falschen Verständnis des Verhältnisses von Theorie und Praxis, genauer: in einem falschen Bezug von Theorie auf (mögliche) landeskundliche Praxis. Es stellt sich demnach die Frage, wenn Landeskunde überhaupt einer Theorie bedarf, welcherart Theorie dies sein kann und soll bzw. wozu diese Theorie dienen soll.

Diese abstrakte Formulierung des Problems muß für eine Diskussion, die das Problem nicht nur benennen, sondern auch lösen helfen soll, konkretisiert werden. Dies betrifft in erster Linie die beiden zentralen Begriffe dieser Einführung, die (praktische) Landeskunde und die Theorie.

„Landeskunde" taucht in der Literatur in verschiedenen Bedeutungen auf. Im aktuellen geographischen Schrifttum fungiert sie zumeist als Synonym von „Länderkunde"; ein weiteres, neueres Synonym ist „Regionale Geographie".[2] Darunter wird – ohne hier bereits auf verschiedene Konzepte von Länderkunde eingehen zu können – eine Form von Wissensproduktion verstanden, die unter der Verwendung von Fragestellungen und Methoden verschiedener Wissenschaftsrichtungen die umfassende Charakteristik eines ausgewählten Territoriums erstellt. Innerhalb der Geographie werden hierzu meist Themen, die Elemente auch der Allgemeinen Geographie sind, behandelt. Was Landes- und Länderkunde von Kompilationen einzelner Fachbeiträge unterscheidet, ist die spezifische Auswahl der dargestellten Aspekte und die Art der Zusammenschau dieser Aspekte.

Als wesentliches, bereits in der Bezeichnung dokumentiertes Charakteristikum von Landes- und Länderkunde läßt sich kontrastierend zur Allgemeinen Geographie das Verhältnis von Untersuchungsregion und Untersuchungssachverhalt(en) bestimmen: Während in der Allgemeinen Geographie ausgegangen wird von einem (wissenschaftlichen) Interesse an einem bestimmten Gegenstand und sodann dessen Untersuchung anhand eines räumlich definierten Fallbeispiels durchgeführt wird, wählt die Landes- und Länderkunde zunächst die zu betrachtende Raumeinheit aus und entscheidet danach, welche Sachverhalte dort behandelt werden sollen.

Über den geographischen Themenkanon hinaus geht ein zweiter Typ von Landeskunde, der in verschiedenen philologischen Fächern betrieben wird oder als poli-

---

[2] Eine gewisse Verschiebung erfährt diese Definition bei BLOTEVOGEL (1996a: Fußnote 1), der „Regionale Geographie" als Oberbegriff von Landeskunde und Länderkunde faßt, wobei sich erstere mit „Landschaften und Regionen substaatlicher Maßstäblichkeit" beschäftigt, während letztere als Geographie „einzelner Länder und Ländergruppen staatlicher und suprastaatlicher Maßstäblichkeit" verstanden wird.

tisch-sozialwissenschaftliche Landeskunde auftritt; hier haben naturgeographische Themen zumeist einen sehr geringen Stellenwert, aber auch wirtschafts- und sozialgeographische Themen treten gegenüber der Behandlung historischer, politischer und kultureller Momente eines Landes deutlich in den Hintergrund (HARD 1982:151; POPP 1983:25-27; SPERLING 1982:133; SPERLING 1994).

Weniger eine Themenverschiebung denn eine -einengung im Vergleich zur geographischen Länderkunde liegt bei der – etwa von der Bundesforschungsanstalt für Landeskunde und Raumordnung betriebenen – staatlichen Landeskunde vor, die primär administrativen und gesamtwirtschaftlichen Zwecken dient und sich daher auf die Sammlung und Auswertung entsprechender Daten sowie deren Umsetzung in politisch-planerische Konzepte konzentriert (MEYNEN 1955:130 f.; STIENS 1972; STIENS 1996).

In der vierten Begriffsvariante unterscheidet sich die Landes- von der Länderkunde nicht durch das thematische Spektrum, sondern regional, indem Landeskunde als Länderkunde Deutschlands oder seiner Teilregionen verstanden wird (SPERLING 1982; WARDENGA 1996).[3]

Wenn es im folgenden um Landeskunde geht, ist letztere Begriffsvariante gemeint; die Diskussion, ob und inwieweit eine solche „Länderkunde (einer Teilregion) Deutschlands" auf *die* Länderkunde insgesamt zu übertragen ist, kann an dieser Stelle unterbleiben. Die Beantwortung der Frage sollte sich aus der Darstellung selbst ergeben.

Schwieriger als die Entscheidung, in welcher Bedeutung der Terminus „Landeskunde" benutzt werden wird, ist die Definition einer „Theorie der Landeskunde". Zunächst muß genügen, „Theorie" in diesem Zusammenhang recht vage als System von Aussagen zu Themen und Betrachtungsweisen zu verstehen, die begründete Elemente von Landeskunde bilden. Welche dies sein können, um das skizzierte Theorie-Praxis-Problem zu beheben, ist daher die zentrale Frage dieser Arbeit.

Diese Frage kann auf mehreren Wegen operationalisiert werden: Zunächst bietet es sich an, „gute" Länderkunden (was wiederum zu operationalisieren wäre: durch Auflagenstärke, durch Einschätzung von Rezensenten usw.) nach ihren wichtigsten Merkmalen zu untersuchen, um aus der tatsächlichen Praxis eine implizite Theorie zu destillieren. Ein weiterer Zugang zur Fragestellung ist darin zu sehen, daß die konkrete Nutzung von Länderkunden (wie werden sie gelesen, welche Informationen werden vorrangig rezipiert usw.) analysiert wird, um auf diejenigen Elemente zu stoßen, welche die Qualität von Länderkunden auf der Nutzerseite ausmachen.

Eine dritte Möglichkeit, die Ausgangsfrage zu operationalisieren, besteht darin, aus theoretischen Konzepten von geographischer Landeskunde die zugrundeliegenden

---

[3] Unglücklich, wenn nicht falsch ist hierbei die Bezeichnung „deutsche Landeskunde", da ja nicht die Landeskunde deutsch ist (z. B. als in Deutschland betriebene), sondern sie von Deutschland handelt. Deutlich wird dies auch in einer analogen Wortkonstruktion wie „deutsche Geographie", unter der die Geographie in Deutschland, nicht von Deutschland verstanden wird. Somit müßte die korrekte Bezeichnung „Deutsche Landeskunde" (parallel auch zur „Regionalen Geographie") heißen. Um jedoch keine Irritationen bei Lesern etwa der „Berichte zur deutschen Landeskunde" aufkommen zu lassen, wird hier die kritisierte Schreibweise beibehalten.

Ziele herauszuarbeiten, dann Wege zur Umsetzung dieser Ziele zu diskutieren, um daraus schließlich über die Herstellung einer Ziel-Mittel-Kongruenz eine verbesserte, pragmatische Konzeption zu entwickeln. Auch in Anerkenntnis bisher erbrachter landeskundetheoretischer Leistungen in der Geographie soll im folgenden letzterer Pfad eingeschlagen werden.

Zu diesem Zweck wird in einem ersten Schritt (Kap. 2) mit der geographischen (Kultur-)Landschaftskunde eine Form von Landes- und Länderkunde diskutiert, die innerhalb des gesellschaftlichen Umfelds ihrer Entstehung – nicht nur in den Augen ihrer Vertreter – eine sehr weitgehende Konvergenz zumindest von Theorie und Methode verwirklichen konnte (ohne jedoch letztlich das Theorie-Praxis-Problem lösen zu können). Die aus wissenschaftsexternen wie -internen Gründen erfolgte Ablösung der Landschaftskunde hat bisher zu keinem adäquaten Nachfolger in der gleichzeitigen Leistung einer paradigmatischen Begründung von Landes- und Länderkunde und deren praktischer Konzeption geführt.

Daher wird in den anschließenden Kapiteln versucht, mit Hilfe der Darstellung neuer Tendenzen in der Allgemeinen Geographie diejenigen Elemente herauszuarbeiten, welche die Chance bieten, durch ihre Integration in der Landeskunde dieser ein tragfähiges theoretisches Fundament zu verschaffen. Diesem Vorhaben liegt selbstverständlich die erst nachträglich überprüfbare Hypothese zugrunde, daß es Richtungen der Geographie gibt, die einen Beitrag zur Landeskunde zu leisten in der Lage sind. Neben die Diskussion einzelner wichtiger Entwicklungsstränge der Geographie aus den Forschungsrichtungen des raumwissenschaftlichen Ansatzes und der Bewußtseinsgeographie (Kap. 3) tritt sodann der Versuch einer Integration dieser Entwicklungsstränge.

Hierzu werden zunächst Formen einer solchen Integration in Gestalt bestehender Landes- und Länderkunde untersucht, woran sich die Erörterung postmoderner Geographie als einer – vorher Inkommensurables – integrierenden Wissenschaftsrichtung anschließt. Auf der Grundlage der bis dahin gewonnenen Erkenntnisse sollen schließlich Elemente einer Theorie der Landeskunde formuliert werden (Kap. 4).

Welches praktische Potential dieser Theorie innewohnt, soll zuletzt am Beispiel von Teilen einer Landeskunde des Landesteils Schleswig demonstriert werden (Kap. 5), auch um auf Patersons Diktum zu reagieren, „daß die Leute, die die Regionalgeographien schreiben, nicht die gleichen sind wie die, die *über* die Regionalgeographie schreiben". (PATERSON 1979:269; Hervorhebung im Original). Damit ist dann auch der Schritt von der „Methodologie" zur „eigentlichen Arbeit" (HARD 1973a) vollzogen, der das skizzierte Theorie-Praxis-Problem überwindet, indem er es zu neuen Fragen kulminieren läßt.

2 LANDSCHAFT UND LANDSCHAFTSGEOGRAPHIE

Die Diskussion einer modernen Konzeption von Landeskunde kann wohl am besten aufgenommen werden, indem die Kritik am alten Kernparadigma der deutschen Geographie, der „Landschaft", rekapituliert und in den dort formulierten Ansprüchen aufgearbeitet wird. Das Reüssieren wie Scheitern der Landschaftsgeographie soll Hinweise auf Kriterien bieten, die als Grundlage der Einschätzung aktueller Geographieentwicklung dienen können. Die Darstellung der Landschaftsgeographie benötigt jedoch selbst Kriterien, nach denen vorgegangen wird. Auf abstraktester Ebene lassen sich zwei Postulate finden, die im Zentrum des Verständnisses von Wissenschaft stehen. Geradezu klassisch werden sie in der Auseinandersetzung um das „Regionalbewußtsein" (vgl. BLOTEVOGEL/HEINRITZ/POPP 1986, BLOTEVOGEL/ HEINRITZ/POPP 1987, BLOTEVOGEL/HEINRITZ/POPP 1989 und HARD 1987c, HARD 1987d bzw. BAHRENBERG 1987a) artikuliert; denn eine der Antworten von BLOTEVOGEL/HEINRITZ/POPP auf die Kritik HARDS an ihrer Konzeption des „Regionalbewußtseins" lautet:

> „Schwer verständlich wird Hards berechtigter Einwand, daß Forschungsergebnisse einer Regionalbewußtseinsforschung ideologisch mißbraucht werden könnten (...), wenn er gleichzeitig ihre Fragestellungen und Ergebnisse als sinnlos einschätzt. Wie kann etwas, das absolut sinnlos ist, politisch mißbraucht werden?" (BLOTEVOGEL/ HEINRITZ/POPP 1987:417, Anm. 2).

Das Verhältnis von Wissenschaft und außerwissenschaftlicher Realität kann danach aus zwei Blickwinkeln thematisiert und analytisch dichotomisiert werden: Zum einen geht es um die Frage, was Wissenschaft über die Realität mitzuteilen in der Lage ist, ob sie sinnvolle oder sinnlose Fragestellungen und Ergebnisse produziert, mithin zu Erkenntnissen über die (hier: geographische) Welt führt. Zum anderen besteht die Möglichkeit, daß die wissenschaftlichen Ergebnisse zu einer moralisch-politisch als positiv bewerteten Praxis führen, aber auch die Gefahr eines „ideologischen Mißbrauchs". Aus diesen Kriterien des Wissenschafts-Realitäts-Bezugs lassen sich folgende vier Kombinationen konstruieren (Abb. 2-1):

Abb. 2-1: Qualitäten des Wissenschafts-Realitäts-Bezugs

		Qualität der wissenschaftlichen Erkenntnis von Realität	
		sinnvoll	sinnlos/unsinnig
Qualität der Anwendung wissenschaftlicher Erkenntnisse	politisch-moralisch positiver Gebrauch	①	②
	politisch-ideologischer Mißbrauch	③	④

Aus dem Zitat geht hervor, daß die Autoren die Möglichkeit 4 für inexistent halten; gleiches dürfte, obwohl nicht direkt aus dem Zitat ableitbar, für die Variante 2 gelten, wodurch dem wissenschaftlich Sinnlosen wohl jegliche Praxisrelevanz bestritten wird. Und während BLOTEVOGEL/HEINRITZ/POPP Kombination 3 als (mögliche) Gefahr in Verbindung mit wissenschaftlicher Tätigkeit anerkennen, bildet Feld 1 offensichtlich das angestrebte Ziel einer optimalen wechselseitigen Beziehung von Wissenschaft und Realität.

Die Kritik an (einer bestimmten Form von) Wissenschaft hat die beiden Dichotomien zu berücksichtigen und basiert damit auf zwei Pfeilern: Zum einen vollzieht sie den Rückschluß aus den sich auf diese Wissenschaft beziehenden Momenten gesellschaftlicher Praxis, zum anderen beurteilt sie deren Erklärungskapazität direkt. Nicht zuletzt auch für die Landschaftskunde bedeutet dies eine Kritik

a) an ihrer Methodologie und
b) an dem von ihr vermittelten Weltbild.

Im folgenden sollen diese beiden Momente des in der Praxis v. a. im deutschsprachigen Raum bisher erfolgreichsten Typs von Geographie dargestellt und abschließend die Frage beantwortet werden, inwieweit tatsächlich von der Qualität der Erklärung auf die Qualität der Anwendung geschlossen werden kann. Konkret: Ist das landschaftskundliche Paradigma sinnvoll, aber in seinen Auswirkungen negativ, d. h. auf seine negativen Effekte hin sinnvoll (Feld 3)? Oder aber ist es sinnlos, und wenn ja, wie kann es dann Auswirkungen haben (Felder 2/4)?

1   Die Methodologie der Landschaftskunde

Im folgenden, von vornherein mehr kursorischen Überblick über methodologische Charakteristika der Landschaftskunde soll gar nicht erst versucht werden, die Gesamtheit der entsprechenden Literatur zu behandeln. Stattdessen wird lediglich auf einige zentrale Arbeiten Bezug genommen – zentral deshalb, weil sie zum einen zu den meistzitierten Belegstellen zählen und weil sich zum anderen die Kritik an der Landschaftskunde[4] sehr häufig auf sie bezieht. Die für die weitere Argumentation wichtigsten Aspekte im landschaftsmethodologischen Schrifttum sind:

1. Gegenstand der Geographie ist „die räumliche Gesamtwirklichkeit" (SCHMITHÜSEN 1964:10), „der litho-bio-atmosphärische Raum an der Erdoberfläche in seiner gesamten Ausstattung und Gestaltung" (BOBEK/SCHMITHÜSEN 1949:112), „der gesamte physiognomisch erfaßbare geographische Stoffbereich der Erdoberfläche (Erdhülle) oder beliebiger Teile" (LAUTENSACH 1952:2). Objekt der Betrachtung ist aber nicht nur die „wahrnehmbare stoffliche und räumliche Erscheinung [eines Teilraumes der Erdoberfläche][5] oder genauer seine Größe, Form, stoffliche Beschaffenheit, innere Gliederung oder Struktur", sondern auch das „Wirkungsgefüge, das dahinter steht und nur zum geringsten Teil der unmittelbaren Wahrnehmung zugänglich ist", und das „geschichtliche Werden, das zu dem gegenwärtigen Erscheinungsbild und darüber hinaus in die Zukunft weiterführt und aus dem Formen ererbt sein können, die in der gegenwärtigen Dynamik keine Erklärung finden". (BOBEK/SCHMITHÜSEN 1949:112)

---

4   vgl. etwa HARD 1970 ff.; SCHULTZ 1980
5   Diese Tautologie (die „räumliche Erscheinung" eines Raumes) kann als erster Hinweis auf den Leerformelcharakter des hier verwendeten Raumbegriffs verstanden werden.

Es war für die Autoren nicht zu übersehen, daß diese Definition des Gegenstandes zu weit ist, um begrifflich wie praktisch anwendbar zu sein. Als Ausweg wurde eine *räumlich-extensionale* Einengung vorgenommen, und zwar auf den „mittleren Maßstab", der selbst wiederum auf eine genauere Bestimmung verzichten muß. Vielmehr führt die einschlägige Literatur zumeist Beispiele für die entsprechenden Vorstellungen an, wobei sich die Argumentation (zumindest implizit) auf ein nicht verabredetes, quasi-intuitives Übereinstimmen der einzelnen Wissenschaftler beruft.[6]

2. Innerhalb des „mittleren Maßstabs" verfügt der geographische Raum nicht nur weiterhin über eine Vielzahl von Elementen; zudem wird als genuin geographische Herangehensweise postuliert, sie *als* verknüpft bzw. *in* dieser Verknüpfung zu betrachten. Einen bestimmten *Typ* einer solchen Verknüpfung[7] bezeichnen die zitierten Autoren als „Landschaft", einen entsprechenden *Einzelfall* als „Land" (vgl. BOBEK/SCHMITHÜSEN 1949:113, LAUTENSACH 1952:2).[8]

3. Diese Betrachtung der Realität als Komplex wird nun nicht lediglich als geographische Form der Annäherung an ausgewählte Gegenstände verstanden, sondern aus einer komplexen Realität selbst abgeleitet: „Die Orientierung an der Wirklichkeit verlangt die Hinwendung zur komplexen Geographie als Wissenschaft". (NEEF 1967:38; ähnlich NEEF 1982:242,256 f.) Die „geographischen Objekte" – etwa Siedlungen, landwirtschaftliche Nutzflächen etc. – bilden „echte Integrationen" der Landschaftselemente, welche wiederum von jeweils eigenen Gesetzmäßigkeiten (etwa Naturgesetzen oder der „Eigengesetzlichkeit" von Gesellschaften) gesteuert werden. „Vom Objekt aus" besteht daher die Notwendigkeit, die „obwaltenden ... Gesetzmäßigkeiten" zur Erklärung heranzuziehen (Zitate aus BOBEK/SCHMITHÜSEN 1949:113).

Auf eine eigentümliche Art und Weise verschränken sich damit zwei Postulate: die geographisch relevanten Gegenstände „komplex", d. h. *als* Landschaft (im folgenden $_1$Landschaft) zu betrachten[9] und zum anderen Landschaft selbst als Untersuchungsgegenstand (wie Klima, Relief, Siedlungen etc.), d. h. als Element der Realität zu begreifen (im folgenden $_2$Landschaft). Zielsetzung ist dann die durch wissenschaftliche Arbeit (eingestandenermaßen nie vollständig) zu verwirklichende Identität von $_1$Landschaft und $_2$Landschaft: „Je mehr Komponenten in die Merk-

---

[6] Idealtypisch wird dies am Gegenstand der Landschaft von SCHMITHÜSEN (1964:11) so formuliert: „... offensichtlich gibt es eine untere Grenze der Größenordnung dessen, was als Landschaft begriffen werden kann. Noch niemand hat es fertiggebracht, diese Grenze zu definieren, obwohl es am konkreten Objekt darüber kaum jemals eine Meinungsverschiedenheit gibt."

[7] auch Wirkungsgefüge, Komplex, Synergose usw. genannt (vgl. z. B. NEEF 1967; SCHMITHÜSEN 1964; SCHMITHÜSEN 1976).

[8] Eine konkurrierende Auffassung versteht unter „Landschaft" einen Raum einheitlicher Struktur, unter „Land" einen (politisch umgrenzten) Lebensraum, der aus mehreren Landschaften zusammengesetzt sein kann (vgl. SCHULTZ 1980:245 ff.). Für die weitere Argumentation spielen die Dispute zwischen den Vertretern beider Konzeptionen jedoch keine Rolle; die zentralen Aspekte lassen sich auf beiden Seiten antreffen.

[9] Unnachahmlich wird dies von SCHMITHÜSEN (1964:21) formuliert: „Was aber Geographie bleibt, stiftet die Idee der Landschaft."

malsverbindung eines Types [d. i. ₁Landschaft] eingeführt werden, um so näher rückt der Typ an die Wirklichkeit [d. i. ₂Landschaft] heran." (NEEF 1967:35)
Zusammenfassend zeichnet sich die Landschaftsgeographie durch folgende Grundannahmen und Zielsetzungen aus:
– Gegenstand der Geographie sind alle materiellen Objekte ab einer gewissen Größe.
– Sie werden in all ihren wechselseitigen Beziehungen, als „Komplex" untersucht.
– Die einzelnen Objekte werden aber nicht nur als verknüpft betrachtet, sie bilden in dieser Verknüpfung auch ein Realphänomen: die Landschaft.
– Die komplexe Struktur der Realität selbst zwingt den Geographen, diese als Komplex zu untersuchen.
– Kurz: Es existiert ein Realphänomen ₂Landschaft, das als ₁Landschaft untersucht wird, weil nur dies zu Erkenntnissen über die ₂Landschaft führt.

Gegen diese Form von Geographie wendet sich ab den 60er Jahren eine in der analytischen Wissenschaftsphilosophie, v. a. dem Kritischen Rationalismus, geschulte Generation von Geographen. Zum einen wird fast stillschweigend die Übernahme der sog. quantitativen Geographie aus den angelsächsischen Ländern vollzogen, zum anderen die Landschaftsgeographie explizit, pointiert und umfassend kritisiert. Im folgenden soll (wiederum nur) eine Auswahl an – für die weitere Argumentation wichtigen – Kritikpunkten angeführt werden.

1. Abgelehnt wird zunächst die Behauptung der Landschaftskunde, die „gesamte Ausstattung" eines – auch noch so kleinen – Raumes könne ein wissenschaftlich sinnvoll zu untersuchender Gegenstand sein. Denn zum einen ist es in praxi wie prinzipiell unmöglich, alle Elemente eines Raumes (gar mit allen Faktoren usw.) zu erfassen, zum anderen kann nicht einmal ein einziger Gegenstand in seiner Ganzheit oder Totalität begriffen werden. Jeder Gegenstand kann unter unendlich vielen Aspekten betrachtet werden, die nie alle vom Geographen (oder einem sonstigen Wissenschaftler, der sich der allumfassenden Synthese verschrieben hat) zu berücksichtigen sind; noch viel weniger ist es möglich, den Gegenstand aspekt*frei*, d. h. in seiner „Ganzheit" oder „Totalität" zu erkennen:

> „Daß solche Totalitäten weder als Begriff gedacht noch als ein Gesamtsystem oder Gesamtprozeß erkannt werden können (und daß die Erkenntnis der Totalität *eines* Gegenstandes identisch wäre mit der Erkenntnis des gesamten Universums), ist inzwischen so oft formuliert und begründet worden, daß sich Zitate fast erübrigen". (HARD 1973b:97, Hervorhebung i. O.; vgl. a. HARD 1970:200 ff.; SCHULTZ 1980:231 ff.)[10]

---

10 In der Praxis der Landschaftskunde zeigen sich die Probleme eines solchen wissenschaftlichen Programms sehr deutlich: Zwar wird eine Vielzahl von Landschaftselementen behandelt - selbstverständlich nicht alle, geschweige denn in ihrer Ganzheit -, es unterbleibt jedoch jegliche Begründung für die Auswahl gerade dieser Elemente. Auch wie sie in Bezug zueinander gesetzt werden, bleibt der Intuition des einzelnen Wissenschaftlers oder den disziplininternen Konventionen überlassen; eine Kontrolle oder gar Kritik ist nicht möglich.

Die Erklärungskapazitäten eines solchen universalistisch-holistischen Zugangs zur Realität sind daher als marginal einzuschätzen.

2. Ähnlich vernichtend fällt das Urteil über das Projekt aus, die geographischen Gegenstände in der Gesamtheit ihrer Verknüpfungen, als „Komplex" oder „System" zu analysieren. Geht man über die banale Feststellung, daß alles mit allem irgendwie zusammenhänge, hinaus, existiert nichts mehr, was sich wissenschaftlich sinnvoll betrachten ließe, da hier dasselbe Unendlichkeitsproblem wie bei der „Gesamtheit der Raumelemente" auftaucht (vgl. HARD 1973b:101 ff.; SCHULTZ 1980:232 f.).

Entsprechende Versuche zeichnen sich zum einen durch das Verwechseln von Koinzidenz und Kausalität,[11] zum anderen durch ein virtuoses Wechselspiel zwischen Sachdaten und Oberbegriffen aus. Stellt ein Fachwissenschaftler einen Zusammenhang zwischen pH-Wert des Substrats und Wuchsverhalten bestimmter Pflanzen her, fabuliert die Landschaftskunde bereits von einem Zusammenhang zwischen Boden und Vegetation. In ähnlicher Weise ist es auch möglich, etwa Menschen und Klima oder Relief und Tierwelt miteinander zu verbinden. Am Ende dieser Argumentation steht dann die Verknüpfung von allem mit allem. Da jedoch lediglich Oberbegriffe, nicht aber meßbare Sachdaten in die Landschafts-Synthese eingehen – und in der eingeforderten Komplexität gar nicht eingehen können –, ist eine Erklärung der Realität so kaum durchzuführen (HARD 1982b:169 f.).[12]

Angesichts dieser bereits dem Grundansatz inhärenten wissenschaftlichen Schmalkost klingt es doch etwas verwegen, den „Allzusammenhang" als höchste Form von Geographie zu verstehen. Es ist vielmehr offensichtlich, daß die holistisch-synergistische Denkweise „keineswegs ein hohes Niveau oder ein Spätstadium in der Entwicklung des Denkens darstellt, sondern für ein vorwissenschaftliches Stadium charakteristisch ist". (POPPER 1987:60)

3. Das im landschaftsmethodologischen Schrifttum epidemische Verwechseln von $_1$Landschaft und $_2$Landschaft und vor allem der Gedanke, die $_2$Landschaft besonders gut oder sogar nur dann erfassen zu können, wenn ihr durch das Konzept $_1$Landschaft genähert wird, ist nicht zuletzt als Hinweis auf die implizite Gleichsetzung beider „Landschaften" zu werten. Wenn aber ein Erkenntnismodell sich als identisch mit dem Erkenntnisobjekt erweist, ist von einer gedanklichen Verschiebung des Modells auf die Realität (und nicht umgekehrt, wie von den zitierten Autoren behauptet) auszugehen (WERLEN 1995:166).

---

[11] Schließlich ist es forschungslogisch mehr als fragwürdig, aus dem raumzeitlichen Zusammenfallen zweier Phänomene abzuleiten, das eine wäre durch das andere bedingt, hervorgerufen o. ä. Unter anderem ist ja nicht auszuschließen, daß ein dritter Sachverhalt zu den beiden beobachteten Tatbeständen geführt hat (vgl. a. die Diskussion des Geburtenzahl-Storch-Motivs bei HARD 1987a).

[12] Bereits an dieser Stelle soll darauf hingewiesen werden, daß der Kritiker der Landschaftsgeographie HARD, dessen Argumentation hier wiedergegeben wurde, gerade auf der Basis dieser Kritik weitreichende Anwendungsmöglichkeiten des „landschaftlichen" Denkens konstatiert, und zwar als didaktisches Moment in der Schule, durch das den Schülern ermöglicht wird, über das Formulieren von Zusammenhängen auf der Ebene von unscharfen, alltagssprachlichen Begriffen zur Korrelation genau umrissener, meßbarer Variablen vorzustoßen.

Auf diesen Prozeß der Hypostasierung haben etwa HARD (1970:190 ff.; vgl. a. HARD 1973b:119 ff.) und BARTELS (1968:57 ff.) in extenso hingewiesen. Allgemein ist die entsprechende Literatur reich an Hinweisen und Argumenten, *worin* die Fehler der Landschaftskunde liegen, wobei selbstverständlich unterschiedliche Akzentuierungen der Kritik existieren. Aber *warum* der Landschaftskunde diese gravierenden Fehler zu eigen sind, bleibt zumeist unerörtert oder wird mit vagen psychologischen Formulierungen zu erklären versucht: So seien die Autoren „von gewissen ... Konnotationen des bildungssprachlichen Wortes 'Landschaft' ... verführt", während der „ganzheitliche Landschaftsbegriff" doch „rational gar nicht rekonstruierbar" sei (HARD 1973b:166).[13]

Die Kritik an der Landschaftskunde wirft dieser also Irrationalität, Sinnlosigkeit vor, da sie keinem der Kriterien entspricht, die sinnvolle Wissenschaft zu erfüllen habe. Warum ganze Generationen von – sicherlich nicht als dumm zu etikettierenden – Wissenschaftlern ein erkenntnistheoretisch sinnloses Projekt verfolgt haben, wird zwar in Anlehnung an KUHN (1967) auch mit dem gesellschaftlichen Zeitgeist erklärt (HARD 1973b:158 f.); wichtiger für eine Erklärung scheint aber eine intellektuelle Unzulänglichkeit zu sein, derer diese Geographen geziehen werden: der direkten Anbindung an bildungssprachliche Traditionen, indem primär ästhetisch formulierte Konnotationen als wissenschaftliche Begriffe übernommen, systematisiert und ontologisiert werden.[14]

2 Landschaft, Landschaftsbild und Weltbild

Wie anhand der Methodologie der Landschaftskunde diskutiert wurde, wird das Konzept $_1$Landschaft als Abbildung eines Realphänomens $_2$Landschaft verstanden. Bereits daraus ergibt sich die Vermutung, daß verschiedene methodologische Züge der $_1$Landschaft als zentrale Elemente der $_2$Landschaft wieder auftauchen werden.[15]

Tatsächlich finden sich alle Postulate, *wie* der $_2$Landschaft wissenschaftlich genähert bzw. wie sie beschrieben werden solle, als ihre ureignen Merkmale wieder: Sie ist komplex, „ganz", mannigfaltig, harmonisch, organisch usw. Zugleich sind der

---

[13] Gerade hier hätte eine Wissenschaftskritik anzusetzen, die Wissenschaft als gesellschaftliche Praxis versteht, d. h. eher aus den gesellschaftlichen Gegebenheiten denn aus persönlichen Befindlichkeiten und Absichten heraus erklärt. Damit könnte dann auch die m. E. recht unergiebige Konzentration auf das wissenschaftsgeschichtlich verbrämte Decouvrieren von (politisch-moralisch sicherlich oft mehr als zweifelhaften) Einstellungen und Verhaltensweisen einzelner Geographen verzichtet werden.

[14] Entsprechend diesem Übergang von der forschungslogischen bzw. methodologischen Kritik zu den Vorwürfen eines parallel und/oder korrelierend vermittelten Weltbildes wechselt auch der Tonfall, mit dem die Landschaftskunde bedacht wird, von eher spöttisch-generösen Formulierungen (vgl. HARD 1973b:158; BARTELS 1968:134 f.) zu doch deutlich vehementeren und harscheren Kommentierungen.

[15] Die methodologische Seite der $_1$Landschaft ist die eindeutig jüngere und in ihrer Bedeutung wohl auch sekundäre - sekundär deshalb, weil sie im wesentlichen nur als Abstraktion der älteren Form, und zwar des vorwissenschaftlichen Landschaftsbegriffs, zu werten ist.

geographischen ₂Landschaft auch all diejenigen Momente zu eigen, die als Gebrauchsbedingungen des bildungssprachlichen Wortes „Landschaft" fungieren, d. h. dessen semantischen Hof bilden (vgl. HARD 1970:127 ff.; HARD/GLIEDNER 1978).

Zahlreiche Untersuchungen belegen, daß es sich bei ₂Landschaften – korrekter: dem Sehen von ₂Landschaften[16] – um eine historisch entstandene Kulturtechnik, eine spezifische Sicht auf die Welt handelt, die nicht aus einer Materialität der ₂Landschaft resultiert, sondern erlernt werden muß. So zeigt etwa BURCKHARDT (1978:12), wie parallel zur touristischen Erschließung immer entlegenere Regionen der Alpen im öffentlichen Bewußtsein Landschaftscharakter erhielten: Waren es zunächst die großen Gebirgsseen, so folgte bald die Stufe der Bäche und Wasserfälle, bis zuletzt auch die Eis- und Schneeregion nicht mehr als unwirtliches „Draußen" betrachtet wurde, sondern als – mit ästhetischen Konnotationen versehene – ₂Landschaft (vgl. a. PERRIG 1994; ähnlich die Entwicklung des Italienbildes, vgl. LEHMANN 1964).

COSGROVE (1984) hat in eindrucksvoller Weise dargelegt, wie im Laufe der Jahrhunderte der Landschaftsbegriff – zumindest in seinen wichtigsten Varianten – aus dem Wortschatz der (v. a. italienischen) Malerei in das bildungsbürgerlich-hochsprachliche Vokabular diffundiert, wobei seine Bedeutung vom (gemalten) Landschafts*bild* zur ästhetisch besetzten ₂Landschaft mutiert. Die spezifische Konsistenz des Landschaftsbegriffs verdankt sich dabei auch der innigen Verknüpfung ästhetischer Momente mit Überresten kosmologischer Vorstellungen (vgl. auch DANIELS/COSGROVE 1988:4 f.; EISEL 1987; HARD 1970:218 ff.; HARD 1973b:158; HARD 1982b:161 ff.; PIEPMEIER 1980:10,14 ff.; RITTER 1978:10 f.).[17]

Diese Ideengeschichte ist selbstverständlich nicht ideengeschichtlich, sondern nur sozialgeschichtlich zu erklären; entsprechende Hinweise finden sich etwa bei COSGROVE, wenn er einen Zusammenhang zwischen dem Entstehen des Landschaftsbegriffs und der veränderten Besitz- und Verwertungsbedingungen von Boden bzw. Natur im beginnenden Kapitalismus formuliert:

> „(The landscape concept) represents a way in which certain classes of people have signified themselves and their world through their imagined relationship with nature, and through which they have underlined and communicated their own social role and that of others with respect to external nature." (COSGROVE 1984:15) „The origin of the landscape idea in the West and its artistic expressions have served in part to promote ideologically an acceptance of the property relationship while sustaining the image of an unalienated one, of land as use." (ebd.:64)

---

[16] „Landscape is not merely the world we see, it is a construction, a composition of that world. Landscape is a way of seeing the world." (COSGROVE 1984:13)

[17] Als weitere Quelle des Sehens von Landschaften führt LACOSTE (1990:63-91) das Militär und dessen Terrainbeobachtung zu strategisch-taktischen Zielen an: „Gerade 'schöne Landschaften', die bereits seit langem als solche anerkannt sind und die sich nicht von ungefähr sehr häufig von befestigten Positionen aus betrachten lassen, liefern die besten Beweise dafür, daß aus taktischer oder gar strategischer Logik inzwischen eine ästhetische Kontemplation geworden ist". (LACOSTE 1990:83)

Auch PIEPMEIER versteht „Landschaft" als Produkt der modernen Gesellschaft, indem er sie mit deren konstitutiven Momenten kontrastiert:

„Die Grundkonstellation ist, daß Landschaft als ästhetisch angeschaute Natur das wissenschaftsentlastete, arbeitsentlastete, handlungsentlastete Korrelat der wissenschaftsbelasteten, arbeitsbelasteten, handlungsbelasteten, kurz: der gesellschaftlich angeeigneten Natur ist, wie sie in der Neuzeit Objekt des forschenden, arbeitenden und handelnden Menschen ist." (PIEPMEIER 1980:16; vgl. a. EISEL 1982a:164 f.)

Gewiß kann beim landschaftsgeographischen Schrifttum nicht davon ausgegangen werden, daß den Autoren der ideen- und sozialgeschichtliche Hintergrund ihres Leitbegriffs immer bekannt, geschweige denn bewußt war. Vielmehr läßt sich belegen, daß die Landschaftsgeographen bereits auf dem in der Gebildetensprache verfestigten Landschaftsbegriff aufbauen (vgl. ausführlich HARD 1970). Es hat demnach die bildungsbürgerliche Sozialisation, zu deren Weltbild-Inventar dieser Begriff gehört, zu seiner Hypostasierung geführt.

Zusammenfassend sind für den geographischen Landschaftsbegriff folgende – in ihrer konstanten Ausblendung durch die Landschaftskunde sogar verstärkten – Merkmale charakteristisch:

– Zumindest teilweise als Erbe der Landschaftsmalerei zu qualifizieren sind die ausgeprägten ästhetischen Elemente, die nicht nur in expliziten Landschaftsbewertungen oder – oft geschmäcklerischen – Exotismen oder Aperçus auftauchen, sondern das Grundgerüst der Texte bilden.
– Einen zweiten Traditionsstrang bildet die Idee der cosmologia perennis und ihr Versuch, in der Harmonie des Weltganzen Gott zu finden.
– Der Gebrauch des Wortes „Landschaft" wird in der Landschaftskunde jedoch nicht von diesen Ursprüngen direkt bestimmt, sondern aus den Wortfeldern, die sich aus der Kombination beider Herkunftsstränge ergaben und in der Gebildetensprache sedimentierten.

3   Zur Bewertung der Landschaftsgeographie

Die von BARTELS und HARD initiierte Kritik an der Landschaftskunde basierte auf zwei grundlegenden Aspekten:
– den gravierenden methodologischen Unzulänglichkeiten, die modernen Kriterien von Wissenschaftlichkeit, wie sie von der analytischen Wissenschaftsphilosophie formuliert wurden, nicht im geringsten gerecht würden; und
– einem ästhetisch gewirkten Leitbegriff, der als identisch mit der von ihm bezeichneten Wirklichkeit begriffen werde und doch nur seinen semantischen Hof auf die Welt projiziere.

Ausgehend von diesen Feststellungen entfaltete sich die Kritik konsequenterweise in zwei Richtungen: in den Vorwurf der gesellschaftlichen Irrelevanz, da aus falscher Erklärung keine Umsetzung in die Praxis erwachsen könne, und in den Vorwurf der Ideologieproduktion (vgl. COSGROVE 1984:15,64; EISEL 1980:274-292; SCHULTZ 1971; WERLEN 1995:167-170).

Die angegriffenen Vertreter der Landschaftskunde reagierten nur in geringem Ausmaß. Prominente Vertreter wie SCHMITHÜSEN oder NEEF, die ein bereits weitgehend entästhetisiertes Landschaftskonzept vertreten hatten (SCHMITHÜSEN 1976; NEEF 1967), versuchten dies noch zu verstärken, indem sie den Landschaftsbegriff ($_1$Landschaft) durch kybernetisches und systemtheoretisches Vokabular ersetzten (etwa „Geosynergie" in SCHMITHÜSEN 1976), ohne jedoch das holistisch-synergistische Grundkonzept selbst aufzugeben.

Zudem wurde von verschiedenen Autoren versucht, „ihre" $_1$Landschaft mit disziplin- und bildungspolitischen Argumenten zu legitimieren bzw. zu immunisieren (vgl. HARD 1971; SCHULTZ 1980:266 ff.). In den meisten Fällen erfolgte auf die Kritik jedoch keinerlei Reaktion (vgl. BECK 1985:3); vielmehr wurde der – offensichtlich obsoleten – Wissenschaftsrichtung der Rücken gekehrt und empirische Regionalforschung in einer der zahlreichen fachinternen Spezialisierungen betrieben.[18]

Angesichts dieser Reaktionsweisen scheint eine Aufarbeitung der Landschaftsvorstellungen innerhalb der Geographie bis heute nicht stattgefunden zu haben. Vielmehr ist davon auszugehen, daß es für die meisten Geographen $_2$Landschaft immer noch gibt, auch wenn sie sich ihr nicht mehr über die $_1$Landschaft nähern. Die im Gesamtrahmen der Geographie unterbliebene Diskussion der Landschaftskunde und ihr angesichts der vehementen Angriffe geradezu geräuschloses Verschwinden hat dazu geführt, daß einige wichtige Momente dieses Paradigmas nicht das ihnen gebührende Echo gefunden haben.

Ausgehend von obigen Überlegungen anhand des Zitats von BLOTEVOGEL/HEINRITZ/POPP ist die Landschaftskunde – zumindest aus Sicht einer bestimmten Wissenschaftsphilosophie – sinnlos. Aber ist sie auch wirkungslos? Zwei Hinweise sollen an dieser Stelle genügen:

1. Tatsächlich kann eine nach ihrem eigenen Programm durchgeführte Landschaftskunde aufgrund der theoretischen Unzulänglichkeiten nicht existieren; was hingegen existiert, sind Landschaftsdarstellungen, die teils willkürlich ausgewählte Daten vorlegen, teils impressionistische Stilblüten produzieren, teils sich in Allgemeinheiten verlieren. Diese Unzulänglichkeiten entstehen nun nicht, weil ein Autor etwa nicht genügend Daten gesammelt hätte – ganz im Gegenteil: es handelt sich oft um immense Recherchearbeiten – oder gar weil er intellektuell überfordert wäre. Die Autoren werden vielmehr von ihrem eigenen Programm im Stich gelassen, da es sich als undurchführbar erweist und auch keinen Ausweg eröffnet.

Denn es gibt innerhalb des Landschaftskonzepts einfach keine Kriterien dafür, was wichtig ist und was nicht. In der Praxis macht es ein Autor dann genauso wie alle

---

[18] So konnte es also scheinen, als hätten die Gegner der Landschaftskunde einen vollständigen Sieg errungen. Lediglich als zusätzliches Motiv für das Betreiben von Geographie ist die landschaftsgeographische Ästhetik noch weiter aufzufinden. Die Reaktion etwa HARDs auf entsprechende Passagen bei WIRTH (1979) zeigen jedoch, daß zumindest geahnt wird, welche subtilen Wirkungsmöglichkeiten der Landschaftskonzeption weiterhin verblieben sind (vgl. z. B. HARD 1987b:126 ff.).

anderen vor ihm bzw. nach seinen persönlichen Interessen und Vorlieben.[19] Insgesamt zeichnet sich die Landeskunde dadurch aus, daß sie die Untersuchung von Allzusammenhängen vorgibt, tatsächlich aber nur zufällig ausgewählte Daten und persönliche Impressionen aneinanderreiht.

Damit dient der Landschaftsbegriff in der Wissenschaft als heuristische (Leer-) Formel: Er ermöglicht dem Forscher einen oft deutlich ungehemmteren Zugang zu verschiedenen Aspekten der Realität, indem diese nicht durch striktes Nachprüfen operationalisierter Hypothesen von vornherein auf wenige Elemente reduziert wird. Diese Unbefangenheit bildet den Grundstock eines umfangreichen Fachwissens, das oft noch heute die „Datenbank" für Fragen an die Wirklichkeit bildet (vgl. a. BARTELS 1968:70). Nicht zu übersehen ist allerdings, daß gerade durch (notwendigerweise) vergebliches Theoretisieren der $_1$Landschaft oft unübersichtliche, ja nachgerade chaotische Konvolute geographisch relevanter Daten zusammengestellt wurden (vgl. etwa LAUTENSACH 1952). Dies mindert jedoch nicht den heuristischen Wert der Landschaftskunde, sondern ist lediglich ein Hinweis auf gewisse Unverträglichkeiten.

2. Vielleicht noch wichtiger ist ein zweiter Effekt der Landschaftskunde, v. a. wenn ihre Bedeutung für den Schulunterricht und daraus folgend für die Verallgemeinerung des Sehens von $_2$Landschaften berücksichtigt wird. Ein – etwa von HARD (1970:143 f.) nicht gerade wohlwollend kommentiertes – Beispiel gibt SCHMITHÜSEN (1961):

> „Der Väter Geist erfüllt als sprechendes Erbe die Landschaft. Hast Du den Mut, auf dieses alles zu verzichten, nachdem Du weißt, was Du zerstören würdest? ... Solange Du noch an innere Werte des Menschen glaubst, an die Persönlichkeit und die Fähigkeit, diese sichtbar auszudrücken, solange wirst Du, so hoffe ich, die zerstörende Hand zurückhalten". (SCHMITHÜSEN 1961:72)

Es ist also das Sehen von $_2$Landschaften, das diese erhalten hilft. Dabei geht es nicht um die Erkenntnis einzelner Elemente der Wirklichkeit, sondern um die Wahrnehmung von Ganzheitlichkeit in Form der Landschaft; es geht weniger um Erklärung von Kausalitäten denn um – wie bereits in der Bezeichnung „Landschaftskunde" anklingt – Verkündigung, um eine quasi-religiöse Frohe Botschaft, deren Kern nicht Aussagen über die Realität bilden, sondern Aufforderungen zum (veränderten) Handeln.

Insofern erweist sich die Landschaftskunde als Strukturparallele, ja wohl auch als Vorläufer der heutigen politischen Ökologie. Während der Landschaftskunde gerade aufgrund dieser Inhalte das systematische Ausblenden der gesellschaftlichen Struk-

---

[19] In der Kritik an der Landschafts- und Länderkunde der 60er und 70er Jahre wurde immer wieder darauf hingewiesen, welch übermäßige, ja groteske Bedeutung in diesen Arbeiten das Agrarische und das Landleben allgemein hat, während andere Branchen und Lebensbereiche nur am Rande vorkommen. Tatsächlich gibt es eine solche einseitige Schwerpunktsetzung, die zwar auch teilweise aus dem wissenschaftlichen Programm ableitbar ist – scheinbar ist ja die Mensch-Natur-Verbindung auf dem Acker intensiver als auf einem großstädtischen Parkplatz –, aber vor allem auf fachinternen Konventionen und Traditionen beruht.

turen, sprich: Herrschaftsverhältnisse, und damit Ideologie vorgeworfen wurde, stehen heute ganz andere Probleme im Vordergrund. Angesichts dräuender ökologischer Katastrophen herrscht – bis in höchste Regierungskreise hinein – Übereinstimmung darin, daß es keine Klassengegensätze mehr gibt, sondern allgemeine, regionale bis globale Betroffenheit durch Bedrohungen des ökologischen Gleichgewichts. Vor diesem Hintergrund erhält die Landschaftskunde neue Aktualität (vgl. a. EISEL 1982a:165 ff.; HARD 1982b:164).[20] Da diese sich politisch-ökologisch begreifende Variante von Landschaftskunde aber kaum mehr Berührungspunkte mit der Anthropogeographie, auf welcher der Schwerpunkt der vorliegenden Betrachtungen liegt, aufweist, muß auf eine eingehende Darstellung verzichtet werden.[21]

Beide angeführten Merkmale von Landschaftskunde – Heuristik und Pädagogik – attestierte bereits V. RICHTHOFEN der „Speciellen Geographie" (Länderkunde), insbesondere in der Form der „Chorographie": Sie sei „encyclopädisch", „didaktisch" und (daher) „an sich geistlos", werde darob in ihrem Wert aber „oft unterschätzt" (V. RICHTHOFEN 1883:passim).

Als Antwort auf die eingangs gestellten Fragen bleibt festzuhalten, daß etwas – vom Erklärungswert her – wissenschaftlich Sinnloses durchaus Wirkungen haben, ja sogar im Hinblick auf diese Wirkungen konzipiert sein kann. Ob es sich dabei um Nutzen oder Mißbrauch handelt, ist eine innerwissenschaftlich nicht zu entscheidende Frage; relevant ist lediglich, ob ein (wissenschaftliches) Produkt brauchbar ist – brauchbar für gesellschaftliche Entwicklungen und nicht zuletzt nützlich für die Position der Geographie selbst.

Für die weitere Diskussion der Landeskunde sollen jedoch (fach-)politische Zielsetzungen zurückgestellt werden. Vielmehr gilt es, eine wissenschaftspragmatische Begründung für Landeskunde zu finden. Nicht zuletzt der historische Erfolg der Landschaftskunde legt es nahe, deren zentrale Qualitäten – identifiziert wurden die *Heuristik* und die *Pädagogik*, verknüpft und integriert mittels *Ästhetik* – als Elemente auch aktueller und zukünftiger Landeskunde zu postulieren. Aus dieser Perspektive kann im folgenden die Suche nach denjenigen Aspekten aktueller Geographie aufgenommen werden, die in möglichst umfangreicher Weise den Zielsetzungen zunächst der Heuristik und der Pädagogik entsprechen.

---

20 Von dort ist der Schritt dann nicht mehr weit, Kritiker der „Landschafts"-Konzeption als Verursacher ökologischer Probleme auszumachen (so etwa FALTER 1994).

21 Wird beispielhaft auf LESER 1991 zurückgegriffen, lassen sich folgende wichtige Merkmale dieser „neuen" Landschaftskunde feststellen: Auf der Ebene der sprachlichen und graphischen Darstellung ist zumeist eine durchgängige Modernisierung festzustellen; kybernetisches und systemtheoretisches Vokabular wird ebenso verwendet wie komplexe Flußdiagramme. Auf der inhaltlichen Ebene hingegen unterscheidet sie sich nur wenig von der Vorläuferin, so etwa bei der Gleichsetzung von Realität, Modell und Betrachtungsweise oder der vollkommenen Ausblendung von Bereichen wie Ökonomie bzw. von Tatbeständen wie Interessen oder sozialen Disparitäten. Neu und von zentraler Bedeutung ist hingegen die explizit politische Ausrichtung, die landschaftliches Denken nicht nur aus der dinglichen Existenz von Landschaften ableitet, sondern als Voraussetzung von Politik überhaupt definiert (LESER 1991:333-346 u. passim).

3 AKTUELLE FORSCHUNGSRICHTUNGEN DER GEOGRAPHIE

Für das traditionelle Zentralparadigma der deutschen Geographie, die Landschaftskunde, konnte festgestellt werden, daß sie – gemessen an den Anforderungen der analytischen Wissenschaftsphilosophie – kaum Erklärungscharakter aufweist, zugleich ihr Wert im Bereich von Heuristik und Pädagogik aber nicht zu unterschätzen ist. Es liegt jedoch auf der Hand, daß ein Fach, das in diesen beiden Eigenschaften gerade *nicht* seinen Hauptzweck sieht, sondern sich dem üblichen Wissenschaftsverständnis der Produktion und Akkumulation von Wissen verpflichtet fühlt, durch den Verlust seiner begrifflichen und theoretischen Basis gezwungen war und ist, ein neues Selbstverständnis und neue Wege der Wissensproduktion zu finden.

Die Geographiegeschichte der letzten 25 Jahren ist voll von entsprechenden Versuchen, weshalb manche Beobachter schon von einer „Ansatzologie" (KNEISLE 1983:296) glaubten sprechen zu müssen. Den meisten dieser Ansätze war jedoch nur eine kurze Lebensdauer beschieden, fußten sie methodisch und/oder thematisch doch oft auf eher esoterischen Steckenpferden ihrer Vertreter. Insgesamt jedoch kann eine Entwicklung der Geographie, wenn auch in mehrere Richtungen, nicht geleugnet werden (vgl. UNWIN 1992).

Im folgenden sollen die zwei wohl wichtigsten Stränge der modernen Anthropogeographie[22] dargestellt und auf ihre Eignung für die Landeskunde hin überprüft werden. Behandelt werden der sog. raumwissenschaftliche Ansatz, aufgrund der angewandten Techniken auch unter dem Terminus „Quantitative Geographie" firmierend, und die relativ heterogene Gruppe von Ansätzen, die sich mit Regional- und Heimatbewußtsein, regionaler Identität u. ä. beschäftigen und als „Bewußtseinsgeographie" bezeichnet werden sollen.[23]

3.1 DER RAUMWISSENSCHAFTLICHE ANSATZ

Als raumwissenschaftlicher Ansatz soll hier ein Bereich der Geographie bezeichnet werden, der zunächst nicht streng inhaltlich zu definieren ist, sondern wissenschaftsgeschichtlich, und zwar insofern er auf den grundlegenden Arbeiten von D. BARTELS basiert. Dieses Verständnis des raumwissenschaftlichen Ansatzes umgeht damit aus vorwiegend pragmatischen Gründen zwei Arten von Festlegungen: Zum einen ist es nicht nötig, sogar innerhalb einzelner Arbeiten zwischen Herangehensweisen, die eher raumwissenschaftlich, und solchen, die eher verhaltenstheoretisch („behavioristisch") sind, zu unterscheiden (wie es etwa GIESE anhand der Arbeiten von BARTELS unternimmt; vgl. GIESE 1980:260). Zum anderen kann auch darauf

---

[22] Auf eine Behandlung der Physischen Geographie wird an dieser Stelle verzichtet; im Bereich etwa des Einsatzes quantitativer Verfahren sind hier aber ähnliche Entwicklungen festzustellen.

[23] Daß diese beiden Ansätze ausgewählt wurden und nicht andere, ist zunächst eine einfache Setzung. Aufgabe der Argumentation in den folgenden Kapiteln wird es sein, diese Auswahl im Hinblick auf den Zweck – die Landeskunde – praktisch zu rechtfertigen.

verzichtet werden, die Beiträge v. a. amerikanischer, aber auch einzelner deutschsprachiger Geographen zur Entstehung und Grundkonzeption dieses Ansatzes genauer zu beleuchten.

Der Rückgriff auf BARTELS und seine Neukonzeption der Geographie ist selbstverständlich nicht damit zu begründen, daß andere als seine „Vorläufer" o. ä. bezeichnet werden, sondern ausschließlich mit den Qualitäten seines Werks selbst. Dazu gehört vor allem die Schaffung eines einheitlichen Systems aus (wissenschaftstheoretisch fundierter) Aufgabenstellung, empirisch fruchtbarer Begriffe und entsprechender Methodologie (GIESE 1980:260). Die nicht nur für die weitere Argumentation wichtigsten Aspekte des raumwissenschaftlichen Ansatzes, wie er von BARTELS entwickelt wurde, sind:

1   der (neue) Raumbegriff,
2   die chorische Logik und
3   die chorologischen Modelle und Theorien.

Es kann und soll im folgenden nicht darum gehen, eine umfassende oder gar vollständige Wiedergabe BARTELSscher Gedanken zu leisten; auch wird nicht ausschließlich auf BARTELS eingegangen, sondern es werden auch und vor allem Weiterentwicklungen berücksichtigt. Dennoch scheint es gerechtfertigt, die Darstellung des raumwissenschaftlichen Ansatzes mit BARTELS aufgrund seiner überragenden Bedeutung für den skizzierten Paradigmenwechsel zu beginnen.

1   Zum Raumbegriff

Der BARTELSsche Raumbegriff steht diametral demjenigen der Landschaftsgeographie gegenüber. Während diese davon ausgeht, daß es einzelne Raumeinheiten gibt, die angefüllt sind mit den entsprechenden Merkmalen (sog. Container-Raum), lehnt der raumwissenschaftliche Ansatz ein solch apriorisches, „naturalistisches" Raumverständnis strikt ab. Vielmehr wird Raum als wissenschaftliches Konstrukt verstanden, als „Merkmalsraum der *Lage-Eigenschaften* von Beobachtungsgegenständen auf der physischen Oberfläche unseres Erdballs – oder aber im persönlichen Erlebnisfeld unserer Umwelt" (BARTELS 1981:1; Hervorhebung i. O.).

Ein „Raum" liegt also dann und nur dann vor, wenn
- ein Gegenstand über einen Platz verfügt,
- dieser Platz sich vom Platz anderer Gegenstände unterscheidet und
- die unterschiedliche Verortung der Gegenstände Element des untersuchten Problems ist (BARTELS 1970:15; BARTELS 1981:2).

2   Die chorische Analytik

Um dieses Raumverständnis theoretisch wie empirisch fruchtbar zu machen, bedarf es entsprechender Begriffe, die es ermöglichen, die Verortung der Beobachtungsgegenstände wie auch diese selbst zu benennen. Diese Begriffe entwickelt BARTELS mit Hilfe klassenlogischer Überlegungen, indem er geographischen Gegenständen zwei Arten von Merkmalen zuschreibt:
- Sacheigenschaften und
- Lage-Merkmale.

Die Sacheigenschaften bestehen aus mindestens einer Variablen, die unterschiedliche Skalenniveaus haben kann. Eine aus einer Variablen bestehende (d. h. eindimensionale) Sacheigenschaft in dichotomischer Skalierung ist etwa das Geschlecht, intervallskaliert ist demgegenüber das Alter. Unter zwei- (und mehr-)dimensionalen Sacheigenschaften sind kombinierte Merkmale zu verstehen, z. B. kombinierte Alters- und Einkommensgruppen (BARTELS 1981:1).

Lage-Merkmale sind im Regelfall zweidimensional und werden z. B. im euklidischen Raum durch den Rechts- und Hochwert festgelegt. Sie können absolut, etwa durch die Nennung des Ortes innerhalb des Gauß-Krüger-Systems, oder relativ, in Form von Vektoren zwischen den einzelnen Raumeinheiten, angegeben werden (BARTELS 1981:3). Die Lage-Merkmale verorten das betrachtete räumliche Objekt (in BARTELS' Diktion: die räumliche Bezugseinheit), bei dem es sich um einen Punkt, eine Linie oder eine Fläche handeln kann, woraus wiederum durch Kombination räumliche Bezugssysteme gebildet werden.

Diese „synthetischen" Räume auf der Erdoberfläche können – abhängig von der Fragestellung – aber nicht nur metrische Dimensionen haben, ihre Ausdehnung kann auch in zeitlichem, finanziellem usw. Maßstab gemessen werden (vgl. Abb. 3-1; auch PARKES/THRIFT 1980:300 ff.). Im einen Fall – wenn der physische Raum „gesetzt" wird – bilden die Sacheigenschaften die zu erklärenden Ausprägungen in Form von (Un-)Regelmäßigkeiten, im anderen Fall wird der Raum durch die regelmäßige Anordnung der Sacheigenschaften (hier: Erreichbarkeiten in min.)[24] konstruiert und dem physischen Raum gegenübergestellt.[25]

Abb. 3-1: Seattle im absoluten und im relativen Raum

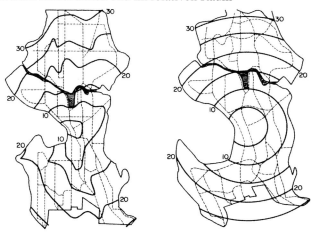

Quelle: ABLER/ADAMS/GOULD 1971:79

---

[24] Oder wie in Wagners Parsifal geraunt wird: „Zum Raum wird hier die Zeit."
[25] Diese Art der Konstruktion von Räumen und vor allem ihre kartographische Darstellung ist als eine Fortentwicklung des Bartelsschen Raumbegriffs zu verstehen, welche diesen aber nicht entwertet oder gar aufhebt.

Werden nur die Sacheigenschaften betrachtet und (zusammenfassend) benannt, handelt es sich um nicht-räumliche *Klassen*. Lediglich durch Lage-Merkmale charakterisierte Räume bezeichnet BARTELS als *Gebiete*. Beide – „Klassen" wie „Gebiete" – stehen jedoch nicht im Zentrum der „chorischen Analytik" BARTELS'; vielmehr geht es ihm um die begriffliche Verknüpfung von Sacheigenschaften und Lage-Merkmalen (BARTELS 1981:7).

> Dabei „richtet sich das Interesse vor allem auf die Feststellung regelhafter Entsprechungen von Sacheigenschaften und Lage-Merkmalen mit Hilfe von angemessenen Kombinationsklassen. Wir nennen begriffliche Zusammenfassungen sachlich gleicher (oder ähnlicher) und zugleich den gleichen (oder einen ähnlichen) chorischen Standort aufweisender Beobachtungsgegenstände *Areale* oder *Regionen*, wobei in der Regel von Arealen bei Berücksichtigung nur einer, von Regionen bei Einbeziehung mehrerer bis vieler Sacheigenschaften die Rede ist." (BARTELS 1981:7; Hervorhebung i. O.)

Von BARTELS als Sonderfall des Areal- bzw. Regionsbegriffs aufgefaßt wird das *Feld*, in dem sich die Ausprägung einer Sacheigenschaft mit der Entfernung von einer Ausgangsbasis regelhaft verändert, d. h. ab- oder zunimmt (ebd.).

Die hier nur in Grundzügen skizzierte chorische Begrifflichkeit bildet die Grundlage einer exakten Beschreibung räumlicher Strukturen und Prozesse (unter letzterem werden die Veränderungen räumlicher Strukturen im Laufe der Zeit verstanden; BARTELS 1970:22). Aufbauend auf dieser Beschreibung ist es dann auch möglich, räumliche Einheiten zu definieren und zu benennen (Regionalisierung). Zu beachten bleibt bei jeglicher Regionalisierung, daß es sich um Raumeinheiten handelt, die Ergebnis wissenschaftlicher Kategorienbildung sind, nicht um „tatsächlich existierende Einheiten" (BARTELS 1970:17), deren Wesens-Merkmale dargestellt werden. Auf diesen Fehler der Reifikation oder Hypostasierung wurde bereits bei der Diskussion des Landschaftsbegriffs hingewiesen (s. o. Kap. 2-1).

Die Konstruktion von Regionen über die Kombination von Sacheigenschaften und Lage-Merkmalen ist eine Form von Klassifikation. Aber so wichtig sie auch für zielgerichtetes wissenschaftliches Arbeiten ist, so wenig findet dieses darin seine Erfüllung. Wenn etwa GRIGG die Klassifikation als „notwendige Anfangsstufe" von Wissenschaft bezeichnet (GRIGG 1970:186), wird noch einmal betont, daß die Entwicklung einer Wissenschaft nicht mit der Klassifikation ihr Ende finden sollte.

Aber auch die Notwendigkeit der Klassifikation bedeutet nicht, daß Klassifikation *an sich* bereits einen wissenschaftlichen Wert hat; vielmehr kann es nur darum gehen, eine für einen bestimmten *Zweck* geeignete Klassifikation zu entwickeln (GRIGG 1970:188 f., 196 ff.). Damit aber geht die Zweckbestimmung der Klassifikation notwendig voraus, und das heißt auch: die Theorie der Methode. Dies jedoch scheint gerade in der ersten Phase der Adaption quantitativer Methoden unzureichend berücksichtigt worden zu sein, indem die Begeisterung über die neuen Verfahren die Reflexion über die theoretische Fundierung in den Hintergrund drängte.[26]

3 Chorologische Modelle und Theorien

Wenn BARTELS die Geographie definiert als „Erfassung und Erklärung von Sachverhalten hinsichtlich ihrer erdoberflächlichen Verbreitungs- und Verknüpfungsmuster" (BARTELS 1970:24), erweist sich der erste Teil der Definition, die Beschreibung, als durch die dargestellte Begriffswelt der chorischen Logik direkt erfüllbar. Der zweite, über die Beschreibung hinausgehende Teil des geographischen Aufgabenbereichs ist – wie bei jeder Wissenschaft – die Erklärung. Hierzu gibt BARTELS zwei Zugangsformen an:
- das Koinzidenz- oder Deckungsprinzip und
- das distanzrelationale oder chorologische Prinzip.

Das Koinzidenz- oder Deckungsprinzip ist dabei weniger als Erklärungs- denn als heuristisches Moment zu verstehen: Es handelt sich um das Verfahren, verschiedene Sacheigenschaften räumlich zu fixieren und bei einer Übereinstimmung etwa bestimmter Areale die Hypothese zu formulieren, daß auch ein (inhaltlicher) Zusammenhang besteht (BARTELS 1970:16 ff.). Insofern ist das Koinzidenzprinzip vorrangig zur Hypothesengenerierung geeignet, weniger zur Formulierung von Modellen oder Theorien (vgl. a. BAHRENBERG 1972:10 f.; BAHRENBERG 1995:156).[27]

Den direkten Weg zur Theoriebildung bietet demgegenüber das chorologische Prinzip. Bereits im Begriff des Feldes ist ein chorologischer Ansatz enthalten, indem die Distanz (etwa von einem Zentrum nach außen) den Bestimmungsfaktor für die Ausprägung der entsprechenden Sacheigenschaften bildet. Tatsächlich verbirgt sich hinter dem Terminus Chorologie eine Betrachtung geographischer Sachverhalte, die diese zum einen durch ihre räumliche Nähe bzw. Ferne zum Bezugspunkt, zum anderen durch ihre wechselseitigen Beziehungen zueinander (Interdependenzen) zu erklären sucht (BARTELS 1970:23). Ziel der chorologischen Forschungsrichtung ist

---

[26] GIESE faßt diese Phase spöttisch unter dem Motto „jeder muß mal eine Faktorenanalyse [oder eine Clusteranalyse; sinngemäßer Zusatz von mir, W. A.] gemacht haben" (GIESE 1980:258) zusammen. Dieses Verhalten ist zumindest teilweise wissenschaftspsychologisch zu erklären, betrachtet man die stupende Vielfalt mathematisch-geometrischer Verfahren, die einen soviel genaueren, wissenschaftstheoretisch fundierten und innerfachlich besser kommunizierbaren Weg zur Erklärung geographischer Gegenstände versprechen als die einfallslosen und verquasten Schemata der Landschaftsgeographie (einen guten Überblick über verschiedene Themen bzw. Methoden dieser Phase geben ABLER/ADAMS/GOULD 1971; vgl. a. BAILLY U. A. 1987; HAGGETT 1973, HAGGETT 1991).

[27] Es darf nicht übersehen werden, daß mehrere Modellbegriffe existieren. Als Beispiel mögen die beiden 1989 erschienen Bände „Remodelling Geography" (MACMILLAN 1989) und „New Models in Geography" (PEET/THRIFT 1989) dienen: Im ersten Fall geht es um die quantitative Regionalanalyse (was auch Thema des vorliegenden Kapitels ist) mit ihren Möglichkeiten und Einschränkungen oder auch das Verhältnis zwischen Analyse und praktischer Anwendbarkeit; im zweiten werden wissenschaftliche Themen und Paradigmen behandelt, wobei die Anwendung einer politisch-ökonomischen Perspektive auf eine Vielzahl von Forschungsrichtungen im Mittelpunkt steht.

demnach „die Erkenntnis des Beziehungssystems zwischen der räumlichen Anordnung von Sachverhalten auf der Erdoberfläche und der Art der zwischen den Sachverhalten bestehenden funktionalen Verknüpfungen (bzw. Austauschvorgängen, räumlichen Prozessen)". (BAHRENBERG 1972:13)

Welche Forschungsperspektiven dem (chorisch-)chorologischen Ansatz innewohnen, hat BARTELS in einem didaktisch fruchtbaren Artikel dargestellt („Strandleben"; BARTELS 1975). Hierzu zählt,
- räumliche Verteilungen (methodologisch abgesichert) zu beschreiben,
- Standorteigenschaften und deren externe wie interne Faktoren zu ermitteln,
- Veränderungs- und Ausbreitungsprozesse sowie Persistenzerscheinungen zu erklären,
- Rückkopplungen zwischen menschlichem Handeln und dessen Auswirkungen zu untersuchen,
- raumbezogene soziale Interaktionen zu analysieren und
- über den Gegenwartsbezug hinaus Prognosen zu erstellen.

Den Stand der tatsächlichen Forschungsaktivitäten Ende der 70er Jahre faßt Giese in vier Hauptgruppen zusammen. Dabei handelt es sich
„1. um das Gebiet der räumlichen Diffusionsforschung und raum-zeitvarianten stochastischen Prozeßanalyse,
2. um den Komplex der partiellen Standortanalyse,
3. um den Bereich der räumlichen Wachstums- und Entwicklungstheorien und
4. um das Feld der planungsorientierten Modellbildung". (GIESE 1980:262)

Die als chorologisch zu bezeichnende Modell- und Theoriebildung sieht sich jedoch sehr schnell mit denselben Problemen konfrontiert wie die neuen Verfahren chorischer Beschreibung: Die zunehmende Verfeinerung mathematisch-statistischer Techniken geschieht allzu oft ohne Rücksicht auf die empirische Anwendbarkeit oder gar den Nutzen für die Theoriebildung. Wenn HARD für den angelsächsischen Bereich von einem „gewissen Modellplatonismus" (HARD 1973b:187; ebenso HÖLLHUBER 1982:15) spricht, so kann dies bald auch in der deutschsprachigen Geographie festgestellt werden (vgl. etwa die Beiträge in GIESE 1975 oder SCHRAEDER/SAUBERER 1976); die Eleganz mathematisch-geometrischer Modelle läßt zumeist die Frage unbeantwortet, was denn erklärt werden soll und ob dies auf dem eingeschlagenen Weg überhaupt möglich ist.

Verstärkt wird dieses Problem der wissenschaftlichen *Praxis* durch ein grundsätzliches Dilemma, auf das GIESE (1980:274 f.) ausdrücklich hinweist (Abb. 3-2a/b:): Je wirklichkeitsnäher ein Modell gestaltet wird, desto komplexer gerät es. Zugleich erweist sich der Zuwachs an empirischem Erklärungsgehalt mit zunehmender Komplexität als nur noch marginal, d. h. der methodische Aufwand steht in keinem Verhältnis zum Erklärungswert mehr. Daneben sinkt auch der Anwendungsbereich der Modelle selbst, da die entsprechenden Voraussetzungen in immer weniger Fällen gegeben sind. Damit wird die wissenschaftliche Praxis zur Gefangenen der angewandten Methoden, dienen diese nicht mehr einem bestimmten Erkenntnisziel, sondern nur noch sich selbst.

Abb. 3-2a: Wechselbeziehung zwischen der Komplexität und dem empirischen Erklärungsgehalt von Modellen

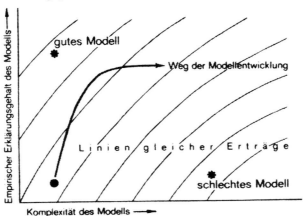

Quelle: GIESE 1980:275

Abb. 3-2b: Wechselbeziehung zwischen den Anwendungsvoraussetzungen, die mit zunehmender Komplexität der Modelle restriktiver werden, und dem Anwendungsbereich von Modellen

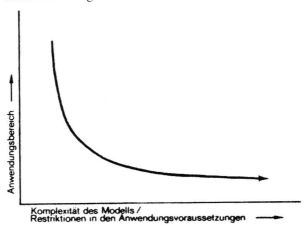

Quelle: GIESE 1980:275

Schon die Auswahl der Untersuchungsgegenstände ist von diesem Prozeß infiziert, erfolgt sie doch unter der Maßgabe, durch die vorhandenen Modelle überhaupt dargestellt und erklärt werden zu können. Es geraten dann vor allem solche Einflußgrößen außer acht, die zwar geometrisch nicht abgebildet werden können, dennoch im Zentrum jeglicher sozialwissenschaftlicher Forschung stehen; hierunter zählen etwa Interessen, Einstellungen, Abhängigkeiten usw. (GIESE 1980:275; HARD 1973b:188 ff.).

4 Kritik am raumwissenschaftlichen Ansatz

Die Kritik am chorologischen Ansatz erschöpft sich jedoch nicht in den Themen „Forschungspraxis" und „Variablenauswahl", sondern berührt auch den Kern des gesamten Ansatzes, die (kilometrische) Distanz bzw. die relative Lage. So weist bereits SACK (1972) auf den mangelnden Erklärungswert räumlicher Variablen hin:

„The construction of the space and the location of places in it becomes a matter of visual or graphic representation of part of the relationships expressed in the laws or theories. Furthermore, the visual representation may be possible for only certain activities, those that have relationships that are expressible in one, two, or three dimensional spaces, with visual geometries. Since these spaces are determined after the discovery of the laws, their value is not found in their contribution to explanation. No information can be obtained from them that could not be obtained from the laws themselves." (SACK 1972:76)

Die hohe Bedeutung der Distanz in der geographischen Theoriebildung ist nach ABLER/ADAMS/GOULD eher einer älteren Epoche (dem späten 19. Jh. mit seinem Aufkommen der Eisenbahn) zuzurechnen, während heute doch eine andere Schwerpunktsetzung vorzunehmen sei; denn durch die modernen Kommunikationstechnologien reduziere sich „the importance of relative location as an explanatory variable". (ABLER/ADAMS/GOULD 1971:572). Somit gelte: „The geography of the future is the geography of human choice" (ebd.); das Verhalten der Menschen wird dabei als raumgenerierend, nicht aber als raumerzeugt verstanden (ebd.).

Am konkreten Beispiel des Konzepts „Distanzwiderstand", d. h. der Erklärung menschlicher Interaktionen durch die Distanz zwischen den Beteiligten, zeigt Höllhuber, wie wenig durch die Distanz erklärt wird, wenn nicht erklärt wird, weshalb diese und jene Distanz diese Auswirkungen hat (HÖLLHUBER 1982:17 ff.; vgl. a. BAHRENBERG 1987b:233 f.; OLSSON 1970:153,166). HARD spricht deshalb konsequenterweise auch von der „Scheindeterminanten 'Distanz'", dahinter „steht z. B. die sehr variable Partizipation der betreffenden Gruppen an bestimmten Ideologien und Kommunikationssystemen, stehen überhaupt Einstellungs- und kommunikative Faktoren". (HARD 1973b:189; vgl. a. WERLEN 1997:50 f.)

Die Distanzvariable erklärt nur dann etwas, wenn sie als Indikator für soziale, politische und ökonomische Tatbestände verstanden wird; je mehr sie aber durch diese konkretisiert wird, desto geringere explanatorische Potenz hat sie.[28] Wird Distanz auf die Faktoren zurückgeführt, denen sie ihre Wirksamkeit überhaupt erst verdankt, wird sie selbst überflüssig; sie verschwindet aus der Erklärung.

Warum dennoch die Distanz anstelle der ihr zugrundeliegenden Faktoren den Kern der „Quantitativen Geographie" ausmacht, ist sicherlich auch aus disziplinpoliti-

---

[28] Dies ist auch nicht dadurch zu umgehen, daß die metrische Distanz durch zeitlich, kognitive, soziale etc. Distanzen ersetzt wird (vgl. etwa GATRELL 1983:44 ff.), da die daraus konstruierten Räume (vgl. a. Abb. 3-1) zwar oft recht anschaulich wiedergeben, welche zeitlichen etc. Distanzen existieren, über diese Ausgangsdaten hinaus aber nichts aussagen können.

schen Abgrenzungsgründen – Geographie muß „räumlich" sein – zu erklären. Eine zweite Ursache ist aber darin zu sehen, daß durch die Substitution von Politik und Wirtschaft durch Distanz die Beschäftigung mit zahlreichen schwierigen, erhebungstechnisch fordernden und politisch problematischen Fragen vermieden werden kann: „Die Distanzvariable schluckt die Probleme so wirkungsvoll wie einst die Landschaft es tat; infolgedessen ist dieser raumwissenschaftliche Strand [des BARTELSschen 'Strandlebens' (BARTELS 1975)] schließlich so idyllisch wie weiland die landschaftliche Welt." (HARD 1979:31)[29]

Zu retten ist nach HARD der chorologische Ansatz für die Geographie nur dann, wenn er verbunden wird mit Variablen der Kommunikation, Informiertheit, Wertschätzung usw., kurz: einem Ansatz „Umweltwahrnehmung" (HARD 1973b:190). Diesen Aspekt aufgegriffen und empirisch umgesetzt hat in konsequenter Manier HÖLLHUBER in seinen Arbeiten über die Wohnortwahl bzw. das Umzugsverhalten in Karlsruhe (HÖLLHUBER 1975, HÖLLHUBER 1976, HÖLLHUBER 1982).

Gerade in den gelungenen Umsetzungen einer „wahrnehmungsgeographischen" Herangehensweise verschwindet aber das, was dadurch ursprünglich ergänzt und verbessert werden sollte: die distanz-relationale Betrachtungsweise. Indem Distanzen oder auch einzelne Standorte nicht mehr aus sich heraus, d. h. über die spezifischen Standorteigenschaften bzw. die distanzabhängigen Einflußfaktoren, als erklärende Größen verstanden werden, sondern als Symbole für die jeweiligen sozialen, ökonomischen oder politisch-kulturellen Gegebenheiten, hat die Messung der Lagebeziehungen lediglich deklamatorischen Charakter, dient zur vordergründigen Anbindung an raumwissenschaftliche Grundpositionen. Wird dies hingegen ernsthaft unternommen, d. h. räumliche Verteilungen von Standorteigenschaften mit Bewußtseinsinhalten verschnitten, entstehen Konstrukte, die Aussagen zu keiner der beiden Seiten mehr ermöglichen (vgl. als Musterbeispiel die Diskussion um das Regionalbewußtsein; ASCHAUER 1990; BAHRENBERG 1987a; BLOTEVOGEL/HEINRITZ/POPP 1986, BLOTEVOGEL/HEINRITZ/POPP 1989; HARD 1987c, HARD 1987d).

Nun ist es eine nicht gerade neue Erkenntnis, daß der Weg einer Wissenschaft von der dissidenten Kritik am *main stream* wenn überhaupt, dann eher geringfügig beeinflußt wird. Entscheidender sind vielmehr die Entwicklungen innerhalb der „Normalwissenschaft" (um hier Kuhns Vokabular für ein dominantes Paradigma zu benutzen) und das gesellschaftliche Umfeld.

Zum ersten Punkt läßt sich schon bald nach der Etablierung der „Quantitativen und Theoretischen Geographie" (so der Fahnenbegriff des raumwissenschaftlichen Ansatzes) Krisenhaftes feststellen. Denn es fallen Methode und Theorie zunehmend auseinander, genauer: im Bereich der Methodik werden die einzelnen Rechenverfahren immer ausgefeilter, während gleichzeitig der Bezug zu einer Fragestellung, zur Frage, welches Problem denn damit wie erklärt werden kann, in den Hintergrund tritt; und zahlreiche theoretische Arbeiten widmen sich vorrangig der disziplininternen Nabelschau, ohne viel mehr als Appelle zugunsten bestimmter Forschungsrichtungen äußern zu können. Symptomatisch für diese Auseinanderentwicklung sind verschiedene Tagungsbände von Veranstaltungen zum Thema „Theorie und Quantitative Methodik in der Geographie" (BAHRENBERG/TAUBMANN 1978;

---

[29] ähnlich, aber grundsätzlicher, auch BECK 1981a, BECK 1981b, BECK 1982

BAHRENBERG/FISCHER 1984; OSTHEIDER/STEINER 1981) bzw. „Theoretical and Quantitative Geography" (BAHRENBERG/FISCHER 1986; hier sind theoretische Fragestellungen überhaupt nur noch bei einem stark reduzierten Theoriebegriff festzustellen).

Selbstverständlich kann es keine Kritik an diesen Tagungen sein, daß die Teilnehmer nicht durchgängig methodisch *und* theoretisch fruchtbare Beiträge liefern; es liegt in der Natur solcher auch als „work in progress" verstandenen Symposien, daß aus dem jeweils aktuellen und oft sehr speziellen Forschungsgebiet berichtet wird und daher der Schwerpunkt auf bestimmten Einzelfragen etwa zur Methodik liegt. Gravierender ist eine andere Tendenz: So fällt es überaus schwer, etwa in BAHRENBERG/FISCHER 1984 auch nur ansatzweise Kommunikabilität zwischen Beiträgen zu konstatieren, deren Spektrum von „Linear structural equation models with spatio-temporal auto- and crosscorrelation" bis „Physik als exakte Gesellschaftstheorie oder politische Ökonomie als Wissenschaft von der Natur" reicht. Bereits in einem als Arbeitskreis verstandenen Zusammenhang sind demnach die Kommunikations- und Interessensbarrieren derart hoch, daß sich eine Konfrontation mit anderen Bereichen der Anthropogeographie erübrigt.

Nun kann eine divergierende Entwicklung einzelner Sparten der Geographie mit einem Achselzucken quittiert oder auch wissenschaftstheoretisch wie -praktisch diskutiert und gutgeheißen werden. Tatsächlich ist solch ein Vorgang in anderen Fächern eher der Normal- als ein Sonderfall. Insofern könnte davon gesprochen werden, daß die Geographie an einem quasi natürlichen, aus sich heraus zu erklärenden Prozeß der (auch institutionellen) Spezialisierung und Aufspaltung teilnimmt. Das (vorläufige) Endstadium sind dann nicht nur zwei, sondern deutlich mehr Fächer, die als Appendix die Bezeichnung „-geographie" tragen, ansonsten aber nichts mehr miteinander zu tun haben – es sei denn den Streit innerhalb eines gemeinsamen universitären Instituts um Mittel, über deren Verwendung den jeweils anderen Abteilungen keinerlei wissenschaftsbezogenes Urteil möglich ist.

Dieser Tendenz steht jedoch eine Reihe von mächtigen Faktoren gegenüber. Die drei wichtigsten sind wohl folgende:

1. Die Auseinanderentwicklung der Geographie ist nicht nur ein wissenschaftliches (d. i. minderes), sondern auch ein disziplinpolitisches (d. i. gravierendes) Problem, dem nicht durch Beschwörungen einer Einheit der (zumindest Anthropo-)Geographie zu begegnen ist – wie es in den 70er und 80er Jahren immer wieder geschehen ist. Für den Erhalt der Geographie als wissenschaftliches wie als Schulfach ist die Einheit des Faches wenn schon nicht als Tatsache, so doch als Programm die wohl einzige stichhaltige Begründung; zur Analyse des räumlichen Aspekts etwa von Unternehmensentscheidungen bedarf es fürwahr keiner eigenständigen universitären Disziplin. Nur das Versprechen, Ansätze und Erkenntnisse *anderer* Disziplinen integrieren zu können – und sei es als schulisches „Zentrierungsfach" –, rechtfertigt die Existenz einer eigenständigen Disziplin „Geographie".

2. Auch der Arbeitsmarkt für Diplomgeographen verlangt nach einem fachspezifischen Kern der Geographieausbildung. Der oft geäußerte Rat an Geographiestudenten, durch geschickte Nebenfachwahl und entsprechende Zusatzqualifikationen den späteren Arbeitgebern die Gewähr zu bieten, etwa mit Ökonomen oder Biologen fachlich konkurrieren zu können, ist allenfalls eine Ausweichstrategie. Das Bekenntnis, über die fundierten ökonomischen oder biologischen Kenntnisse hinaus

auch ein „Denken in Zusammenhängen", einen „integrierten Blick" usw. gelernt zu haben, ist als Begründung dafür, anstelle eines Ökonomen oder Biologen einen Geographen einzustellen, solange von eher geringem Nutzen, wie dieser Herangehensweise kein methodisches Instrumentarium entspricht.

3. Eng mit beiden Elementen des externen Drucks in Verbindung steht die aus der inneren Schwäche des Faches geborene freiwillige, ja vorauseilende Ausrichtung an äußeren Einflüssen, die so gern als Praxisrelevanz apostrophiert wird. Praxisrelevanz bedeutet hier nicht die Entwicklung von Verfahren, Methoden und Erkenntnissen, die aus den wissenschaftsinternen Prozessen resultieren und dann gesellschaftliche Bedeutung entfalten, sondern umgekehrt die Orientierung der Wissenschaft nicht nur thematisch, sondern auch methodisch-konzeptionell an den vermuteten oder tatsächlichen gesellschaftlichen Notwendigkeiten bzw. Ansprüchen.[30]

Eine aus diesen drei Faktoren gespeiste Weiterentwicklung der Geographie hat demnach folgenden Forderungen zu genügen:

– Sie muß sich als integrative Plattform präsentieren.
– Sie muß ein entsprechendes Instrumentarium anbieten.
– Dieses muß politisch-planerisch anwendbar sein.

Diesen Anforderungen genügt auf einzigartige Weise ein neues methodisches Instrument, die sog. Geographischen Informationssysteme (GIS).

5   Geographische Informationssysteme

Eine Reihe von Gründen lassen die Plazierung dieses Kapitels als Unterpunkt der Ausführungen zum raumwissenschaftlichen Ansatz als ungewöhnlich, wenn nicht gar falsch erscheinen:

– Geographische Informationssysteme sind disziplingeschichtlich am ehesten eine Weiterentwicklung von Arbeitsfeldern wie Kartographie oder Fernerkundung und damit kein spezifisch anthropogeographisches Forschungsgebiet.
– Geographische Informationssysteme sind in (Teilbereichen) der Physischen Geographie deutlich weiter verbreitet als in der Wirtschafts- und Sozialgeographie.
– Der raumwissenschaftliche Ansatz mit seinen räumlichen Modellen und die Geographischen Informationssysteme sind zwei institutionell getrennte Arbeitsbereiche in der deutschen Geographie (vgl. die entsprechenden Arbeitskreise „Theorie und Quantitative Methodik" bzw. „GIS").
– Auch inhaltlich werden beide Bereiche allenfalls als komplementär betrachtet, nicht aber das eine als Unterpunkt des anderen (FISCHER/NIJKAMP 1993:7).

---

[30] Ein vierter Faktor, der zur „Zentrierung" des Faches beiträgt, ist die starke Orientierung der Geographie an diversen Laienpublika (vgl. a. HARD 1979:22). Dieser Faktor ist aber einerseits gegenüber den drei genannten als schwächer einzustufen und andererseits nicht unbedingt wirksam im Hinblick auf eine – unumgängliche – Modernisierung des Faches. Das Interesse etwa kulturell führender Kreise an der Geographie bewegt sich doch zumeist im Rahmen traditioneller länderkundlicher oder exotisch-sensationeller Themen.

Dennoch gibt es gute Gründe, Geographische Informationssysteme als Weiterentwicklung des raumwissenschaftlichen Ansatzes zu betrachten:
- Daß auch in anderen Teildisziplinen der Geographie GIS angewandt werden, kann nicht als Argument gegen die Postulierung einer entsprechenden Entwicklungstendenz in der raumwissenschaftlichen Anthropogeographie verwandt werden, weil es hier nicht um die Herleitung von GIS geht, sondern um die Fortschreibung des raumwissenschaftlichen Ansatzes. Vielmehr müßte bzw. muß aus der Beobachtung der zunehmenden Nutzung von GIS in verschiedenen geographischen Teildisziplinen auf eine Konvergenz zumindest im methodisch-instrumentellen Bereich geschlossen werden.
- Die rasante technische Fortentwicklung Geographischer Informationssysteme befähigt deren Analyseteil in immer stärkerem Maße auch zur räumlichen Modellbildung; zugleich versprechen GIS wie moderne Informationssysteme allgemein den Anwendern räumlicher Modelle bessere Praktikabilität und höhere Anschaulichkeit. Dadurch vergrößern sich die Überlappungsbereiche mit dem raumwissenschaftlichen Ansatz auch inhaltlich.
- Dementsprechend nimmt auch die thematische wie personelle Nähe zwischen den beiden Arbeitskreisen „Theorie und Quantitative Methodik" und „GIS" zu; ähnliche Veranstaltungen sind ebenso anzutreffen wie Doppelmitgliedschaften.
- Innerhalb der Anthropogeographie sind es im wesentlichen Vertreter des raumwissenschaftlichen Ansatzes, die sich mit GIS beschäftigen, weniger etwa Historische Siedlungsgeographen. Auch daher können starke Affinitäten des raumwissenschaftlichen Ansatzes zu GIS vermutet werden.
- Nicht zuletzt entsprechen GIS auch den Grundelementen der BARTELSschen „chorischen Analytik": den Lage-Merkmalen und den Sacheigenschaften in ihrer Verknüpfung.

Damit ist die Frage aufgeworfen, was Geographische Informationssysteme überhaupt sind, welche Vorteile sie gegenüber dem herkömmlichen raumwissenschaftlichen Ansatz haben und welche Perspektiven für die Geographie im allgemeinen und die Landeskunde im besonderen daraus erwachsen.

Ein Geographisches Informationssystem ist der Spezialfall eines Informationssystems. Darunter wiederum versteht man „that chain of operations that takes us from planning the observation and collection of data, to storage and analysis of the data, to the use of the derived information in some decision-making process". (STAR/ESTES 1990:2) Obwohl ein solches Informationssystem nach dieser Definition auch manuell sein kann, ist es im heutigen Sprachgebrauch identisch mit seiner automatisierten oder auch digitalen Form, d. h. mit entsprechenden Computerprogrammen. Diese können als integrierte Programmpakete vorliegen oder aber aus einzelnen, voneinander unabhängigen Programmen zusammengesetzt sein.

Unter den Informationssystemen stellen GIS insofern einen Sonderfall dar, als sie neben Daten i. e. S., also bestimmten Sacheigenschaften, auch deren Lage-Merkmale berücksichtigen und verarbeiten. Welche Komponenten damit ein GIS enthält, zeigt Abb. 3-3.

Abb. 3-3: Komponenten Geographischer Informationssysteme

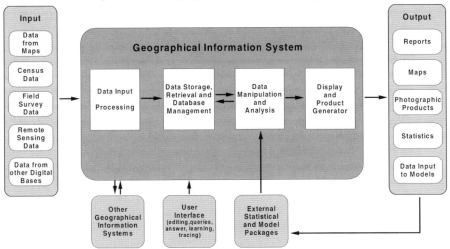

Quelle: FISCHER/NIJKAMP 1993:5

Es soll hier nicht unterschlagen werden, daß die Autoren sich mit dieser Abbildung als Vertreter einer eher engen, technisch ausgerichteten Definition von GIS erweisen, während Anhänger einer mehr organisatorisch-institutionellen Perspektive Geographische Informationssysteme doch breiter auffassen. Während FISCHER/ NIJKAMP als GIS im wesentlichen nur das bezeichnen, was als Programm(paket) vorliegt, werden von anderen Autoren auch die in der Abbildung gesondert dargestellten Bereiche der Datenaufnahme (Input), der Modellbildung (External Statistical and Model Packages) und der Darstellung (Output) hinzugerechnet, teilweise sogar der gesamte Komplex der Problemstellung und -lösung (zu den verschiedenen Definitionen vgl. MAGUIRE 1991:10 f.).

Wie eng oder weit auch die Definitionen von GIS jedoch gefaßt werden: Sie besagen sehr wenig über deren spezifische Eigenschaften. So gilt etwa für die Abb. 3-3, daß sie ihren Inhalt, die Komponenten von GIS darzustellen, fast ausschließlich durch die *Beschriftung* als GIS erhält. Schließlich verwendet jeder empirisch arbeitende Geograph
- Daten aus Karten, Volkszählungen, Feldforschungen usw.,
- organisiert und kontrolliert sie (und sei es die Reinschrift einer Kartierung),
- speichert sie in einer Datenbank (und sei es ein Zettelkasten),
- verändert und analysiert sie (und sei es eine Strichliste) und
- erstellt daraus ein Ergebnis mit Abbildungen, Statistiken und Karten.

Die hier vorgestellten Merkmale von GIS sind demnach nichts anderes als die Elemente empirischen Arbeitens.

Das Spezifische eines Geographische Informationssystems liegt damit nicht in der Zusammenstellung seiner Komponenten, der darin enthaltenen Arbeitsschritte. Worin aber dann? Im wesentlichen sind drei Aspekte von entscheidender Bedeutung:

1. die Verwendung des Computers und – allgemein – automatisierter Verfahren,[31]
2. die Art der Anordnung und Verknüpfung der räumlich fixierten Sachdaten und
3. die Einbettung des gesamten GIS in die wissenschaftliche und/oder politisch-planerische Argumentation.

Zu 1: Der Kern eines jeden GIS ist ein bestimmter Ausschnitt der Erdoberfläche, auf dem dann die Sachinformationen verortet werden. Anders als in herkömmlicher geographischer Arbeit, bei der erst nach einer – „räumlichen" – Analyse entschieden wird, welche Ausgangsdaten oder Endergebnisse räumlich-kartographisch dargestellt werden und wie dies geschieht, beginnt der Aufbau eines GIS mit der exakten Verortung der jeweiligen Sachdaten.[32] Dies dient im wesentlichen zwei Zwecken:
- Festlegung von räumlichen Objekten (Punkten, Linien, Flächen) zur Überlagerung verschiedener Sachinformationen in demselben *räumlichen* Objekt,
- Festlegung des Lagebezugs der räumlichen Objekte (topologische Struktur) zur Feststellung von Nachbarschaft, Insellage usw. auf (zunächst) derselben *sachlichen* Ebene.

Die räumliche Fixierung von Sachdaten kann im einfacheren Fall bedeuten, daß zunächst eine Grundkarte etwa mit Gemeinde- oder Stadtteilgrenzen digitalisiert (d. i. in den Computer eingegeben) wird, worauf den räumlichen Untereinheiten (hier: Gemeinden bzw. Stadtteile) Schlüsselnummern zugewiesen werden und alle Sachdaten mit diesen Schlüsselnummern kodiert werden. Im schwierigeren Fall entspricht jeder Variablen eine andere räumliche Verteilung, die jeweils getrennt digitalisiert werden muß. So haben innerhalb einer Stadt etwa statistische Bezirke eine andere Abgrenzung als Gebiete gleicher Abgas- oder Lärmbelastung, und lineare Informationen (z. B. Abwasserkanäle) sind wieder anderen räumlichen Kategorien zuzuordnen. Um all diese Informationsebenen innerhalb eines GIS einsetzen zu können, muß ein übergreifender räumlicher Maßstab gefunden und angewandt werden; in der Mehrzahl der Fälle dürfte das Gauß-Krüger- oder das UTM-Netz ein geeignetes Bezugssystem sein.

Bereits bei der Digitalisierung treten verschiedene Probleme auf, die aus der notwendigen eindeutigen Verortung der Sachdaten resultieren. Hierzu gehören etwa Fragen der Projektion (bei größeren Gebieten), der Auflösung und Eindeutigkeit der zugrundeliegenden analogen Karte bzw. des Luftbildes oder der Verstetigung von Kontinua auf einem Luftbild (z. B. Wassertiefen) durch Interpolation. Besondere Anforderungen stellt darüber hinaus die automatisierte Umsetzung von Luft- oder Satellitenbildern in digitale Karten.

Die durch die Digitalisierung gewonnenen Flächen und Linien liegen zunächst nur als Pixel, d. h. als Abfolge von Punkten vor. Um sie auch als Linien bzw. Flächen bearbeiten und handhaben zu können, müssen sie in einem zweiten Arbeitsschritt

---

[31] So untertiteln etwa BILL/FRITSCH (1991) ihren Band 1 der „Grundlagen der Geo-Informationssysteme" mit „Hardware, Software und Daten".

[32] Hierzu können neben materiellen Sachverhalten auch immaterielle zählen, so etwa Ausprägungen emotionaler oder ästhetischer Kategorien (vgl. QUASTEN/WAGNER 1996). An dieser Stelle deutet sich bereits eine Affinität von GIS sowohl zu landschaftsgeographischen Positionen (s. o.) als auch zu bewußtseinsgeographischen Ansätzen (s. Kap. 3.2) an.

vektorisiert werden (sofern nicht die flächenhafte Rasterung erhalten bleiben oder als Mischform ein sog. hybrides Datenmodell verwendet werden soll). Hierbei treten Fragen nach dem Generalisierungsgrad auf, oder es müssen Überschneidungen und tote Winkel (als verfahrensbedingt informationslose Gebiete) korrigiert werden.

Da die exakte Verortung aller Sachverhalte das grundlegende, definitorische Element eines GIS ist,[33] das jeder Verwendung der Sachdaten vorausgeht, sind es gerade die angesprochenen Probleme der Umsetzung der Ausgangsinformationen, die in der einschlägigen Literatur immer noch den größten Raum einnehmen (vgl. STAR/ESTES 1990:76 ff; div. Beiträge in DOLLINGER/STROBL 1994, FISCHER/ NIJKAMP 1993, MAGUIRE/GOODCHILD/RHIND 1991). Zunehmend größere Aufmerksamkeit erfahren heute Fragen der regionalstatistischen Analyse, der räumlichen Modellbildung und der Ergebnisdarstellung in GIS, wobei hier zumeist auf die Vorarbeiten des raumwissenschaftlichen Ansatzes[34] oder der Kartographie zurückgegriffen werden kann (ANSELIN/GETIS 1993; DEURSEN 1995; FISCHER/SCHOLTEN/ UNWIN 1996a; LONGLEY/ BATTY 1996a; MANDL 1993; OPENSHAW 1990).

Zu 2: Die Informationen, die aus einem fertiggestellten GIS gewonnen werden können, sind vielfältiger Natur. Zunächst ermöglicht es, durch einfache Bewegungen mit einem Zeigegerät (z. B. einer Maus) die vorhandenen Informationen über einen Punkt oder einen räumlichen Ausschnitt abzurufen. Auch lassen sich sehr schnell räumliche Verteilungen bestimmter Sachdaten (z. B. als Bodenpreisgefälle innerhalb einer Stadt) berechnen und darstellen. Die wichtigste Funktion eines GIS, die in keiner Darstellung dieses Instruments fehlt und auch in ihrer Bedeutung immer wieder hervorgehoben wird, ist jedoch die spezifische Form seines Aufbaus und – daraus abgeleitet – die Möglichkeit der Verschneidung[35] räumlich fixierter Sachdaten (Abb. 3-4).

---

[33] Dem widerspricht nicht, daß die Sachdaten auch stochastische oder fuzzy Informationen bieten können, denn diese Informationen bleiben weiterhin konkreten räumlichen Objekten zugeordnet, die in einem GIS exakt zu lokalisieren sind (vgl. FISCHER/NIJKAMP 1993:4; MANDL 1994:465 ff.). Eine alternative Möglichkeit sind eindeutige Sachdaten, deren Verortung lediglich annäherungsweise bestimmt werden kann; hieraus lassen sich aber wiederum Orte bzw. Räume mit unterschiedlicher Wahrscheinlichkeit des Vorkommens einzelner Sachdaten konstruieren.

[34] hier verstanden im Sinn der Abschnitte 1-4. Hinzu tritt die – quasi umgekehrte – Erkenntnis, daß mit Hilfe eines GIS gerade die räumlichen Komponenten einer raumwissenschaftlichen Analyse einfacher und effektiver in eine Erklärung zu integrieren sind (ANSELIN/GETIS 1993:35), ja daß der raumwissenschaftliche Ansatz durch GIS wieder neue Attraktivität und neue Anwendungsbereiche gefunden hat (LONGLEY/BATTY 1996b).

[35] Unter „Verschneidung" ist die Kombination verschiedener Sachdaten nach Flächen zu verstehen. So können etwa mit einem kommunalen GIS die Informationen zur Lärmbelastung und zu den Bodenpreisen dergestalt miteinander verschnitten werden, daß räumliche Übereinstimmungen zwischen den Ausprägungen beider Kategorien ermittelt und kartographisch dargestellt werden (vgl. AUGSTEIN/GREVE 1994:22; BRÜCKLER/ RIEDLER 1994:141).

Abb. 3-4: Aufbau eines Geographischen Informationssystems „Malaysia"

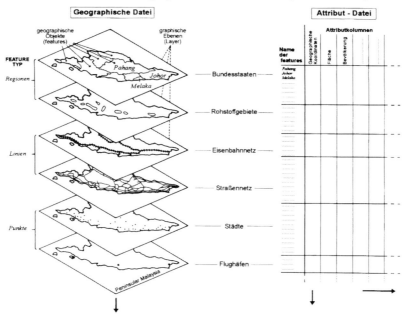

Quelle: KRAAS 1993:713

Nun ist es verschiedenen Autoren nicht unbemerkt geblieben, daß diese Struktur eines GIS mit seinem Aufbau in thematischen Schichten (Layern) eine frappierende Ähnlichkeit mit, ja inhaltliche Nähe zu einem wesentlich älteren Modell geographischen Arbeitens aufweist: HETTNERs länderkundlichem Schema (KILCHENMANN 1991a:129; MARGRAF 1994a:487; MARGRAF 1994b). Dieses wird von KRAAS sogar optisch neben das eigene GIS „Malaysia" (Abb. 3-4) gestellt, wodurch für den Betrachter die weitgehende Übereinstimmung nicht zu übersehen ist (Abb. 3-5).

Abb. 3-5: Hettners „Länderkundliches Schema"

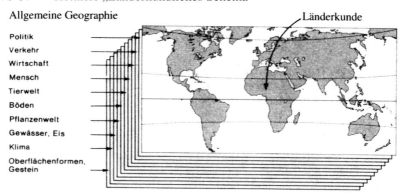

Quelle: KRAAS 1993:713 (n. Weigt, E.: Die Geographie. Braunschweig 1979)

Seltsamerweise unterbleibt aber nicht nur bei dieser Autorin jegliche Kommentierung dieser auffälligen Übereinstimmung. Aus der gesamten Diktion des Artikels ist lediglich abzuleiten, daß mit den Geographischen Informationssystemen wohl eine Art Kontinuität zu immer-schon-dagewesenen Betrachtungsweisen der Geographie gewahrt bleibt, besser: wieder hergestellt wurde.

Explizit wird auf das Verhältnis GIS – Länderkundliches Schema von DOLLINGER (1989) und später von MARGRAF (1994a,b) eingegangen, wobei die Gemeinsamkeit zunächst im Aufbau der Datenstruktur gesehen wird:

> So „hat sich das Schichtenkonzept des länderkundlichen Schemas sowohl als inhaltliche Inventarisierungsgrundlage als auch als Speicherkonzept (Layer-Struktur) bewährt, der Flächenverschnitt und verschiedenste Formen der Überlagerung von Informationsschichten als die zentrale GIS-Methodik herausgebildet und die Ergebnisdarstellung in Karten neben der Daten- und Methodenbank als gleichwertiger Bestandteil von GIS gegenüber dem allgemeinen Informationssystem entwickelt". (MARGRAF 1994a:487)

Nun könnte darauf hingewiesen werden, daß das länderkundliche Schema bei HETTNER alles andere als eine analysesteuernde Funktion hatte; vielmehr war für ihn „die ganze Frage des länderkundlichen Schemas ... keine Frage der Erkenntnis, sondern lediglich eine didaktische Frage; es ist eine Frage der Zweckmäßigkeit der Darstellung". (HETTNER 1932:2).[36] Für Erklärungen ist nach HETTNER das länderkundliche Schema hingegen völlig ungeeignet:

> „Eine Nachbildung der Ursächlichkeit eines Landes durch die Anordnung der Darstellung [entsprechend dem länderkundlichen Schema; sinngemäßer Zusatz von mir, W. A.] ist darum ... unmöglich; die verwickelte Wechselwirkung, die in der Natur nun einmal besteht, spottet der Nachbildung." (HETTNER 1932:4)

Der Bezug auf HETTNER ist wohl den immer wieder auftretenden Versuchen zuzurechnen, dem eigenen Tun – hier: dem Aufbau und Betreiben eines GIS – durch den Verweis auf die Anbindung an einen der Ahnherren der deutschen Geographie wissenschaftstheoretische Reputation zu verschaffen – unabhängig davon, ob sich eine solche Ahnenfolge durch eigene Lektüre bestätigen läßt oder nicht.

Wesentlich gravierender als diese Frage ist jedoch, daß die Kritik am länderkundlichen Schema, besser: an der sich darauf berufenden wissenschaftlichen Praxis, in keiner Weise berücksichtigt und aufgearbeitet wird.[37] Es scheint, daß den Vertretern Geographischer Informationssysteme die Kritik an ihren Vorläufern, auf die sie

---

[36] WARDENGA bezeichnet HETTNER daher auch explizit als „Darstellungstheoretiker" (WARDENGA 1995:225).

[37] Immerhin benennt MARGRAF als Charakteristikum eines GIS „die klare anwendungsorientierte Herangehensweise, die weit über eine Inventarisierung und Archivierung, wie sie dem länderkundlichen Schema oft vorgeworfen wird, hinausgeht". (MARGRAF 1994a:488) Selbstverständlich meint er damit die Inventarisierung usw., wie sie *Arbeiten*, die nach dem länderkundlichen Schema *vorgehen*, vorgeworfen wird. Damit ist der Satz so zu verstehen, daß zum länderkundlichen Schema die klare Anwendungsorientierung hinzutreten muß, um ein (gutes) GIS zu ergeben.

sich berufen und auf die sie sich konzeptionell auch zurückführen lassen, nicht weiter bekannt ist. Zumindest ist mir eine entsprechende Auseinandersetzung unbekannt.

Wahrscheinlich geht diese Kritik jedoch am Großteil der tatsächlichen GIS-Praxis vorbei. Schließlich lassen sich GIS sehr wohl als räumliche Datenbanken verstehen (wie sie auch die Landschafts- und Länderkunde produzierte); ebenso kann die Verschneidung (oder auch Kartendeckmethode) ein wichtiges Mittel zu Hypothesengenerierung verstanden werden – bereits BARTELS wies auf dieses Instrument des „Koinzidenz-" oder „Deckungsprinzips" hin. Problematisch wird es hingegen zum einen bei der GIS-gestützten Konstruktion räumlicher Modelle, da hier die Unzulänglichkeiten distanz-relationaler Erklärungen durch die integrierte Darstellung überdeckt werden und der Schein falscher Konkretion entsteht.[38] Zum anderen wirkt sich der technisch-methodische Aufbau eines GIS in Layern präjudizierend auf Erklärungsmuster aus, die formal und inhaltlich länder- und landschaftskundlichen Vorgehensweisen entsprechen, ohne aber – von Ausnahmen abgesehen – in dieser Hinsicht theoretisch reflektiert zu werden. Damit ist bereits das dritte wichtige Merkmal von GIS angesprochen: die Einbettung in die wissenschaftliche und/oder politisch-planerische Argumentation.

Zu 3: Die Begründungen dafür, ein Geographisches Informationssystem aufzubauen und einzusetzen, erstrecken sich inzwischen über ein weites Spektrum. Hier sollen nur die wichtigsten angeführt werden, wobei sich ein Zusammenhang mit der Art des Anwenders feststellen läßt.

Für lokale oder regionale Verwaltungen sind folgende Elemente von GIS wichtige Argumente für deren Einsatz:
– Als integriertes Informationssystem zentralisiert und vereinheitlicht es Daten einzelner Behörden und Abteilungen und reduziert den Aufwand der Datenverwaltung (einfacherer Datenzugriff, Vermeidung von Mehrfachhaltung von Daten usw.).
– Die Möglichkeit zur schneller Datenaktualisierung ist besser gegeben als in analogen Medien wie Plänen oder Karten.
– Es können auf dem Karten-Bildschirm oder in der zugeordneten Datenbank effiziente Such- und Abfrageprozeduren durchgeführt werden.
– In GIS existieren vielfältige Be- und Verarbeitungsmöglichkeiten (Verschneidungen, Analyse- und Modellierungstools), die zu neuen Informationen führen können.
– Die unterstützte Erstellung von Szenarien erleichtert die Planung von Projekten.
– Vielfältige Präsentationsfunktionen vereinfachen vor allem die Herstellung von Karten unterschiedlichen Maßstabs und Blattschnitts.

---

[38] So kann festgestellt werden, daß die an theoretischer wie praktischer Anämie darniederliegende Quantitative Geographie durch GIS zu neuem Leben erweckt worden ist (vgl. a. LAKE 1993:404 f.). Da die Analysemöglichkeiten innerhalb von GIS immer noch weit hinter dem methodischen Instrumentarium der quantitativen Geographie hinterherhinken, ist als wesentlich neue Qualität vor allem das visuell organisierte Daten-*handling* anzusehen.

- Weitere Vorzüge von GIS sind der erleichterte Datentransfer zu anderen Verarbeitungssystemen (via Modem oder Datenträger), worunter etwa besondere Ausgabeprogramme oder andere Informationssysteme zu verstehen sind, und die gute Einpassung in aktuelle Tendenzen kommunaler Rationalisierungsbemühungen, mittels derer das Personal reduziert und durch einige Computer-Fachkräfte ersetzt werden soll (AUGSTEIN/GREVE 1994:21 f.; BRASSEL 1991; BRÜCKLER/RIEDLER 1994:147 f.).

Über diese Nutzung eines GIS als im wesentlichen verbessertes Instrument herkömmlicher Datenabfragen und -aufarbeitung hinaus geht seine Funktion der räumlichen Entscheidungsunterstützung, d. h. seine Rolle in und für Politik. Entscheidungsunterstützende Systeme (decision support systems) können dabei verstanden werden als Mittler zwischen (reinen) Informationssystemen und Planungsprozessen (BATTY 1993:61; vgl. a. BIRKIN U. A. 1996; FISCHER/SCHOLTEN/UNWIN 1996b:9-11; JANKOWSKI 1995; NIJKAMP 1990:242). CALKINS unterscheidet drei Einsatzgebiete von GIS, und zwar:
- bei der Entscheidung, wann und wo von seiten der Politik gehandelt werden muß,
- bei der Analyse als Grundlage für die Formulierung von Politik und
- bei der Analyse, ob und in welchem Ausmaß die politischen Maßnahmen erfolgreich waren (CALKINS 1991:234).

Politik wird hier im technokratischen Sinn verstanden als optimale Umsetzung gesetzter Ziele in die gewünschten Ergebnisse; „rationale Planung" dient als Oberbegriff für die Phasen eines derartigen politischen Prozesses, in denen dann vielfältige Möglichkeiten zum Einsatz eines GIS gegeben sind (CALKINS 1991:237 ff.; vgl. a. BIRKIN U. A. 1996; COWEN/SHIRLEY 1991:299 ff.).

Auf zwei weitere Nutzungsbereiche eines GIS im Rahmen von Politik weisen HEYWOOD/CARVER (1994) hin: Zum einen können GIS ein Mittel dafür sein, die Gründe für eine bestimmte politische Entscheidung sowie den Entscheidungsprozeß selbst zu visualisieren und damit einsichtiger zu machen. Zugleich wird aber von den Autoren auch die Gefahr erkannt, daß GIS sich in ebendieser Anwendung sehr gut als – persuasives – Instrument zur nachträglichen Rationalisierung bereits vorher getroffener Entscheidungen eignet (HEYWOOD/CARVER 1994:261).[39]

Zum anderen – quasi als Gegenpol – werden GIS auch als Chance zur Verwirklichung partizipatorischer Politik gesehen. Der schnelle Zugang zu Daten, die einfache Anwendung von Modellrechnungen und Simulationen sowie die problemlose Visualisierung einzelner Ergebnisse können die Teilnahme an Politik und Planung stimulieren. Gleichzeitig darf jedoch nicht übersehen werden, daß von seiten der Politik (oder auch Unternehmen) bisher wenig Neigung besteht, GIS in diesem Sinn zu verwenden (HEYWOOD/CARVER 1994:262 f.).

Zudem – und über diese Einschränkungen der Autoren hinaus – bleiben sogar bei einem ermöglichten Zugang zu einem GIS mehrere grundsätzliche Probleme beste-

---

[39] Ebenfalls auf die Rolle von GIS für die Legitimation, ja Propaganda von Politik verweist RANDOW (1995), der zugleich an die – in zahlreichen Anpreisungen von GIS völlig ausgeklammerte – grundlegende Erkenntnis erinnert, „daß Meßmethoden, Datenformate und Programme stets auch Interessen codieren" (RANDOW 1995).

hen: So ist die Auswahl der Daten für ein GIS ebenso wie deren Kombination in Modellen und Simulationen von den Entscheidungen der GIS-Betreiber abhängig, wodurch die Spannweite möglicher Planungsalternativen in einem vorher festgelegten Maß präjudiziert wird. Nicht zuletzt besteht Politik auch daraus, Sachzwänge zu definieren und damit eine Entscheidung argumentativ zu immunisieren, während Alternativen nur innerhalb des übriggebliebenen Spielraums existieren;[40] nur dort, für diese Alternativen werden GIS eingesetzt. Damit aber bieten auch „partizipatorisch" genutzte GIS keinen Zugriff zu Sphären, in denen die grundlegenden politischen Entscheidungen getroffen werden.

Wie dargestellt, haben GIS zumindest konzeptionell zahlreiche Funktionen zu erfüllen, die von der Datenaufnahme und -speicherung über die Analyse, Modellbildung und Simulation bis zum Einsatz als kommunikatives Instrument zur Politik- oder Entscheidungsunterstützung reichen. In der Wissenschaft, hier: der Geographie, tritt eine weitere Aufgabe hinzu: die der Paradigmenbildung.

So ist es eine rhetorische Frage, wenn SIVERTUN zu GIS die Alternative „A Tool or a Discipline?" aufstellt und sich dabei auf entsprechende Stellungnahmen amerikanischer Geographen beruft (SIVERTUN 1993:37). Begründet wird die Disziplingründung durch GIS mit dem Zwang zu interdisziplinärer Zusammenarbeit:

„As several pressing environmental and resource management problems also have to involve chemical, biological, medical and other aspects as well as historical, mathematical, statistical, economical, political, sociological and psychological methods, we have to find the new scientific paradigm that offers these possibilities." (SIVERTUN 1993:38)[41]

Ein GIS ist dann sowohl das Ziel als auch das Mittel, die einzelnen Disziplinen zu integrieren. Es soll hier nicht unerwähnt bleiben, daß ein Software-Paket auf einem Computer doch etwas überfordert mit der Lösung aller dringenden Fragen dieser Welt sein könnte. Dennoch verweist dieser Vorstoß auf ein nicht nur politisch-planerisches, sondern auch wissenschaftliches Interesse an „integriertem Denken".

Dies ist aber nichts anderes als das klassische Paradigma der Geographie bzw. das Paradigma der klassischen Geographie – vor allem in Deutschland. So kann es nicht verwundern, hierzulande ähnliche Perspektiven der „Integration" nicht für eine neue Disziplin, sondern für eine alte – die Geographie – formuliert zu finden.

---

40 So versteht etwa CALKINS GIS nur innerhalb eines Entscheidungsspielraums (decision space) als anwendbar; dessen Begrenzung durch vorhandene Möglichkeiten (available resources) und Zwänge (constraints) gehen hingegen nicht in die Entscheidungsfindung via GIS ein (CALKINS 1991:235).

41 Auch nach ALBRECHT (1996) sind GIS eine eigene Disziplin bzw. auf dem Weg, es zu werden. Die Ingredienzien dieser neuen Disziplin stammen danach aus so unterschiedlichen Bereichen wie Geodäsie, Kartographie, Geographie, Stadtplanung, Bildbearbeitung, Informationstheorie, Mathematik usw. (ALBRECHT 1996:13). Unklar bleibt bei dieser parallelen Aufzählung von Wissenschaften, Techniken, Arbeitsbereichen und Theorie(teile)n, was eine solche Disziplin über eine Form der Datenbe- und -verarbeitung hinaus bestimmt. Immerhin werden Disziplinen im allgemeinen ja über ihre Fragestellungen und Theorien definiert.

Einen ersten Hinweis bietet der Titel eines bereits angeführten Artikels: „Von der Reisebeschreibung zum Geographischen Informationssystem" (KRAAS 1993). Eine mögliche Interpretation, die durch den Untertitel „Zum Problem der Erhebung und Verarbeitung geographisch relevanter Daten" noch gestützt wird, versteht diesen Titel als (Ankündigung einer) Zusammenfassung bisheriger Entwicklungen geographischer Methoden und Techniken – einer Entwicklung, die sich von simplen Reisebeschreibungen bis zu hochkomplexen Geographischen Informationssystemen erstreckt.

Nun ist es nicht ganz abwegig zu vermuten, daß ein V. HUMBOLDT oder ein V. RICHTHOFEN ihre Reiseberichte wohl kaum unter der Rubrik „Erhebung und Verarbeitung geographisch relevanter Daten" eingereiht hätten; vielmehr begriffen sie ihre Tätigkeit als Form des Erkenntniserwerbs, als Form des Zugangs zu einem Wissen über die bereisten Gebiete, der durchaus als Wissenschaft bezeichnet werden kann.[42]

Aus diesem Blickwinkel müßte der Titel des Aufsatzes mit „Von einer frühen Wissenschaftsform zu einer aktuellen Technik" paraphrasiert werden, was aber insofern unsinnig wäre, als Wissenschaft und Technik/Methode über unterschiedliche Bedeutungsreichweiten und Inhalte verfügen, mithin nicht ineinander übergehen können. Dieses Dilemma ist auf zwei Wegen aufzulösen: indem Reisebeschreibungen als Erhebungstechnik (miß)verstanden werden oder indem Geographische Informationssysteme als paradigmenzugehörig aufgefaßt werden. Für letztere Annahme lassen sich diverse Hinweise finden, wenn etwa

> „in der Physio- und Anthropogeographie zunehmend stärker integrative Arbeitsrichtungen ... (festgestellt werden), die die Forderung nach einer integrativ-systemhaften Betrachtungsweise der wechselseitig aufeinander bezogenen Elemente des Wirkungsgeflechts des Ökosystems Mensch-Erde stellen. ... Voraussetzung sind methodisch angemessene Instrumentarien, in denen die unterschiedlichen Daten integriert werden können. Geographische Informationssysteme sind vom Prinzip her diesem Anspruch eines interdisziplinär-integrativen Verfahrens gewachsen." (KRAAS 1993:716)

Merkmale eines hierfür geeigneten, weiterentwickelten GIS („Wissensbasierte Geographische Expertensysteme") sind unter anderem die „Fähigkeit zur automatischen Erkennung von Regelhaftigkeiten, allgemeinen Aussagen und weitgehend abgesicherten Trends" sowie die „Erarbeitung 'selbständiger', automatisierter Schlußfolgerungen" (KRAAS 1993:715).

Auf diese Weise steht im Zentrum eines länder- oder regionalkundlichen GIS nicht die bloße Erfassung und Strukturierung relevanter Daten, sondern die Integration aller Objektarten (d. h. Typen regionaler Information), „bis sie in ihrer Gesamtheit den qualitativen Umschwung zu einer ganzheitlichen Betrachtung der Spezifik einer bestimmten Region oder Landschaft ermöglichen". (MARGRAF 1994b:28) Ein regionalkundliches GIS geht somit weit über das formale Schichtmodell hinaus und wird zur Verwirklichung eines Holismus im Sinne der alt-geographischen Land-

---

[42] Daß spätere Geographen ihnen vorwarfen, es sei nicht mehr als deskriptives Faktenwissen, ändert nichts am Stellenwert dieser Reiseberichte sowohl für die Autoren als auch die Leser.

schaftskunde[43] – was nicht zuletzt mit dem Verweis auf BOBEK/SCHMITHÜSEN oder NEEF mehrfach unterstrichen wird (DOLLINGER 1989:passim; MARGRAF 1994b: passim).[44]

Integrativer Blick, Einheit der Geographie, Geographische Informationssysteme und automatisierte Erkenntnisprozesse bilden in dieser Perspektive ein untrennbares Konglomerat, eine Einheit, die (als Desiderat) nicht weit von dem entfernt ist, was HARD als charakteristisch für die klassische Phase der Geographie, die Landschaftskunde, benannt hat: die Übereinstimmung von (Meta-)Theorie, Methodologie, Methodik und wissenschaftlicher Praxis (HARD 1973b:158).

Wie ist abschließend die Bedeutung von GIS als Fortentwicklung des raumwissenschaftlichen Ansatzes für die (Anthropo-)Geographie zu beurteilen?

– Für die Mehrzahl der Entwickler und Anwender Geographischer Informationssysteme dürfte deren Hauptfunktion darin liegen, effektiv (räumliche) Daten verwalten zu können und einen visuellen, kartenorientierten Zugang zu diesen Beständen zu haben.
– Über die Möglichkeit der Verschneidung existiert ein leistungsfähiger Hypothesengenerator, verstärkt wiederum durch die breitgefächerten visuellen Darstellungskapazitäten.
– Nicht zu unterschätzen ist auch die Fähigkeit von GIS, schnell und einfach (karto)graphische Ausgabeprodukte zu erzeugen.
– Eher obsolet sind hingegen die Hoffnungen, mit GIS ein wissenschaftliches Analyseinstrument gefunden zu haben, was jedoch nicht an Software-Mängeln liegt, sondern an dem Versuch, sozialwissenschaftliche Probleme räumlich zu lösen, d. h. am Grunddilemma des raumwissenschaftlichen Ansatzes.
– Dieses Dilemma wird durch seine Potenzierung aufgelöst, indem nicht mehr nur anthropogeographische Themen „räumlich" analysiert werden, sondern eine „ganzheitliche", „komplexe" Behandlung im Sinn von Landschafts- und Länderkunde angestrebt wird. Dadurch hebt sich auch die Trennung von Anthropo- und Physiogeographie wieder auf; über den konkreten, ganzen Raum werden nicht nur Themen und Betrachtungsweisen „integriert", sondern die gesamte Disziplin.

Selbstverständlich unterscheidet sich diese Aufgabenstellung und Nutzung von GIS von der Praxis der (alten) Landschaftskunde, und zwar in zwei Punkten: Einerseits

---

[43] Das landschaftsgeographische Denken tritt manchmal in bemerkenswerter Simplizität zutage, wenn sich etwa die Begründung für den Einsatz eines GIS auf das Landschaftskonzept bezieht: „Landschaften stellen durch einheitliche Struktur und gleiches Wirkungsgefüge geprägte konkrete Teile der Erdoberfläche dar. ... In der Landschaft konvergieren somit die naturgesetzlich geordneten Wirkungsformen biotischer und abiotischer Landschaftskomponenten mit anthropogenen Eingriffen in den Naturhaushalt." (BARSCH/SAUPE 1993:20)

[44] Dabei kommt es zu folgender Argumentation: Obwohl die Geographischen Informationssysteme außerhalb der Geographie entwickelt wurden, finden sich in ihnen die „Konzepte und Methoden der geographischen Landschaftsforschung" (DOLLINGER 1989:12), die entweder auf unbekanntem Weg aus der Geographie in das neue Instrument diffundiert sind oder aber in einer Art zeitversetzter Parallelentwicklung entstanden sind (ebd.).

sind die heutigen Möglichkeiten der Heuristik via GIS um ein Vielfaches größer und auch systematischer als es die umfangreichsten Arbeiten der Landschaftsgeographie je waren. Andererseits führt die notwendige Beschränkung von GIS auf quantitative Daten zu einem Verlust von Qualitäten, welche die Landschaftsgeographie ausgezeichnet haben – die praktische Hermeneutik des Geographen, das Einfühlen in das „Wesen" der Landschaft und das Verstehen ihrer Genese. Diesem Defizit widmet sich ein Spektrum der Geographie, das im folgenden behandelt werden soll: die Bewußtseinsgeographie.

3.2 Die Bewusstseinsgeographie

Wenn hier verschiedene Forschungsrichtungen, die sich mit Raumwahrnehmung, Regional- und Heimatbewußtsein oder regionaler Identität beschäftigten, unter dem Begriff „Bewußtseinsgeographie" diskutiert werden, soll nicht suggeriert werden, daß es sich um eine breite Forschungsfront handelt, die aus einer gemeinsamen Perspektive heraus unterschiedliche Aspekte eines Themas bearbeitet. Eher ist das Gegenteil der Fall: Außer der Überlegung, daß (raumbezogenes) menschliches Handeln auch mit räumlichen Vorstellungen bzw. Vorstellungen von Räumen zusammenhängt, sind kaum Gemeinsamkeiten zwischen den einzelnen Ansätzen festzustellen.

Dies liegt nicht zuletzt daran, daß das Spektrum der bewußtseinsgeographischen Arbeiten sich aus zwei völlig unterschiedlichen Quellen speist. Auf der einen Seite steht die quantitativ-nomologische Richtung, auf der eine bestimmte Art von Bewußtseinsgeographie fußt, auf der anderen Seite die hermeneutisch-idiographische Richtung, die nach der konkret-lebensweltlichen Verwurzelung des Menschen in seinem (oft landschaftskundlich betrachteten) Milieu nun auch seine mentale Einbettung in den lokalen oder regionalen Raum betrachtet.

Im folgenden sollen die wichtigsten Ansätze der Bewußtseinsgeographie im Hinblick darauf diskutiert werden, inwieweit sie als eine erfolgversprechende Innovation im Rahmen einer Landeskunde anzusehen sind. Dabei wird von den Varianten des quantitativen Typs übergeleitet zu Ansätzen, die eher der hermeneutisch-idiographischen Richtung zuzuschreiben sind. Diese Reihenfolge entspricht zugleich in etwa der Chronologie der Entwicklung – waren es doch zunächst Vertreter des quantitativen Paradigmas, die das *Denken* über räumliche Einheiten (Orte, Stadtteile usw.) in Form der Wahrnehmungs- oder Perzeptionsforschung in die Geographie eingeführt haben.

1   Raumwahrnehmung und Mental Maps

Das Konzept der „Raumwahrnehmung" kann in zweierlei Hinsicht als Kind der quantitativen Geographie bezeichnet werden. Zum einen gehört „Wahrnehmung/ Perzeption" schon seit den 60er Jahren zum Untersuchungsrepertoire des (anglophonen) Behaviorismus, der als einer der Ursprünge der modernen Sozialwissenschaften und damit auch der quantitativen Geographie anzusehen ist (GOLD 1980). Die Frage nach der Wahrnehmung soll dabei die Lücke, die „black box" zwischen dem beobachteten menschlichen Verhalten[45] und seinen vermuteten äußeren Ursachen schließen.[46]

Zum anderen ergänzt der Wahrnehmungsansatz die auf dem „homo oeconomicus" basierenden rationalistischen Erklärungsmodelle, führt er doch das vom Optimierer-Postulat abweichende Verhalten auf Faktoren wie Geschichte, soziale Gruppenzugehörigkeit, Interessen oder individuelle Erfahrungen zurück, die im Medium der Wahrnehmung in ihrer Wirksamkeit beschreib- und erklärbar werden (vgl. BAILLY 1984; SCHRETTENBRUNNER 1974:70).

Im wesentlichen vier, teilweise aufeinander bezogene Themenbereiche werden im Rahmen der Wahrnehmungsgeographie angesprochen. Ihnen entsprechen folgende Fragen:
1) Auf welche Raumeinheiten beziehen sich Mental Maps, welche Raumbegriffe werden in welchem Ausmaß und mit welcher Trennschärfe verwendet?
2) Welche rauminhaltlichen Vorstellungen und Bewertungen sind mit diesen Raumbegriffen verbunden?
3) Welchen Bezug zur Realität haben sowohl die Raumbegriffe als auch die in ihnen enthaltenen Bewertungen?
4) Welche Bedeutung haben Mental Maps für das Handeln der Menschen?

Zu 1: Die Erhebung und Darstellung von Mental Maps erfolgt auf ähnliche Weise wie bei topographischen oder chronogeographischen Karten (vgl. Abb. 3-1); nur findet hier die Messung nicht mit dem Metermaß oder der Stoppuhr statt, sondern durch Befragungen (und methodisch verwandte Verfahren), in denen Einschätzungen von Entfernungen, Flächengrößen, Standorten und Grenzverläufen erhoben werden (BRASSEL/BÜTTLER/FLURY 1986; GOULD/WHITE 1986:28 f. und passim; HARD/SCHERR 1976:177-187).

Zu 2: Über die bloße mentale Topographie hinaus geht die Frage nach den damit verknüpften Sachaussagen und Bewertungen, d. h. ihren „Hof von kognitiven, affektiven und konativen Assoziationen" (HARD/SCHERR 1976:175). Tatsächlich ist dies der Aspekt der Beschäftigung mit Mental Maps, der in der einschlägigen Literatur besonders ausführlich behandelt wird – nicht zuletzt da er kartographisch gut darstellbar oder auch aus nicht-wissenschaftlichen Karten leicht ableitbar ist. Ein häufig zu findendes Forschungsthema ist etwa die Raumbewertung im Rahmen einer Wohnstandortwahl; dies können Stadtteile (HÖLLHUBER 1975), Ortsteile (HARD/SCHERR 1976) oder Regionen (GOULD/WHITE 1986:70-118; DOWNS/STEA 1982:25-52) sein.

Zu 3: Die konsequente Fortführung der ersten beiden Untersuchungsschritte bildet der Vergleich der erhobenen topographischen und sachbezogenen Informationen in Mental Maps mit der Wirklichkeit, auf die sich die Gedanken- und Gefühlswelten

---

45 Obwohl als Gegenentwurf zum Behaviorismus konzipiert, rekurrieren handlungstheoretische Ansätze ebenfalls auf mentale Prozesse, wenn sie auch nicht von Lernvorgängen nach dem Reiz-Reaktions-Schema ausgehen, sondern von Sinnfindung und Zielorientierung. Der „Kopf" und damit die Wahrnehmung der Umwelt hat demnach in beiden Paradigmen den Stellenwert einer Mittlerfunktion zwischen menschlichen Handlungen und ihren externen Einflußfaktoren.

46 vgl. dazu auch die Ausführungen in Kap. 3.1-4.

beziehen. Von Interesse sind dabei vor allem auftretende Divergenzen, mögen dies räumliche Verzerrungen und Standortabweichungen (BRASSEL/BÜTTLER/FLURY 1986; HARD/SCHERR 1976:180-187) sein oder inhaltliche Differenzen zwischen (erfragtem) Image und (anhand sozioökonomischer Daten ermittelter) Realität (HARD/SCHERR 1976:192,206-212; HÖLLHUBER 1975:24-39; WEIXLBAUMER 1992; WENZEL 1982:328).

Zu 4: Den letzten Schritt der Argumentation bildet die Frage nach der Bedeutung der Mental Maps, wobei gerade – so vorhanden – die gezeigten Abweichungen der Raumwahrnehmung von einer „objektiven Wirklichkeit" den Einfluß dieser Wahrnehmung auf das Handeln in das Zentrum einer Untersuchung rücken. Es geht demnach um die Antwort darauf, wodurch eine bestimmte Mental Map zu erklären und inwieweit sie als handlungsleitend anzusehen ist.

Die Erklärung einer Mental Map erfolgt in der Literatur überwiegend funktional oder kausal, d. h. sie wird entweder abgeleitet aus der Funktion innerhalb einer Verhaltenssituation, wodurch auch die Frage nach den Auswirkungen des jeweiligen Raumbildes beantwortet ist, oder sie wird als Produkt gesellschaftlicher Kommunikationsprozesse verstanden, ohne daß eine Handlungsrelevanz damit bereits behauptet oder gar festgestellt ist.

In funktionaler Perspektive ergibt sich der Zweck von Mental Maps aus ihren wichtigsten Merkmalen: Als Symbole komplexer räumlich-sozialer Gegebenheiten helfen sie, Erinnerungen zu strukturieren, Wissenserwerb und -verarbeitung zu vereinfachen sowie Entscheidungen und (nicht nur räumliches) Handeln zu vereinfachen und damit zu effektivieren oder gar erst zu ermöglichen. Der spezifische Inhalt einer Mental Map wird zwar auch als gesellschaftlich geprägt angesehen (wofür gerne kuriose bis manipulative Raumbilder der Werbung als Beispiele herangezogen werden), der Schwerpunkt der Erklärung liegt jedoch darin, daß eine Mental Map als (mehr oder weniger) gelungene kognitive Anpassung an eine bestimmte räumliche Situation bzw. ein bestimmtes räumliches Problem verstanden wird. Mental Maps sind dann Produkte von Umweltlernen nach dem behavioristischen Reiz-Reaktions-Schema (DOWNS/STEA 1982; KLÜTER 1994:145 f.; TUAN 1975:209 f.)[47].

Die zweite Herangehensweise identifiziert in den Mental Maps die historischen oder aktuellen sozioökonomischen (Raum-)Strukturen und ihre Bewertung, aber auch die Auswirkungen der spezifischen Bedingungen des Informationserwerbs, seien es Informationsbarrieren (etwa Entfernungen), Informationsvermittler (etwa Schulen) oder auch Interessen (etwa nach sozialer Zugehörigkeit). Eine Mental Map ist damit ein Abbild der realen Gegebenheiten, dessen Konstruktion von zahlreichen Faktoren wie den genannten abhängig ist und ebendaraus zu erklären ist. Der Zusammenhang zwischen einer Mental Map – und das heißt: der Bewertung räumlich definierter Sachverhalte – und menschlichem Handeln wird hierdurch noch nicht behauptet oder gar impliziert. Vielmehr handelt es sich dabei um einen zweiten Untersuchungsschritt, in dem analysiert werden soll, inwieweit ein beobachtetes Handeln in Zusammenhang mit dem erhobenen Bild der (räumlichen) Verhältnisse steht, in-

---

[47] Dementsprechend haben innerhalb dieses Forschungsansatzes gerade Mental Maps von Kindern und deren kartographische Repräsentation einen sehr hohen Stellenwert (vgl. div. Beiträge in COHEN 1985; SPERLING 1994).

wieweit etwa die Mental Maps von Regionen oder Ortsteilen die Wohnstandortwahl beeinflussen (GOULD/WHITE 1986; HARD/SCHERR 1976:197-218; HÖLLHUBER 1975; WENZEL 1982:328 f.).

Die Kritik am wahrnehmungsgeographischen Forschungsansatz erfolgt auf mehreren Ebenen. Zum einen wird die Übertragbarkeit behavioristischer Lerntheorien auf das Konzept der Mental Maps angezweifelt; mit Bezug etwa auf den Entwicklungspsychologen Piaget wird vor allem die Vorstellung einer quasi naturwüchsigen Konstruktion von Mental Maps als Element der Orientierung in und Strukturierung von Realität zurückgewiesen. Denn das Vorhandensein von Mental Maps läßt sich innerhalb von habitualisierten, nicht bewußt ablaufenden Verhaltensweisen nicht nachweisen; bei bewußten, zielorientierten Handlungen hingegen sind sie zwar anzutreffen, haben dann aber – durch die Einführung der Medien Absicht und Interesse – keinen Platz innerhalb dieses Wissenschaftsansatzes mehr (TUAN 1975:207; WIRTH 1981:169 f.).

Zum zweiten gibt es für beide skizzierte Betrachtungsweisen von Mental Maps das Erhebungsproblem. Als ein psychisches Phänomen sind Mental Maps nicht direkt beobachtbar; sie müssen aus den betrachteten Menschen extrahiert werden, wobei gilt: Je exakter die Untersuchung sein soll, desto artifizieller ist die Erhebungssituation. Für das Leben und Handeln der Menschen eventuell gänzlich periphere Sachverhalte erhalten innerhalb der Befragungssituation eine Gewichtung, die nur dort erst- und auch letztmalig überhaupt existiert. Letztlich ist nicht auszuschließen, daß die erhobenen Mental Maps erst in der Erhebung entstanden, d. h. durch sie erzeugt wurden, mithin ein methodisches Artefakt sind (HARD 1996:25 f.; WIRTH 1981:175 f.).

Zum dritten ist nicht geklärt, welchen Stellenwert Mental Maps für das haben, was tatsächlich beobachtet werden kann, nämlich menschliches Handeln. Ohne einen solchen Bezug aber ist die Herausarbeitung von Mental Maps eine eher akademische Übung, die letztlich nur dazu verwendet werden kann, über den Vergleich der Raum*wahrnehmung* mit dem *objektiven* (= mit sozial- und wirtschaftsstatistischen Daten konstruierten) Raum Fehler in den Mental Maps zu konstatieren – was bis zum Vorwurf falschen oder fehlenden (etwa Umwelt-)Bewußtseins gehen kann (OSSENBRÜGGE 1993:111 und passim; vgl. a. WIRTH 1981:178)[48].

Werden aber beobachtetes Verhalten und erhobene Umweltwahrnehmung gegenübergestellt, ist dennoch nicht zu entscheiden, welche Bedeutung letztere für erstere hat. So ist etwa – wie OSSENBRÜGGE (1993) aufzeigt – auch bei hochsensibilisiertem Umweltbewußtsein ein Verhaltensspektrum zwischen Nichtstun, Aussteigen und politischen Aktivitäten – d. h. jeder nur denkbare Handlungstypus – festzustellen. Dieses dann – gelinde gesagt – lockere Verhältnis zwischen (vermuteter) Ursa-

---

48 Ein solches Fehlen des Handlungsbezugs liegt auch der Debatte zwischen HARD (1983) und POHL (1984) über den Perzeptionsansatz anhand einer Studie über (wahrgenommene) Umweltqualität im Münchner Norden zugrunde.

che und Wirkung[49] ist auf dieser Ebene nicht dadurch enger zu gestalten, daß intermediäre Faktoren eingeführt werden:

> „Zwischen Wahrnehmung und *dementsprechendem* Handeln können vielfältige Faktoren ihren Einfluß ausüben, wie etwa unterschiedliche sozialräumliche Kontexte, unterschiedliche Bewertungsrahmen und Rationalitäten oder unterschiedliche Handlungsressourcen." (OSSENBRÜGGE 1993:111; Hervorhebung von mir, W. A.)

Denn der Erklärungswert einer Aussage, die (raum-/umwelt-)bezogenes (Nicht-)Handeln aus Interessen, Möglichkeiten, sozialem Kontext usw. ableitet, ist um nichts geringer als der einer Argumentation, die mit diesen Faktoren erst die Ausprägung einer Wahrnehmung erklärt und mit *dieser* dann das Handeln. Der Wahrnehmungsaspekt erweist sich bei einer solchen Verwendung als schlicht überflüssig im Rahmen der Erklärung menschlichen Verhaltens; insofern kann dieser Versuch, die blinden Flecken des raumwissenschaftlichen Ansatzes zu füllen, als gescheitert angesehen werden.

Dies liegt nicht zuletzt daran, daß es sich bei Raumbildern um Symbole (z. B. für sozioökonomische Gegebenheiten) handelt, deren Füllung oder Bedeutung nicht aus ihren Merkmalen hergeleitet werden kann. Wenn etwa im Rahmen von Umzugsplanungen ein Stadtteil als „reich" wahrgenommen wird, ist die Handlungsrelevanz einer solchen Bewertung völlig unklar; mögliche Implikationen reichen von eher negativen Konsequenzen (Befürchtung hoher Preise und sozialer Distanz) über Handlungsindifferenz bis zu positiven Konnotationen (Prestigegewinn, Anschluß an ein anderes soziales Milieu).

Erst wenn Interessen und Motive geklärt sind, läßt sich auf die Bedeutung von Raumwahrnehmung schließen, die – sofern sie von den tatsächlichen Gegebenheiten überhaupt abweicht – den Aspekt abdeckt, der auch als eingeschränkte Rationalität des homo oeconomicus bezeichnet wird.

Insgesamt läßt sich festhalten, daß die Erforschung der Raumwahrnehmung zur Erklärung eines beobachteten Verhaltens kaum geeignet ist. Dennoch ist zu vermuten, daß eine Wirksamkeit von Mental Maps in Bereichen existiert, die jenseits kausal zu erklärender Sachverhalte liegen, und zwar auf dem Feld der Verhaltensdisposition, genauer: als affektive Orientierung gegenüber gesellschaftlichen Sachverhalten.

Anhand der „Landschaft" wurde bereits dargestellt, über welch immensen Bildungs-Wert dieses Paradigma verfügt (hat), d. h. welch großen Beitrag es zur Welt-Anschauung – gegenüber dem verfehlten Ziel der „Welt-Erklärung" – leistet. Was Landschaftskunde also produziert, ist eine bestimmte Raumwahrnehmung, eine

---

[49] Es darf zudem nicht die Möglichkeit außer acht gelassen werden, daß es sich bei den erhobenen Aspekten der Umweltwahrnehmung auch um die Rationalisierung eines sozial oder administrativ sanktionierten, also z. B. erzwungenen Verhaltens handelt, mithin Ursache und Wirkung vertauscht sind. – Zur Zirkularität des perzeptionsgeographischen Ansatzes vgl. a. BECK 1982.

imaginäre Welt; damit stellt sie das her, was im Zentrum der Wahrnehmungsgeographie steht: „Mental Maps are imaginary worlds." (TUAN 1975:211)[50]

Unter diesem Aspekt verfügt die Wahrnehmungsgeographie über eine analytische und eine didaktische Seite. Auf der analytischen Seite werden die Raumbilder nach ihrem Gehalt, ihren Produzenten, ihrem Zweck und ihren Auswirkungen untersucht (WENZEL 1982:331). Gerade dieser analytische Zugang tendiert immanent dazu, aus der Erkenntnis der interessengesteuerten Produktion von Raumwahrnehmungen und der Auswirkungen auf affektiv verankerte Verhaltensdispositionen eine kritische Perspektive gegen derartige Wahrnehmungspräformierungen einzunehmen und als Antithese den von solchen Beeinflussungen freien Menschen zu setzen. Damit einher geht die Absicht, die fremdbestimmten Wahrnehmungsorientierungen „an [eigen]bedürfnisgerechten Umweltkonzepten zu messen". (WENZEL 1982:331; Zusatz in Klammern von mir, W. A.; vgl. a. SCHULZE-GÖBEL/WENZEL 1978)

Da es eine Erkenntnis der gesamten Welt nicht geben kann, mithin das Verhalten in der Welt immer auf der Grundlage eines bestimmten selektiven und Werte setzenden Welt*bildes* geschieht, ist der Wahrnehmungsgeographie (zumindest in der hier behandelten Variante) notwendigerweise die Setzung von *richtiger* Umweltwahrnehmung inhärent, d. h. der Übergang zur Didaktik ist nicht nur nicht zu verhindern, sondern auch überhaupt unnötig, da eine inhaltliche Differenz zwischen Analyse und Didaktik gar nicht (mehr) existiert.

Besonders deutlich wird dies von HASSE (1980) formuliert, wenn er seinem Aufsatz den Titel „Wahrnehmungsgeographie als Beitrag zur Umwelterziehung" gibt. Dabei wird der Schwerpunkt nicht auf kognitiv-analytische Prozesse gelegt, sondern explizit auf die affektive Komponente des wahrnehmungsgeographischen Ansatzes (HASSE 1980:99)[51].

Die wahrnehmungsgeographische *Analyse* ist letztlich nur eine Vorübung zum eigentlichen Zweck, der *Didaktik*.[52] Der (affektive) Bildungs-Wert dieses Ansatzes scheint sich damit sehr wohl dafür zu eignen, die entsprechenden Qualitäten der Landschaftskunde nicht nur zu erhalten, sondern sogar in effektivierter Form zu

---

50   Die Nähe der Wahrnehmungsgeographie zur klassischen Geographie der Landschafts- und Länderkunde wird auch von HARD (1981:15-20) konstatiert, wenn er diesen Ansatz als „wissenschaftshistorischen Kompromiß" bezeichnet, der darin besteht, daß die „Realität" zwar mit dem neuen quantitativen, raumwissenschaftlichen Instrumentarium (vgl. Kap. 3.1) untersucht wird, bei den Mental Maps jedoch der alte laienwissenschaftliche Zugang zur Welt – nun über den Umweg über das Denken, den common sense der betrachteten Menschen – erhalten bleibt.

51   Einen anderen didaktischen Schwerpunkt setzt HARD, wenn er Wahrnehmungsgeographie als Mittel bezeichnet, „den Lehrern die Lebenswelt ihrer Schüler aufzuschließen: und vielleicht auch umgekehrt". (HARD 1981:20; vgl. a. passim)

52   Idealtypisch wird dies von Weixlbaumer dargelegt, wenn zunächst Italienbilder mit sozioökonomischen Realitäten konfrontiert werden, letztere dann ebenfalls als Bilder bezeichnet werden und schließlich beide Bildtypen den Zweck haben, in ihrer Gegenüberstellung im Rahmen einer Lehrveranstaltung ein neues, synthetisiertes und damit „realistischeres" Italienbild zu ergeben (WEIXLBAUMER 1992).

erneuern. Insofern kann der Wahrnehmungsgeographie die Anwendbarkeit für eine Landeskunde wenn nicht attestiert, so doch zumindest nicht abgesprochen werden.[53]

2   Geographie und Territorialität

Während die Wahrnehmungsgeographie auf den Erkenntnissen vor allem der Psychologie aufbaut, bezieht sich ein zweiter Ansatz, der mentalen Raumbezug in die Geographie zu integrieren sucht, auf die Biologie, genauer: die Verhaltensbiologie und ihr Konzept der Territorialität. Dabei wird in einer Umkehrung der mittelalterlichen Anthropomorphisierung der Tierwelt der Mensch biologisiert, indem menschliches Verhalten auf evolutionär erworbenes Instinkthandeln zurückgeführt wird.

Nur wenige Autoren gehen jedoch so weit wie BARTELS, für den die „Territorialität des Menschen, d. h. sein existenzieller Bezug auf einen geschlossenen und begrenzten Lebensraum, ... (zu den) Grundmomenten menschlicher Bedürfnisstruktur" wie „Nahrungsaufnahme, Sexualität oder Numinosität" zählt (BARTELS 1981:7).

Weitaus öfter als diese strikte Biologisierung menschlichen Verhaltens ist die Analogisierung ethologischer (= verhaltensbiologischer) Aussagen anzutreffen, wenn etwa GOLD (1982:46 f.) zunächst Forschungen v. a. über Vögel referiert und Territorialität als Mittel zur Sicherung von Nahrung, Schutz und Reproduktion sowie als Element sozialer Organisation darstellt. Am Beispiel vorindustrieller Gesellschaften werden dann diese Aspekte von Territorialität bei Menschen zu finden versucht und – was aufgrund des hohen Abstraktionsgrades nicht verwundern kann – auch tatsächlich gefunden (GOLD 1982:51-54). Weniger direkt, eher als vermittelte Größe wird Territorialität hingegen in modernen Gesellschaften identifiziert (GOLD 1982:54-58; RAFFESTIN 1986:94 f.).

Ob Territorialität nun direkt verhaltensbiologisch definiert wird oder nur analog zu solchen Konzepten[54] – es bleibt unklar, welcher Erkenntnisgewinn oder gar welche neue Forschungsperspektive damit zu erreichen ist. Hierfür gibt es zumindest zwei Gründe: Zum einen konstatiert auch GOLD (1982:51), daß die Ethnologie in vorindustriellen Gesellschaften recht unterschiedliche Bedeutungsreichweiten territorialen Bezugs entdeckt hat – von deren völligem Fehlen bis zur spirituellen Aufladung des Territoriums. Territorialität bedeutet demnach manchmal dies, manchmal jenes, manchmal auch gar nichts. Warum sie dennoch in die Rolle eines Explanans, ja sogar in den Rang einer der (geographischen) „key variables" (GOLD 1982:58) erhoben wird, bleibt aus dieser Perspektive rätselhaft.

Zum anderen ist auch dann, wenn menschliches Verhalten durch Elemente von Territorialität beschreibbar ist, der Nutzen eines solchen Vorgehens – zumindest auf der analytischen Ebene – eher zweifelhaft. Für GOLD ist „the most important facet of

---

53   Selbstverständlich hängt die Eignung eines Ansatzes für ein bestimmtes Thema immer von der Fragestellung und den spezifischen Anforderungen des daraus entwickelten Programms ab.

54   Vereinzelt wird „Territorialität" auch als Synonym für „räumliche Identität" o. ä. verwendet (etwa von JOHNSTON 1991:142). Darauf soll hier jedoch nicht eingegangen werden. Zur Diskussion der „räumlichen Identität" vgl. unten (Pkt. 4).

territoriality ... that it can create a stable and unobstrusive framework for the orderly conduct of everyday life". (GOLD 1982:53 f.)

Ein Beispiel dafür könnte etwa das Arbeitszimmer eines Geographen sein, in dem überflüssige Fotokopien und mißlungene Computerausdrucke ihre Verwendung nicht nur für handschriftliche Notizen des Wissenschaftlers z. B. über Territorialität finden, sondern auch von der kleinen Tochter als Malpapier benutzt werden. Statt ihr nun die genauen Unterschiede zwischen solchen Papieren, die bemalt oder gar zerschnitten werden können, und solchen, die als mühsam beschaffte Fotokopien unter keinen Umständen umgenutzt werden dürfen, zu erklären, ist es wesentlich einfacher, ausschließlich solches Papier als Schmierpapier zu deklarieren, das sich an einer bestimmten Stelle des Zimmers (etwa in einer Schublade) befindet. Noch ungefährlicher für die „orderly conduct of everyday life" ist selbstverständlich, das Arbeitszimmer gleich ganz zum verbotenen Territorium zu erklären.[55]

Einfluß auf oder Kontrolle über *Räume* als Mittel dazu, Einfluß auf oder Kontrolle über *Menschen* auszuüben, ist demnach tatsächlich ein alltägliches Phänomen (vgl. a. JOHNSTON 1991:140 f.; SACK 1983:56). Raumbezug oder Territorialität ist dann aber als Instrument im Repertoire menschlichen Handelns zu verstehen, d. h. sowohl aus den Handlungszwecken bzw. -motiven zu erklären als auch in seinen dadurch bestimmten Aus- und Nebenwirkungen zu analysieren. Dies hat jedoch nichts mehr mit einer Anbindung an verhaltensbiologische Grundmuster eines angeborenen Instinkthandelns zu tun. In dem Maße, in dem Territorialität als sinnvolle Strategie zum Erreichen eines nicht-territorialen Zwecks verstanden wird, erweist sich das Konzept einer ethologisch zu erklärenden Territorialität schlichtweg als überflüssig. Auch aus diesen Gründen spielt (biologische) Territorialität in der heutigen Geographie keine Rolle mehr.[56]

So unbrauchbar der verhaltensbiologisch aufgeladene Begriff der „Territorialität" für analytische Zwecke auch ist, in zumindest zwei Bereichen finden sich doch Anwendungsmöglichkeiten. Zum einen ermöglicht er – wie auch der „Wahrnehmungsraum" (s. o.) – das Sprechen über soziale Sachverhalte, ohne sich dessen bewußt zu sein. Denn wenn Raum ein Mittel zur Einwirkung auf bzw. Kontrolle von Menschen ist, läßt es sich ohne weiteres über (privilegierte) Nutzungen von Räumen reden und muß dabei nicht ein einziges Mal erwähnt werden, daß es um die als „Raum" sprachlich simplifizierten Menschen geht. Damit eignet sich „Territorium" als Synonym für „Gesellschaft" sowohl in der Wissenschaft, wenn Tatbestände wie soziale Unterschiede, Herrschaft o. ä. ignoriert werden sollen, als auch in der Argumentation gegenüber einem Laienpublikum, wenn dieses weder durch komplizierte sozialwissenschaftliche Gedankengänge auf- noch durch gesellschaftspolitische Deutlichkeiten abgeschreckt werden soll.

Zum anderen kann Territorialität auch die Begründung für die Reifizierung des Raumes und damit seine Mystifizierung liefern (vgl. a. SACK 1983:61 f.). Ob eher politisch als Nationalismus oder eher lebensweltlich als Heimatgefühl – es gibt ein

---

[55] Dieses Beispiel folgt einer ähnlichen Darstellung bei SACK (1983:56).
[56] Der Versuch, ethologische „Territorialität" über die Anbindung an postmodernes Denken zu einem attraktiven Konzept zu machen (DÜRRENBERGER 1989), kann wohl ebenfalls als gescheitert angesehen werden.

breites Spektrum an hypostasierten und dadurch praktisch wirksamen Raumbegriffen, zu deren Erklärung – hier besser: Rechtfertigung – auch die menschliche Territorialität herangezogen werden kann. Eine solche (quasi-)biologische Immunisierung gesellschaftlicher Phänomene gegen sozialwissenschaftliche Erforschung immunisiert auch gegen gesellschaftliche Kritik, eignet sich also vor allem auf solchen Gebieten, die (wissenschafts)politisch an den Rand gedrängt sind. Daraus ist zu erklären, daß ein wichtiger aktueller Typ mentaler Raumbezogenheit zu Beginn seiner (Wieder-)Entdeckung eher naturalisiert wurde, und erst später kulturalisiert: die „Heimat". Welche begrifflichen Inhalte diesem Konzept innerhalb der Geographie zu eigen sind, soll im folgenden dargestellt werden.

3   Die Heimat der Geographie

Wie bereits angedeutet, handelt es sich bei der geographischen Behandlung der „Heimat" ab Anfang der 80er Jahre um eine *Wieder*aufnahme dieses Begriffs in den Kanon des geographischen Wortschatzes, woraus er aufgrund seiner ideologischen Belastung im Dritten Reich zunächst in der Wissenschaft und im Zuge des Modernisierungsschubes Anfang der 70er Jahre auch auf Schulebene verdrängt worden war.

Erstmalig wird er in dem bereits angesprochenen Aufsatz von BARTELS (1981) aufgegriffen und dort sowohl verhaltensbiologisch fundiert als auch psychologisch-kulturalistisch präzisiert. Der Zusammenhang zwischen „Territorialität" und „Heimat" wird über das Zwischenglied „Satisfaktionsraum" hergestellt, der zu verstehen ist „als die innere territoriale Projektion derjenigen sozialen Umwelt und ihrer Wertmomente, in der man sich aufgrund des eigenen Enkulturations- und Sozialisierungsprozesses gesichert, identifiziert, bestätigt und zum eigenen Handeln stimuliert findet". (BARTELS 1981:7) Heimat ist dann das „Bindungserlebnis" an den Satisfaktionsraum, der „mehr oder weniger subjektiv anverwandelt und verselbständigt seelisch in Funktion tritt". (ebd.)

Diesem Versuch, „Heimat" wieder zum Thema der Geographie zu machen, war jedoch kein Erfolg beschieden, was vor allem dem Konzept des Satisfaktionsraums zuzuschreiben ist – klingt dies doch zu sehr nach dem utilitaristischen „ubi bene, ibi patria" und widerspricht damit den alltagssprachlichen Konnotationen des Heimat-Begriffs, der den territorialen Selbstbezug unabhängig von der Befriedigung konkret-materieller Bedürfnisse setzt.

Wenn in der Geographie heute von „Heimat" gesprochen wird, so handelt es sich zumeist um ein erläuterndes Synonym von Begriffen wie „raumbezogene Identität" (WEICHHART 1990, 1992) oder „regionale und lokale Identifikation" (GEBHARDT U. A. 1992:75), die als die tatsächlichen Untersuchungsbegriffe verstanden werden müssen, während die Erwähnung von „Heimat" zur Anbindung an das alltagssprachliche Verständnis dient. Insofern kann nicht von einem eigenständigen Ansatz „Heimat" gesprochen werden.

Vor allem die historische Belastung des Heimat-Begriffs, aber auch seine vielfältigen Bedeutungsvarianten werden dafür als Gründe angeführt. Dennoch wird in der Geographie *auch* von Heimat gesprochen. Bevor (im nächsten Kapitel) das Konzept der räumlichen Identität/Identifikation diskutiert wird, soll daher untersucht werden, welche Beziehung zwischen dem „alten" und dem „neuen" Heimat-Begriff besteht und welches Heimat-Verständnis damit auch auf die „Identitäts"-Konzeption wirkt.

„Heimat" im heutigen Alltagsverständnis ist wie viele verwandte Begriffe ein Produkt des (v. a. späten) 19. Jahrhunderts. Das Wort selbst existiert schon in der Zeit davor, hat dort jedoch andere Inhalte; entweder ist es auf das Jenseits bezogen – als himmlische Heimat – oder findet seine Verwendung als Rechtsbegriff, der einerseits das Eigentum an Grund und Boden bezeichnet und andererseits den Anspruch auf Sozialfürsorge durch den Geburtsort. In diesem Sinn heimatlos ist das (Agrar-)Proletariat, das über keinen Grundbesitz verfügt und dem während der Agrarkrisen von den Heimatgemeinden in zunehmendem Maße die Armenfürsorge verweigert wird (BAUSINGER 1980:11 f.; HARTUNG/HARTUNG 1991:158-162; JEGGLE 1980:56 f.).

Gleichzeitig mit der zunehmenden Heimatlosigkeit der agrarischen Unterschichten entsteht ein neuer Heimatbegriff, der formuliert wird vom Bildungsbürgertum und sich nicht mehr auf Rechtspositionen bezieht, sondern einen Gefühlswert darstellt. Diese „Heimat" reichert sich mit zahlreichen, auch heute noch bekannten Konnotationen an[57] und erreicht Anfang des 20. Jahrhunderts über die Schule ihre Stellung als zentrale Form des Begreifens der eigenen engeren Lebensumwelt (BAUSINGER 1980:13-15; BREDOW 1978:21; HARTUNG/HARTUNG 1991:162-167)[58].

Heimat(kunde) bei Spranger

Die zentralen Komponenten von „Heimat" werden idealtypisch von Eduard SPRANGER in seinem 1923 gehaltenen Referat „Der Bildungswert der Heimatkunde" formuliert. Die wichtigsten darin behandelten Themen sind
1. Heimat als emotionaler Orts- und Regionsbezug,
2. Heimatkunde als wissenschaftlicher Zugang zu Heimat und
3. Heimat(kunde) als politisch-didaktisches Programm.[59]

Zu 1: Entkleidet man die SPRANGERschen Erläuterungen des Heimatgefühls ihrer teils spröden, teils lyrisch-pathetischen Wolkigkeit – die aber als notwendiges Element seiner Heimatkunde zu verstehen ist –, scheinen die zentralen Aussagen nicht nur inkonsistent, sondern auch widersprüchlich zu sein. So gehört Heimat zum „Subjektivsten des Menschenlebens" (SPRANGER 1923:7; alle weiteren Zitate sind dieser Auflage entnommen): „Kein anderer, auch der nächste Mensch nicht, vermag zu sehen, was ich in ihr sehe." (13) – was den Autor aber nicht daran hindert zu räsonieren, was „Heimat" für die (anderen) Menschen bedeutet.

Hierbei kommt er zu folgenden Erkenntnissen[60]:
– Einerseits ist Heimat die „Erlebniswelt" einer an einem bestimmten Ort lebenden Menschengruppe (11), andererseits unterscheiden sich die „Wirklichkeitsreliefs" nach Berufsgruppen, Bildungsgrad usw. (12 f.), und zum dritten liegen „viele Voraussetzungen des Sehens [von Heimat] in mir und nur in mir" (13). Heimat ist

---

[57] vgl. a. die Typologie der Einstellungen zu „Heimat" bei BREDOW (1990:23 f.).
[58] Für den größeren Raum ist die „Nation" oder das „Vaterland" zuständig.
[59] vgl. a. SCHRAND 1996
[60] unter anderem gestützt auf UEXKÜLL, den auch BARTELS für seine Heimat-Konzeption herangezogen hat

demnach sowohl ausschließlich individuell als auch sozialgruppenspezifisch und zugleich sozialgruppenübergreifend territorial.

– Einerseits ist Heimat das Ergebnis eines Hineinlebens in eine Umwelt (10), andererseits ist alles Hineinleben vergeblich, wenn kein direkter Bezug zum Boden und zur Natur besteht: „Der Mensch bedarf eines solchen Wurzelns in der Erde. Das ist das Elend des Großstädters" (14). Zugleich wird jedoch dem Berliner „in der Regel" ein starkes Heimatgefühl attestiert (14). Heimat ist danach sowohl aktivgeistig als auch naturhaft-passiv, gleichzeitig dem Landbewohner vorbehalten wie auch beim Städter gut ausgeprägt.

– Einerseits „schwingt [im Heimaterlebnis] etwas tief Religiöses mit" (7); andererseits ist die Heimat eher botanisch zu erfassen, als „Prozeß der totalen Einwurzelung in die nächste Lebensumgebung" (11); schließlich führt zu „bewußtem Heimatgefühl" nur das Aufdecken der „stillen Sinnbeziehungen" in der Natur (14). Heimat ist folglich ebenso metaphysisch wie Produkt von Lernprozessen.

Zu 2: Das zitierte Konglomerat von Aussagen über das Realphänomen Heimat(gefühl) erscheint als derart wirr und widersprüchlich, daß es kaum geeignet ist, Wegweiser für eine wissenschaftliche Beschäftigung damit zu sein. Dieses Problem wird von SPRANGER durch ein Wissenschaftsprogramm gelöst, das im folgenden nur kurz skizziert wird, da hier eine recht vertraute Herangehensweise zu konstatieren ist:

> „Zusammengehalten durch den Ortsgesichtspunkt und den Zeitgesichtspunkt, geben sich dann die verschiedensten Wissenschaften ein Stelldichein, um diesen Ort und diese Zeit in der Totalität ihres Soseins und der Sinnbestimmtheit ihrer Individualität auszuschöpfen."
> (9 f.)

Es sollen aber nicht nur alle Wissenschaften zusammengeführt werden zur Erkenntnis der „Totalität seiner [des Menschen] Natur- und Geistesbeziehungen" (17) – wodurch die Wissenschaften „eigentlich zur Hilfswissenschaft" (15 f.) der Heimatkunde werden; sie nimmt „das Ganze dieser Wirklichkeiten auch als einen objektiven Organismus, d. h. als Weltstruktur". (16)

Zugleich vermeidet Heimatkunde die Wirklichkeitsreduktion analytischer Wissenschaften; so schließt etwa die Physik

> „ihren Versuch, alles Wirkliche auf die Erkenntnisebene zu projizieren, mit einem Rechensystem, zuletzt mit einem Komplex von Differentialgleichungen ab. Wie weit ist dieses Ergebnis entfernt von der Wirklichkeit, die uns in den totalen Sinnbeziehungen des Daseins plastisch gegenübersteht, mit dem Reiz der Farben, Töne und Gerü-

che, dem wechselnden Meer von Licht und Schatten und all dem bewegten Leben in ihrem Schoße!" (11)[61]

Bereits anhand dieser Passagen sind die Ähnlichkeiten der SPRANGERschen Heimatkunde mit der geographischen Landschaftskunde überdeutlich, wozu vor allem die Denkfigur der regionalen/lokalen Totalität (= Ganzheitlichkeit), die aufgrund ihrer dinglichen Beschaffenheit *als* Ganzheit und *mit* ganzheitlichem Instrumentarium zu betrachten sei, beiträgt. Dementsprechend findet SPRANGER gerade in der Geographie Vorbilder für sein Konzept. Als Hauptunterschied zur Geographie wird der räumlich enger gefaßte Untersuchungsgegenstand der Heimatkunde angeführt (23).

Tatsächlich dürfte jedoch der Anthropozentrismus der Heimatkunde die wichtigste Trennlinie zur meist geodeterministisch affizierten Landschaftskunde bilden, wird doch als „Mittelpunkt [der Heimatkunde], um den herum sie alle ihre Wissensstoffe lagert, der jeweils fragende Mensch selber in der Totalität seiner Natur- und Geistesbeziehungen" (17) gesetzt.

Zu 3: Gerade diese Anthropozentrierung eignet die Heimatkunde gegenüber der Landschaftskunde noch besser als politisch-didaktisches Programm, worauf bereits der Titel des Referats hinweist: Im Zentrum von Heimatkunde steht ihr „Bildungswert". Dabei sind folgende Aspekte von Bedeutung:

– Heimatkunde soll das ganzheitliche Denken bereits in der Schule erzeugen und verfestigen, um zunächst überhaupt Erkenntnis zu ermöglichen: „Denn das Volk muß zum Totalbewußtsein der Lebensbezüge in Natur und Geschichte gebildet werden, wenn es nicht bei aller Stoffülle des Wissens ungebildet bleiben soll." (28)

– Daneben lernt der Schüler aber auch seinen Platz in der Gesellschaft und seinen Stellenwert in der Welt kennen: Die Heimatkunde „klärt den Menschen über seine Stellung im Ganzen der lebendigen Kräfte auf" (18).

– Damit erzeugt Heimatkunde dann das, worüber sie spricht – Heimat: So wird „Heimatkunde zugleich ein Erziehungsmittel für tieferes und reicheres Heimaterleben, wie sie für den Heimatfreund eine beglückende Bestätigung ist". (14)

– Aber nicht nur das Heimatgefühl wird von der Heimatkunde geweckt, sondern sie bietet „zugleich die Gewähr, daß das tiefe Verbundenheitsgefühl mit dem eige-

---

[61] Diese Gegenüberstellung weist deutliche Parallelen zu einer bekannten Darstellung des Wirklichkeitsbezugs von Geographie auf: „Bei aller Begeisterung gegenüber Theorie, Mathematik, Computersimulation, Abstraktion und logischem Kalkül sollte man also nie vergessen, daß für einen Geographen am Rande wissenschaftlicher Arbeit auch ein Sonnenaufgang im Hochgebirge oder ein Tag im Tropischen Regenwald, der noch unberührte Baubestand eines historischen Altstadtkerns oder die Szenerie einer klassisch-mediterranen Küste, das Naturschauspiel eines tätigen Vulkans oder das pulsierende, überschäumende Leben einer Weltstadt wie Istanbul oder Rio de Janeiro zu den faszinierenden Erlebnissen gehören können, um derentwillen es sich lohnt, Geograph zu sein." (WIRTH 1979:293)

nen Volke nicht bloß das Vorurteil einer Epoche von besonderer politischer Richtung ist". (29)[62]

— Nicht zuletzt ist das ganzheitliche Denken wie auch das Gefühl der Verbundenheit mit Heimat und Volk dafür nötig, „um aus der geistigen Zerrissenheit der Gegenwart herauszukommen". (29)

— Insgesamt möchte das „Bildungsprogramm Heimat" damit „einen Weg zeigen, der zur Einheit des Volkes und zur geistigen Einheit in uns selbst, also in doppeltem Sinne zu unserer eigentlichen Heimat, zurückführt". (5)

Kurz zusammenfassend ist die SPRANGERsche Heimat einerseits Realität – wenn auch nicht bei allen Menschen –, die sowohl psychohygienische als auch sozialkohäsive Bedeutung hat, andererseits ein politisch-didaktisches Programm zur Produktion ihrer selbst. Die besondere Leistung dieses Konzepts ist vor allem darin zu sehen, wie virtuos hier Individuell-Psychologisches, Politisch-Soziales und Didaktisches zu einem Ganzen verknüpft sind.[63] Darauf wird später noch zurückzukommen sein.

Kritik an der traditionellen „Heimat"

Die Kritik am „Heimat"-Konzept nicht nur SPRANGERs, sondern auch der sog. „Heimatbewegung", deren Gedankengut bei SPRANGER ihre systematische Konzentration findet, ist umfassend und vehement. Kritisiert werden vor allem

— das Ideal- und Wunschbild des ländlichen Lebens mit seiner Verwurzelung im Boden als „schlicht und einfach unecht, verlogen" (BREDOW 1978:22), da zum einen die Lebenssituation auf dem Lande sehr wenig mit der ausgemalten Idylle gemein hat und zum anderen das Landleben überhaupt aufgrund der rapiden Industrialisierung und Verstädterung für einen immer geringeren Teil der Bevölkerung charakteristisch ist (BAUSINGER 1980:14; BREDOW 1978:22).

— die Propagierung von Heimat als (versuchte) Übertragung einer schichtenspezifischen Weltsicht – v. a. des Bürgertums und der ländlichen Grundbesitzer – auf das neu entstandene Industrieproletariat. Die Vertreter der Heimatbewegung „erkannten in der ganzheitlichen Heimatvorstellung eine Strategie der Konfliktvermeidung; soziale Gegensätze wurden hier durch ein übergreifendes Identifikationsmuster verdeckt". (BAUSINGER 1980:15; vgl. a. CREMER/KLEIN 1990:38; HARTUNG/HARTUNG 1991:167; JEGGLE 1980:57 f.)

---

[62] Heimatkunde als Weg zum Nationalgefühl und zur Volksgemeinschaft erhält nach 1933 ein besonderes Gewicht (vgl. als Beispiel PAULSEN 1938:III).

[63] Ein ähnlich umfassender Entwurf von „Heimat" wurde in jüngerer Zeit von HINRICHS (1991) vorgelegt, worin – ganz in der Tradition SPRANGERs – Heimat als „anthropologisches Gesetz", als „ökologische Wissenschaftstheorie", als Strukturierungs- und Erkenntnisprinzip im Schulunterricht sowie als Instrument zur Erzeugung „nationaler Besinnung" [Zitate jeweils aus Kapitelüberschriften] dargestellt bzw. propagiert wird. Es ist immer wieder erstaunlich, wie ein Begriff einerseits mit Inhalten völlig überfrachtet und andererseits als besonders geeignet für den Grundschulunterricht bezeichnet wird.

– die nahtlose Anbindung der kleinräumigen „Heimat" an die „Nation", ja die Indienststellung der Heimatbindung als Vehikel für die Nationalstaatsbildung und als Kompensation fehlender politischer Partizipation (BAUSINGER 1980:14 f.; CREMER/KLEIN 1990:39-44; JEGGLE 1980:56; vgl. a. GANS 1994; GANS/BRIESEN 1994).

Insgesamt wird „Heimat" damit als komplexes Ideologem aus mystifizierender Wirklichkeitsbeschreibung, falscher (nicht nur schulischer) Praxis und herrschaftsstützender Propaganda charakterisiert. Ihre Entstehung verdankt sie den veränderten Lebensverhältnissen der bürgerlichen Bevölkerung, die „im 19. Jahrhundert mobilisiert, ... aus ihren Herkunftsorten herausgerissen und mit neuen Aufgaben in neuen Umgebungen konfrontiert worden (war)". (BAUSINGER 1980:12) Auch wenn es sich bei „Heimat" um die „eingeschränkte Perspektive schichtspezifischer Verlusterfahrungen" (HARTUNG/HARTUNG 1991:167) handelt, wird offensichtlich von der Realität dieser Verluste – etwa des Verlusts der vertrauten Umgebung – ausgegangen.

Es stellt sich jedoch die Frage, ob mit einer solchen Erklärung nicht ein Aspekt des „Heimat"-Begriffs zur Begründung eines anderen verwendet wird. Denn es gehört ja zum Begründungszusammenhang von „Heimat", diese nicht nur als quasi-naturgegeben zu postulieren, sondern sie gleichzeitig als Reaktion auf bzw. als Rezept gegen konstatierte Desintegrationsprozesse darzustellen. Zerrissenheit, Verlusterfahrungen gehören also zum semantischen Hof von „Heimat", dienen der Begründung des Programms „Heimat". Das Konzept „Heimat" birgt auch ihr Fehlen in sich, wie die Feststellung von Bindungsverlusten o. ä. die Forderung nach (neuer) „Heimat" impliziert.[64]

Neue „Heimat"-Konzepte

So vehement die zitierten Autoren die alte „Heimat" kritisieren, so eindeutig favorisieren sie ein neues Heimatverständnis. Dieses enthält selbstverständlich weder eine rückwärtsgewandte Idylle harmonischen Landlebens noch eine Verteufelung von Mobilität, Veränderungen und Konflikten, sondern ein aktiv-prüfendes Verhältnis zur engeren Umgebung (BAUSINGER 1980:21; BREDOW 1978:29; JEGGLE 1980:61; vgl. a. EISEL 1987:103).

---

[64] Die Wahrnehmung einer bestimmten Lebenssituation als Herausgerissenheit ist bereits begrifflich verbunden mit der Forderung nach Integration, wie die Feststellung geringer Bezahlung mit dem Streben nach höherem Lohn einhergeht. Beides sind jeweils keine kausalen Zusammenhänge, sondern Formulierungen eines Tatbestandes aus zwei Richtungen: Die Klage über ein Herausgerissensein ist ebenso komplementär mit der Forderung nach Integration wie konstatierter Geldmangel mit dem Verlangen nach mehr Einkommen. Damit kann das eine nicht das andere erklären. Erklärungsfähig sind demgegenüber nur solche Aussagen, die unterschiedliche Inhalte miteinander verknüpfen; im vorliegenden Fall würde es etwa lauten: Da die Menschen aus ihrer gewohnten Umgebung herausgerissen wurden, fordern sie höhere Löhne. Oder: Da sich die Menschen unterbezahlt fühlen, möchten sie in eine „Heimat" integriert werden. Nur solche Kausalsätze ermöglichen überhaupt die Frage nach der Konstruktion des Zusammenhangs und damit den Versuch einer Erklärung.

Obwohl die Gefahren des neuen „Heimat"-Verständnisses ebenfalls gesehen werden
- auch bessere Kulissen sind Kulissen,
- auch ohne „Wurzel"-Vokabular sind regionale Ansätze von Heimat nicht vor Engstirnigkeit gefeit,
- auch verändernd-progressives „Heimat"-Denken schützt nicht vor der Verabsolutierung partikularer Interessen,
- auch heute noch erweisen sich „Heimat" und Nationalismus als kompatibel (BAUSINGER 1980:22 f.; BREDOW 1978:29 f.) –,

wird „Heimat" nicht nur als Chance der Aneignung der eigenen Lebenswelt begriffen, sondern – anders herum – als Ausdruck und Ergebnis defizitärer Entwicklungen der modernen Gesellschaften: Deren Komplexität und Unübersichtlichkeit wie auch ihre hochgradige Zentralisierung führen als Gegenbewegung zu einem Bedürfnis nach einer überschaubaren, kontrollierbaren, kleinräumig-lokalen Gegenwelt – der „Heimat" (BAUSINGER 1980:20 f.).

Wieder tritt hier die bereits vertraute Denkfigur auf: Ein „Heimat"-Bedürfnis wird damit erklärt, was dessen Sachwalter als *Begründung* für seine Produktion anführen.[65] Die Forderung nach Heimat wird also aus ihrem Fehlen abgeleitet.[66] Selbstverständlich ist das Vokabular heute ein anderes als früher. Zwar glauben mittlerweile sogar (oder gerade) Marxisten, nicht auf einen Begriff wie „Entwurzelung (als) Gegenbegriff zu Heimat" (NEGT 1990:185) verzichten zu können, dennoch benutzt die aktuelle Klage über den Heimatverlust überwiegend andere Formen der

---

[65] Einschränkend muß angeführt werden, daß gerade Autoren wie Bausinger oder Bredow doch ein eher zwiespältiges Verhältnis zu den von ihnen beobachteten Entwicklungen haben.

[66] Explizit wird diese Verbindung von WEICHHART formuliert: „Gerade jene Strukturen der Moderne, die 'Heimat' verhindert haben, (können) dafür verantwortlich gemacht werden, daß als gleichsam emanzipatorische Gegenposition, Antwort und Widerspruch die Identifikationspotentiale territorialer Bindungen neu belebt werden." (WEICHHART 1990:27 f.) Einen ähnlichen Gedankengang äußert auch WERLEN: „Je umfassender die Globalisierung voranschreitet, umso bedeutender werden die regionalen und lokalen Handlungskontexte zur Erhaltung oder Schaffung von Seinsgewißheit." (WERLEN 1992:23; vgl. a. IPSEN 1996)

Diese Position, globale politisch-ökonomische Prozesse für regionale/lokale Einstellungen und Denkweisen verantwortlich zu machen, dürfte kurzschlüssig sein, zumindest radikal verkürzt: Es ist völlig rätselhaft, warum etwa Angehörige eines Unternehmens, das bisher den nationalen, nun aber den Welt-Markt beliefert, ihrer selbst unsicher werden und zugleich eine Orientierung auf den Nahraum zur Kompensation dieser Unsicherheit entwickeln. Deutungen und Sinngebungen wachsen wohl in den seltensten Fällen aus den Veränderungen ökonomischer Kennziffern, sind sie doch auf die Herstellung und Verbreitung durch Personen angewiesen, die institutionell dazu berufen und bereit sind – konkret: Intellektuelle aller Couleur. Aber auch bei diesen ist nicht anzunehmen, daß sie regionale oder lokale Deutungsmuster *aufgrund* von „Globalisierungsvorgängen" (was das auch sein mag!) produzieren. Vielmehr ist nicht ganz auszuschließen, daß die lokale/regionale Sinngebung Ausdruck einer aus welchen Gründen auch immer entstandenen Unwilligkeit oder Unfähigkeit von Intellektuellen ist, globale Prozesse in ihrer Gesamtheit zu erfassen, zu interpretieren und zu vermitteln. Und diese Unwilligkeit oder Unfähigkeit ist nur an letzter Stelle Ergebnis der Globalisierung.

Zustandsbeschreibung: Da wäre etwa das „Unbehagen an der Moderne" (CREMER/ KLEIN 1990:44), die „Kolonialisierung der Lebenswelt" (HABERMAS, zit. n. ebd.:48), die „Erosion lebensweltlicher Bezüge" (ebd.:36), aber auch die „Unbehaustheit der Menschen" (NEGT 1990:192) oder die „Unwirtlichkeit der Städte" (MITSCHERLICH, zit. n. ebd.) zu nennen.

Diese negativen Seiten der Moderne führen zu einer „strukturellen Bedrohung der kollektiven Identität der Menschen" (NEGT 1990:194), aber auch zu einer „geschärften Sensibilität für die von Schwund bedrohten vertrauten Erfahrungsräume und Lebensweisen". (CREMER/KLEIN 1990:36).

> „Der Wunsch nach vertrauter Welt, der Anspruch auf eine menschlich gestaltete Umwelt wird selbst zu einem gestaltenden Faktor sozialen Wandels, zu einem Einspruch gegen kalte Funktionslogik, strikte Zweckrationalität, Anonymität und Vereinzelung." (CREMER/KLEIN 1990:36)

Kann sich dieser Wunsch nicht durchsetzen, bleiben die Probleme nicht nur ungelöst, sondern es droht noch Schlimmeres: „Wo Heimat bedroht wird oder bereits zerstört wird, entsteht ... ein fruchtbarer Boden für den Fremdenhaß, nicht wo sie gesicherter Bestandteil der Lebenszusammenhänge ist." (NEGT 1990:185)

Wie bei SPRANGER[67] konzentriert sich die Gesellschaftskritik auch der aktuellen Heimatdiskussion auf die mangelnde Integrationskraft (bzw. die Desintegrationstendenz) der Moderne, hebt gleichzeitig die unumgängliche Notwendigkeit einer solchen Integrationskraft hervor und leitet daraus die Forderung nach lebensweltlicher Heimatbildung ab – die etwa dann existiert, „wenn Mikrostrukturen von Raum und Zeit in sich selber Lebensgeschichte darstellen". (NEGT 1990:193)

Die aktuelle „Heimat" der zitierten Stellen kann zusammenfassend als begrifflich fast vollständig runderneuert und inhaltlich von vielen völkisch-nationalistischen Implikationen befreit bezeichnet werden. Was keinerlei Veränderung gegenüber der SPRANGERschen „Heimat" erfahren hat, ist die Kritik an der Moderne als Auflösung von Gesellschaft, wenn nicht gar Gemeinschaft, und daran anschließend die Forderung nach dem Erhalt oder der Schaffung „heimatlicher" Lebensbezüge.[68]

Als Beispiel soll hier der Kampf gegen Atomkraftwerke oder sonstige „sperrige Infrastruktur" (GEIPEL 1984:40) angeführt werden. Statt festzustellen, daß eine Bürgerinitiative etwa gegen ein AKW deshalb aktiv wird, weil sie nicht möchte, daß ein AKW errichtet wird, gewinnt dieses Handeln „das entscheidende Motiv des Protestes und des Kampfes mit langem Atem aus dieser Abwehr der Zerstörung von Lebenswelt". (NEGT 1990:195) Eine ebensolche Überhöhung und gleichzeitig Dequalifizierung zweckgebundenen Handelns kommt zustande, wenn unterschiedliche regionale Verbundenheiten in die Argumentation eingeführt werden: Dann tritt „neben eine wirklich regionale, ... in ihrer Territorialität betroffene Bevölkerung ... eine eher ubiquitäre 'Protestbevölkerung', mobil von Protestanlaß zu Protestanlaß

---

67 Eine weitere Parallelität zu SPRANGER ist das erneute Aufkommen von Totalitätsvorstellungen, etwa bezogen auf den Lebenswelt-Begriff (CREMER/KLEIN 1990:48, ebenso BARTELS 1981:10).

68 In ähnlicher Weise wird von manchen Autoren auch der Regionsbegriff verwendet (so etwa von IPSEN 1996).

ziehend". (GEIPEL 1984:41) Ganz ähnlich ist das Vorgehen von HAGEN/HASSE/ KRÜGER (1984) bzw. KRÜGER (1987). Auch hier wird die Debatte um einen Deichbau, die von der Bevölkerung mit funktionalen und finanziellen Argumenten geführt wird, auf eine Artikulation von „Heimat"-Bedürfnis bzw. -Sicherung zurückgeführt. Und diejenigen Bevölkerungsgruppen, deren Interessen nicht mit den raumplanerischen Vorstellungen der Geographen übereinstimmen, werden denunziert als Menschen, bei denen klar wird, „wie wenig bedeutsam ihnen der räumlich-materielle Qualitätsaspekt von Umwelt für die eigene Lebenseinstellung ist". (KRÜGER 1987:170) Es ist eher fraglich, ob es ein anzustrebendes Verfahren ist, das Handeln von Menschen nur dann ernstzunehmen, wenn es – über welche Konstruktion auch immer – auf (die Gefährdung von) „Heimat" oder „Territorialität" zurückzuführen ist. Analytisch zumindest ist durch ein solches Vorgehen nichts zu gewinnen.

Die Vermutung, daß „Heimat" für die Masse der Bevölkerung vielleicht gar kein Problem ist, kann deshalb überhaupt nicht entstehen, weil Situationsbeschreibung und (implizite) Lösungswege derselben Weltsicht verhaftet sind – einem kulturalistischen Blick auf soziale, politische und ökonomische Divergenzen und Interessengegensätze. Anders herum: Wohl alle Konflikte, an denen (oft informelle) Interessengruppen beteiligt sind, lassen sich ohne weiteres über den Leisten „Heimat" schlagen; ob ihnen damit wissenschaftlich wie politisch gerecht zu werden ist, muß eher bezweifelt werden.

Aktuelle „Heimat"-Konzepte in der Geographie

Geographische Diskussionen von „Heimat" weisen fast durchgängig den skizzierten Verlauf auf: einerseits Kritik an der alten „Heimat" und andererseits Begründung, wenn nicht Forderung neuer „Heimat" als Antwort auf die negativen Seiten der modernen Gesellschaft. Idealtypisch wird dieser zweite Aspekt bereits von BARTELS formuliert, wenn er ein menschliches „Verlangen nach Geborgenheit" postuliert –

„nicht nur in einem 'Ruheraum' Halt zu haben, sondern überhaupt in einer überschaubaren heilen Welt, insbesondere in einer integren Gesellschaftsformation, zu Hause zu sein. Dieses Bedürfnis zu befriedigen, ist umso schwieriger geworden, je mehr großgesellschaftlich-pluralistische Strukturen, fernfunktionale sozioökonomische Steuerungen und Erscheinungsformen hoher sozialer Mobilität sich ausgedehnt haben, d. h. je mehr raumübergreifende soziale Partialzusammenhänge im Vordergrund des Gesellschaftslebens stehen". (BARTELS 1981:9)

Bei späteren Autoren findet eine Akzentverschiebung insofern statt, als die „integre Gesellschaftsformation" kaum mehr Beachtung findet und stattdessen der Schwerpunkt auf (anderen) Aspekten der „überschaubaren heilen Welt" zu liegen kommt. Dabei handelt es sich vor allem um materielle Elemente der Lebens(um)welt, d. h. die Möblierung des Raumes. Als Beispiele sollen eine Untersuchung der Heimatqualitäten der Ortslage von Ditzum/Ostfriesland (HAGEN/HASSE/KRÜGER 1984; HASSE/KRÜGER 1984; KRÜGER 1987) und eine Diskussion der Veränderungen lokaler Raumstrukturen und ihres Heimat-Werts in den neuen Bundesländern (MAI 1993) behandelt werden.

Ausgangspunkt ist in beiden Fällen die Überlegung, daß die bestehenden Raumstrukturen und ihre Möblierung, d. h. Ausstattung mit Gebäuden, Plätzen, Orientierungsmarken usw. der Bevölkerung „Verhaltens- und Bewertungssicherheit, Handlungskompetenz, Vertrautheit, Geborgenheit und Kontinuität" (MAI 1993:232) vermitteln. Diese positiven Elemente des Raumes sind gefährdet, weil entweder
- „der an wirtschaftlich-funktionalem Fortschrittsglauben orientierte Versuch, pervertierte Urbanität zum Erfüllungsgehilfen der Lebensentfaltung zu bestellen" (HAGEN/HASSE/KRÜGER 1984:1) den Einwohnern von Ditzum die Planung einer Deichverlagerung beschert, was die „Ratlosigkeit und Sinnleere der Zivilisationsentwicklung" widerspiegelt (KRÜGER 1987:162), oder
- die westlichen „Gestaltungsprinzipien von Funktionalismus und Zweckrationalität" (MAI 1993:233) dazu führen, daß in den neuen Bundesländern „mit der unsensiblen Zerstörung historischer Bausubstanz auch Heimat abgerissen wird" (ebd.:237) – eine Bausubstanz, die „Zeugnis vom kulturellen Geist (der) Bewohner ablegt" (ebd.) und für ein Maß an Unverwechselbarkeit sorgte, „das gerade [!] Besucher aus dem Westen ... in nostalgische Schwärmerei versetzte". (ebd.:233)

Wie ist diese Gefährdung oder gar Vernichtung von Heimat zu verstehen, warum führt eine veränderte Möblierung des Raumes zu Heimatverlust? Während die ältere Untersuchung vor allem das „Ausbleiben eines Verhaltensrituals" (HAGEN/HASSE/ KRÜGER 1984:176) bei baulichen Veränderungen moniert, die „der Vertrautheit und Sicherheit bietenden Qualität von Umwelt Schaden zufügen" (HASSE/KRÜGER 1984:8), ist die Situation in den neuen Bundesländern dramatischer: Die Menschen verfügen über neue Konsumgüter und Autos, „in ungeahntem Umfang sind Straßen mit neuer Teerdecke versehen" (MAI 1993:233), das ehemalige Gebäude der SED-Kreisleitung in Bautzen wird anderweitig genutzt, sogar Videotheken und Baustoffhandel gibt es jetzt (ebd.:233 f.). Dieses „Heimat"-Verständnis der Verortung von subjektivem Wohlbefinden in der gebauten Siedlungsstruktur kennt darüber hinaus sogar den Transfer von Heimatlichkeit bereits zu DDR-Zeiten, als zur Devisenbeschaffung Pflastersteine an westdeutsche Städte verkauft wurden, was den „ästhetisierenden Versuch lokaler Sinnstiftung im Westen *durch* den komplementären Abbau von Heimat im Osten" symbolisiert (ebd.:236; Hervorhebung durch mich, W. A.).

Trotz einer weitgehenden Renovierung des Vokabulars[69] ist der tiefgehende antimoderne Reflex der geographischen „Heimat"-Forschung nicht zu übersehen, der auch dadurch nicht geringer wird, daß eine resignativ-idyllisierende Heimat-Bildung abgelehnt und stattdessen eine prospektive, aktiv gegen die (negativen Seiten der) Moderne gewandte Variante favorisiert wird (KRÜGER 1987:173; MAI 1993:237; ähnlich HASSE 1987:123 f. u. passim).

---

[69] Nur noch in Einzelfällen werden Reminiszenzen an den SPRANGERschen Wortschatz wach, wenn etwa von der „Entwurzelung" der Bevölkerung in den neuen Bundesländern (MAI 1993:237) bzw. in den westlichen Gesellschaften allgemein (KRÜGER 1987:161) gesprochen und gleichzeitig der „Heimat" attestiert wird, „Verwoben-sein" (ebd.:165) zu gewährleisten, „Bindungsqualitäten" (166) zu haben und die „räumliche Verknüpfung lokaler oder regionaler Lebensformelemente über die Totalität ihrer Daseinsäußerungen und Bewußtseinsstrukturen" (169) zu bewirken.

Das Problematische des geographischen Heimatkonzepts ist einerseits, daß zwar notgedrungen eingestanden werden muß, daß „der räumliche Bezugsaspekt (von Heimat) ... häufig für die Bevölkerung von geringerer Bedeutung ist" (KRÜGER 1987:165) bzw. „der Umbau von Heimat in Ostdeutschland bei den Einheimischen auf relativ breite kognitive Akzeptanz" (MAI 1993:233)[70] trifft, dann aber bruchlos wieder zur (Bedrohung von) Heimat übergegangen wird, deren Vorhandensein aber nicht dort ermittelt wird, wo ihre Wirksamkeit behauptet wird – nämlich bei den Menschen, genauer: als Element gesellschaftlicher Prozesse –, sondern in der ge- und bebauten Umwelt. Andererseits dominiert die der empirischen Analyse vorausgehende Fundamentalkritik an der Moderne den Blick auf den Untersuchungsgegenstand derart, daß diesem gar keine andere Möglichkeit bleibt, als sich als defizitäre Heimatlichkeit zu erweisen.

Jede Veränderung der Umwelt droht zu einer unheilvollen Reduktion von Heimat zu führen, weshalb es unumgänglich ist, „Veränderungen eines räumlichen Milieus daraufhin zu prüfen, ob sie der Vertrautheit und Sicherheit bietenden Qualität von Umwelt Schaden zufügen". (HASSE/KRÜGER 1984:8). Daß Menschen sich in bestimmten räumlichen Einheiten regelhaft und habitualisiert verhalten und so etwas wie Vertrautheit mit der Umwelt existiert, geht in einem solchen Verständnis einer Mensch-Umwelt-Beziehung nicht vom Menschen aus, sondern basiert auf den materiellen Qualitäten des Raumes. Ändert sich die Möblierung des Raums, leidet auch die Beziehung des Menschen zu seiner Umwelt, er wird heimatlos.

Dieses Menschenbild ist nicht nur extrem reduktionistisch[71], es nähert sich zudem einem vagen Geodeterminismus, der den Menschen im wesentlichen als passiven Rezipienten „objektiver" räumlicher Gegebenheiten setzt. Damit aber schließt sich die Heimat-Forschung selbst aus den Sozialwissenschaften aus.

Abschließend und zusammenfassend ist der analytische Wert geographischer Heimatforschung als marginal zu bezeichnen.[72] Der Zugang zur Realität über eine

---

[70] Dies läßt immer noch die emotionale Akzeptanz als möglichen Indikator für Heimat im Rennen, der aber empirisch noch weniger faßbar und damit noch leichter behauptbar und weniger widerlegbar ist als die kognitive Akzeptanz.

[71] Geht man von den Grundqualitäten der „Heimat" aus, Vertrautheit und Sicherheit zu bieten, ist das Maximum an Heimat im Gefängnis zu erreichen. Tatsächlich soll es Personen geben, die nach langjährigem Gefängnisaufenthalt vor der Unsicherheit und Komplexität der Außenwelt zurück in die gewohnte „Vertrautheit und Sicherheit" fliehen; ein solches Verhalten wird aber im allgemeinen als pathologisches Produkt der gesellschaftlichen Strukturen, d. h. der Lebenswelt im Gefängnis, angesehen und nicht als Muster der Teilnahme am öffentlichen Leben propagiert.

[72] Dazu trägt auch der weitgehende Verzicht auf eine klare Begrifflichkeit bei. Ein Musterbeispiel dafür bietet HASSE (1987), wenn er unterschiedliche (fiktive) Äußerungen von einzelnen Personen über ihre Wohngegend anführt, diese Äußerungen jeweils als Ausdruck von „Heimat" interpretiert und dann noch aus der Unterschiedlichkeit der Aussagen die interessante Konsequenz zieht, daß „Heimat ... nicht auf einen 'klaren' Begriff gebracht werden (kann)". (HASSE 1987:7)

umfassende kulturalistische Gesellschaftskritik[73] läßt die untersuchten Menschen erst gar nicht zu Wort kommen (woran auch die Durchführung von Interviews nichts ändert); weder ihre Interessen noch ihre Absichten gehen in die Darstellung ihrer Lebenssituation ein. Potenziert wird dieses notwendige Unvermögen sozialwissenschaftlicher Erkenntnis durch die Anbindung an die Möblierung des Raumes.[74]

So wenig „Heimat" ein analytischer, wissenschaftliche Erkenntnis menschlicher Lebenssituationen leitender Begriff sein kann, so sehr verfügt er über andere Qualitäten. Dies wird bereits bei den zitierten Autoren deutlich: Er bietet die Möglichkeit, die (eigene) Realität umfassend zu strukturieren und zu bewerten.[75] Damit verfügt er über eine immense didaktische Reichweite, was sich auch in einem einschlägigen Sammelband der Bundeszentrale für politische Bildung niederschlägt, in dem sich 35 der 46 Beiträge mit didaktischen oder schulbezogenen Themen beschäftigen (BUNDESZENTRALE FÜR POLITISCHE BILDUNG 1990).

Dieser Qualität des Heimat-Begriffs, Wahrnehmung umfassend strukturieren zu können, steht jedoch die eingeschränkte Variationsbreite möglicher Wahrnehmungsmuster gegenüber; diese reduziert sich im wesentlichen auf zwei Pole: sich durch Heimatbindung zu besänftigen, zu trösten oder sich bzw. die Heimat in Permanenz bedroht oder gar verloren zu sehen. Ob diese mit dem Heimatbegriff notwendigerweise verknüpften, ja in ihm geradezu verwurzelten Formen der Wahr-

---

[73] So resultiert etwa für Mai die Unzufriedenheit vieler Bewohner der neuen Bundesländer mit ihrer aktuellen Lebenssituation gleich aus dem Zusammentreffen zweier Kulturen und darausfolgend einem Kulturschock (MAI 1993:236), während es doch nicht völlig abwegig ist, diese Unzufriedenheit darauf zurückzuführen, daß sich die Menschen die „Wiedervereinigung" und ihre Folgen etwas anders vorgestellt haben.

[74] Nachgerade plakativ wird das Dilemma der Analyse eines Zusammenhangs zwischen „Heimat" als Gefühlswert und „Raum" als konkret-gestalteter Umwelt von Hagen/Hasse/Krüger verdeutlicht, wenn sie Blochs Definition von Heimat als „Ort, wo noch niemand war" zitieren und daraus vier Zeilen später den Schluß ziehen, eine Lokalstudie zur Heimat durchzuführen (HAGEN/HASSE/KRÜGER 1984:1).

[75] Manchmal scheint aber auch der Unterschied zwischen Wahrnehmungsstrukturierung und -verhinderung zu gering zu sein – wenn etwa HASSE (1987) Schüler danach befragt, welche Assoziationen sie innerhalb von fünf Minuten zum Begriff „Heimat" haben, und aus den Antworten schließt, daß „Heimat ... in der Wahrnehmung von Kindern und Jugendlichen ein vielschichtiges Phänomen (ist.) Der Begriff steht [bei diesen Schülern] für eine emotionale Beziehung zur gesamten Lebensumwelt." (HASSE 1987:110) Aus Wortbedeutungen auf ein Realphänomen und auf Beziehungen zu schließen, ist doch recht wagemutig. Wie unwichtig zudem die tatsächlichen Antworten der Befragten sind, wenn sie mit dem Vorwissen des Forschers über „Heimat" zusammenstoßen, wird auch aus einer Schülerantwort deutlich, die „Heimat" mit „wenig Industrie/hohe Arbeitslosigkeit" assoziiert; für Hasse deutet der zweite Teil der Antwort „auf eine Problemwahrnehmung hin, die jedoch am Positivkriterium [!!]'wenig Industrie' relativiert ist". (ebd.:106) Ebenso könnte auch vermutet werden, daß das eine (wenig Industrie) als Erklärung für das andere (hohe Arbeitslosigkeit) angesehen wurde; aus der Antwort selbst ist jedoch nicht abzuleiten, was diese (und auch jede andere) Assoziation von „Heimat" für die Befragten *bedeutet*. Und nur darum kann es bei einem solchen Erhebungsverfahren ja gehen.

nehmung von Realität wünschenswert sind, ist wissenschaftlich-analytisch nicht zu entscheiden; es handelt sich hierbei vielmehr um eine politisch-moralische Frage, die nicht Thema dieser Ausführungen ist.

Dennoch dürften die zahlreichen unterschiedlichen Konnotationen von „Heimat", ja die Beliebigkeit ihrer Anwendung auf Ausschnitte der Realität[76], eine eindeutige Füllung und damit den zielorientierten Einsatz für didaktische Zwecke erschweren, wenn nicht verhindern. Nicht zuletzt diesem Umstand ist es wohl zuzuschreiben, daß in der Geographie die „Heimat" einen begrifflichen Nachfolger gefunden hat: die räumliche u. ä. Identität.

4   Identität und Raum

Wenn im folgenden die Verwendung des „Identitäts"-Begriffs in der Geographie untersucht wird, muß eine Unterscheidung getroffen werden zwischen solchen Texten, in denen „Identität" als alltagssprachlicher Begriff, als Synonym für eine wie auch immer geartete emotionale oder kognitive Bindung an räumliche Gegebenheiten verwendet wird, und solchen, in denen eine explizite Theorie von Identität Verwendung findet.

Als wohl umfassendster Beitrag letzteren Typs ist WEICHHARTs „Raumbezogene Identität" (1990) anzusehen. Unter dem „Raum", auf den diese „Identität" bezogen wird, ist dabei ein konkreter Raum wie etwa ein Ort, eine Region oder ein Land als materieller Körper zu verstehen, nicht aber „Raum" als Distanzrelationengefüge oder zweidimensional-chorisches Sich-Erstrecken. „Raumbezogene Identität" dient demnach als Oberbegriff für lokale, regionale oder staatlich-nationale Identität (WEICHHART 1990:75-80).

Für sein Verständnis von „Identität" versucht der Autor vor allem die sozialpsychologische Literatur nutzbar zu machen und arbeitet schließlich drei Bedeutungsvarianten von Identität/Identifizierung[77] und vier zugehörige Forschungsrichtungen heraus. Die Bedeutungsvarianten sind:[78]

1. *etwas* identifizieren im Sinne von kategorisieren, klassifizieren (Identität I);
2. identifiziert *werden*, verstanden als die Erkenntnis einer Person, daß die anderen sie identifizieren (II);
3. *sich* identifizieren, im Sinne der Selbstzuordnung zu Vorbildern oder Bezugssystemen (III) (16 f.).

Die wichtigsten Forschungsschwerpunkte zur Identitäts-Thematik sind (hier bezieht sich WEICHHART vor allem auf FREY/HAUSSER 1987):

1. die „soziale, öffentliche, 'situierte' Identität (einer Person) ... (als) Kombination von Merkmalen und Rollenerwartungen" (18; zit. aus FREY/HAUSSER 1987:3);

---

[76] Der bereits erwähnte Sammelband (BUNDESZENTRALE FÜR POLITISCHE BILDUNG 1990) ist mit seinen 35 didaktischen Beiträgen ein Musterbeispiel für die inflationäre Einsetzbarkeit des „Heimat"-Begriffs.

[77] Dabei wird „Identifizieren" als Prozeß, „Identität" als dessen Ergebnis verstanden.

[78] übernommen aus GRAUMANN, C.F.: On Multiple Identities. In: International Social Science Journal 35, 96/1986; S. 309-321

2. die ethnische usw. Identität, wobei es sich um die Beschreibung sozialer Systeme in Außen- oder Innenperspektive handelt;
3. die personale oder „Ich-Identität" als Antwort auf die Frage „Wer bin ich?";
4. das Identifizieren von Umwelt, z. B. in der Umweltpsychologie (WEICHHART 1990:18 ff.).

Durch seinen Bezug auf FREY/HAUSSER (1987) vermittelt WEICHHART den Eindruck, die Erkenntnisse sozialpsychologischer Forschung auch für die Geographie nutzbar machen zu können. Betrachtet man den jeweiligen Umgang mit der „Identität" in beiden Quellen jedoch etwas genauer, ändert sich dieses Bild schnell und gründlich. So unterschlägt WEICHHARTs Zitierweise[79] schlicht den Umstand, daß für die von ihm als Beleg angeführten Autoren zwar die genannten Themen 1 bis 3[80] in den Sozialwissenschaften durchaus alle unter der Bezeichnung „Identität" untersucht werden, eine solche parallele Verwendung aber von der Gefahr der „Begriffsverwirrung" betroffen ist (FREY/HAUSSER 1987:3). „Identität" in Form sowohl der 'situierten' Identität als auch der kulturellen, ethnischen usw. Identität wird als eher unübliche Begriffswahl bezeichnet und durch „andere, meist besser eingebürgerte Synonyme" (ebd.:3) bzw. „bekanntere Synonyme" (ebd.:4) ersetzt. Lediglich der dritte Identitätsbegriff, die personale Identität, verdient „tatsächlich diesen Namen" (ebd.).

Während die Sozialpsychologie also bemüht ist, das begriffliche Durch- und Nebeneinander zu beseitigen, indem sie dort, wo besser eingeführte und empirisch validierte Begriffe existieren, diesen den Vorzug gibt und ansonsten die verbliebene Bedeutungsreichweite des Identitätsbegriffs einzuengen versucht, nimmt die „raumbezogene Identität" einen anderen Weg: Sie subsumiert unter sich alles, auf das nur irgendein Identitätsbegriff anwendbar ist.

Dieser fundamentale Unterschied zur Bezugsliteratur resultiert im wesentlichen aus der Verwendung einer anderen Begriffskategorie: Während „Identität" als theoretischer Begriff die Frage nach seiner *Anwendbarkeit* evoziert, führt „Identität" als ontologischer Begriff zur Frage nach ihrer *Existenz*. Tatsächlich geht es WEICHHART bei aller Diskussion theoretischer Konzepte in der verwendeten Literatur um den Beleg der Existenz einer Entität namens „Identität".

Dies wird bereits aus der Überschrift des zweiten Kapitels, in der die Begriffsexposition stattfindet, deutlich – wird hier doch von „Grundformen der Identifikation" gesprochen, die dann „hochwirksame Zusammenhänge und Wechselwirkungen" (WEICHHART 1990:20) aufweisen, um schließlich eine Art höherer Form von Identität zu ergeben; denn sie „führen in ihrem Zusammenwirken zu jenen 'multiplen Identitäten', die für die personale und soziale Existenz des Menschen charakteristisch sind". (93)

Es ist dann nur folgerichtig, daß in den Hauptteilen des Textes die unterschiedlichen Verwendungsformen des *Begriffs* „Identität" bei verschiedenen Autoren als Argument für das Vorhandensein eines *Gegenstandes* „Identität" in vielerlei „Ausprägungsformen", die wiederum in Zusammenhängen und in wechselseitiger Beziehung zueinander stehen (93 f.), angeführt werden.

---

[79] welche zudem die verwendeten Zitate nur teilweise als solche kenntlich macht
[80] Thema 4 findet seinen Ursprung bei anderen Autoren.

Raumbezogene Identität bei Individuen

Im Zentrum der Ausführungen WEICHHARTs steht die Bedeutung raumbezogener Identität zum einen für Individuen („personale Systeme") und zum anderen für Gesellschaften („soziale Systeme").[81] Auf der individuellen Ebene hat raumbezogene Identität, die in diesem Zusammenhang zu verstehen ist als räumlich kodierter Teil eines Selbstkonzepts, vier wichtige Funktionen:

1. *Sicherheit*. Wohnung und nähere Umgebung dienen als „Ankerpunkte" für die „Entwicklung oder Festigung der Ich-Identität" (36).
2. *Aktivität/Stimulation*. In der subjektiven Aneignung der Umwelt entsteht „zumindest die Illusion von Selbstbestimmbarkeit, Autonomie und Kompetenz" (38).
3. *Soziale Interaktion/Symbolik*. Hier fungieren Elemente des physischen Raumes als „symbolische Repräsentation sozialer Interaktionen und sozialer Werte" (39), wobei vom Autor besonders hervorgehoben wird, daß für das Individuum Signifikat und Signifikant zumeist identisch sind, ihm also der Symbolcharakter der Raumelemente verborgen bleibt.
4. *Individuation*. Dieser Aspekt personaler Identität geht in seiner Bedeutung über die bereits genannten hinaus, ist er doch ein „Wirkungsbereich, auf den alle anderen Funktionen letztendlich bezogen sind und dem damit die entscheidende Schlüsselposition zukommt" (40). Raumbezug ist dabei ein Mittel zur Entwicklung des Ich, „es kann zu einer partiellen Gleichsetzung der Person mit der Umwelt kommen" (41). Wichtig ist vor allem die (wahrgenommene) Konstanz der physischen Umwelt, der das Wissen um die eigene Veränderung/Veränderbarkeit gegenübergestellt wird. Daneben trägt der Bezug auf einen konkreten, und das heißt: von anderen unterschiedenen, Raumausschnitt auch zur Ent-

---

[81] Nur am Rande wird die raumbezogene Identität des Typs I („etwas identifizieren") angesprochen, offensichtlich aufgrund der Annahme, daß dies – die Identifikation etwa eines Ortes über einen Namen – ein so grundlegender wie simpler Sachverhalt sei, daß er keiner intensiveren Erörterung bedürfe. Gerade die alltagssprachliche Verwendung von Orts- und Regionsnamen, die WEICHHART als Beispiel heranzieht (20-22), zeigt jedoch, daß ein Verständnis von Ortsnamen als eineindeutige Benennung eines Raumausschnitts dem kommunikativen Verhalten von Menschen nicht entspricht. Zum einen bedeutet – um an WEICHHARTs Beispiel anzuschließen – der Satz „Ich fahre nach Salzburg" bei einem Kulturglobetrotter etwas völlig anderes als bei einem Industriespediteur oder einem Teenager aus der benachbarten bayerischen Grenzstadt Freilassing. Dieses „Salzburg" ist nur auf einem sehr kleinen Maßstab in den genannten Fällen identisch; tatsächlich bezieht sich die Ortsnennung ebenso auf einen jeweils anderen Raumausschnitt (etwa: Ortsteil) wie sie innerhalb der Kommunikation nur das Kürzel für den Reisezweck ist. Zum anderen wird dieselbe Person je nach Kommunikationssituation als Einwohner von Lehen (Stadtteil von Salzburg), von Salzburg oder von Österreich identifiziert werden bzw. sich als solcher bezeichnen. Die scheinbar simple Identifikation eines Raumausschnitts durch die Nennung eines Namens ist demnach wesentlich komplexer, als es auf den ersten Blick erscheint, und zudem nur marginal auf einen irgendwie abgrenzbaren Ausschnitt der Erdoberfläche zu beziehen (vgl. zur Kategorienbildung als Voraussetzung von Identitätskonstruktionen ASCHAUER 1996a:6-9).

wicklung des Gefühls individueller Einzigartigkeit und damit zur Identitätsbildung bei (42).

Für wie wichtig die Raumbezogenheit für eine Identitätsbildung angesehen wird, wird vor allem aus solchen Passagen des Textes überdeutlich, in denen die Konsequenzen eines Fehlens raumbezogener Identität geschildert werden; hier spricht WEICHHART, teilweise zitierend, von „schwerer Identitätskrise", „Entwurzelung" (24), „psychischen Störungen" (41), „Identitätsstörungen, wie sie bei Alkoholikern vorkommen" (42), „fraktalem Subjekt, ... das in Teile zerfallen ist" (45) usw. Diese Szenarien sind so neu nicht. Sie durchziehen seit Anfang des Jahrhunderts alle Klagelieder ethnisch-nationaler Aktivisten.[82] Damit stellt sich die „raumbezogene Identität", so sehr sie mit dem „Identitäts"-Begriff sich auf aktuelle Diskussionen der Psychologie bezieht, doch in eine recht alte Tradition – in die Tradition der Vertreter und Verfechter von „Heimat", „Volk" und „Nation".

Trotz der immensen Bedeutung, die dem Raumbezug für die Entwicklung und Aufrechterhaltung der „Ich-Identität" zugeschrieben wird, weshalb dieser sogar als „anthropologische Konstante" bezeichnet wird (45), kommt es zu einer Relativierung in zweierlei Hinsicht. Zum einen variiert die Raumbezogenheit „auf einer persönlichkeitspsychologisch relevanten Skala" „inter- und intraindividuell", d. h. zwischen den Menschen und bei einzelnen Menschen im Laufe der Zeit, zwischen sehr stark und nicht vorhanden (45). Zum anderen hat Raumbezogenheit nicht nur günstige Auswirkungen auf die Persönlichkeitsentwicklung, sie kann auch zu einem „pathologischen Grenzfall" mutieren, falls psychische Außenwelt und personales Selbst zumindest partiell gleichgesetzt werden (43).

Das Konzept der „raumbezogenen Identität" weist damit nicht nur die skizzierte Nähe zu einer scheinbar längst überwundenen Gedankenwelt auf, es sieht sich auch – bei seiner Anwendung als Beobachtungsinstrument auf der personalen Ebene – mit Unklarheiten und Zweideutigkeiten behaftet, die es fraglich machen, welches Erkenntnispotential ihm innewohnt. Zunächst mag es tatsächlich so etwas wie „Identität", ja sogar „raumbezogene Identität" geben. Völlig unklar ist jedoch, wie einem Phänomen genähert werden soll, das – noch dazu als anthropologische Konstante! – bei diesem Menschen in hohem Ausmaß existiert, bei jenem gar nicht, bei einem dritten heute schon, morgen aber weniger, und bei einem vierten pathologisch ist, während es beim fünften zur Aufrechterhaltung des Ich dient.

Die „raumbezogene Identität" offenbart sich als multipler Igel, der immer schon da ist, wo der Hase namens Forschung mühsam ankommt. Anscheinend – so mutmaßt der Wissenschaftler – ist Identität ubiquitär. Tatsächlich aber stößt er überall nur auf unterschiedliche Theorien und Theorieteile, deren einzig Gemeinsames die Ver-

---

[82] An dieser Stelle mögen zwei jüngere Äußerungen genügen, die erstaunliche Parallelen zu den WEICHHARTschen Formulierungen aufweisen. Für den Volksgruppentheoretiker HÉRAUD führt der Verlust ethnischer Eigenheiten (heute moderner: Identität) – in dieser Reihenfolge – zum Niedergang der Literatur, zur „moralischen Erschlaffung", zu Isolation, Alkoholismus, Prostitution und Selbstmord. Und auch MANNHARDTs „amorphe Fellachen", zu denen die Flamen aufgrund von Verlusten ihrer Ethnizität zu werden drohten, sind nicht weit von den „fraktalen Subjekten" entfernt (Zitate nach ASCHAUER 1987:114). – Aber auch in der Geographie finden sich Vorläufer etwa der Parallelisierung von Identitätsmängeln und Alkoholismus; vgl. z. B. GODKIN 1980.

wendung des „Identitäts"-Begriffs ist. Nicht Identität ist ubiquitär, sondern die Verwendung des Begriffs.[83] Daher lassen sich die skizzierten Widersprüche in den Aussagen über „die" Identität recht einfach dadurch erklären (und damit auch auflösen), daß offensichtlich unterschiedliche „Identitäts"-Theorien vorliegen, die zu unterschiedlichen, inkompatiblen Ergebnissen führen.

Es bleibt einem Autor selbstverständlich unbenommen, jedes Vorkommen räumlicher Bezeichnungen (von der Wohnung bis zum Staat) in einer Äußerung eines Individuums als Ausdruck raumbezogener Identität zu verstehen. Was damit aber gewonnen ist, bleibt rätselhaft – es sei denn, diese Äußerung wird in Beziehung gesetzt zu der Situation, in der sie geschieht. Dann aber ist diese artikulierte Raumbezogenheit aus der (Kommunikations-)Situation zu erklären, nicht aber durch das Vorhandensein einzelner (physischer) Raumelemente.[84] Nicht zuletzt deshalb muß bezweifelt werden, daß Mutmaßungen zur psychischen Bedeutsamkeit des physischen Raums das Tätigkeitsfeld der Geographie als Sozialwissenschaft stark erweitern.

Raumbezogene Identität bei Gesellschaften

Raumbezogene Identität existiert nach WEICHHART jedoch nicht nur *in* einem Menschen – wo sie in Form unterschiedlicher psychischer Phänomene auftritt –, sondern auch *zwischen* Menschen, als Element von gesellschaftlichen Gruppen, die mit systemtheoretischen Vokabular als „soziale Systeme" bezeichnet werden. Raumbezogene Identität tritt dabei in verschiedenen Formen auf bzw. hat für die sozialen Systeme verschiedene Funktionen (beides wird von WEICHHART nicht getrennt); die wichtigsten sind folgende:

---

[83] Solange raumbezogene, ethnische etc. Identität lediglich aus dem Handeln der Menschen abgeleitet und nicht direkt zu erheben versucht wird (black box), d. h. solange dieses Handeln als *Ausdruck* von (dann notwendigerweise vermuteter) Identität verstanden wird, stellt sich zwar die Frage, wofür der Begriff „Identität" nütze sein soll; am Verfahren selbst ist jedoch methodisch nichts auszusetzen. Anders sieht es hingegen bei den Versuchen aus, „Identität" als solche aufzuspüren (etwa durch Befragungen o. ä.); hier sieht sich der Forscher mit der – bei diesem Thema m. E. unlösbaren – Frage konfrontiert, ob er nicht mit seiner Erhebung eine Situation schafft, aus der heraus das entsteht, was er untersuchen möchte, er also ein methodisches Artefakt produziert und keine Erkenntnisse über Tatbestände außerhalb der Erhebungssituation.

[84] Auch WEICHHART erkennt die Situations- und Kontextabhängigkeit der Bezugsebene von Identität an. Darunter fallen nicht nur räumliche Objekte wechselnden Maßstabs, sondern auch andere, zumeist personale Merkmale (etwa Geschlecht, Alter, ethnische Merkmale usw.; WEICHHART 1990:76 f.). Es unterbleibt jedoch die direkte Anbindung der Identitäts-Artikulation – und nur diese ist erfaßbar – an die jeweilige Situation. Stattdessen wird der Umweg über verborgene psychische Prozesse genommen, in denen zunächst situationsabhängig eine Identität (etwa als Zugehörigkeitsgefühl) entsteht, die in einem zweiten Schritt zu der beobachteten Artikulation führt. Damit aber ist nicht nur eine analytisch zweifelhafte Zwischenebene eingeführt; es reduziert sich zugleich der Erklärungswert der Situation(sabhängigkeit).

1. *Kontextualisierung von Kommunikation und Interaktion.* Sowohl durch den Aufenthalt am selben Ort („Kopräsenz") als auch durch die Benutzung von Raumbegriffen gleichen Inhalts „wird eine Verläßlichkeit und Vertrautheit der Rahmenbedingungen von sozialen Prozessen geschaffen, wird Sicherheit vermittelt" oder auch Handeln im Rahmen sozialer Interaktionen stimuliert (48).
2. *Kommunikation personaler und sozialer Identität.* Indem Raumausschnitte (etwa Orte oder Regionen) mit bestimmten sozialen Merkmalen assoziiert werden, können Individuen oder Gruppen entweder die jeweilige Zugehörigkeit aktiv als Instrument verwenden, die „personale und soziale Identität" „anderen kundzutun, sich selbst darzustellen" (50), oder aber von anderen über diese Zugehörigkeit Attribute zugeschrieben bekommen.
3. *Soziale Kohäsion und Gemeinschaftsbindung.* Dies ist „die wichtigste und unmittelbarste Funktion raumbezogener Identität für soziale Systeme". (52) Konstatiert wird zunächst, daß auf lokaler Ebene durch die Bindung an die betreffende Raumeinheit (Dorf oder Stadtviertel) Gruppenloyalität und Gruppenkohäsion entsteht. Diese Gruppenkohäsion wird vermittelt und symbolisiert durch ortstypisches Verhalten, etwa Sprachverhalten oder die Übernahme ortsspezifischer Rollen.

Diese Gruppenkohäsion erreicht durch die Ortsbindung (oder auch: raumbezogene Identität) ein Ausmaß und eine Stärke, das/die üblicherweise soziale Interaktion zur Voraussetzung hat. Tatsächlich jedoch ist – sieht man von Einzelfällen wie religiösen Enklaven oder Immigrantenkolonien ab – eine solche (Primär-)Gruppenbildung weder in unmittelbaren Nachbarschaften noch auf Stadtteilebene anzutreffen (57-67).

Emotionale Ortsbezogenheit und Gruppenkohäsion in einer Stärke, die sonst nur bei sozialer Interaktion existiert, aber sich bereits auf lokaler Ebene als davon unabhängig erweist – dies zu erklären unternimmt WEICHHART mit Hilfe des Konzepts der „symbolischen Gruppen" oder „symbolischen Gemeinschaften". In Anlehnung an den Begriff der „symbolischen Ethnizität" wird darunter verstanden, daß bestimmte, hie ethnische, da physisch-räumliche Merkmale oder Objekte zu Symbolen einer nicht (mehr) existierenden sozialen Interaktion werden.[85] Der einzelne kann durch die Verwendung dieser Symbole sowohl die Zugehörigkeit zu dieser symbolischen Gruppe demonstrieren als auch zur Übernahme bestimmter Rollen und Verhaltensweisen verpflichtet werden. Der Vorteil gegenüber der Einbindung in eine tatsächliche soziale Gruppe ist der geringere Grad an Verpflichtung und Verbindlichkeit bei gleichzeitigem Angebot eines Zugehörigkeits- und Geborgenheitsgefühls (67-74).

Da diese Gruppenzugehörigkeit also „abstrakt-symbolisch" (73) ist – man könnte auch sagen: eine Frage der Einbildung –, ist es gegenüber dem Vorhandensein tatsächlicher sozialer Interaktion einerseits für den einzelnen wesentlich leichter, zu einer anderen Gruppe überzuwechseln oder gar Identitätsarbeit überhaupt sich zu ersparen, wie eine solche Gruppe andererseits besonders anfällig dafür ist, „Vehikel

---

[85] Als Symbolträger raumbezogener Identität steht ein Spektrum zur Verfügung, das von architektonischen Wahrzeichen über landschaftliche Besonderheiten bis zu regionsspezifischen Speisen, lokalen Mythen und charakterlichen Attributen der Bevölkerung reicht – d. h. „das aus der Kulturlandschaftsgeographie bekannte Inventar" (KLÜTER 1994:146).

und Gegenstand der Manipulation, Beeinflussung oder Außensteuerung zu werden". (74)

Dieses Bild einer manipulierten, fremdgesteuerten symbolischen Gruppe evoziert notwendigerweise als Gegenbild die Vorstellung einer nicht-anfälligen, naturwüchsig-authentischen lokalen Gemeinschaft, die über ihre raumbezogene Identität zusammengehalten wird. Diese Gemeinschaft findet ihr regelndes Element in der Raumbezogenheit; sie ist entblößt jeder gesellschaftlichen Organisation, es gibt in ihr weder soziale Interaktion noch irgendwelche Form interner Strukturierung, weder Herrschaft noch Ausbeutung, ja nicht einmal Interessengegensätze. Sie überläßt es dem einzelnen, Rollen zu übernehmen oder auch nicht; Sanktionen sind ihr fremd (68 f.).

Es ist nicht schwer, in diesem Bild menschlichen Zusammenlebens auf lokaler Ebene ein recht vertrautes Muster zu entdecken: das Arkadien der Landschaftsgeographie. Der wichtigste Unterschied ist – selbstverständlich neben dem ganz anderen Vokabular – die Rolle der Landschaft resp. des Raumes. Tritt in der Landschaftsgeographie der physische Raum noch als gleichberechtigter Partner des Menschen auf, firmiert er in der „raumbezogenen Identität" (nur noch) als Bezugswert, als Projektionsfläche und Generator zugleich der lokalen Gemeinschaft.

Nun war schon die gesellschaftliche Realität der „Kulturlandschaft" nicht ganz so idyllisch wie von ihr dargestellt; ähnliches gilt für die von der „Raumbezogenheit" gebildeten lokalen Gruppen. Die raumbezogene Identität erzeugt ja – scheinbar ganz harmlos – „soziale Kohäsion und Gemeinschaftsbildung": „... auf der Ebene sozialer Systeme kann der Sinn raumbezogener Identität als funktionale Leistung dargestellt werden, die der Systemerhaltung und der Einbindung der Einzelelemente in den übergeordneten Gesamtzusammenhang des Systems dient. ... Insgesamt liegt der systemfunktionale Nutzen räumlicher Identität in einem Beitrag zur Integration, Stabilisierung und Aufrechterhaltung der zeitlichen Konstanz von Sozialsystemen." (94)

Es ist zu fragen, welches „System" denn am „Funktionieren" gehalten wird, welche Art von „Sozialsystem" hier „zeitliche Konstanz" erhält. Zumindest die Literatur zur ethnischen oder nationalen Identität hat darauf schon eine Antwort gefunden; ganz sicher handelt es sich dabei nicht um eine demokratische Gesellschaft: Nationale Identität „befördert Gruppensolidarität gerade auch jenseits von politischer Mitbestimmung. ... Die Teilhabe an dieser Identität und die Verpflichtung auf ihre Werte ist es, die den Menschen zum Bürger und im Kriegsfall den Bürger zum Soldaten macht, denn die paradigmatische Form der Teilhabe an nationaler Identität ist die Opferbereitschaft." (ASSMANN 1993:245) Für die antidemokratische Rechte trägt nationale Identität aber nicht nur dazu bei, über fehlende politische Mitsprache hinwegzutrösten, sie macht diese sogar überflüssig: „... in der bis zur Identität gesteigerten Homogenität versteht sich alles von selbst". (Carl SCHMITT, zit. n. TERKESSIDIS 1995:178) Über das Ethnisch-Nationale wird das wichtigste Ziel dieser politischen Konzeption erreicht, die „Identität von Regierenden und Regierten, Herrschern und Beherrschten, Identität von Subjekt und Objekt staatlicher Autorität" (ebd.; vgl. a. WERLEN 1992:14 f.).

Aber nicht nur innerhalb von Ethnizitäts- und Nationskonzepten lassen sich Parallelen zur „raumbezogenen Identität" aufspüren; auch in der Geographie teilt ein bereits behandelter Begriff den Großteil der Bedeutungsreichweite: die „Heimat".[86] Denn dort bildet der Bezug zum Raum ebenfalls das zentrale Instrument zur Gewinnung von Gemeinschaftlichkeit (s. o.).[87]

Bei all diesen Implikationen, welche die „raumbezogene Identität" charakterisieren, wurde stillschweigend von den WEICHHARTschen Grundannahmen ausgegangen, daß es 1. raumbezogene Identität gibt und 2. sie etwas mit dem physischen Raum zu tun hat.

Wie bereits zu argumentieren versucht wurde, ist der erste Punkt nicht zu entscheiden, da es bei einem theoretischen Begriff nicht die Frage sein kann, ob dem eine reale Entität entspricht. Der zweite Punkt hingegen dürfte wohl den Kern dessen bilden, worin die „raumbezogene Identität" ihrem eigenen Duktus zum Opfer gefallen ist. Ein Vergleich mit der Ethnizitäts- und Nationsdiskussion soll dies verdeutlichen. Der Terminus der „symbolischen Gemeinschaft" verweist ebenso wie derjenige der „imagined communities" (ANDERSON 1991) auf den fiktiven Charakter nicht nur der Gemeinschaft als Ort sozialer Beziehungen, sondern auch der Momente, mit denen die Gemeinschaftlichkeit begründet wird.

Dabei ist es unerheblich, ob die gemeinschaftsbildenden Symbole aus dem Fundus tatsächlicher Gegebenheiten entnommen werden oder via „invention of tradition" (HOBSBAWM/RANGER 1983) zu diesem Zweck konstruiert werden. Bedeutsam ist nur, *daß* sie funktionieren, ihren Zweck der Gemeinschaftsbildung erfüllen, und zwar *als* Symbole. Für die Untersuchung etwa ethnischer Mobilisierung ist es daher völlig irrelevant, sich mit der stofflichen Qualität[88] oder historischen Korrektheit der Elemente ethnischer Selbst- oder Fremdzuschreibung zu beschäftigen; wichtig

---

[86] Beides wird von WEICHHART auf etwas umständliche Art und Weise sogar als Synonym gesetzt: „Heimatbindung ist ein Ergebnis sehr komplexer psychosozialer Prozesse, deren Auswirkungen zusammenfassend mit dem Begriff 'raumbezogene Identität' bezeichnet werden können." (WEICHHART 1992:30)

[87] Dieser gemeinschaftsbildende Wert raumbezogener Identität wird von WEICHHART zumindest implizit wesentlich höher angesetzt als derjenige eines Beitrags zur Herausbildung von Ich-Identität. Denn während festgestellt wird, daß ein Mensch für seine Ich-Identität „auf eine fast unerschöpfliche Menge von Merkmalen oder Selbstkonzept-Kategorien zurückgreifen (kann)" und dies auch tut (WEICHHART 1992:31), mithin auf dieser Ebene die raumbezogene nur eine von unzähligen Identitätsformen ist, wird auf der gesellschaftlichen Ebene ein „Mangel an Identifikationsmöglichkeiten" beklagt (weil „Bindungsangebote" wie etwa politische Parteien „suspekt" geworden seien), dem aber durch die Wiederentdeckung der „Bindungspotentiale regionaler Verwurzelung" abzuhelfen sei (ebd.:33). Wenn raumbezogene Identität schon nicht für das Individuum benötigt wird, so doch ganz sicher für Gesellschaften; und wenn politische Parteien nichts taugen, so hat man immer noch die Region!

[88] vgl. dazu auch die Diskussion des Unterschieds zwischen dem Symbolwert und den stofflichen Qualitäten der Banane in ASCHAUER 1990:18.

ist lediglich ihre Funktion innerhalb eines gesellschaftlichen Prozesses (ASCHAUER 1996a:13).[89]

Und genau an diesem Punkt unterscheidet sich die „raumbezogene Identität" von ihrer Bezugsliteratur. Anstatt „Raumbezug" als Argument, allgemeiner: als Kommunikat, in gesellschaftlichen Beziehungen zu verstehen, wird nicht nur von der Realität und sozialen Bedeutsamkeit eines solchen psychisch-mentalen Vorgangs bzw. Zustands ausgegangen, sondern auch der physische Raum selbst als Gegenstand einer Untersuchung raumbezogener Identität gesetzt (WERLEN 1993:42-45). Die kulturlandschaftliche Prägewirkung der Geographie erweist sich hier als so stark, daß der sozialwissenschaftlichen Literatur, obschon in extenso zitiert, nur die Rolle zufällt, das zu belegen, was die Geographie immer schon wußte.

Was schließlich bleibt, ist ein fulminantes Plädoyer für ein „realistisches" Verständnis von Raum, d. h. für die Annahme einer Entität „Raum" als Beobachtungsbegriff und zugleich Einflußfaktor innerhalb einer sozialwissenschaftlichen Geographie. Ob dies – direkt oder auch über die Psychologisierung des Raumes – trotz der fundamentalen theoretischen Inkohärenzen eine fruchtbare Perspektive empirischer Forschung sein kann, ist an dieser Stelle nicht zu beurteilen. Ein zumindest vorläufiges Fazit soll jedoch zu ziehen versucht werden, und zwar im Anschluß an eine Kurz-

---

[89] Bereits die Erkenntnis der Geschichtlichkeit von „regionaler Identität" sollte zu der Überlegung führen, daß es nicht darum gehen kann, Räume zu untersuchen, sondern nur gesellschaftliche Entwicklungen, wenn man etwas über die Entstehung und Bedeutung raumbezogener Argumente und ganzer Diskurse erfahren will (vgl. dazu aus historischer Sicht GANS 1993; GANS 1994). – Nachgerade faszinierend ist die Art und Weise, wie von Vertretern der „raumbezogenen Identität" mit Geschichte argumentiert wird: So stellt etwa WEICHHART fest, daß die „emotional getönten und auf kleinräumige territoriale Bezugsflächen orientierten Identifikationsprozesse ... eigentlich typische Charakteristika segmentär gegliederter vorindustrieller Gesellschaftsstrukturen (sind)", und gewinnt daraus die Frage, wie es denn zu aktuellen Tendenzen der „Heimat"- und „Identitäts"-Bildung kommen kann, die doch „in einem schroffen Gegensatz zur Offenheit und den weltweiten Vernetzungen moderner Sozial- und Wirtschaftssysteme (stehen)". (WEICHHART 1992:30). Unzweifelhaft sind vorindustrielle Gesellschaften kleinräumiger organisiert als heutige. Daß die damaligen Menschen deshalb auch kleinräumige „Identitäten" ausgebildet haben, ist aber eine sehr wagemutige Behauptung (so übersieht auch Schwarze 1996 in seiner Argumentation für ein aus der Geschichte ererbtes Regionalbewußtsein, daß im Feudalismus, auf den er sich bezieht, die Herrschaftsbeziehungen nicht territorial, sondern – in Form des Untertanen – personenbezogen waren); falls der moderne (!) Identitäts-Begriff auf solche Gesellschaften überhaupt anwendbar ist, so ist wohl eher vom Vorhandensein global-holistischer „Identitäten" auszugehen. Regionale oder nationale „Identitäten" sind vielmehr Produkte der Moderne, und dies auch nicht im WEICHHARTschen Verständnis einer Reaktion auf Desintegrationstendenzen, auf den aus den „sozio-kulturellen Bedingungen der Moderne ... (resultierenden) Zwang zur Individualisierung und Identitätsausbildung" (ebd.:33), sondern als *eine* Form der Erklärung von bzw. des Zugangs zur Realität – eine Form, die sich nicht aus den Gegebenheiten entwickelt, sondern von Personen und Institutionen erzeugt, propagiert und durchgesetzt werden muß (ein instruktives Beispiel dafür bietet GANS 1994; vgl. a. WARDENGA 1997).

übersicht über verschiedene andere Formen der Verwendung von räumlicher, regionaler usw. „Identität".

- PRIEBS (1987) verwendet räumliche oder territoriale „Identität" als Synonym für Raumbindung, Zusammengehörigkeitsgefühl und Raumbewußtsein, das sich an administrativen Grenzen orientiert und sich mit diesen verändert oder aber persistiert. Letzteres kann sogar zu einer Rücknahme administrativer Neugliederungen, „zur Wiederherstellung der räumlichen Identität mit dem angestammten Verwaltungsraum führen" (PRIEBS 1987:551). Abgeleitet wird die Existenz territorialer Identität zum einen aus der Übereinstimmung der räumlichen Organisationsstruktur von Vereinen und Verbänden mit administrativen Grenzen, zum anderen aus den Widerständen gegen kommunale Neugliederungen.
- Für HAHNE (1987a) ist „regionale Identität" sowohl die Raumbindung und das Zugehörigkeitsgefühl der Bevölkerung ($_1$Identität) als auch das ökonomisch-kulturell Besondere dieser Menschen ($_2$Identität). Letzteres wird als Ressource der endogenen Regionalentwicklung verstanden (vgl. a. IPSEN 1994; VON DER HEIDE 1995:94), vermarktbar in Form regionaler Spezialitäten oder durch den Tourismus. Durch diese Vermarktung der $_2$Identität kann jedoch die $_1$Identität beschädigt werden, wenn etwa regionale Kultur zu Folklore wird. Zugleich können aber beide Typen regionaler Identität durch die angeregte endogene Regionalentwicklung auch erzeugt werden, indem etwa für Touristen Folklore produziert wird, die später wiederum zur Selbstdefinition der regionalen Bevölkerung dient (vgl. a. IPSEN 1993:13 f.).

In diesen Arbeiten wird trotz mancher Verweise auf entsprechende Literatur „Identität" als alltagssprachlicher Begriff verwendet, d. h. nicht explizit definiert, sondern in unklarer, mehrfacher Bedeutung benutzt. Im wesentlichen dient er dazu, all das zu subsumieren, was mit „harten" sozial- und wirtschaftsstatistischen Daten nicht zu erfassen ist und sich deren (vorgeblichen) Rationalitäten entzieht oder sogar widersetzt. Identität ist dann der Sammelbegriff für all die Ursachen beobachteten Verhaltens, die mit Erklärungen auf der Basis sozioökonomischer Rationalitätsmodelle nicht zu erfassen sind. Identität selbst ist in dieser Literatur aber kein Gegenstand direkter Beobachtung. Dies ändert sich in späteren Arbeiten.

- So bezieht sich etwa FICHTNER (1988) auf Autoren aus der Psychologie und der Politologie sowie auf die Diskussion um das „Regionalbewußtsein" (vgl. dazu Kap. 3.2-5) und leitet daraus einen „Identitäts"-Begriff ab, der vor allem die emotional-unbewußte Seite eines Regionsbezugs umfaßt. Zugleich unternimmt er es, „Raum" bzw. „Region" in dreifacher Bedeutung zu verwenden: als regionale Raumstrukturen (gemessen über sozialstatistische Merkmale), als regionale Verbundenheit der Menschen (gemessen in Erhebungen mittels Fragebögen) und als Betrachtungsweise (eigenes Vorgehen). Auf der empirischen Ebene werden dazu im Dreiländereck Oberelsaß-Südwestbaden-Nordwestschweiz einerseits die grenzüberschreitenden Kontakte, Pendel- und Freizeitfahrten erhoben, andererseits verschiedene Einschätzungen und Einstellungen der befragten Haushalte zu Menschen der eigenen und der benachbarten Gebiete.
Räumliche Identität wird dabei gemessen durch die Selbstzuordnung der Befragten zu verschiedenen räumlichen Kategorien – vom Wohnort über regionale Einheiten bis zur Welt insgesamt. Es zeigt sich, daß die Menschen sich vorrangig als Bürger des jeweiligen Staates verstehen, während sie abwertende Be-

nennungen[90] ihrer selbst eher ablehnen. Die im eigentlichen Sinne regionalen Kategorien weichen zumeist kaum vom Neutralwert ab; die größten Unterschiede treten bei der Selbstzuordnung zur „Regio Basiliensis" auf, was vom Autor durch den regional unterschiedlichen Bekanntheitsgrad dieses vom gleichnamigen Verein propagierten Namens begründet wird.

Aber auch unabhängig davon, ob durch die Frage nach der Selbstzuordnung nicht eher die Kenntnis regionaler Bezeichnungen abgefragt wird, steht die empirische Untersuchung nur in einem recht losen Zusammenhang mit der Fragestellung: Denn emotionaler Regionsbezug ist in den Antworten nirgends wiederzufinden.

Nicht zuletzt die Verwendung und versuchte Verknüpfung unterschiedlicher Raumbegriffe dürfte die Ursache dafür sein, daß sich zu keinem der untersuchten Aspekte verwendbare Ergebnisse ergeben. Mit Hilfe des Identitäts-Themas den Raum in allen möglichen Bedeutungen für die Geographie zu retten oder wiederzuentdecken – dies kann nach diesem Versuch als gescheitert angesehen werden.

- Einen völlig anderen Zugang zu regionaler Identität wählt KERSCHER (1992). Mit Hilfe des von KLÜTER (1986) geprägten Begriffs „Raumabstraktion" untersucht die Autorin, wie im Gebiet zwischen München und Augsburg von verschiedenen Personen und Organisationen versucht wird, soziale Zusammengehörigkeit über die Verbreitung von Raumabstraktionen (Zugehörigkeit best. Orte zu einem Regionsbegriff) zu propagieren. Dies wird als „Identitätsmanagement" bezeichnet, „Identität" wiederum als Produkt dieses Prozesses, in dem nicht nur ein Zugehörigkeitsbewußtsein entsteht, sondern auch ein emotionaler Orts- oder Regionsbezug.

Bereits aufgrund der Untersuchungsmethodik – Interviews mit regionalen Eliten als Urheber der jeweiligen Raumabstraktion und Analyse von Publikationen – wird jedoch deutlich, daß die Frage nach der regionalen Identität, zumindest wenn darunter ein entsprechender Raumbezug der regionalen Bevölkerung verstanden wird, gar nicht beantwortet werden soll: Weder durch Befragungen noch durch die Analyse von – irgendwie als regionsbezogen zu verstehendem – Handeln wird eine solche regionale Identität zu erheben versucht.

Was sich hier scheinbar als Themaverfehlung offenbart, ist zugleich die große Stärke der Untersuchung: Indem sie sich nicht damit aufhält, etwas zu erheben, was mangels theoretischer Fundierung des „Identitäts"-Begriffs nicht erhoben werden kann, beschäftigt sie sich mit dem, was tatsächlich passiert – mit dem Versuch von Personen(gruppen), über die Erzeugung und inhaltliche Füllung von Regionsbezeichnungen Politik zu machen. Dies hat zwar nichts mit Identität zu tun, viel mehr aber mit sozialwissenschaftlicher Geographie.

- Als letztes Beispiel soll eine Untersuchung von GEBHARDT U. A. (1992; ähnlich GEBHARDT U. A. 1995) über „räumliche Identifikation" in Köln und Umgebung diskutiert werden. Synonym zu „räumlicher Identifikation" wird dabei auch von „lokaler Ortsbindung" oder „Heimat" gesprochen, wobei nicht verwundern

---

90 Als etwas inkonsistent erweisen sich die Antwortvorgaben dieser Frage dadurch, daß neben eindeutig räumlichen Kategorien auch ethnische und solche unklaren Inhalts verwendet werden.

kann, den „Heimat"-Begriff auch hier mit seinem gesamten semantischen Hof anzutreffen: So wird etwa über eine „durch Rationalisierung und Funktionalisierung immer weiterer Alltagsbereiche geprägten Lebenswelt" geklagt, in der Heimat als Gegengewicht zur bzw. Reaktion auf die „Bindungslosigkeit der 'Moderne'" wieder auflebt (GEBHARDT U. A. 1992:76).

Der hauptsächlich verwendete Begriff ist jedoch die „lokale Ortsbindung", wozu eine auf der Basis bestimmter Standorteigenschaften getroffene rationale Wohnentscheidung ebenso zählt wie soziale Interaktion, emotionales Zugehörigsein und Identifikation mit dem Stadtviertel (ebd.:98 f.). Lokale Ortsbindung ist damit alles, was von Befragten auf die Frage nach der Wohnstandortwahl geantwortet werden kann.

Da nun Menschen zumeist irgendwo wohnen und wohl oft auch davon ausgehen, daß sie diesen Wohnstandort aufgrund eigener Entscheidungen ausgewählt haben, kann es nicht weiter verwundern, (positive) Gründe dafür zu hören, warum sie dort wohnen. Diejenigen, denen weniger Aspekte zugunsten des aktuellen Wohnstandorts einfallen, haben dann notwendigerweise eine geringere Ortsbindung.

Zusammenfassend lassen die empirischen Arbeiten, die mit dem „Identitäts"-Begriff und seinen Derivaten arbeiten, genau das erkennen, was sich aufgrund der theoretischen Darlegungen der „raumbezogenen Identität" bereits angedeutet hat: „Identität" kann alles mögliche sein, ist alles mögliche und subsumiert unklar erfaßte Tatbestände unter einen alltagssprachlichen Begriff, der wie ein theoretischer klingt und somit Eindeutigkeit verspricht. Mit Ausnahme von KERSCHER (1992), die trotz eines entsprechenden Titels überhaupt nicht über Identität schreibt, hinterlassen diese Arbeiten den Eindruck einer theoretischen wie empirischen Beliebigkeit. Alles ist Ausdruck von „Identität" – und damit nichts.[91]

Trotz der zahlreichen Affinitäten der raumbezogenen usw. „Identität" zur „Heimat" (der bei verschiedenen Autoren auch zu deren Gleichsetzung führt) gibt es einen wichtigen Unterschied: Bei letzterer bildet eine kulturalistische Gesellschaftskritik einen derart starken Subtext, daß zumindest hierüber das breite Anwendungsspektrum eine Einengung erfährt. Dies trifft bei der „Identität" nicht zu, so daß ihre Anwendbarkeit völlig beliebig ist und sich ins Unendliche erstreckt. Dieses Merk-

---

[91] Besonders deutlich wird dies auch in einer soziologischen Untersuchung zur regionalen Identität (SCHULZE 1989), in der als Komponenten dieser Identität die Sprache, die Selbstdefinition als Sozialisationsprodukt, die Topographie, verschiedene Merkmale des Alltags, das Wissen um die Geschichte eines Raumes, die administrative Gliederung sowie Auto- und Hetero-Stereotypen auftreten. HAUS (1989:15) hingegen versteht „den Identifikationsraum als ein Zusammenspiel von Natur- und Kulturlandschaft ..., in dem auch soziale Beziehungen eine Rolle spielen". Die altgeographischen Totalitätsphantasien bei gleichzeitiger Geringachtung gesellschaftlicher Tatbestände sind hier nicht zu übersehen.

mal teilt die raumbezogene „Identität" mit allen anderen Typen „kollektiver Identität" (vgl. a. ASCHAUER 1996a).[92]

Insgesamt dürften die geschilderten Qualitäten des „Identitäts"-Begriffs die Ursache dafür sein, daß der so rasch in Mode gekommene Ausdruck zumindest in der Variante einer kollektiven (regionalen, ethnischen usw.) Identität heute in zunehmendem Maße als wissenschaftlich untauglich – auch und gerade wegen seiner mittlerweile großen alltagssprachlichen Verbreitung – angesehen wird.[93]

Damit tritt einer weiterer Begriff in das Zentrum des Interesses, der von der raumbezogenen „Identität" teilweise abgelöst, teilweise als mit ihr identisch betrachtet wurde und sich schließlich als der tragfähigere erwiesen hat: das „Regionalbewußtsein". Was es mit diesem Begriff und der dahinter stehenden Wissenschaftskonzeption auf sich hat, ist Thema des folgenden Kapitels.

5 Regionen und ihr Bewußtsein: das Regionalbewußtsein

Wie in den vorangegangenen Kapiteln dargestellt wurde, bilden „Heimat" und „regionale Identität" Sammelbegriffe für all das, was am raumbezogenen menschlichen Verhalten unklar bleibt. Dies führt unter anderem dazu, daß unter diesen Begriffen ganz Unterschiedliches verstanden wird, wie auch ein- und dasselbe mit verschiedenen Begriffen belegt wird. Insofern ist den einzelnen Ansätzen nicht ganz gerecht zu werden, wenn eine deutliche Grenze zwischen „Heimat" und „raumbezogener Identität" gezogen wird – eine Grenze, die bei vielen Autoren nicht nur viel weniger stark ausgeprägt ist, sondern manchmal auch ganz fehlt.

Ein ähnliches Darstellungsproblem tritt bei der Behandlung des „Regionalbewußtseins" auf, da hier zum einen vielfältige Überlappungen, ja Gleichsetzungen mit den beiden anderen Begriffen bestehen und zum anderen unterschiedliche Bedeutungsvarianten herausgearbeitet werden sollen, zwischen denen die tatsächliche Trennschärfe geringer ist, als die in diesem Kapitel gewählte getrennte Behandlung suggeriert. Dieses Verfahren der getrennten Diskussion von Aspekten, die eigentlich zusammengehören, rechtfertigt sich aus dem Interesse, nicht unbedingt jeder Quelle

---

[92] Diese Probleme lassen sich auch nicht dadurch lösen, daß an die Stelle der „territorialen" oder „regionalen Identität" „die regionalen Aspekte und Bedingungen kultureller Identität" (WERLEN 1992:20) gesetzt werden. Denn diese „'kulturelle Identität' ... wird dann erreicht, wenn der Handelnde in den Strukturierungsprozessen die intersubjektiv geteilten semantischen und moralischen Regeln mit dem subjektiven Wissen widerspruchsfrei in Anschlag bringen kann" (ebd.:12) – d. h. wenn er weiß, was er tun und sagen darf. Ob es zur Beschreibung dieser Situation des Begriffs „(kultureller) Identität" bedarf und ob gerade daraus eine besonders neue oder fruchtbare Forschungsperspektive erwächst, muß allerdings bezweifelt werden.

[93] Man muß nicht so weit gehen wie ein Autor der Süddeutschen Zeitung (SZ v. 25./26.1.1997:15), der einen Beitrag des französischen Philosophen M. SERRES in Le Monde folgendermaßen resümiert: „Wer diesen begrifflichen Kadaver ['kollektive Identität'] noch einmal aus der Gruft zerrt, beweist also nur eines: Mut zur Peinlichkeit." Vielmehr könnte die Verwendung dieses Begriffs weniger mit Mut begründet werden als mit dem Scheitern des Versuchs, klare Gedanken sowohl zu haben als auch zu formulieren.

in allen Aspekten gerecht werden zu müssen, sondern diejenigen Merkmale kontrastierend herauszuarbeiten, die als mögliche Elemente einer geographischen Landeskunde in Frage kommen.

Im folgenden werden zwei Varianten von „Regionalbewußtsein"[94] unterschieden:

1. die Münchner oder BHP-Variante, und
2. die Oldenburger Variante.

Wie sich aus dieser Untergliederung bereits ersehen läßt, können die Varianten der Regionalbewußtseinsforschung mit bestimmten Geographischen Instituten parallelisiert werden, wobei die Ortsnamen nur die dominanten Stellen innerhalb eines größeren Diskussions- und Forschungsgeflechts bilden und zugleich auch personelle Überlappungen existieren.[95]

Dennoch wurde diese Unterteilung nicht auf der Basis wissenschaftssoziologischer Erkenntnisse getroffen, sondern aufgrund der jeweiligen wissenschaftlichen Praxis. Darunter ist weniger ein völlig unterschiedliches Verständnis von „Regionalbewußtsein" zu verstehen, sondern vorrangig der jeweils besondere methodische Zugang und – eng damit verbunden – die Zwecksetzung der Beschäftigung mit dem „Regionalbewußtsein". In diesen Aspekten dürfte auch der Grund dafür liegen, daß es über die Münchener oder BHP-Variante zu ausführlichen Auseinandersetzungen gekommen ist, während ähnliches bei der Oldenburger Variante kaum festgestellt werden kann.

Die Münchner oder BHP-Variante des Regionalbewußtseins

Die Münchner oder BHP-Variante der Regionalbewußtseinsforschung hat ihren Ursprung in einem Aufsatz von BLOTEVOGEL/HEINRITZ/POPP (1986), der zu einer ausführlichen Debatte in der Geographischen Zeitschrift führte (BAHRENBERG 1987a; HARD 1987d; BLOTEVOGEL/HEINRITZ/POPP 1989). Das Kürzel BHP für die

---

[94] Auf eine dritte Variante von Regionalbewußtseinsforschung, die sich im Rahmen des schweizerischen Nationalen Forschungsprogramms „Regionalprobleme in der Schweiz, namentlich in den Berg- und Grenzgebieten" mit dem Thema „Typen regionaler Identitäten – Ihre Determinanten und Funktionen" beschäftigte (MEIER-DALLACH 1980, MEIER-DALLACH et al. 1982, MEIER-DALLACH/HOHERMUTH/NEF 1985,1987a,b), soll hier nicht vertieft eingegangen werden. Denn es kommen dort neben Theorien etwa zu regionalen Disparitäten auch ausgefeilte Methoden der Auswertung quantitativer Befragungen zum Einsatz; Regionalbewußtsein und Identität (als dessen un- oder vorbewußte Variante) werden hingegen ohne Bezugnahme auf theoretische Konzepte und als eher alltagssprachliche Begriffe verwendet.

[95] Es soll hier keine Geographie der Regionalbewußtseinsforschung betrieben werden. Zur einfacheren Einordnung läßt sich jedoch feststellen, daß die Münchener oder BHP-Variante weitere regionale Schwerpunkte in Duisburg und Passau hat, während zur Oldenburger Variante auch Beiträge aus Münster zu zählen sind. Zu Überlappungen zwischen beiden Gruppen kommt es vor allem bei Forschungen im Ruhrgebiet. Es muß jedoch noch einmal betont werden, daß diese rigiden Kategorisierungen die vielfältigen Übereinstimmungen zwischen diesen Gruppen, aber auch die Unterschiede in ihnen überdecken und daher nur mit der Zielsetzung der Typisierung zu rechtfertigen sind.

Autoren entstammt dem Beitrag von G. HARD (1987d), während die Bezeichnung als Münchner Variante mit der großen Anzahl von Forschungsarbeiten, die an der TU München zumeist unter der Ägide von G. HEINRITZ durchgeführt wurden, zu rechtfertigen ist.

Nachdem Regionalbewußtsein zunächst recht offen definiert wurde als „Gefühl" oder „Bewußtsein der Zugehörigkeit zu einem bestimmten Raum" (BLOTEVOGEL/ HEINRITZ/POPP 1986:104), kommt es in der Reaktion auf die vehemente Kritik an diesem ersten Aufsatz zu einer Präzisierung, die Regionalbewußtsein als „Gesamtheit raumbezogener Einstellungen und Identifikationen, fokussiert auf eine mittlere Maßstabsebene", faßt (BLOTEVOGEL/HEINRITZ/POPP 1989:68).

Diese raumbezogenen Einstellungen und Identifikationen werden wiederum in eine Reihe von Aspekten, die in Kategorien der kognitiven, der affektiven und der konativen Dimension zusammengefaßt werden, unterteilt, denen in der Forschungspraxis insgesamt 23 (vorgeschlagene) Forschungsthemen entsprechen (BLOTEVOGEL/ HEINRITZ/POPP 1989:71-75). Es kann an dieser Stelle nicht darum gehen, alle angeführten Aspekte und Themen zu referieren; vielmehr muß ein Überblick über das grundlegende Konzept genügen. Cum grano salis werden folgende Annahmen mit dem Begriff „Regionalbewußtsein" abgedeckt:

1. Menschen haben eine Vorstellung, für welchen Raumausschnitt ein bestimmter Name zutrifft (Bedeutungsreichweite).
2. Menschen haben ein Zugehörigkeitsbewußtsein oder -gefühl zu einer regionalen Gesellschaft, die durch einen Regionsnamen symbolisiert wird (regionale Identität).
3. Politisch-soziales Handeln enthält Argumente, die eine Regionszugehörigkeit, ein regionales Gesamtinteresse u. ä. thematisieren.
4. Menschen, die über ein wie auch immer geartetes Regionalbewußtsein (Punkte 1-3) verfügen, sind räumlich zu fassen, bilden eine regionale Bewußtseinsgruppe.

Aufgabe der Forschung ist es, das Regionalbewußtsein in diesen Facetten zu erfassen und zu erklären.

Der erste Schritt, die Erhebung und Beschreibung von Regionalbewußtsein, wird entweder durch die Analyse forschungsexterner regionsbezogener Äußerungen (etwa in Zeitungen, Verlautbarungen usw.) oder durch eigene Untersuchungen (Befragungen, Interviews, etc.) vollzogen. Diese erhobenen Formen von Regionalbewußtsein werden sodann zur Regionsbildung, zur Regionalisierung verwendet. Produkte dieses Prozesses sind Karten: Karten mit der Ausdehnung einer Bewußtseinsregion im Sinne einer „Raumidee" (BLOTEVOGEL/HEINRITZ/POPP 1989:80-82), d. h. als Resultante etwa aller Nennungen von Orten, die in einer Befragung hinsichtlich ihrer Zugehörigkeit zu einer Region bzw. zu einem Regionsnamen getestet wurden (vgl. die Beispiele in HEINRITZ 1992; KLIMA 1989; POHL 1993).

Diese Raumideen werden methodisch wie andere Regionalisierungen (etwa nach Höhe über NN, Pflanzenvorkommen oder Einkommensgrößen) behandelt; es werden Intensitätsstufen festgestellt, Kern-Rand-Gradienten, Überlappungsgebiete, tote Winkel (die zu keinerlei Raumidee gehören) und ähnliches (BLOTEVOGEL/HEINRITZ/ POPP 1986:108 f.; KLIMA 1989:passim; POHL 1993:138 f.). Damit erreicht die Regionalbewußtseinsgeographie eine Regionalisierung durch die Bedeutungsreichweite von Regionsnamen – eine Regionalisierung, die sich nur unwesentlich von anderen Regionalisierungen (etwa Zentrale-Orte-Systeme) unterscheidet.[96]

Nicht mehr so einfach ist eine Regionalisierung der Raumideen, wenn sie nicht über die Nennung von Ortszugehörigkeiten oder Grenzen erfolgt, sondern über inhaltliche Besonderheiten, etwa gemeinsame kulturelle Merkmale, regionalwirtschaftliche Eigenheiten oder bauliche Charakteristika (HEINRITZ 1992:316-320; POHL 1993: 147-169). Denn da es sich um Symbole der Region handelt, ist unklar, worauf sich eine Regionalisierung beziehen soll: auf die Verbreitung eines vermuteten Symbols, auf die (erhobene) Vermutung einer Verbreitung oder auf die Verbreitung der Vermutung (vgl. a. HARD 1987d:139).

Vollends problematisch wird es jedoch, wenn nicht die Bedeutungsreichweite eines Namens Grundlage einer Regionalisierung sein soll, sondern das regionale Zugehörigkeitsgefühl oder -bewußtsein. Eine entsprechende Erhebung basiert auf der Annahme, daß artikulierte regionale Zugehörigkeit etwas mit einer Region zu tun hat:

> „Die Äußerung 'Ich bin Allgäuer' impliziert, gleichgültig, ob sie am Polarkreis, in den bolivianischen Yungas oder im Allgäu fällt, daß derjenige, der sie von sich gibt, damit eben nicht nur eine inhaltliche Besonderheit seines heimatlichen sozialen Beziehungssystems, sondern eine individuell mehr oder weniger konkrete, aber nichtsdestoweniger vorhandene Raumvorstellung verbindet." (KLIMA 1989:49)

Dies ist eine sehr mutige Behauptung. Ein näherkommendes Rentier mit dem Schlachtruf „Ich bin Allgäuer" zu erschrecken, Indios über Landschaftsnamen im Voralpengebiet aufzuklären oder an hitzigen Debatten über die zukünftige Landkreisgliederung in einem bayerischen Regierungsbezirk teilzunehmen – all das soll Ausdruck von Raumvorstellungen sein? Läßt man aber all die Situationen außer acht, in denen der Gesprächspartner auf die zitierte Äußerung mit der Frage „Was wollen Sie damit sagen?" reagiert, bleiben nur solche Situationen übrig, in denen der Angesprochene weiß, das dieser Satz bedeutet: Er kann vieles bedeuten, nur eines nicht – eine Auskunft über eine „Raumvorstellung".

Ein Beispiel soll dies erläutern helfen. „Ich bin ein Berliner", bekundete J.F. Kennedy bei seinem Besuch in West-Berlin 1963 und übermittelte damit den Willen der USA, den Status der Stadt auch nach dem Mauerbau aufrechtzuerhalten. Alle, auch die Geographen, haben diese lokale Zugehörigkeitserklärung als Symbol verstanden – als ein Symbol, das in genau dieser Situation seinen Sinn erhielt. Man stelle sich dieselbe Äußerung vor dem bayerischen Landtag oder dem Kongreß in Washington vor! Aber auch aus einer „wahren" Aussage („Ich bin ein Brookliner"[97]) ist kein „echteres" Zugehörigkeitsgefühl abzuleiten – was hätte ein solches Bekenntnis etwa in Berlin schon bedeuten können? Wenn dem aber so ist, gibt es auch keinerlei

---

[96] Insofern ist dies eine Raumgliederung wie viele andere auch; und wie diese muß sie sich die Frage nach dem Sinn einer solchen Regionalisierung stellen, denn es muß ja nicht alles regionalisiert werden, was sich regionalisieren läßt. Dennoch kann dies kein ausschlaggebendes Argument gegen den Einsatz von Regionalisierung als Instrument simpler erklärungsvorbereitender Deskription sein.

[97] Brookline ist Kennedys Geburtsort.

Berechtigung, aus dem Satz „Ich bin Allgäuer" unmittelbar abzuleiten, jemand verlautbare damit sein regionales Zugehörigkeitsgefühl.

Dies resultiert nicht zuletzt aus einem methodischen Dilemma. So impliziert der Begriff „Regionalbewußtsein" oder „-gefühl" ein individuelles psychisches Moment, das aber nur über seine Äußerung zu erfassen ist. Diese Äußerung kann eine politische Rede ebenso sein wie die Teilnahme an regionalkulturellen Veranstaltungen oder das Antworten auf einen Fragebogen. Da nun „Regionalbewußtsein" nur erfaßt werden kann, wenn es sich äußert und diese Äußerungen in bestimmten Situationen geschehen, sind diese Artikulationen zunächst einmal ausschließlich aus diesen Situationen heraus zu erklären. Schlüsse auf irgendwelche Bewußtseinszustände sind ebenso spekulativ wie analytisch unsinnig. Bei einer Befragung kommt hinzu, daß die Äußerungen von Regionalbewußtsein nicht durch eine forschungsexterne Situation erzeugt werden, sondern durch die Erhebung selbst – das Ergebnis ist ein methodisches Artefakt (vgl. HARD 1996:26).

Die politische Bedeutung von Zugehörigkeits-Artikulationen stellt hingegen ein fruchtbares Forschungsgebiet dar – wenn etwa untersucht wird, wer zu welchem Zweck eine Region propagiert (BLOTEVOGEL 1996b; SEIBEL/STAROVIĆ 1995; WIRTH 1987; WOOD 1989), warum bestimmte Regionskonstrukte politisch mehr Erfolg haben als andere (HEINRITZ 1992:327; KERSCHER 1992) und welche Funktion Regionalismus (als artikuliertes Regionalbewußtsein) innerhalb der Nationalstaatsbildung hat (GANS 1994; GANS/BRIESEN 1994).

Recht sinnlos und auch analytisch nicht zu rechtfertigen ist jedoch der Rückschluß von einer politischen Argumentation mit Regionalbewußtsein, Regionszugehörigkeit u. ä. auf deren tatsächliche Existenz. Wenn etwa im Rahmen von kommunalen Neugliederungen oder der Ansiedlung „sperriger Infrastruktur" geäußert wird, daß dadurch regionale Eigenheiten oder regionale Identifikationen zerstört würden, so mag es ein regionales Zugehörigkeitsgefühl, das sich nun artikuliert, geben; aus einer solchen Argumentation ist es jedoch nicht abzuleiten (wie es etwa POHL 1993:19 und passim unternimmt). Schließlich gehört es nicht zu den wissenschaftlichen Gepflogenheiten, die Füllung theoretischer Begriffe von denjenigen Personen vornehmen zu lassen, mit denen sich die Forschung beschäftigt. So ist es auch nicht üblich, aus der Behauptung von Eltern, sie schlügen ihr Kind, weil sie es liebten, unmittelbar zu folgern, daß dem tatsächlich so ist, d. h. daß Schläge Ausdruck von Liebe sind. Genausowenig kann aus einer *Argumentation* mit Regionalbewußtsein auf dessen *Vorhandensein* geschlossen werden;[98] vielmehr ist anzunehmen, daß eine solche Argumentation aus der *Vermutung* oder dem *Wissen* heraus gewählt wird, daß sie größere Erfolgschancen hat als eine andere. Und genau an diesem Punkt – warum diese Form politischer Argumentation und keine andere gewählt wurde – wird es aus einer sozialwissenschaftlichen Perspektive heraus interessant;

---

[98] Selbstverständlich ist es zunächst auch denkbar, Begriffe durch die Totalität ihrer Verwendungsmöglichkeiten zu definieren, d. h. „Liebe" oder „Regionalbewußtsein" als Gesamtheit ihrer – als solche behaupteten – Ausdrucksformen zu verstehen. Dann aber ist eine Artikulation von Regionalbewußtsein dasselbe wie dieses selbst; doch wenn Regionalbewußtsein die Artikulation seiner selbst ist, ist es nur noch Artikulation. Das, was es artikuliert, verschwindet. Und der Begriff löst sich im Zirkel selbst auf.

ob hinter einer regionalistischen Rhetorik ein „echtes" Regionalbewußtsein steckt oder ob es nur vorgeschoben wird, ist demgegenüber irrelevant.

Die Inhalte artikulierten Zugehörigkeitsgefühls lassen sich nun kaum kartographisch darstellen oder für eine Regionalisierung verwenden. Noch viel weniger ist dies möglich, wenn die räumliche Verbreitung der Menschen ins Spiel gebracht wird, die über die Bedeutungsreichweite eines Regionsnamens Auskunft geben, regionale Besonderheiten benennen, sich als einer Region zugehörig bezeichnen oder gar regionalistisch aktiv sind.[99]

Dies jedoch bildet den Kern der Regionalbewußtseinsgeographie. Weniger die Raumidee selbst als die Verbreitung der Menschen mit dieser Raumidee steht im Zentrum des Interesses (BLOTEVOGEL/HEINRITZ/POPP 1986:passim; BLOTEVOGEL/ HEINRITZ/POPP 1989:82-84; KLIMA 1989:54-73; POHL 1993:133-141). Dem liegt die Annahme zugrunde, daß beide Areale in etwa deckungsgleich sind, ja daß das eine durch das andere erklärt werden kann – wobei nicht recht klar ist, was das eine und was das andere ist.

In der Forschungspraxis wird hierzu ein Gebiet ausgewählt, in dem dann Menschen dazu befragt werden, welche Orte denn zu diesem Gebiet zu zählen sind. Werden die Untersuchungsstandorte in regionale Gruppen unterteilt, ist es nicht auszuschließen, daß sich im Durchschnitt der jeweiligen Befragten unterschiedlich zusammengesetzte Raumideen ergeben. Dann zeigt sich zum Beispiel, daß Befragte im westlichen Teil einer Untersuchungsregion „Allgäu" das Allgäu weiter im Westen verorten als Befragte im östlichen Teil (KLIMA 1989:67-69) oder daß Befragte im Kerngebiet der Hallertau dieser Region etwas mehr Orte zurechnen als Befragte an der Peripherie (HEINRITZ 1992:314 f.).

Mit dieser Verschneidung von Befragungsorten und Befragungsinhalten wird ein ursächlicher Zusammenhang suggeriert, tatsächlich aber mehr verunklart als deutlich gemacht. Denn befragt man Menschen außerhalb der vorab ausgewählten Region, so ist wahrscheinlich, daß auch diese irgendeine Vorstellung von der räumlichen Erstreckung der Region haben und daß dabei Unterschiede zu den Vorstellungen anders verorteter Befragter bestehen. Doch was ist durch ein solches Ergebnis gewonnen? Es läßt sich dadurch weder belegen, ja nicht einmal begründeterweise vermuten, daß solche Unterschiede aus unterschiedlicher Informiertheit oder unterschiedlichem Zugehörigkeitsgefühl resultieren, noch lassen sich Rückschlüsse auf die Bedeutung unterschiedlicher räumlicher Zuordnungen ziehen.

---

[99] Diese verschiedenen *Verwendungsformen* des *Begriffs* „Regionalbewußtsein" werden auch als *Intensitätsstufen* der *Entität* „Regionalbewußtsein" deklariert (vgl. etwa BLOTEVOGEL/HEINRITZ/POPP 1986:110-113). Aus der bisherigen Diskussion sollte deutlich geworden sein, daß die einzelnen Aspekte, die mit der Bezeichnung „Regionalbewußtsein" versehen sind, recht wenig miteinander zu tun haben bzw. die Vermutung einer Kontingenz ebendies ist – eine Vermutung, die zu belegen es keinerlei Instrumentarium gibt. Noch einmal: Es gibt keinen Grund zur Annahme, daß regionalistisches Argumentieren mit einem „Zugehörigkeitsgefühl" zu einer Region zusammenhängt, und beides hat erst einmal recht wenig mit dem Wissen über Grenzen und Eigenheiten einer Region – besser: über die Bedeutungsreichweite eines Regionsnamens – zu tun.

Geradezu absurd wird das Verfahren der Bewußtseinsverräumlichung, wenn aus der Übereinstimmung von Raumideen auf ein Zusammengehörigkeitsgefühl, auf „soziale Kohäsion" (BLOTEVOGEL/HEINRITZ/POPP 1986:105) geschlossen wird. Wenn etwa die Bevölkerung Münchens, Boliviens oder Spitzbergens in ihren jeweiligen Vorstellungen über das Allgäu übereinstimmt, so ist es schon ein gewagter Sprung, daraus auf „soziale Kohäsion" zu schließen. Um nichts besser ist es dann aber, aus den (teilweise übereinstimmenden) *mental maps* der Allgäuer ein Zusammengehörigkeitsbewußtsein oder -gefühl abzuleiten. Ähnlich problematisch ist, aus Übereinstimmungen bei der Nennung regionstypischer Elemente (etwa Folklore) oder der Zustimmung zu bestimmten Aussagen eine „Gemeinschaftsbildung" abzulesen (so etwa bei POHL 1993:145-208).

Eine solche Vorstellung regionaler Gemeinschaftlichkeit, gebildet durch gemeinsames Denken über die Region, ist eine Persiflage auf den ethno-regionalistischen Diskurs, der da lautet, daß das Allgäu dort ist, wo das Allgäuerische (mit seiner speziellen Sprache, Kultur, Wirtschaftsform, aber auch mit seinen Landschaften und Haustypen) angetroffen wird. Nun heißt es, das Allgäu ist dort, wo das Allgäu *gedacht* wird (vgl. dazu BAHRENBERG 1987a:150 f.). Das Allgäu kann aber auch ganz woanders – z. B. in metropolitanen Geographischen Instituten – gedacht werden, und vor allem wird es je nach Handlungskontext (Situation) anders gedacht werden.[100]

Die Kritik an der Regionalbewußtseinsgeographie richtet sich damit neben allen konzeptionellen Unklarheiten bei der Erhebung der Bedeutung der Raumideen auf die Verschneidung dreier Ebenen:

I. das vom Forscher nach bestimmten Kriterien (z. B. Verwaltungsgrenzen) ausgewählte Untersuchungsgebiet „Fichtelgebirge" (so ein Beispiel bei BLOTEVOGEL/HEINRITZ/POPP 1986);

II. die Vorstellung über die Erstreckung einer Region namens „Fichtelgebirge" (Raumidee); und

III. die räumliche Verteilung der Menschen, die hinsichtlich ihrer Raumidee „Fichtelgebirge" übereinstimmen.

In dieser Konzeption von Regionalbewußtsein glaubt HARD, den „altgeographischen Container-Raum" wiederfinden zu können (HARD 1987d:138), indem die Räume auf Ebene I die Parzellen bilden, auf denen die Elemente der Ebenen II und III verortet werden, und damit zu „Spezialbewußtseinscontainern" (ebd.) werden. Diese Interpretation wird von BLOTEVOGEL/HEINRITZ/POPP (1989:69) wohl zurecht zurückgewiesen, da es sich auf den Ebenen II und III um klassische Regionalisierungsverfahren handelt und die vorweg postulierte Region (Ebene I) nicht als Determinante der Regionalisierung verwendet wird. Eine derart verstandene Regionalbewußtseinsgeographie ist bereit und in der Lage dazu, die Dislozierung sowohl der Raumidee als auch der Träger der Raumidee von einem nach anderen Kriterien

---

[100] vgl. dazu die Diskussion des Okzitanien-Bewußtseins bei HARD 1987d:140-143

definierten, aber mit demselben Namen versehenen Raum (Ebene I) zu akzeptieren.[101]

Ein zweiter Vorwurf betrifft die politische Funktion(alität) der Regionalbewußtseinsgeographie. So betrachtet etwa HARD (1987c:420-424; auch HARD 1987d:146) die Regionalbewußtseinsgeographie als Versuch, sich der Politik anzudienen, und zwar einer Politik, die zum einen der planerischen Konzeption der „regionalisierten Regionalpolitik" auch in den betroffenen Regionen zur Akzeptanz verhelfen will (und Regionalbewußtsein als ein Mittel zu diesem Zweck ansieht) und zum anderen – das Scheitern dieser Regionalpolitik bereits antizipierend – das Besondere der regionalen Lebenssituation als tröstendes Gegenüber zur tristen ökonomischen Situation herausstellen will.

BLOTEVOGEL/HEINRITZ/POPP reagieren auf diese Kritik mit der bereits zitierten Antwort, daß etwas, das wissenschaftlich sinnlos sei, politisch nicht mißbraucht werden könne.[102] Dieses Argument ist offensichtlich nicht stichhaltig, da etwas vom wissenschaftlichen Standpunkt her gesehen Sinnloses sehr wohl *ge*braucht werden kann; Hinweise auf die Geschichte politischer Agitation erübrigen sich hier. Dennoch kann HARDs Kritik nicht gefolgt werden. Denn die Suche nach dem Angebot, das BLOTEVOGEL/HEINRITZ/POPP der Politik machen, zeitigt einzig eine neue und bessere administrative Raumgliederung auf der Basis der Bewußtseinsräume und/oder Raumideen (BLOTEVOGEL/HEINRITZ/POPP 1986:105)[103]. Daraus die angeführten politischen Zwecke abzuleiten, scheint recht gewagt; tatsächlich dürfte die BHP-Version der Regionalbewußtseinsgeographie politisch ebenso ineffektiv sein, wie sie analytisch kaum zu brauchbaren Ergebnissen führt. Gerade die streng analytische Ausrichtung dieser Konzeption ruiniert ihre politische Anwendbarkeit.

---

[101] Während also die Container-Raum-Geographie die unterschiedlichen Gegebenheiten innerhalb einer vorgegebenen (zumeist nach Verwaltungsgrenzen oder physisch-geographischen Merkmalen definierten) Region als typische Eigenschaften, als regionsindividuelle Vielfalt innerhalb eines aufeinander bezogenen „Fliesengefüges" ansieht, haben derartige Regionsabgrenzungen für die Regionalbewußtseinsgeographie nur vorläufigen Charakter (Ausnahmen wie HEINRITZ 1992, der die erhobenen mit den „richtigen", d. h. rechtlichen Grenzen der Hallertau vergleicht, fallen hier nicht ins Gewicht.). Eine Übereinstimmung mit dem Container-Raum besteht jedoch darin, daß zwei (und mehr) Objektbereiche – hie: phyischer Raum, soziale und ökonomische Merkmale; da: Personen, Gedankeninhalte, Gefühle – in Deckung gebracht werden, deren Zusammenhang räumlich weder erfaßbar noch darstellbar ist.

[102] vgl. Zitat auf Seite 16.

[103] Die konkreten politischen Probleme, auf die sich die Autoren mit ihrem Angebot beziehen, sind wohl strittige Ergebnisse von Kommunalreformen, die etwa in Bayern bis heute vehementen Widerstand eingemeindeter Dörfer nach sich gezogen haben. Ob es aber zur Vermeidung derartiger, aus Bevölkerungssicht falscher Verwaltungsgliederungen einer ausgefeilten Regionalbewußtseinsforschung bedarf, ist nicht eindeutig zu klären; eventuell reicht es schon, die Menschen einfach nach ihrer Meinung zu den geplanten Veränderungen zu befragen.

Die Oldenburger Variante des Regionalbewußtseins

Wesentlich politischer und damit auch gebrauchsorientierter ist die zweite Richtung der Regionalbewußtseinsgeographie, die hier unter der Bezeichnung „Oldenburger Variante" firmiert. Im Zentrum der folgenden Darstellung steht die Untersuchung von DANIELZYK/KRÜGER/SCHÄFER (1995), die sich selbst als „die umfangreichste und anspruchsvollste Studie in einer Reihe von Forschungsvorhaben zum 'Regional- und Lokalbewußtsein'" (ebd.:13), die von der Oldenburger Sozialgeographie bisher durchgeführt wurden, bezeichnet. Ergänzend werden auch andere Publikationen herangezogen.

Vage in der Tradition des Symbolischen Interaktionismus, oder allgemeiner: der qualitativen Sozialforschung bzw. des „interpretativen Paradigmas" stehend, unterscheidet sich der Forschungsansatz der Oldenburger Regionalbewußtseinsforschung deutlich von der BHP-Version. Regionalisierungen des Regionalbewußtseins fehlen völlig, quantitative Analysen dienen lediglich dem Einstieg in das Thema, während die Durchführung und Auswertung sog. narrativer Interviews im Zentrum der Forschungstätigkeit steht.

Der anderen Forschungspraxis entspricht ein anderes Verständnis von „Regionalbewußtsein". So interessiert sich die Oldenburger Sozialgeographie nicht für die Grenzen räumlichen Zugehörigkeitsgefühls (DANIELZYK/WIEGANDT 1987:443), sondern versteht unter Regionalbewußtsein die „regionalspezifische Ausprägung des Alltagsbewußtseins, der Sozialkultur oder der Wahrnehmungen von Problemen und Entwicklungen als Aspekt einer regionalen politischen Kultur" (DANIELZYK/ WIEGANDT 1987:442; ähnlich in DANIELZYK/KRÜGER/SCHÄFER 1995:16).

Dieses Regionalbewußtsein wird auf verschiedenen Wegen zur erheben versucht. Eher zur Annäherung an das Thema dienen
- die Analyse einer Leserbriefdebatte, die sich an einer wenig schmeichelhaften Charakterisierung der Ostfriesen durch einen ehemaligen Regionsbewohner entzündet,
- die Auswertung einer Befragung von Volkshochschul-Besuchern über die Eigenheiten von Ostfriesen, und zum selben Thema
- das Resümieren eines Gruppengesprächs mit ostfriesischen Schriftstellern (DANIELZYK/KRÜGER/SCHÄFER 1995:63-71).

Den Kern der Untersuchungen bildet jedoch die Auswertung narrativer Interviews. Auf der Basis der Konstruktion von Siedlungstypen und der Definition wichtiger beruflich-sozialer Gruppen wurden Bewohner von drei Gemeinden sowie Bauern und Wochenendpendler nach Aspekten ihrer Lebenssituation und nach ihren Einschätzungen von Gegenwart und Zukunft der Orte bzw. der sozialstatistischen Gruppen selbst befragt wurden. Einen letzten Untersuchungsschritt bildet die Erhebung der Wahrnehmung der Regionalentwicklung durch regionalpolitische „Experten".

Mit Hilfe der Interviews werden sodann Aussagekategorien gebildet und daraus Wahrnehmungstypen konstruiert. Ohne auf diese en détail eingehen zu wollen, läßt sich festhalten, daß es in Ostfriesland offensichtlich recht viele verschiedene Formen der Wahrnehmung gibt (DANIELZYK/KRÜGER/SCHÄFER 1995:233 und öfter). Von einem (gemeinsamen) Regionalbewußtsein im oben zitierten Verständnis kann demnach – vorläufig – nicht die Rede sein. Wie dieses dennoch herausgearbeitet wird, macht die methodische Besonderheit der Oldenburger Bewußtseinsgeographie aus.

Denn weitaus interessanter als das skizzierte Ergebnis – das in der Kürze eher trivial ist – erweist sich zum einen der Weg, auf dem es erzielt wird, und zum anderen die Art, wie mit diesen Ergebnissen argumentiert wird. Das prinzipielle Forschungsdesign wird schon aus den einleitenden Untersuchungen deutlich, wenn etwa aus den Antworten der VHS-Besucher, die für besonders „ostfriesisch" das Teetrinken, das Boßeln (ein regionstypisches Spiel) und die plattdeutsche Sprache halten (67), Schlußfolgerungen gezogen werden.

Dieses Ergebnis könnte nun dahingehend interpretiert werden, daß die Einheimischen offensichtlich über ein Regionsbild verfügen, das sich nicht von demjenigen etwa der Touristen unterscheidet.[104] Für DANIELZYK/KRÜGER/SCHÄFER liegt ein solcher Gedanke jedoch anscheinend außerhalb jeder Möglichkeit; tatsächlich konstatieren sie (abgeleitet aus dem Umstand, daß die Befragten auf die Fragen überhaupt geantwortet haben) „eine hohe Bereitschaft, regionsspezifische Eigenschaften zu definieren", und schließen daraus auf ein zumindest „oberflächliches Einheitsbewußtsein", „das dennoch eine vertraute Atmosphäre alltäglicher Verhaltenssicherung andeutet". (73) Worauf sich diese Behauptung stützt, bleibt rätselhaft.[105]

Aber auch bei den zentralen Untersuchungsteilen ist eine eklatante Diskrepanz zwischen dem offerierten Material und den daraus gezogenen Schlußfolgerungen festzustellen. Dies beginnt bereits bei der Durchführung der Interviews, denen folgendes Grundmerkmal bescheinigt wird:

„Die inhaltlich offenen Gesprächsimpulse waren absichtlich nicht darauf angelegt, das Erkenntnisinteresse auf eine spezifische Fragestellung nach regionalen Bezügen von Alltagsbewußtsein und -handeln der Befragten einzugrenzen." (196)

Ein entsprechender Interviewausschnitt lautet dann so:

„Vater: 'Ostfriesen sind bodenständig.'
Mutter: 'Du mußt nicht von dir ausgehen. Denn die [also die Interviewer] wollen ja ein allgemeines Bild von Ostfriesland haben. Oder?'" (206)

Offensichtlich artikulierte sich in den Interviews also doch eine „spezifische Fragestellung nach regionalen Bezügen von Alltagsbewußtsein"; zumindest ist den Befragten schnell deutlich geworden, welche Antworten erwünscht waren und welche nicht. Die (Selbst-)Interpretationen der Befragungssituation lassen sich daher durch die (dokumentierten) Gesprächsinhalte nur eingeschränkt stützen.

Vollends in Widerspruch zur gewählten Methode gerät die Argumentation bei den inhaltlichen Auswertungen der Interviews. Die Autoren begnügen sich nicht damit, aus den Befragungen vorhandene Denk-, Wahrnehmungs- oder Argumentationsmuster zu extrahieren und daraus zu schließen, daß (unter anderen) diese in Ost-

---

[104] zumindest dann, wenn Geographen in einem Kurs auftauchen und die Anwesenden mit der Frage nach typisch Ostfriesischem überfallen.

[105] Analog dazu müßte postuliert werden, daß, wenn etwa Touristen ein entsprechendes Ostfrieslandbild haben, auch diese über ein „Einheitsbewußtsein" verfügen – eine nachgerade absurde Behauptung.

friesland existieren, sondern sie halten diese Muster auch für die Denkformen *der* Menschen in den untersuchten Gemeinden bzw. bei den befragten sozialstatistischen Gruppen.

So lautet etwa die Schlußfolgerung nach der Befragung von 13 Einwohnern der Stadt Leer, daß bei der dortigen *Bevölkerung* „ein kleinstadtspezifisches Entwicklungshemmnis ... (existiert): die relativ ausgeprägte Individualisierung steht einer kollektiv wahrgenommenen Verantwortung für die Gestaltung des eigenen Lebensraums entgegen". (181) Und die Interviews mit acht Landwirten kulminieren in folgendem Fazit:

„Konventionell wirtschaftende Bauern besitzen also durchaus abgestufte kognitive und affektive Identifikationen mit Ostfriesland, ihr Wahrnehmungshorizont für regionale Besonderheiten ist (noch) nicht von der durch politische Außensteuerung verursachten landwirtschaftlichen Existenzkrise erdrückt. Die Öko-Bauern mögen über ein geschlosseneres und gesicherteres (ideologisch in sich 'stimmiges') Selbst- und Weltbild [verfügen; sinngemäße Ergänzung durch mich, W. A.]. Insgesamt aber lebt in der 'Lebensform Bauer' auch der 'ostfriesische Bauer' weiter." (210 f.)

Daß die sozialstatistische Gruppe „Bauer" (ebenso wie diejenige der „Pendler") als „Lebensformgruppe"[106] bezeichnet wird, ist innerhalb der Untersuchungskonzeption von zentraler Bedeutung. So fungiert der Begriff „Lebensform" als komplexer Ausdruck von beruflich-ökonomischem Status, kulturellen Merkmalen und allgemeinen Präferenzen und Gewohnheiten und führt in zweierlei Hinsicht zu einer Gruppenbildung: zum einen als (wissenschaftliche) Kategorie all derjenigen Personen, für die eine gleiche Lebensform charakteristisch ist, zum anderen als imaginäre primäre (d. i. durch soziale Interaktion gekennzeichnete) Gruppe, auf die sich die Mitglieder einer Lebensformgruppe beziehen.

Das Lebensformkonzept wird unter diesen Vorgaben als besonders geeignet für die Erforschung des Regionalbewußtseins in Ostfriesland angesehen, weil „mit Hilfe der Lebensformen weniger sozialstatistische Kennzeichnungen und Verhaltensindikatoren erfaßt werden, sondern die Denk-, Einstellungs-, Erfahrungs- und Handlungsmuster, die über hermeneutisches Verstehen zu erschließen sind". (Krüger 1991:146) Tatsächlich kann nicht ausgeschlossen werden, daß „hermeneutisches Verstehen" es ermöglicht, Lebensformen mit je eigenen Denk- und Handlungsmustern zu entdecken. Die Autoren schlagen jedoch einen ganz anderen Weg ein: Sie definieren Lebensformgruppen, bevor überhaupt die Frage nach lebensformtypischen und -bildenden Denk- etc. Mustern gestellt, geschweige denn beantwortet wurde. Aus diesem Blickwinkel ist es völlig überflüssig, acht Bauern zu befragen. Denn wenn diese a priori alle zu ein und derselben Lebensformgruppe gehören und damit definitorisch über dieselben Denkmuster verfügen, ist auch die Befragung nur einer Person ausreichend.

Insgesamt behaupten die Autoren, durch ihre Untersuchung „eine ausdifferenzierte Beschreibung von für Ostfriesland typischen Lebensformen und Bewußtseinsstruk-

---

[106] Damit wird ein Begriff von BOBEK (1948) wiederaufgenommen, ohne dies jedoch zu reflektieren.

turen" (279) geleistet zu haben. Woher diese Gewißheit stammt, daß die erhobenen „Bewußtseinsstrukturen" typisch für Ostfriesland sind, bleibt im Dunkeln.[107]

Es kommt also zu einem der Methode völlig unangemessenen Rückschluß von einigen wenigen Befragungen auf große Bevölkerungsgruppen. Die Befragten werden plötzlich zur Stichprobe von Grundgesamtheiten, wobei Fragen der Repräsentativität, der Stichprobenauswahl etc. überhaupt nicht gestellt werden – vorgeblich unter dem Paradigma qualitativer Sozialforschung. Dazu gehört jedoch nicht, mit Hilfe der Aussagen kleinster Personengruppen auf Einstellungen etwa einer städtischen oder gar regionalen Bevölkerung zu schließen.

Mit diesen Darlegungen zum Denken lokaler „Gemeinschaften" und sozialstatistischer Gruppen hat es jedoch noch nicht sein Bewenden. Recht unvermittelt werden die Ergebnisse für ganz Ostfriesland homogenisiert: „Eine vergleichende Gegenüberstellung der verschiedenen Teilstudienergebnisse zeigt die unübersehbar verbreitete Tendenz, Ostfriesland insgesamt oder ausschnitthaft als 'Geborgenheitsraum in der Modernisierung' wahrnehmen und erhalten zu wollen." (273)

Zusätzlich werden dann noch Geschichte und Natur in die Argumentation eingeführt und folgendermaßen mit dem (scheinbar erhobenen, tatsächlich vermuteten) Regionalbewußtsein verknüpft:

„Somit ist der Topos der Selbstgenügsamkeit ein gemeinsames Band an Alltagserfahrungen in Ostfriesland, der sich in jeweils unterschiedlichen wirtschaftshistorischen und naturräumlich-kulturlandschaftlichen Sozialisationskontexten entwickelt hat." (286)[108]

Damit wird aus den schon bei den wenigen Befragten stark differierenden Einstellungen das *eine* Regionalbewußtsein des *ganzen* Ostfriesland. Wird dieses Ergebnis mit dem erhobenen Material kontrastiert, erweist es sich als kaum entscheidbar, ob es sich hier um Interpretation, (kontrollierte) Spekulation oder Fantasie handelt. Demnach ist der analytische Wert dieser Untersuchung eher gering.

Dieser vehementen Kritik liegt jedoch die stillschweigende Annahme zugrunde, daß es den Autoren um eine möglichst exakte Erforschung von regionalem Bewußtsein in Ostfriesland geht, d. h. daß der Schwerpunkt ihres wissenschaftlichen Interesses auf der mittleren Phase des Dreiklangs empirischer Forschung – Datenerhebung,

---

[107] Zudem ist es eine schon sehr verwegene Feststellung, daß die betrachteten „Lebensformen" der Bauern und Wochenendpendler „typisch" für Ostfriesland sind. Zwar werden von den Autoren keine Zahlenangaben gemacht; die Pendler waren jedoch nach eigenen Angaben kaum aufzufinden, und der Anteil der in der Land- und Forstwirtschaft Beschäftigten beträgt aktuell etwas mehr als 6 % (Stand 1994; Angaben des Niedersächsischen Statistischen Landesamts) und dürfte damit nur wenig über den Zahlen für die „Lebensform" der Sparkassenangestellten liegen.

[108] Das hier verwandte Dreieck Natur-Geschichte-Regionalbewußtsein wird besonders deutlich in einer früheren Arbeit formuliert: „Zum ersten ist dieses regionale Alltagsbewußtsein auf die jahrhundertelange Rückständigkeit des Emslandes zurückzuführen. Weitläufige Moore, Entwaldung und Verheidung hatten das Emsland im Mittelalter und in früher Neuzeit verarmen lassen." (DANIELZYK/WIEGANDT 1987:444) Neben die bloßen Spekulationen über vorhandenes Regionalbewußtsein tritt also ein kaum verdeckter Geodeterminismus.

Erklärung/Schlußfolgerungen und (praktische) Konsequenzen – liegt. Eine solche Schwerpunktsetzung entspricht auch den üblichen Erwartungen an empirische Untersuchungen.

Daraus kann jedoch nicht abgeleitet werden, daß der wissenschaftliche Wert einer Forschung stets nur daran zu ermessen ist, was an Erklärungsleistung – oder allgemeiner: an wissenschaftlicher Erkenntnis – vorliegt. Bereits bei der Diskussion der Landschaftsgeographie (vgl. Kap. 2) wurde deutlich, daß deren besondere Bedeutung just in den beiden anderen Phasen lag, nämlich in der Datenerhebung und der Umsetzung in gesellschaftliche Praxis, und zwar in Form der Vermittlung von Raumbildern. Die dazwischengeschaltete Erklärung erwies sich demgegenüber nicht nur als unsinnig, sondern auch als unfruchtbar für die vor- und nachgelagerten Abschnitte.

Ganz ähnlich ist auch die Oldenburger Sozialgeographie zu beurteilen, der auf keinen Fall gerecht zu werden ist, wenn sie an ihren Schlußfolgerungen aus dem erhobenen Material, an ihren wissenschaftlichen Erkenntnissen zum ostfriesischen Regionalbewußtsein gemessen wird. Tatsächlich handelt es sich bei diesem „Regionalbewußtsein" um eine argumentative Zwischenstufe, die wohl vor allem aus Gründen wissenschaftlicher Konventionen beibehalten wird, bis es zum eigentlichen Zweck dieser Forschungsarbeit kommt – einem Zweck, der selten direkt deklariert, aber immer wieder, wenn auch zumeist an wenig prominenter Stelle angesprochen wird: So „scheint es zumindest nicht ausgeschlossen, daß die weithin geteilte Wertschätzung eines 'Geborgenheitsraumes in der Modernisierung' gleichermaßen zum Ausgangs- und Zielpunkt von Strategien zur bewahrenden Fortentwicklung der Region und ihrer spezifischen Lebensqualitäten werden könnte". (273 f.)

Bei der Ermittlung von Regionalbewußtsein geht es also ganz offensichtlich nicht um die Frage, ob bestimmte Einstellungen und Denkweisen in (wesentlichen Teilen) der Bevölkerung vorhanden sind – woran sich die Frage der Repräsentativität usw. anzuschließen hätte –, sondern vielmehr darum, *mögliche* Einstellungen herauszufinden, die entweder als entwicklungshemmend verstanden werden oder als Instrument der Regionalpolitik eingesetzt werden können. Aus dieser Perspektive heraus ist es schlechthin irrelevant, ob aus den Ergebnissen der Untersuchung auf die Gesamtheit der Bevölkerung rückgeschlossen werden kann; wichtig ist hingegen, ob Formen eines Regionalbewußtseins gefunden werden, die einen Ansatzpunkt für Politik bilden können.

Insofern ist es nur konsequent, wenn die Autoren sich als
„ein Spiegel (verstehen), in dem sich Bevölkerung und Entscheidungsträger Ostfrieslands betrachten können, aber nicht müssen. Somit könnte diese Untersuchung ein Teil der 'exogenen Impulse' sein, die eine reflektierte Strategie der Regionalentwicklung immer auch benötigt." (349)

DANIELZYK/KRÜGER/SCHÄFER setzen sich damit ab von einer Regionalpolitik, die eigene Denkkonzepte *un*reflektiert in die Region importiert, um dort eine endogene Regionalentwicklung zu induzieren; dem setzen sie eine Regionalpolitik in Form der Schaffung regionalen Bewußtseins gegenüber, die bei bereits (wenn auch vielleicht nur bei wenigen Individuen) vorhandenen Denkmustern ansetzt und diese für entwicklungspolitische Ziele einsetzt. Unter diesem Aspekt und für diesen Zweck ist es tatsächlich sekundär, wieweit bestimmte Denkmuster in der an Entwicklungshemmnissen leidenden Region verbreitet sind; es geht vielmehr darum, regional irgendwie vorhandenes und damit der Bevölkerung als „authentisch" vermittelbares Regionalbewußtsein zu erheben und dann praktisch nutzbar zu machen, d. h. die regionalen Eliten dazu zu animieren, diese positiven Denk-Elemente selbständig und selbsttätig zu fördern und zu reproduzieren (340-342).

Die Kritik am Verzicht auf analytische Exaktheit erweist sich somit als weitestgehend bedeutungslos für die Konzeption dieser Forschungsrichtung. Ihr großer Vorzug ist es stattdessen, den exogenen Formen von Bewußtseinsbildung eine – insgesamt wohl effektivere – endogen-exogene Mischform gegenüberzustellen, in der ausgewählte Aspekte regionalbezogener Denkweisen verstärkt zurückgespiegelt werden und von der regionalen Bevölkerung als „eigenes" Denken verstanden werden können (307 f.; 340 f. und öfters; DANIELZYK/KRÜGER 1993:128-130).[109] Außer für die Regionalpolitik[110] soll (selektiv verändertes) Regionalbewußtsein auch als Grundlage für effektives Regionalmarketing eingesetzt werden – dies aufgrund der Überlegung, daß Marketing eine regionale Binnenformierung in Art einer Corporate Identity zur Voraussetzung hat, um auch nach außen wirken zu können (DANIELZYK 1994:40 f. und passim; vgl. a. HELBRECHT 1995:90). Insofern ist die Oldenburger Regionalbewußtseinsgeographie als ein Musterbeispiel praktischer außerschulischer Pädagogik anzusehen.[111]

Für dieses Programm ist die tatsächliche Erforschung regionalbezogener Bewußtseinslagen nebensächlich; vielmehr kommt es – unter Verwendung von Versatzstücken vorhandener Vorstellungen über Charakteristika der regionalen Lebenssituation – auf die *Konstruktion* und *Vermittlung* zweckdienlicher Bewußtseinszustände an. Der große Vorteil der Oldenburger Variante der Regionalbewußtseinsgeographie gegenüber der BHP-Variante liegt gerade im Verzicht auf eine Verräumlichung: Während dort zumindest implizit eine Zielvorstellung optimaler Raumstruktur existiert, in der das Territorium einer Verwaltungseinheit mit einem darauf bezogenen Regionalbewußtsein und mit der Verbreitung von Personen mit diesem Regionalbewußtsein übereinstimmt, kann in der Oldenburger Variante auf all diese Aspekte räumlicher Erstreckung verzichtet werden. Wichtig ist hier nur die effektive Schaffung und Proliferation von gemeinschaftsbildendem Zugehörigkeitsgefühl zu einer Region.[112]

Zusammenfassend läßt sich unter den verschiedenen Arten der Bewußtseinsgeographie gerade der Ansatz der Oldenburger Sozialgeographie als wohl effek-

---

[109] Ähnliches gilt für regionalkulturelle Aktivitäten (DANIELZYK/KRÜGER/SCHÄFER 1995:39-42; DANIELZYK/KRÜGER 1990:62 f.).

[110] vgl. dazu auch ARING ET AL. 1989.

[111] Diese Form zielgerichteter Pädagogik, die (ein bestimmtes) Regionalbewußtsein als Mittel der Regionalpolitik erzeugen will, hebt sich deutlich von Bestrebungen ab, Regionalbewußtsein um seiner selbst willen (und weil der Raum als „naturgeographische Einheit" dies präjudiziert) zu produzieren (so z. B. HAUBRICH/SCHILLER/WETZLER 1990:247).

[112] Ein wichtiges Instrument hierfür ist die regionale Kulturpolitik, die durch die Formulierung, Hervorbringung und Förderung einer als eigenständig begriffenen Regionalkultur „regionale Identität" zu schaffen bestrebt ist (vgl. a. KÖSTLIN 1980:30-36).

tivster Nachfolger der pädagogischen Komponente der Landschaftsgeographie bezeichnen. Was dort zwar vor stabilem weltanschaulichen und methodischen Hintergrund, bezogen auf die pädagogischen oder Bildungs-Qualitäten aber noch wenig systematisch und praxisorientiert produziert wurde, erreicht hier eine andere Stufe: Der Zweck (der sich nicht notwendigerweise auf Regionalpolitik beschränken muß) bildet den Leitstern eines Vorgehens, das konsequent seinem deklarierten politisch-pädagogischen Ziel zustrebt und über die Rückkopplung mit lokalen/regionalen Vorgaben eine effiziente Methode zur Schaffung regionaler Bewußtseins- und Kulturformen bildet.[113]

Wie diese Eigenschaften der Bewußtseinsgeographie mit denen der Geographischen Informationssysteme verknüpft und für die Schaffung einer geographischen Landeskunde nutzbar gemacht werden können, ist Inhalt der folgenden Kapitel.

---

[113] Eine ähnliche Zielrichtung verfolgt auch ein jüngeres Forschungsprojekt der Frankfurter Kulturanthropologie, in dem nicht nur Regionalbewußtseins-Analyse mit -Schaffung verbunden wird, sondern auch die regionale Erstreckung (ähnlich wie bei BHP) mit der Typologisierung von Einstellungs- und Verhaltensprofilen (ähnlich wie bei der Oldenburger Sozialgeographie) kombiniert wird (PLOCH/SCHILLING 1994; SCHILLING/PLOCH 1995) – eine Kombination, die in der Geographie selbst weitestgehend unterblieben ist, ja nicht einmal als Desideratum formuliert wurde.

4   AUFBAU UND MERKMALE EINER AKTUELLEN LANDESKUNDE

Eine Theorie von Landeskunde hat im wesentlichen zwei Aufgaben zu erfüllen: Sie hat zu klären, *was* Landeskunde machen soll, und *wie* sie es machen soll. Bevor die Frage nach dem „Wie" beantwortet werden kann, ist sinnvollerweise die Frage nach dem „Was" zu stellen. Dazu soll zunächst die fachinterne Diskussion der Landes- und Länderkunde[114] rekapituliert, in ihren Argumenten überprüft und auf ihre konzeptionellen Konsequenzen hin untersucht werden.

4.1   ZUR THEORIE DER LANDESKUNDE – DER STAND DER DISKUSSION

> „Landschafts- und Länderkunde als Inbegriffe der Geographie verfügen über keine Problemstellungen. Sie konstruieren Schemata oder sogenannte 'logische Systeme', in die Daten eingelesen werden können. ... Sie sind in der Konstatierung von Trivialzusammenhängen Allgemeinplätze, in der Zielvorstellung Leerformeln. Geographie als Landschafts- und Länderkunde ist Pseudowissenschaft." (FACH-SCHAFTEN ... 1969:168)

Mit diesen Kernsätzen der „Bestandsaufnahme" durch die studentischen Fachschaften an den bundesdeutschen Hochschulen erreichte auf dem Kieler Geographentag 1969 eine Diskussion ihren Kulminationspunkt, die zumindest zu *einem* Ergebnis führte: Die Gewißheit der Hochschulgeographie, in der Länderkunde das konstituierende Element des Faches zu haben, wurde derart gründlich erschüttert, daß es BARTELS zwölf Jahre später „etwas gespenstisch [erschien], 1981 zum Gegenstand wissenschaftlicher Länderkunde erneut in die Diskussion der 60er Jahre einzutreten". (BARTELS 1981:43)

Diese unwirsche Intervention verdankt sich einer auch von BARTELS registrierten Entwicklung innerhalb der Geographie, die sich in drei Richtungen vollzog: Zum einen wurde die Vorstellung, Länderkunde sei die höchste Stufe der Geographie, weitestgehend aufgegeben (vgl. WIRTH 1978:243 f.). Zum anderen veränderte sich die wissenschaftliche Position der im Zitat der „Bestandsaufnahme" parallel zur Länderkunde aufgeführten Landschaftskunde grundlegend; die Landschaftskunde, die als Form des Betreibens von Länderkunde anzusehen ist, verlor ihre zentrale Stellung innerhalb der Länderkunde und verengte sich auf Forschungsrichtungen vor allem in Teilbereichen der Physischen Geographie (etwa Landschaftsökologie; vgl. a. WIRTH 1970:191 f.).

Zum dritten führte die Kritik an der Länderkunde zwar zu einem starken Reputationsverlust, nicht jedoch zu ihrer Entfernung aus dem Kanon wissenschaftlicher

---

[114] Wie bereits in der Einleitung (Kap. 1) dargelegt, werden Landes- und Länderkunde aus methodisch-konzeptionellem Blickwinkel als Synonyma betrachtet; ein Unterschied besteht lediglich in territorialer Hinsicht, wobei sich Landeskunde auf Deutschland und Länderkunde auf andere Teile der Welt bezieht.

Praxis; gerade durch ihren Rückzug ist es der Länderkunde offensichtlich gelungen, nicht völlig fallengelassen zu werden.[115]

Die schon bald nach dem Kieler Geographentag erscheinenden und bis heute nicht abreißenden Plädoyers für die Länderkunde zeigen, daß einerseits das „Gespenst" noch sehr lebendig ist, andererseits aber die neue Stellung innerhalb des Faches auch neue Begründungen erfordert. Welche dies sind und welche Konzeptionen von Länderkunde sie implizieren, soll im folgenden dargestellt werden.

Die Diskussionen über die Landeskunde können über drei Dichotomien kategorisiert werden: Neben dem Verhältnis zwischen Theorie und Praxis handelt es sich dabei um die Unterscheidung zwischen den Aufgaben der Darstellung und der Forschung sowie der Stellung als angewandte Allgemeine Geographie bzw. als eigene (Sub-)Disziplin. Werden die letzten beiden Dichotomien miteinander kombiniert, ergeben sich vier Möglichkeiten der Diskussion über die Landes- und Länderkunde (vgl. Abb. 4-1).

Abb. 4-1: Aspekte der Diskussion um Landes- und Länderkunde

	Landes- und Länderkunde als	
	angewandte Allgemeine Geographie	eigenständige Disziplin
Forschung	①	③
Darstellung	②	④

1 Landeskunde als angewandte Allgemeine Geographie

Einen ersten Strang der Diskussion bilden Publikationen, die Landes- und Länderkunde als eine Form angewandter Allgemeiner Geographie verstehen (Felder 1 und 2). So sieht bereits WIRTH die Länderkunde bemüht

„um methodische Erkenntnis und darstellende Vermittlung ausgewählter interessanter Sachverhalte. Zur Erklärung dieser Sachverhalte können individuell-einmalige Kausalzusammenhänge oder Regelhaftigkeiten und Gesetzmäßigkeiten der Allgemeinen Geographie herangezogen werden. In diesem Sinne wäre Länderkunde eine auf den Einzelfall bezogene, anwendende Allgemeine Geographie." (WIRTH 1978:256)

Diesem Verständnis stimmt BAHRENBERG (1979:151) ebenso zu wie BARTELS (1981:46), der jedoch die solcherart als Wissen über ein Land oder eine Region

---

[115] Idealtypisch ist hier die Argumentation von Wirth, der – bezogen auf die Schulerdkunde – für eine Ausweitung der Allgemeinen Geographie plädiert, gleichzeitig aber davor warnt, „das Kind mit dem Bade aus[zu]schütten", d. h. auf Länderkunde ganz zu verzichten (WIRTH 1970:197).

verstandene Länderkunde nicht zur ausschließlichen Domäne der Geographie deklarieren möchte (vgl. a. BAHRENBERG 1996:49).

Ganz ähnlich argumentiert WOLF, wenn er Landeskunde ein „wichtiges Anwendungsfeld verwandter raumrelevanter Disziplinen aus dem Bereich der Kultur-, Sozial- und Geo(Natur)Wissenschaften" nennt (WOLF 1994:361). Mit gewissen Einschränkungen kann auch in POPP ein aktueller Verfechter von Landeskunde im Sinne einer angewandten Allgemeinen Geographie gesehen werden (POPP 1996: 143).[116] Derselbe Autor bezeichnet in einem früheren Aufsatz die „anwendende Allgemeine Geographie" zumindest als *eine* mögliche Konzeption geographischer Landeskunde (POPP 1983:31). Zugleich jedoch sieht er die Landeskunde bei einem solchen Verständnis ihrer Eigenständigkeit beraubt, führt dies doch „zu keinen eigenständigen Problemstellungen, rechtfertigt somit auch keine Ausweisung als eigene Teildisziplin". (POPP 1983:31)

Noch deutlicher wird dieser Sachverhalt von BAHRENBERG formuliert:
> „Faßt man die Länderkunde in dieser Weise als regionale Geographie, also als angewandte allgemeine Geographie auf, ist allerdings ihre wissenschaftstheoretische Legitimierung kein Problem. Noch nie hat jemand den regionsspezifischen Fragestellungen und Erklärungsversuchen der empirischen Wissenschaften die Wissenschaftlichkeit abgesprochen, nur weil sie singuläre Sachverhalte untersuchen – vorausgesetzt, die allgemeinen Zweige waren wissenschaftstheoretisch begründet. Warum also der Versuch, eine wissenschaftstheoretische Basis für die Länderkunde zu finden? Ist etwa die allgemeine Geographie wissenschaftstheoretisch ungenügend fundiert?" (BAHRENBERG 1979:152)

Damit aber verneint BAHRENBERG nicht nur die Notwendigkeit einer Theorie von Landes- und Länderkunde, sondern es wird zugleich unklar, was überhaupt der Unterschied zwischen empirischer geographischer Forschung und Landeskunde ist. Denn sowohl die empirisch arbeitende Allgemeine Geographie als auch die Länderkunde behandeln einerseits bestimmte Ausschnitte der Erdoberfläche und andererseits geographisch relevante Themen und Sachverhalte. Mit Hilfe des erdräumlich

---

[116] mit Einschränkungen deshalb, weil er Landeskunde zwar als „Angewandte Geographie" tituliert, aber auch als eine „Vorgehensweise, die ein Interesse gerade an singulären, einmaligen Konstellationen von raumgezogenen Sachverhalten (im Gegensatz zur Suche nach Gesetzen und Regelhaftigkeiten) hat". (POPP 1996:143) Es wird jedoch nicht einsichtig, wie eine Geographie, die – sofern sie empirisch arbeitet – immer mit konkreten, und das heißt: „singulären, einmaligen Konstellationen" zu tun hat, diese Singularität unter Absehung von „Gesetzen und Regelhaftigkeiten" aus dem Entdeckungs- in den Begründungskontext transferieren will.

Auch die angeführten Beispiele können diese Frage nicht klären und lassen daher das zitierte Verständnis von Landeskunde als inkonsistent erscheinen. So wird als ein landeskundliches Thema die „Problematik" der „Akzeptanz von Raumcodes" (POPP 1996:143) im Rahmen einer Forschungsrichtung „Regionale Identität" hervorgehoben – ein Thema, das bereits in seiner Formulierung Regelhaftigkeiten als Erkenntnisziel enthält und kaum als adäquater Zugang zu irgendwelchen Singularitäten *als* Singularitäten verstanden werden kann.

abgegrenzten Falls werden Erkenntnisse über einen Sachverhalt, der zum Themenkanon der Geographie gehört, erzielt. Zugleich erzeugt diese Produktion von Wissen über den betrachteten Sachverhalt auch Informationen über die jeweilige territoriale Einheit. Die entscheidende Differenz zwischen den beiden Wissenschaftsrichtungen liegt dann nur noch darin, daß das Größenspektrum in der Allgemeinen Geographie deutlich umfangreicher ist; so können dort die behandelten räumlichen Einheiten von der städtischen Quartiersebene bis zur gesamten Erde reichen, während die Länderkunde sich zumeist auf die Ebene von Staaten und inner- oder überstaatlichen Großregionen beschränkt.

Wenn jedoch Geographie als empirische Forschung und Landes- bzw. Länderkunde zumindest bei entsprechender räumlicher Bezugsebene identisch sind, ist es überflüssig, überhaupt von Landeskunde jenseits einer anderen Zwecken (etwa der Außenwirkung wissenschaftlicher Tätigkeit oder der Anpassung an verlegerische Wünsche) dienenden Deklaration zu sprechen. Damit aber bestimmt sich Landeskunde nach den thematisch bestimmten Erkenntniszielen (einzelner Subdisziplinen) der Geographie, nicht nach dem Interesse an (einer bestimmten Art von) Informationen über ein gegebenes Territorium. Das heißt, Landeskunde als angewandte Allgemeine Geographie ist gerade keine Landes-Kunde – ob als Er*kund*ung oder *Kund*gabe (vgl. STIENS 1972:249), sei zunächst dahingestellt – mehr, sie hebt sich selbst auf. Deshalb können die in den Feldern 1 und 2 der Abb. 4-1 aufgeführten Aspekte zwar als mögliche, nicht aber als zieladäquate Formen einer Diskussion von Landes- und Länderkunde gewertet werden.

Aus dieser Perspektive und auch entsprechend dem BAHRENBERGschen Diktum, daß Landeskunde als angewandte Allgemeine Geographie keiner wissenschaftstheoretischen Begründung bedarf (s. o.), kann es nicht verwundern, daß gegenüber der genannten Position solche Beiträge wesentlich häufiger zu finden sind, die Landeskunde als eigenständige Form von Geographie verstehen und zu begründen suchen (Felder 3 und 4 in Abb. 4-1).

Ganz anders als bei der Konzeption als angewandte Allgemeine Geographie finden sich in den Diskussionen zur Länderkunde als eigenständige (Sub-)Disziplin auch deutliche Differenzen zwischen einer Länderkunde als Forschung(saufgabe) und Länderkunde als Form von Darstellung und Vermittlung. Von Vertretern der „Forschung" wird diese Differenz zumeist als qualitativer Unterschied verstanden. So betrachtet etwa POHL die Länderkunde „als Forschungsfeld und nicht bloß [!] als Darstellungsmethode" (POHL 1996:74); und BLOTEVOGEL spricht davon, daß die Landes- und Länderkunde „degeneriert" sei, wenn sie sich mit Darstellungs-, nicht aber mit Forschungsaufgaben beschäftige (BLOTEVOGEL 1996a:15).

Aber auch die Distanzierungen seitens der Verfechter der Länderkunde von den „vielen schlechten, kompilatorischen Länderkunden" (WIRTH 1970:192) beziehen sich nicht unbedingt nur auf die wissenschaftliche Praxis, d. h. die schlechte Anwendung einer an sich guten Konzeption, sondern zumeist auf die Orientierung dieser Länderkunden an HETTNERs Schichtenmodell und damit an einer Darstellungs-, nicht Forschungsmethode (STEWIG 1981:58; vgl. a. Abb. 3-5).

2 Landeskunde als eigenständige Forschungs-Disziplin

Was aber kann das Konstituierende einer länderkundlichen Forschungsperspektive sein? Übereinstimmung scheint heute darin zu bestehen, daß nach der wissenschaftstheoretischen Kritik an der Landschaftskunde und ihren Vorstellungen von Ganzheit und Allzusammenhängen (vgl. Kap. 2) diese keine tragfähige Grundlage von Länderkunde mehr sein kann. Zaghafte Wiederbelebungsversuche dieser Denkweise[117] konnten in der aktuellen Diskussion bisher nicht reüssieren.

Ein erster Versuch, auf die der Kritik an der Länderkunde zugrundeliegenden Postulate der analytischen Wissenschaftsphilosophie und – konkreter – die diesem Wissenschaftsverständnis verpflichtete Geographie BARTELSscher Prägung zu reagieren und ihre Argumente gegen die Länderkunde zu entschärfen, ist in dem Bemühen zu sehen, Elemente dieser konkurrierenden Form von Geographie in die Länderkunde zu übernehmen. So möchte etwa Stewig in die Länderkunde Fragen „nach den Gesetzen, Gesetzmäßigkeiten und Regelhaftigkeiten der Beziehungen zwischen den Teilsachverhalten eines Geo-, also eines Öko- bzw. Soziosystems [integrieren]". (STEWIG 1979:185) Wenn in einem anderen Artikel Länderkunde definiert wird als „Erfassung und Darstellung hochkomplexer Sachverhalte der räumlichen Makroebene" (STEWIG 1981:57), ist einsichtig, warum BAHRENBERG in solchen Zusammenhängen davon spricht, daß „alter Wein in neue Schläuche gegossen" werde (BAHRENBERG 1996:44), d. h. die Länderkunde lediglich begrifflich, nicht konzeptionell erneuert sieht: Attribute wie „hochkomplex" und Begriffe wie „Geosystem" sind nichts anderes als Metaphern traditioneller Ganzheits- und Totalitätsvorstellungen.

Eine zweite Art der Argumentation zugunsten eines länderkundlichen Forschungsprogramms rekurriert ebenfalls auf die nomothetisch ausgerichteten Teildisziplinen der Geographie, möchte diese jedoch nicht integrieren, sondern plädiert auf eine skurrile Weise für etwas, das als Komplementarität oder Arbeitsteilung bezeichnet werden könnte. So greift etwa WIRTH eine Methode des Kritischen Rationalismus, das H(empel)-O(ppenheim)-Schema der Erklärung[118] auf und führt – scheinbar ganz im Sinne des Verfahrens – „länderkundliche Einmaligkeiten" „sowohl [auf] allgemeine Gesetze als auch [auf] singuläre Randbedingungen" zurück (WIRTH 1978:255). Diese Äußerungen erstaunen zunächst durch ihre Betonung einer Selbstverständlichkeit: Das H-O-Schema kann weder auf Randbedingungen noch auf Gesetze verzichten, da beides notwendige Bestandteile des (logischen) Schließens

---

[117] So spricht etwa Pohl von einer „Neigung" der Regionalen Geographie zur „Totalität": „Prinzipiell hat die Länderkunde die Aufgabe, zwar nicht die Totalität aller Beziehungen an einer Zeitraumstelle aufzuzeigen, wie dies zeitweise für die Landschaftskunde in Anspruch genommen wurde, aber sie will doch die wesentlichen Zusammenhänge ('vernetzende Analyse') aufzeigen." (POHL 1996:86) Ebenfalls einem unausgesprochenen Holismus verhaftet ist ein aktuelles Verständnis von „Region", das diese als (Interaktions-)Setting mit physisch-materiellen, sozialen, psychisch-mentalen u. a. Elementen begreift (BLOTEVOGEL 1996c:61 f.; WEICHHART 1996:40-42).

[118] Dabei wird unterschieden in *Rand-* oder *Ausgangsbedingungen*, die über ein *Gesetz* unter gegebenen *Rahmenbedingungen* (ceteris paribus) zu dem zu erklärenden Sachverhalt führen.

sind; d. h. eine Erklärung ohne Berücksichtigung von Randbedingungen oder Gesetzen ist nicht möglich, und damit ist auch der entsprechende Hinweis banal und überflüssig.

Außer es hat diese Betonung der Elemente des H-O-Schemas eine über Selbstverständlichkeiten hinausreichende Bedeutung. Und das ist hier der Fall. WIRTH fährt an der zitierten Stelle fort: „Im Gegensatz zu den exakten Naturwissenschaften sind hier [bei den länderkundlichen Einmaligkeiten] aber die Gesetze entweder bekannt oder von geringerem Allgemeinheitsgrad, während die singulären Sätze der Randbedingungen wissenschaftlich interessieren". (WIRTH 1978:255 f.) Abgesehen von der interessanten Feststellung, daß „allgemeine Gesetze" auch von „geringerem Allgemeinheitsgrad" sein können, fällt vor allem die Rasanz auf, mit der das „Sowohl-Als-auch" von Gesetzen und Randbedingungen in ein ausschließliches Interesse für die (singulären) Randbedingungen umschlägt.

Da jedoch Randbedingungen ohne Gesetze keinerlei Erklärungsgehalt haben, stellt sich die Frage, ob hier nicht ein falsches Verständnis nomothetischer Erklärung vorliegt oder aber der Begriff der Randbedingungen in mehrdeutiger, oszillierender Weise verwendet wird. Während über die erste Alternative nur gemutmaßt werden kann, läßt sich für letztere ein deutlicher Beleg finden. So wird es als Aufgabe der Länderkunde bezeichnet, „immer wieder auf die vielen interessanten, ja brennenden Probleme hinzuweisen, die jenseits aller allgemeinen Gesetzmäßigkeiten im Bereich einmaliger aktueller Sachverhalte der realen Welt liegen". (WIRTH 1978:254; ähnlich bereits BOBEK 1972:5)

Offensichtlich handelt es sich bei den Singularitäten, die in der Länderkunde betrachtet werden sollen, gar nicht um Randbedingungen (obwohl ein solches Mißverständnis angesichts einer zitierten Definition POPPERs verwundert); diese erhalten ja erst innerhalb einer Gesetzesaussage die Qualität von Randbedingungen, können also nicht „jenseits" von Gesetzen existieren. Was hier vielmehr gemeint ist und in unklarer Weise mit dem Begriff der Rand- oder Ausgangsbedingungen vermischt wird, sind „Störfaktoren".[119] So spricht WIRTH auch davon, daß die von der Länderkunde behandelten Sachverhalte in der Theoretischen Geographie „störend wirken; wer sich hingegen um Erkennen und Erklären der empirischen Wirklichkeit bemüht, wird sie als wertvolle 'information' schätzen". (WIRTH 1978:254 f.)[120]

---

[119] Darunter werden in einer Modifikation des H-O-Schemas all diejenigen (vermuteten) Faktoren verstanden, die das – unter kontrollierten (Labor-)Bedingungen einwandfreie – Zusammenwirken von Randbedingungen und Gesetzen behindern, so daß es zu den empirisch festgestellten Abweichungen von den erwarteten Ergebnissen kommt. Von Bedeutung dabei ist, daß diese Störfaktoren nicht Element der Gesetzesaussage sind, sondern fallweise, ad hoc zur Erklärung der Abweichungen eingeführt werden.

[120] Wird dieses Argument vom Kopf auf die Beine gestellt, läßt sich folgern, daß Theoretische Geographie – und damit auch Wirths „Theoretische Geographie" (WIRTH 1979), die bei Veröffentlichung des zitierten Artikels bereits in Druck war – sich nicht um „Erkennen und Erklären der empirischen Wirklichkeit bemüht". Es ist erstaunlich, zu welchen Selbstbezichtigungen wissenschaftstheoretisches Bemühen manchmal führen kann!

Damit scheint trotz aller vollmundigen Bekenntnisse zu Modellen und Gesetzen Inhalt von Länderkunde das zu sein, was einem Autor als Singularität besonders auffällig erscheint; ob diese Phänomene nun als Störfaktoren oder als Randbedingungen auf das H-O-Schema bezogen werden, ist dabei völlig irrelevant, weil die Gesetze, an denen sich die Qualität einzelner Phänomene als Randbedingungen oder als Störfaktoren erst erweist, systematisch ausgeblendet werden.

Diese anti-nomothetische Konzeption von Länderkunde mithilfe nomothetischen Vokabulars findet seine Verdeutlichung und Konkretisierung wenig später bei HEINRITZ (1982). Dort wird zunächst festgestellt, daß empirische Untersuchungen der Allgemeinen Geographie, die Gesetze und Modelle verwenden, nicht alle beobachteten Ausprägungen des untersuchten Sachverhalts erklären können, mithin ein unerklärter Rest bleibt. Verantwortlich dafür sind singuläre Einflußgrößen, die nach dem skizzierten Erklärungsschema als Störfaktoren bezeichnet werden. Und darin, diese Störfaktoren zu erkennen, „liegt, wenn überhaupt, wohl die spezifische Forschungsaufgabe von Landes- bzw. Länderkunde als regionaler Geographie". (HEINRITZ 1982:12)

Damit aber und ganz gegen die Absichten des Autors wird Landes- und Länderkunde zu nichts anderem als zum Müllsammler der nomothetisch arbeitenden Allgemeinen Geographie gemacht; sie hat sich ausschließlich damit zu beschäftigen, was von den Forschungsansätzen der verschiedenen Teildisziplinen der Geographie nicht mehr erklärt werden kann. In impressionistischer Darstellung kann diese Betonung des Eigen- und Einzigartigen zu einer Resteverwertung „in Gestalt des Pittoresken, Folkloristischen, Exotischen" (HARD 1982a:147) führen. Wie jedoch ein *Forschungs*programm aussehen soll, das all das zu beschreiben und erklären sucht, was alle anderen (Sub-)Disziplinen nicht (ausreichend) erklären, ist rätselhaft; es kann ja nicht ernsthaft beabsichtigt sein, beobachtete Sachverhalte dahingehend zu überprüfen, ob Erklärungsansätze der Allgemeinen Geographie hier anwendbar sind und Ergebnisse zeitigen, um dann all diese Erklärungen und erklärten Sachverhalte beiseitezuschieben und die nicht erklärten (erklärbaren?) Sachverhalte in einer Länderkunde zu berücksichtigen. Fehlende Praktikabilität und theoretische Unhaltbarkeit gehen wieder einmal nahtlos ineinander über.

Da nun alle Versuche der Anbindung von Länderkunde an die nomothetisch ausgerichteten Forschungsrichtungen der Geographie gescheitert sind, stellt sich die Frage, welche andere Form einer Forschungskonzeption ihr zugrundegelegt werden kann. Damit ist die Länderkunde wieder auf die zentrale Frage zurückgeworfen, die nicht begründet entscheiden zu können ihr bereits von der Kritik der späten 60er Jahre vorgeworfen worden war: *Welche Sachverhalte sollen untersucht werden?*

Für die traditionelle Länderkunde ist diese Frage unerheblich; sie will ja nicht Sachverhalte untersuchen, sondern Länder:

> „Regional geography is about places, which means areas; it is not about objects which have spatial attributes. ... Only the circumstance that the subject of a study is an area makes the study regional geography." (HOEKVELD 1990:13)

Gegenüber diesem unsinnigen Totalitätsanspruch ist eine wissenschaftliche Konzeption, die zumindest Gegenstände angibt, die Elemente von Länderkunde sein sollen, bereits ein gewisser Fortschritt; aber auch einzelne Gegenstände können ungezählte Frageperspektiven aufweisen, weshalb ein solches Selektionsverfahren ebenfalls keine tatsächliche Auswahlentscheidung ermöglicht (vgl. a. BAHRENBERG 1979:152 f.).

Konkrete Forschungsthemen für Landeskunde werden hingegen von POPP (1996) und BLOTEVOGEL (1996a) angegeben. So schlägt POPP folgende Ziele bzw. Inhalte landeskundlicher Arbeiten vor:
1. Regionale Identität,
2. Verstehen anderer Völker,
3. Evaluierung räumlicher Planungsprojekte,
4. Geopolitische Folgen von Staatsgrenzen für sozioökonomische Handlungsorientierungen,
5. Deutschlandbilder und ihre Vermittlung (POPP 1996).

BLOTEVOGEL skizziert zunächst vier Typen von Einstellungen gegenüber Länderkunde (bzw. gegenüber der Gründung des Leipziger Instituts für Länderkunde) und personalisiert sie als
1. „überzeugte Länderkundler" – d. i. Produzenten von Länderkunden traditionellen Stils,
2. „szientifische Modernisierer" – d. i. Vertreter einer „nomologischen, theoriebildenden und strengen Wissenschaft", die Länderkunde ablehnen,
3. „kritische Theoretiker" – d. i. „Spät- und Postmarxisten", für die Länderkunde unter Ideologieverdacht steht, und
4. „reflexive Skeptiker" – deren „abgeklärter Relativismus ... jedoch nicht mit Beliebigkeit ... zu verwechseln (ist). Wissenschaft ist für sie verantwortungsbewußte, kreative, theoriegeleitete und methodisch kontrollierte Wissensproduktion." (BLOTEVOGEL 1996a:18 f.)

Es ist nicht schwer zu erraten, welcher Gruppe sich dieser Autor zurechnet – womit zwar geklärt ist, welche Einstellungen gegenüber der Länderkunde ein Vertreter des präferierten Typs haben soll, nicht aber, welche Länderkunde er praktizieren bzw. produzieren soll.

Nach mehrmaligen vehementen Plädoyers für eine Konzeption von Länderkunde als Forschungsaufgabe wird zur inhaltlichen Konkretisierung auf das Gründungskonzept des Instituts für Länderkunde verwiesen. Danach gehört zu dessen Aufgaben die „Durchführung landes- und länderkundlicher Forschungsvorhaben über geoökologische, politische, demographische, ökonomische, soziale und kulturelle Strukturen und Prozesse". (BLOTEVOGEL 1996a:31) Als Rahmenthema wird vorgeschlagen: „Räumliche Ausprägungen und Auswirkungen gesellschaftlicher Restrukturierungs- und Transformationsprozesse in Deutschland und Europa." (33) Forschungsschwerpunkte innerhalb des Rahmenthemas sind:
1. Theorie der Landes- und Länderkunde,
2. Städte und Siedlungssysteme Europas im Wandel,
3. Politischer, ökonomischer und kultureller Bedeutungswandel von Regionen in Deutschland und Europa,
4. Veränderungen der Landnutzung und ländlicher Räume in Deutschland und Europa,
5. Verkehrssysteme Europas im Wandel (34 f.).

Obwohl die aufgeführten Themenvorschläge teilweise noch einen gewissen Überarbeitungsbedarf haben,[121] ist nicht zu erkennen, welche prinzipiellen Einwände gegen sie vorgebracht werden können; es gibt wohl keinen inhaltlichen Grund, in der Geographie solche Forschungen nicht durchzuführen.

Nur: Warum gerade diese Themen Landeskunde sind, und warum überhaupt irgendwelche Themen nicht oder nicht nur geographische Themen, sondern zugleich oder ausschließlich Landes- und Länderkunde sind, bleibt völlig ungeklärt. Tatsächlich mag es notwendig sein, einem neugegründeten „Institut für Länderkunde" Forschungsaufgaben zuzuweisen, die in Verbindung mit seinem Namen gebracht werden können; für die Begründung einer wissenschaftlichen Disziplin reicht eine solch summarische Anbindung an eine lose Zusammenstellung irgendwie interessanter und wichtiger Themenfelder nicht aus. Denn damit ist – um eine bekannte Definition zu variieren – Länderkunde das, was „Allgemeine Geographen" tun, d. h. Allgemeine Geographie, aber keine Länderkunde.

Dieses Scheitern an der Aufgabe, für die Länderkunde eine Forschungskonzeption zu entwerfen oder zumindest ein minimales Grundgerüst zu skizzieren, läßt – wenn gleichzeitig Länderkunde als *das* zentrale Forschungsgebiet der Geographie verstanden wird –[122] keine vernünftige wissenschaftliche Perspektive für die Geographie insgesamt zu. Daß gerade dies von den Autoren aber versucht wurde, macht den Versuch ebenso tragisch wie es alle institutionellen und wissenschaftspolitischen Weichenstellungen, die auf diesen Vorstellungen basieren, dubios und inhaltlich obsolet werden läßt.

Der Widerspruch zwischen einer Position, welche die essentielle Bedeutung von Länderkunde für die Geographie hervorhebt, und dem gleichzeitigen Scheitern an einer konsistenten Definition der Forschungsaufgabe ist nun kaum als Ausdruck mangelnder Bemühungen um eine Forschungskonzeption von Landes- und Länderkunde zu werten. Vielmehr ist davon auszugehen, daß es sich um einen notwendigen Widerspruch handelt, d. h. daß Länderkunde als Forschungsrichtung unmöglich ist.

Dies wird auch aus den Problemen deutlich, die dem Teilbegriff „Land" anhaften. Einerseits taugen zur „Konzipierung eines modernen landes- und länderkundlichen Forschungsprogramms ... die zentralen Termini wie 'Raum', 'Land', 'Landschaft', 'Region' usw. nur sehr bedingt". (BLOTEVOGEL 1996a:22) Andererseits wird kon-

---

[121] Für POPP ist es etwa beim Forschungsthema „Verstehen anderer Völker und Kulturen" „vor dem Hintergrund der jüngeren Anzeichen von Ausländerfeindlichkeit in Deutschland ... wichtig, die gänzlich andere Organisations- und Funktionsweise anderer Kulturen und Religionen so zu vermitteln, daß ein Verständnis für das Verhalten der Ausländer in unserem Land möglich wird". (POPP 1996:144) Der genannte „Hintergrund" sollte es eher nahelegen, das Verhalten von *Deutschen* „in unserem Land" zu untersuchen; auch ist zu fragen, ob die Plakatierung einer anderen „Kultur" als „gänzlich anders" nicht bereits ein typisches Element des „Hintergrunds" ist.

[122] So betrachtet BLOTEVOGEL die Frage nach der Forschungsaufgabe der Länderkunde als zentral für „das Selbstverständnis und die Zukunft der Geographie als Wissenschaftsdisziplin". (BLOTEVOGEL 1996a:15) Und an anderer Stelle wird eine hohe Qualität von Landes- und Länderkunde mit der Begründung eingefordert, „*nur dann* wählen gute Studenten und Nachwuchswissenschaftler das Fach [Geographie!] und bleibt die Disziplin konkurrenzfähig". (22; Hervorhebungen von mir, W. A.)

statiert, daß „auf einer neuen Reflexionsebene Länder, Regionen, Landschaften, Räume keineswegs triviale und intellektuell anödende Phänomene sind, sondern spannende neue Forschungsperspektiven eröffnen". (19) Und nicht zuletzt „ist unter 'Land' ein Gebiet unterschiedlicher Größenordnung zu verstehen, das bezüglich bestimmter inhaltlicher Aspekte als räumliche Einheit angesehen wird. Solche Raumeinheiten sind Ausdruck nicht nur politischer, sondern auch sozio-kultureller und wirtschaftlicher Strukturierungsprozesse der Gesellschaft auf der Grundlage der natürlichen Voraussetzungen. 'Land' kann somit auch für naturräumliche Einheit, Region, Provinz, Bezirk, Landschaft, Staat usw. stehen. Bezüglich der Maßstäblichkeit kann beispielsweise sowohl 'Vogtland' als auch 'Deutschland' gemeint sein." (29 f.; ähnlich auch BLOTEVOGEL 1996b:8)

Ein „Land" ist danach sowohl ein wissenschaftlicher Begriff als auch außerwissenschaftliche Realität, gleichzeitig untauglich und spannend, forschungswidrig und -fördernd, Ergebnis wissenschaftlicher Arbeit, aber auch Produkt gesellschaftlicher Prozesse. Ein „Land" ist also alles, was einem bei diesem Wort nur einfällt (vgl. BAHRENBERG/KUHM 1999:202 f.), wobei selbstverständlich eine Prise Geodeterminismus nicht fehlen darf (so auch z. B. bei JOHNSTON/HAUER/HOEKVELD 1990:7; vgl. DUNCAN 1989:221).

Daß aus diesem Begriffswirrwarr keine Forschungsperspektive erwachsen kann, ist kaum in Zweifel zu ziehen. Tatsächlich führt jeder der – implizierten – Begriffsinhalte zu völlig unterschiedlichen Fragen. Die beiden wichtigsten, inkommensurablen Bedeutungsvarianten von „Land", die auch in den angeführten Zitaten zu finden sind, können wie folgt umschrieben werden:

1. Ein „Land" oder – hier besser: – eine „Region" ist ein Produkt der Anwendung von Regionalisierungsverfahren, in denen mit Hilfe einer oder mehrerer Variablen eine räumliche Klassenbildung (z. B. via Clusteranalyse) durchgeführt wird. Ein Ergebnis könnte etwa (d. h. „bezüglich bestimmter inhaltlicher Aspekte") die Unterteilung eines gegebenen Territoriums in Agrar-, Industrie- und Dienstleistungsregionen sein, wobei je nach dem zugrundeliegenden Datenmaterial diese „räumlich einheitlichen" Länder oder Regionen ganz unterschiedliche Größenordnungen aufweisen können.

2. Ein „Land" oder eine „Region" ist auch eine vorwissenschaftliche Entität, unter der die Alltagssprache ebenso wie der offizielle Sprachgebrauch eine (relativ) eindeutig begrenzte Raumeinheit versteht. Hierzu gehören v. a. die politisch-administrativ festgelegten Länder und Regionen, wozu einzelne Staaten ebenso zählen wie substaatliche Verwaltungseinheiten, aber auch durch markante natürliche Grenzen definierte Gebiete.

Es ist offensichtlich, daß die beiden skizzierten Typen von „Land" strikt zu trennen sind, um sich nicht in einem begrifflichen Durcheinander heillos zu verstricken und dann unfähig zu jeder sinnvollen Aussage über das „Land" in der jeweiligen Bedeutung zu werden. Eben dieses Problem zeichnet aber nicht nur die angeführten Zitate aus, sondern ist der Länderkunde, verstanden als Forschungsaufgabe, immanent. Eine vertiefte Erläuterung dieses Basisfehlers von Länderkunde soll mit Hilfe von Abb. 4-2 unternommen werden.

Abb. 4-2: Regionen in der geographischen Forschung

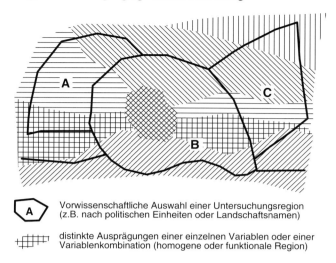

Vor jeder empirischen Forschung in der Geographie muß die Untersuchungsregion abgegrenzt werden. Dies geschieht nach Maßgabe der zu untersuchenden Sachverhalte und dabei zumeist ganz pragmatisch; gerade Verwaltungsgrenzen, aber auch sonstige einfach anwendbare Auswahlkriterien werden hierfür herangezogen (vgl. SPERLING 1994:20). In der eigentlichen Untersuchung werden sodann die Sachverhalte analysiert und evtl. auch Regionalisierungen vorgenommen, die notwendigerweise nicht in Zusammenhang mit der ursprünglichen Regionsauswahl gebracht werden können. Wird – entsprechend der Abbildung – etwa das (politisch definierte) Land B als Untersuchungsobjekt ausgewählt, ist es sehr wohl möglich, die Ausprägungen einer oder mehrerer Variablen zu untersuchen und Regionalisierungen durchzuführen. Hier können etwa Produktionszonen dargestellt werden, aber auch Höhenstufen oder Gebiete unterschiedlicher Weihnachtsbräuche (zur Problematik der Regionalisierung auf der Basis komplexer Begriffe wie etwa Kultur vgl. KÖSTLIN 1980).

Regionalisierungen finden immer – sofern nicht die gesamte Erde räumlich gegliedert werden soll – auf der Basis von regionalen Auswahlentscheidungen statt, die der Regionalisierung vorausgehen und damit nicht in sie einbezogen werden können; d. h. es können wirtschaftsräumliche Gliederungen auf der Basis gegebener Verwaltungseinheiten durchgeführt werden, aber auch Verwaltungsgliederungen vor dem Hintergrund wirtschaftlicher Raumstrukturen diskutiert werden.

Unsinnig hingegen ist die Begründung der anfänglichen Regionsauswahl durch die Ergebnisse der wissenschaftlichen Regionalisierung; zum Beispiel: Wird als Untersuchungsgebiet das Bundesland Schleswig-Holstein ausgewählt, existiert keinerlei Möglichkeit, mit Hilfe der dort durchgeführten Forschungen die Auswahlregion zu verändern – etwa mit dem Argument, daß aufgrund der wirtschaftlichen Verflechtungen mit Hamburg oder Dänemark auch diese Raumeinheiten in die Untersuchung einbezogen werden müßten. Ein solches Argument setzt ja bereits voraus, auch die Nachbarregionen in der Forschung zu berücksichtigen, d. h. die Untersuchungsregion von vornherein um diese Gebiete zu erweitern. Die Regionsauswahl ist dann nicht auf Schleswig-Holstein beschränkt, sondern umfaßt alle drei genannten Gebiete.

Wenn aber nach einer Regionsauswahl ein jedes Verändern dieser Regionsauswahl, das *aufgrund* der innerhalb der Region erforschten Sachverhalte durchgeführt wird, unmöglich ist, können diese Sachverhalte auch nicht dazu herangezogen werden, die Regionsauswahl selbst nachträglich zu begründen. Es wäre mehr als Zufall, ja sensationell und letztendlich nur auf das Wirken höherer Mächte zurückzuführen, wenn das Verbreitungsgebiet oder die Reichweite funktionaler Beziehungen von einer oder mehreren Variablen, die innerhalb einer gegebenen Region untersucht werden, deckungsgleich mit der Erstreckung dieser Region wären. Dies ist jedoch gar nicht überprüfbar, da die Regionsauswahl der Bestimmung der interessierenden Sachverhalte vorausgeht und deshalb deren räumliche Verbreitung über diese Region hinaus nicht berücksichtigt werden kann.

Damit aber kann ein „Land", das Gegenstand von Länderkunde ist, keinesfalls als „*Ausdruck* nicht nur politischer, sondern auch sozio-kultureller und wirtschaftlicher Strukturierungsprozesse der Gesellschaft" (BLOTEVOGEL 1996a:29 f.; Hervorhebung von mir, W. A.) erforscht, ja nicht einmal sinnvollerweise gedacht werden. Die vorwissenschaftliche Regionsauswahl verwandelt sich hier jedoch unvermittelt zum einen in das einigende Band heterogener Verhältnisse *innerhalb* der Region und zum anderen in die Scheidelinie zu gleichen Gegebenheiten *außerhalb* der Region. Aus einer simplen Vorentscheidung für ein Untersuchungsgebiet wird auf dem Wege wolkiger Sprachjonglage die Feststellung kontingenter räumlicher Entitäten (vgl. a. WERLEN 1997:48 f.).[123]

Selbstverständlich ist ein „Land" trotz interner Unterschiede und externer Ähnlichkeiten immer eigen-tümlich; aber das gilt für jede wie auch immer abgegrenzte Region.[124] Eine Forschungsperspektive ist hieraus nicht abzuleiten. Vielmehr ist länderkundliche Forschung gezwungen, ein methodisches Prokrustes-Bett in ein exakt angepaßtes Instrumentarium zur Gewinnung neuer und gehaltvoller Ergebnisse umzudeuten.

Daß – um nur einige Aspekte anzuführen – bei einer länderkundlichen Forschungsperspektive all diejenigen Faktoren entweder vollständig ausgeblendet oder lediglich en passant berücksichtigt werden, welche die innerregionalen Sachverhalte von außen verursachen (etwa: internationale Beziehungen, Weltmarkt, Migration usw.) und damit nur zufällige Teilprozesse in isolierter Form betrachtet werden kön-

---

[123] Für HARD geht von solchen Ontologisierungen des Raums „fast immer eine Blickverengung, nicht selten sogar eine intellektuelle Lähmung und eine Art süßer Hypnose aus". (HARD 1986:77)

[124] Wie in Abb. 4-2 das Land B auch konstruiert wird, es unterscheidet sich immer von den Ländern A und C.

nen,[125] oder daß bei einer Beschränkung auf solche Sachverhalte, deren außerregionale Verursachung entweder ausgeschlossen oder als in ihrem Gewicht sehr gering veranschlagt werden kann, lediglich Marginalien und Exotismen untersucht werden können, macht länderkundliche Forschung letztlich zu einer contradictio in adjecto (vgl. aus etwas anderer Perspektive a. BAHRENBERG/KUHM 1999).[126] Daraus ist aber selbstverständlich nicht die Unmöglichkeit von Länderkunde abzuleiten; denn es bieten ja zahlreiche wissenschaftliche Länderkunden – zumeist auf der Grundlage eines modifizierten länderkundlichen Schemas Hettnerscher Prägung – vielfältige Informationen über das betrachtete Gebiet an (aus dem Themenbereich deutscher Landeskunde vgl. z. B. BORCHERDT U. A. 1991; RUPPERT U. A. 1987; TIETZE U. A. 1990).

3 Landeskunde als eigenständige Darstellungs-Disziplin

Da nun Landes- und Länderkunde keine Forschungsperspektive sein kann, bleibt als letzte Möglichkeit ihrer Begründung nur das, was als Darstellung und Vermittlung bezeichnet werden kann (Feld 4 in Abb. 4-1).[127] Um diese Aufgabe genauer be-

---

[125] Bereits CHRISTALLER, THÜNEN u. a. haben darauf hingewiesen, daß lokale und regionale Besonderheiten (z. B. die Existenz einer Stadt mit einer bestimmten Ausstattung an Einzelhandelsbetrieben oder die regionale Erstreckung einer Zone mit gleicher landwirtschaftlicher Produktion) sich sehr wohl auf allgemeine, über das Gebiet mit den beobachteten Phänomenen weit hinausreichende Gesetzmäßigkeiten und Einflußfaktoren zurückführen lassen (vgl. a. BAHRENBERG 1996:45). Für größere Gebiete wurden entsprechende Zusammenhänge etwa von WALLERSTEIN aufgezeigt.

[126] Auch die „Wiederentdeckung der Region" v. a. durch staatliche Wirtschafts- und Kulturpolitik ist ja kein regionales Phänomen, sondern ein überregionales, transkontinentales, dessen Ursachen unzweifelhaft gerade in internationalen, ja globalen Entwicklungen oder zumindest Entwicklungsinterpretationen zu suchen sind.

[127] Zu ebendiesem Schluß kommt – mit anderem Zugang – auch WERLEN 1998:125.
Ein möglicher Einwand gegen eine Konzeption von Landeskunde als Darstellung könnte sein, daß die Geographie als Wissenschaftsdisziplin doch zum Ziel habe, neue Erkenntnisse über die Realität zu erarbeiten und sich deshalb nicht auf Darstellungsaufgaben beschränken könne. Zugleich sei die Landeskunde eine zentrale Teildisziplin der Geographie und könne nicht hinter deren wissenschaftliche Qualitäten zurückfallen. Tatsächlich kann bei Gültigkeit beider Axiome Landeskunde nicht als Darstellung konzipiert werden. Da aber keine andere Möglichkeit von Landeskunde existiert, ist entweder Landeskunde selbst unmöglich oder eines der beiden Axiome trifft nicht zu.
Da an dieser Stelle keine Aussage über die Geographie insgesamt getroffen werden soll, ist das zweite Axiom als falsch anzusehen. Nicht zuletzt scheint der hohe Stellenwert, welcher der „Erkenntnis" oder der „Erklärung" innerhalb mancher Begründung eines entsprechenden Konzepts von Landeskunde beigemessen wird, diese wissenschaftlichen Ziele gegenüber der „Darstellung" als vorrangig anzusehen. Dieser Stufung ist jedoch nicht zuzustimmen. Erstens muß nicht jede Teildisziplin der Geographie die gleiche Art von Ergebnis (also nur „Erklärung") haben; und zweitens ist es für andere universitäre Disziplinen wie etwa Jura alles andere als ehrenrührig, nicht Erkenntnis anzustreben, sondern in sich konsistente, fachlich-anwendungsbezogene Sprachsysteme zu ent-

schreiben zu können, ist zunächst zu fragen, was zu welchem Zweck von der Landes- und Länderkunde dargestellt werden soll.

Bereits Meynen sieht die Aufgabe der Landeskunde in der Vermittlung von Wissen, das zwei Zielgruppen dienen soll: einerseits Verwaltung und Wirtschaft, andererseits Unterricht und Bildung (MEYNEN 1955:118). Mit Bezugnahme auf diese Unterscheidung kommt STIENS zu einer Trennung in zwei inhaltlich verschiedene Formen von Landeskunde, und zwar in eine solche, die dazu beiträgt, „'technisches Verfügungswissen' bereitzustellen" (STIENS 1996:103), und eine andere, deren Ziel die „Veränderung bzw. Schaffung von spezifischem Regionalbewußtsein" ist (101; vgl. a. STIENS 1972).

In ganz ähnlicher Weise unterscheidet auch SPERLING zwei Richtungen von Landeskunde: „Die erste dient praktischen Zwecken, die andere steht eher im Dienste der Menschenbildung und verfolgt auch kulturpolitische Zwecke." (SPERLING 1994:25; ähnlich auch LÖFFLER 1987b:538) Und wenn WOLF als Beispiel für sein Verständnis von Landeskunde die Versuche einer „Regionalagentur" im Rhein-Main-Gebiet anführt, „nicht nur ein gemeinsames Regionalgefühl zu entwickeln, sondern, quasi im 2. Schritt, langsam damit zu beginnen, eine regionale Strukturdatenbank zu erstellen, die den regionalen Entscheidungsträgern zur Verfügung stehen soll" (WOLF 1994:364), läßt sich hier ein weiteres Mal dieselbe doppelte Zielsetzung einer Landeskunde konstatieren.[128]

Von diesen Zielen der Datendarstellung und der regionalbezogenen Bildung ist es nur ein kleiner Schritt zu den entsprechenden Instrumenten. Sperling führt zum einen „die laufende Raumbeobachtung (an), die heute mit den modernsten technischen Mitteln betrieben wird". (SPERLING 1994:25) Zum anderen weist er v. a. auf heimat- und regionalkundliche Publikationen verschiedener Provenienz und mit unterschiedlichen Zielgruppen hin (25 f.). Für STIENS dient die staatliche Raumbeobachtung mit ihren Teilaspekten ebenfalls dem Ziel, regionale Daten zur Verfügung zu stellen, während dem Zweck der regionalen Bewußtseinsbildung die (nicht nur) geographischen Aktivitäten zur „regionalen Identität" entsprechen (STIENS 1996:passim).[129]

Es zeigt sich, daß bei den Autoren, die Landeskunde als Darstellung und Vermittlung regionsbezogenen Wissens verstehen, daraus zwei Richtungen von Landeskunde resultieren, und zwar mit dem Inhalt, einerseits Daten zur Verfügung zu stel-

---

wickeln. Ebendies unternimmt auch die Landeskunde als eine selbstbewußte, nicht aufgeregt einem ungeeigneten Verständnis von Wissenschaft hinterherhechelnde Disziplin der Darstellung.

[128] Zumindest im Bereich von Pädagogik und Bildung hat die Länderkunde auch für Bartels „legitime und wichtige gesellschaftliche Aufgaben" (BARTELS 1981:47; vgl. a. JOHNSTON 1990:128 f.). Und WERLEN sieht sogar für die Geographie insgesamt einen doppelten Auftrag, nämlich einerseits die exakte „erdräumliche Lokalisierung" von Sachverhalten zu untersuchen und andererseits ihre „Wirklichkeitsdarstellungen im Hinblick auf die alltagsweltliche Praxis" zu konzipieren (WERLEN 1997:3).

[129] Die Produktion von regionaler Identität durch Landes-, hier wohl besser: Heimatkunde kann, wie in einem früheren Artikel dieses Autors betont wird, als Instrument staatlicher Vereinnahmung ebenso wirksam sein wie als Mittel des Widerstands dagegen (STIENS 1987:522-526).

len und andererseits regionsbezogene Denkmuster zu vermitteln. Damit sind genau diejenigen Aspekte aktueller geographischer Wissenschaftspraxis genannt, die in den vorangegangenen Kapiteln als Elemente von Landeskunde identifiziert und herausgearbeitet wurden. Konkret und umgesetzt in die wissenschaftliche Praxis handelt es sich dabei um die Geographischen Informationssysteme (Kap. 3.1) und die Oldenburger Variante der Bewußtseinsgeographie (Kap. 3.2).[130]

Unbefriedigend bleibt an einer Konzeption von Landeskunde, die sich eine Darstellungs- und Vermittlungsaufgabe in den Bereichen „regionale Daten" und „regionale Identität" gestellt hat, daß diese beiden Aspekte zunächst sehr unvermittelt nebeneinander stehen und keinerlei Verbindung aufweisen. Daher soll im folgenden eine Integration dieser zwei sehr unterschiedlichen Bereiche mit Hilfe einer Denkrichtung versucht werden, die in dem Ruf steht, solche scheinbaren Inkompatibilitäten lösen zu können: die Postmoderne.

---

[130] Während das Instrument GIS von den angeführten Autoren nie explizit als Element von Landeskunde bezeichnet wird, immerhin aber in den Kontext der „Raumbeobachtung" gestellt werden kann, bezieht sich Stiens bei seinen Überlegungen zur „regionalen Identität" direkt auf die Oldenburger Sozialgeographie (STIENS 1996:101-107).

4.2 Postmoderne Integration von Wissenschaftsrichtungen

Wenn im folgenden versucht wird, „Postmoderne" für die Integration von Wissenschaftsrichtungen nutzbar zu machen, taucht als erste Schwierigkeit die Unklarheit darüber auf, was darunter überhaupt zu verstehen ist. Während auf der einen Seite von zahlreichen Autoren postmodernes Denken zumindest in seinen Anfängen bereits im 19. Jahrhundert, teilweise noch früher, ausgemacht und damit eine zeitliche Konstanz bestimmter Gedanken behauptet wird (vgl. ECO 1994a), stehen zahlreiche Aussagen auch von erklärten Postmodernisten darüber, was als „postmodern" zu bezeichnen ist, einerseits unverbunden nebeneinander, andererseits sich widersprechend gegenüber (vgl. MARDEN 1992:44). Es soll hier deshalb nicht darum gehen, einen systematischen oder gar Vollständigkeit anstrebenden Überblick über ein als „Postmoderne" tituliertes Konglomerat an Phänomenen, Handlungsweisen und wissenschaftlich-philosophischen Konzeptionen zu geben,[131] sondern lediglich die für Landeskunde wichtigen Elemente der Postmoderne abzuleiten. Eine genauere Differenzierung zwischen einzelnen Autoren muß ebenfalls unterbleiben.

Im wesentlichen lassen sich drei Themenfelder identifizieren, in denen das Etikett „Postmoderne" anzutreffen ist:
1. die gesellschaftliche Realität, die als postmodern bezeichnet wird,
2. eine Form von – zumeist künstlerischer – Produktion, etwa in der Architektur, und
3. eine (wissenschaftliche) Betrachtungsweise.

In ähnlicher Weise unterscheidet DEAR, der wohl exponierteste Vertreter postmodernen Denkens in der Geographie, zwischen den Kategorien Epoche, Stil und Methode, auf die sich der Begriff Postmoderne beziehen kann (DEAR 1986:370-375; DEAR 1994:3; ähnlich auch CALLINACOS 1989:2 f.).[132] CLOKE/PHILO/SADLER (1991:171-200) differenzieren zwischen „object" (Realobjekt Postmoderne, etwa als Epoche) und „attitude" (als Form der – z. B. wissenschaftlichen – Betrachtung der Welt). Der Produktionsaspekt der postmodernen Architektur etc. wird zu „object" gezählt.

So vielfältig die Aspekte sind, für welche die Benennung als „postmodern" Anwendung findet, so heterogen sind auch die Quellen, aus denen sie sich speisen (etwa das Theorem der postindustriellen Gesellschaft, die postmoderne Kunst und Architektur, der französische Poststrukturalismus, die Semiotik, die Dekonstruktion u. a.; vgl. WELSCH 1988). Das spezifisch Postmoderne ist deshalb vor allem in der Art

---

[131] Dies kann nicht zuletzt auch deshalb unterbleiben, da es bereits einen ausgezeichneten Überblick über die Postmoderne mit einer Schwerpunktsetzung auf Architektur, Stadtforschung und Geographie gibt (BECKER 1996).

[132] In DEARs Dreiteilung der Postmoderne findet zwischen 1986 und 1994 eine bemerkenswerte Verschiebung statt: Während er noch 1986 die Epoche „Postmoderne" als den wichtigsten Aspekt des Postmodernismus bezeichnet (DEAR 1986:373), warnt er 1994 vor der zu schnellen Einordnung beobachteter Phänomene in vorgegebene Klassifizierungen und stellt nun die Methode (besser: Epistemologie) „Postmoderne" in den Vordergrund (DEAR 1994:3).

und Weise zu sehen, wie die einzelnen Aspekte miteinander in Beziehung gesetzt werden und wie dies begründet wird.

Als einer der „Gründungstexte" der Postmoderne kann LYOTARDs „Das postmoderne Wissen" (LYOTARD 1994, Erstveröffentlichung unter dem Titel „La condition postmoderne" 1979) bezeichnet werden. Der Autor geht hierin von der Feststellung einer heute offensichtlichen Inkommensurabilität gesellschaftswissenschaftlicher Erklärungsansätze mit ihrer jeweiligen sprachlichen Fixierung aus und leitet daraus zwei Konsequenzen ab:

1. Die wissenschaftlichen, aber auch allgemein-gesellschaftlichen Kommunikationszusammenhänge benutzen nicht nur ihre je eigene Sprache, sie werden auch durch diese konstituiert. Jedes wissenschaftliche Paradigma und jede gesellschaftliche Gruppe ist durch eine eigene Form der Sprache, ein „Sprachspiel", sowohl gekennzeichnet als auch in ihrer Unterschiedlichkeit erzeugt (LYTOARD 1994:72-86; vgl. a. DEAR 1986:369).
2. Diese Sprachspiele erweisen sich als inkommensurabel, d. h. sie sind nicht ineinander überführbar und auch einem „Meta-Diskurs" gegenüber resistent. Solche Meta-Diskurse, auch „große Erzählungen" genannt, wie etwa die Idee der Aufklärung oder der Marxismus, aber auch die Idee einer wissenschaftlich herstellbaren Wahrheit zeigen sich letztlich als gescheitert an ihrem Zweck der rationalen Kommunikation der einzelnen Sprachspiele (LYOTARD 1994:92-139; vgl. CURRY 1991:221; LAGOPOULOS 1993:257).

Aus dieser Feststellung der Unmöglichkeit gesellschaftlicher, wissenschaftlicher und philosophischer Konsensfindung, ja von Kommunikabilität überhaupt, zieht LYOTARD (und stärker noch DERRIDA) die Konsequenz, die Anerkenntnis des Tatsächlichen normativ zu wenden, d. h. er definiert die konstatierte Heterogenität und Inkommensurabilität als Wert, den es vor Bestrebungen nach Differenzüberwindung, Konsens oder dem Finden übergeordneter Zielsetzungen zu bewahren gilt (LYOTARD 1994:16, 190 f.; vgl. a. LAGOPOULOS 1993:257-259).

Damit wird für das postmoderne Denken ein zweifacher Pluralismus kennzeichnend: Zum einen wird die gesellschaftliche Realität selbst als pluralistisch, als zusammengesetzt aus einer Vielzahl von nebeneinander existierenden, durch unterschiedliche Sprachspiele charakterisierte Gruppen angesehen; zum anderen entspricht dieser Pluralität der Gesellschaft eine Pluralität der Wissensformen, die nicht nur als solche festgestellt wird, sondern auch als einzige der gesellschaftlichen Pluralität adäquat ist. Aus der Pluralität der Gesellschaft wird daher die Notwendigkeit einer pluralistischen Wissenschaft gefolgert.

Diese pluralistische Wissenschaft wiederum wird in der Geographie in zwei Richtungen präzisiert: Zum einen wird für die Untersuchung eines Gegenstands ein Methodenpluralismus postuliert, da nur durch die Anwendung zahlreicher Wissenschaftsformen der heterogenen Realität des Gegenstands gerecht zu werden sei; für die Analyse der Stadtentwicklung (am Beispiel Oldenburgs) schlägt KRÜGER die parallele Anwendung von Verfahren zahlreicher inkommensurabler Wissenschaftsrichtungen[133] vor, da nur so eine Betrachtung möglich sei, die alle wichtigen Aspekte des Themas berücksichtige. Zum anderen wird aus dem über ein Sprachspiel vermittelten Zusammenhang von gesellschaftlichen Gruppen („Lebensformen") und Wissensformen eine diesen Lebensformen entsprechende Wissenschaft abgeleitet. Auf räumlicher Ebene bedeutet dies, daß eine kommunizierbare, konsensfähige Wissenschaft nur im lokalen Maßstab möglich ist.

Damit organisiert sich postmodernes Denken in zweifacher Weise entlang der Pole universell/einheitlich und plural/lokal (Abb. 4-3).

Abb. 4-3: Postmoderne Wissenschaft nach Betrachtungsebenen

Wissenschaft	Betrachtungsebene	
	universelle (maßstabsunabhängige)	lokale
konsensuale, einheitliche Metaerzählung	Anspruch und Selbstverständnis der Moderne (gescheitert)	Postmoderne
plurale, in- kommensurable Sprachspiele	Postmoderne	?

Soll Wissenschaft eine konsensuale Metaerzählung sein, ist sie auf den lokalen Maßstab, vielleicht noch darunter, beschränkt. Wird Wissenschaft maßstabsunabhängig, d. h. als universelle betrieben, entstehen plurale, inkommensurable Sprachspiele, die nur nebeneinander stehen, aber nicht kommuniziert werden können (BECKER 1996:17). Das Verhältnis von postmodernem Pluralismus und Raum verwirklicht sich daher entweder als Pluralismus *in* einem gegebenen Raum oder als Pluralismus *von* Räumen/Orten.

Ein ähnlicher Dualismus wie bei der Wissensproduktion tritt auch bei der postmodernen Gestaltung der Realität auf. Auf der einen Seite ist etwa die postmoderne Architektur zu finden, die mit der Verwendung einer Vielzahl baulicher Elemente den Funktionalismus der (Bauhaus-)Moderne überwinden will. Ein Mix aus Zitaten architektonischer Stile soll unterschiedlichen Arten von Betrachtern visuelle Genüsse bereiten; da ein postmodernes Gebäude sowohl ästhetische Qualitäten nach landläufigen Vorstellungen aufweisen als auch Kennern von Baustilen das Erlebnis des Wiedererkennens architektonischer Zitate ermöglichen soll, wird auch von

---

[133] Konkret handelt es sich hierbei um folgende Ansätze: Gestalt- und verhaltenstheoretische Orientierung, Interpretatives Paradigma, Konstruktiv-kritischer Postmodernismus, Kritische Gesellschaftstheorie, Normativer Erkenntnisansatz, Psychoanalytischer Erklärungsversuch, Semiotischer Erklärungsversuch, Verhaltenstheoretischer Ansatz (KRÜGER 1988:94).

„Doppelkodierung" gesprochen (JENCKS 1994:85 f.; vgl. a. BECKER 1991:264-266; BECKER 1996:29-65).[134]

Auf der anderen Seite steht der postmoderne Städtebau, der die Bedeutung des Lokalen betont und für die unterschiedlichen Bevölkerungs- bzw. Lebensformgruppen, die als nach Quartieren verteilt angesehen werden, eine jeweils eigene Gestaltung der Stadtteile vorschlägt; der auch in der baulichen Struktur vorfindbaren Besonderheit von Lokalitäten soll durch eine weitere Verstärkung der Einzigartigkeit entsprochen werden (BECKER 1996:66-86; BECKER 1997a).

Die gerade in der postmodernen Architektur zu beobachtende Betonung des Dekorativ-Ästhetischen (auf Kosten des Funktionalen) hat vor allem in der deutschen Diskussion zu einem weiteren Zweig postmodernen Denkens geführt: So wird – parallel zur Argumentation des Pluralismus/Lokalismus – von einer zunehmenden Bedeutung des Ästhetischen in der Gesellschaft ausgegangen, das selbst wiederum durch ein ästhetisches Erkennen zu erfassen sei (BECKER 1996:120-127; HASSE 1990:12 f.; HASSE 1993a:74-83; STRASSEL 1994:244). Sowohl der Pluralismus/Lokalismus als auch die Ästhetik weisen damit einen markanten Dreisatz auf:

1. Die gesellschaftliche Realität ist (in zunehmendem Maße) pluralistisch/lokal/ästhetisch.
2. Postmodernes Denken ist pluralistisch/lokal/ästhetisch.
3. Nur pluralistisches/lokales/ästhetisches Denken ist in der Lage, die gesellschaftliche Realität (Punkt 1) zu erkennen.

Wenn diese Axiome nun diskutiert werden sollen, so geschieht dies mit einer Schwerpunktsetzung auf solche Aspekte, die für die Geographie und v. a. die Landeskunde von Relevanz sind.

Zunächst soll auf den ersten Punkt, die postmoderne Ontologie, eingegangen werden, in der nicht nur konstatiert wird, daß die gesellschaftliche Realität plural etc. sei, sondern in der auch ein qualitativer Unterschied zur Moderne behauptet wird, ein epochaler Schnitt, der neben dem Theorem der postindustriellen Gesellschaft auch die Begriffe des „Postfordismus" oder der „Flexiblen Akkumulation" kennt (ALBERTSEN 1988:344-352; HARVEY 1989; KRÜGER 1988:20 f.; SWYNGEDOUW 1989:33-39). Es kann an dieser Stelle nicht darum gehen, diese Ontologie zu bestätigen oder zu widerlegen. Zumindest gibt es auch Stimmen, die mit gewichtigen Argumenten allenfalls graduelle Entwicklungen diagnostizieren, nicht jedoch einen epochemachenden Bruch, der als Übergang von der Moderne zur Postmoderne zu bezeichnen sei. Besonders pointiert wird dies von CALLINACOS zusammengefaßt:

„I do not believe that we live in 'New Times', in a 'postindustrial and postmodern age' fundamentally different from the capitalist mode of production globally dominant for the past two centuries. I deny the main theses of poststructuralism, which seem to me in substance false.

---

[134] Da ein postmodernes Gebäude jedoch nicht nur dem nicht-vorgebildeten Betrachter einfach gefallen und dem Architekturkenner Wiedererkennungsfreuden schenken soll, sondern auch dem Kenner der Postmoderne verrät, daß ebendiese beiden Zwecke verfolgt werden, sollte besser von „Dreifachkodierung" gesprochen werden. Oder von Vierfachkodierung, da auch der dritte Zweck (nämlich die beiden ersten Zwecke zu erfüllen) im Gebäude wiederzufinden ist ...

I doubt very much that Postmodern art represents a qualitative break from the Modernism of the early twentieth century. Moreover, much of what is written in support of the idea that we live in a postmodern epoch seems to me of small calibre intellectually, usually superficial, often ignorant, sometimes incoherent." (CALLINACOS 1989:4-5; vgl. a. Berg 1993:493).

In Anlehnung an KUHN stellt zudem BECKER als Zeichen eines Paradigmenwechsels auch den Wandel in der Ontologie einer Wissenschaft fest, weshalb nicht zu klären ist, inwieweit eine konstatierte Veränderung der Realität dem bloßen Wechsel der Perspektive zuzuschreiben ist (BECKER 1996:11 f.). Diese Frage soll hier jedoch nicht zu entscheiden versucht werden; vielmehr soll es genügen, vorgegangene gesellschaftliche Veränderungen zu konzedieren und das Axiom 1 vorläufig gelten zu lassen.

1 Postmodernes Denken und postmoderne gesellschaftliche Realität

Wesentlich wichtiger ist demgegenüber die Beurteilung des dritten Axioms, das eine bestimmte Erkenntnisweise als Voraussetzung für die Erkenntnis der Realität definiert.[135] Ein Blick zurück auf die Landschaftskunde zeigt, daß es sich hier um ein der Geographie recht vertrautes Denkmuster handelt; dort wurde ja das landschaftliche Denken als Schritt zur (vollständigen) Erfassung der Realität Landschaft postuliert. Soviel vorweg: In beiden Fällen – der Landschaft wie der Postmoderne – handelt es sich um einen ontologischen Zirkel, der seine Denkweise auf die Welt projiziert und dort als Realität die Materialisierung eigener Vorstellungen wiederfindet. Dieser fundamentale Fehler soll im folgenden am Beispiel der lokalen Variante, hier als „Lokalismus" bezeichnet, vertieft erläutert werden.

Zunächst ist es jedoch notwendig, das Verhältnis von Postmoderne und Lokalismus genauer zu bestimmen. Wie bereits verdeutlicht wurde, bildet der Lokalismus nur eine, wenn auch wichtige Variante innerhalb der postmodernen Geographie. Ebenso ist die Postmoderne nur eines der Elemente im Entstehungszusammenhang des Lokalismus, der wiederum zum heterogenen Strang der „New Regional Geography" zu zählen ist. Es existieren jedoch nicht nur zahlreiche Verweise von postmodernen Geographen auf die immense Bedeutung des Lokalen in Realität und Wissenschaft, was bei WARF (1993) im Versuch der Zusammenführung von Postmoderne und Lokalismus kulminiert, sondern es treffen sich Postmoderne und Lokalismus auch in den zentralen Grundannahmen über Ontologie und Epistemologie des Lokalismus. Daher erscheint es als gerechtfertigt, auch solche Autoren in die weitere Diskussion

---

[135] Einen umgekehrten Weg geht HARVEY (1987a, 1989), wenn er postmodernes Denken als Produkt und Ausdruck der Postmoderne, verstanden als neues Akkumulationsregime (der flexiblen Akkumulation), betrachtet. Diese Charakterisierung der Postmoderne wird jedoch auf der Basis „moderner" Forschungsmethoden getroffen, so daß HARVEY sich dem Verdikt ausgesetzt sieht, zwar *über* die Postmoderne, aber nicht *von* ihr und *mit* ihr zu schreiben (CLOKE/PHILO/SADLER 1991:179-184).

einzubeziehen, die nicht an der Debatte um die Postmoderne in der Geographie teilgenommen haben.[136]

Den Ausgangspunkt des Lokalismus bildet seine Herleitung aus dem Pluralitätspostulat:

> „Instead of the rationally structured universe of modernism, the postmodern picture of reality is that of a puzzle of infinite complexity, an eclectic kaleidoscope, a collage so multitextured that it can never be adequately captured by a single theory. ... From this perspective, the modernist insistence on general theories is an arrogant fantasy." (WARF 1993:163)[137]

Während also das Weltbild der Moderne von einer einfachen, rational strukturierten Realität ausgeht, sieht die Postmoderne die Wirklichkeit als unendlich komplex. Aufgrund dieser (neuen) Ontologie wird auch die Epistemologie der Moderne (die „allgemeinen Theorien") zurückgewiesen. Nicht zufällig setzt WARF Ontologie und Epistemologie der Moderne als gleichsinnig. Konsequenterweise ist dann auch eine entsprechende Ausrichtung der postmodernen Epistemologie an deren Ontologie zu erwarten. Und tatsächlich formuliert WARF zunächst ein pluralistisches Wissenschaftsverständnis:

> „Postmodern epistemology celebrates heterogeneity, not commonalities; it accepts uncertainty as inevitable; it refuses to insist on clear beginnings and endings; it emphasizes ephemerality rather than permanence; it points incessantly to the contradictions and silences of discourses as much as their content." (164)

Da jedoch die Wirklichkeit nicht nur als Ganzes plural, sondern in räumlicher Hinsicht auch aus einer Vielzahl von Einzelräumen, Lokalitäten zusammengesetzt ist, folgt eine lokale, besser: lokalistische Epistemologie:

> „Geographic theory is obligated, therefore, to conform to the specifics of places by utilizing partial narratives highly sensitive to their individual histories. Postmodern locality research is not concerned about wider processes in the abstract, but the comprehension of the dynamics of specific places." (166)

Umgesetzt in empirische Forschung(sbeispiele), plädiert WARF für ortsspezifische Theorien: Da die Holzproduktion in Neuguinea anders sei als im Nordwesten der

---

[136] Dennoch verwundert es etwas, daß in einer zusammenfassenden Darstellung (WOOD 1996) zwar verschiedene Spielarten der Geographie – die marxistische Geographie, die humanistisch-phänomenologische Geographie und der strukturationstheoretische Ansatz – als Teil-Paradigmen der New Regional Geography benannt werden, die postmoderne Geographie jedoch mit keinem Wort erwähnt wird, zumal die genannten Ansätze auch die theoretischen wie personalen „Heimaten" der postmodernen Geographie bilden.

[137] Ähnlich auch die Feststellung von CLOKE/PHILO/SADLER (1991:194), daß „modernist metanarratives fall apart when confronted with ... the differences between different peoples and different places". Oder: „Only if an adequate number of diverging, competing and incompatible paradigms exists, it will be possible to deal sufficiently with the deverging forms of reality and the social, economic, and cultural pluralism which has developed in the course of the transition to post-industrial societies." (WEICHHART 1987:54)

USA, müsse auch die wissenschaftliche Theorie sich nach diesen Regionen unterscheiden; und „a theory of poverty in New York is fundamentally different from a theory of poverty in London". (167)

Diese Argumentation kann insgesamt nur als bizarr bezeichnet werden. Zunächst ist es überaus mutig, der Moderne bzw. der dieser zugerechneten Wissenschaft eine Ontologie wie die zitierte zuzuschreiben. Es dürfte schwerfallen, überhaupt nur einen Autor, und sei es ein Vertreter des primitivsten Positivismus, zu finden, der derlei geäußert hätte.[138] Dieses WARFsche Bild moderner Wissenschaft ist nichts als eine haltlose Karikatur. Auch die Korrespondenz von Ontologie und Epistemologie, die der modernen Wissenschaft (etwa dem Kritische Rationalismus POPPERscher Prägung) vorgeworfen wird, ist weniger dort als im postmodernen Lokalismus anzutreffen (BECKER 1996:116; BECKER 1997b:13; JÄCKEL 1994:390).

So ist bereits das Argument, der pluralen, multilokalen Realität könne nur mit einer Zugangsweise, die für jedes lokale Phänomen eine andere Form von Wissenschaft erfordert, genähert werden, durch ebendiese Denkweise überhaupt nicht zu rechtfertigen. Es ist gerade ein universelles Denken dafür nötig, Unterschiede zwischen Orten oder Regionen festzustellen. Ein lokales Denken hingegen kann – sofern es tatsächlich lokal ist – nur Einheitlichkeit, das Fehlen von Pluralität konstatieren. Wenn etwa davon ausgegangen wird, daß das Phänomen Arbeitslosigkeit sich in New York ganz anders gestalte als in London oder auch in Flensburg und deshalb mit je eigenen Theorien und Methoden untersucht werden müsse, so ist für diese Feststellung ein Instrumentarium vonnöten, das für alle (drei) Fälle gilt, also auf einer überlokalen Metaerzählung beruht.

Selbstverständlich könnte nun eingewandt werden, daß die Metaerzählung nur die Vorauswahl treffe und auf dieser Basis dann lokales Denken einsetzen könne. Dies widerspricht jedoch dem Postulat einer ontischen Lokalität. Wenn diese nur durch moderne, universelle Verfahren, die auf einer Metaerzählung basieren, erfahren werden können, ist lokales Denken lediglich ein Appendix universellen Denkens. Und dies steht im Widerspruch zum Axiom.

Ein weiteres grundsätzliches Problem besteht im Begriff des Lokalen, der sich wenn auch nicht ausschließlich, so doch primär auf die Gemeinde- oder sogar sublokale Ebene bezieht. Offensichtlich liegt diesem eine idyllisierende Vorstellung dörflicher Sozialstrukturen zugrunde, die als einheitlich, durch eine homogene Lebensform und ein gemeinsames Sprachspiel gekennzeichnet verstanden werden. Nun dürfte dies nicht einmal in kleinsten Weilern der Tatsache entsprechen, noch viel weniger trifft dies auf größere Siedlungen zu. Mit derselben Begründung, mit der unterschiedliche Betrachtungsweisen für die Arbeitslosigkeit nach Städten gerechtfertigt werden, können auch Unterschiede der Untersuchungsformen nach Stadtteilen, nach Straßen, ja nach Individuen gefordert werden (ASCHAUER 1990:22; vgl. a. BECKER 1997b:13). Es gibt keinerlei hinreichende Begründung dafür, weshalb gerade und ausschließlich mit dem Dimensionssprung zwischen Überlokalem und Lokalem eine veränderte Epistemologie einherzugehen hätte.

---

[138] Vielmehr handelt es sich bei der angeführten Simplizität der Moderne um eine Zielsetzung wissenschaftlicher Theoriebildung zum Zweck der besseren Überprüfbarkeit einer Theorie (JÄCKEL 1994:390).

Nicht zuletzt verwundert das merkwürdig starre Bild des Lokalen gerade bei postmodernen Autoren. So impliziert das Postulat der pluralen Gesellschaft ja nicht nur ein buntes Nebeneinander zahlreicher, auch lokaler Lebensformen, sondern anerkennt die multiple Zugehörigkeit des einzelnen zu verschiedenen Sprachspielen, Kommunikationsverbänden und damit Lebensformen. Dies wiederum sollte es bei paralleler Anwendung lebensformbezogener Untersuchungsmethoden nachgerade ausschließen, konsistente Aussagen über (z. B. lokale) Gesellschaften machen zu können, in denen die Sprachspiele wie die kommunikativen Zugehörigkeiten permanent, unvorhersehbar und in immer neuen Konstellationen oszillieren (vgl. BERG 1993:496). Zu Ende gedacht, hat auch der postmoderne Untersuchungsansatz dem stroboskopisch flackernden Wechsel der Sprachspiele zu folgen, und das heißt: gleichzeitig überall und nirgends zu sein, alles zu erfassen im Bewußtsein, daß der Moment der Erfassung die Ursache dafür ist, daß das Untersuchungsobjekt gerade nicht erfaßt werden kann.

In letzter Konsequenz führt der Weg des (postmodernen) Lokalismus von der direkten Ableitung wissenschaftlicher Betrachtung von der – vor der Untersuchung ja nur zu vermutenden – Besonderheit einer erdräumlichen Stelle (Ort, Region) zur kausalen Anbindung des betrachteten Sachverhalts an diesen Raumausschnitt, indem die Bedingungsfaktoren eines lokal beobachtbaren Sachverhalts zur Qualität des Raumausschnitts selbst mutieren: „Each phenomenon reflects a contingent set of circumstances not found anywhere else. Thus, in a postmodernist account, *where* the objects of study occur is significant to *how* they occur." (WARF 1993:167; Hervorhebungen i. O.) Diese Passage dürfte nicht nur sehr stark an den altgeographischen Geodeterminismus erinnern; sie ist ihm auch zuzurechnen (vgl. a. JÄCKEL 1994:392).

Insgesamt handelt es sich bei der Ableitung eines Paradigmas aus der (vermuteten) Struktur der Realität um ein wissenschaftstheoretisch eher dubioses Verfahren. So kommt weder die Biologie auf die Idee, aus der Tatsache unterschiedlicher Pflanzensorten jeweils gesonderte botanische Paradigmen zu folgen, noch gehen die Wirtschaftswissenschaften so vor, daß sie etwa Wachstumstheorien je nach untersuchtem Land entwickeln. Auch in diachroner Perspektive erweist sich der ontologische Zirkel als unsinnig: Zum einen verzichten postmoderne Autoren nicht auf die Betrachtung moderner und vormoderner Phänomene, was – postmoderner Logik zufolge – doch den modernen und vormodernen Wissenschaften vorbehalten sein müßte.[139] Zum anderen führt dieser Zirkel zu dem absurden Schluß, daß nur Autoren einer geschichtlichen Epoche dazu fähig sind, über diese Auskunft zu geben – ein Schluß, der etwa in Caesars „De bello gallico" den abschließenden und endgültigen Bericht über die Expansion des Römischen Reichs sieht.

Das Hauptproblem des Axioms liegt wohl in den Unklarheiten darüber, was eine Wissenschaft konstituiert. Und das ist nicht ein bestimmter Gegenstand. Denn dieser – sei es eine Gesellschaft, sei es eine Banane (vgl. a. ASCHAUER 1990:18) – verrät nicht, welche Perspektive zu seiner (vollständigen) Erkenntnis führt. Vielmehr gibt

---

[139] Falls sich nicht doch hinter der postmodernen Selbstbescheidung auf die fragmentiert-pluralistische Welt (oder sogar kleinste Teile davon) der jüngsten Zeit der Anspruch einer Super-Wissenschaft, einer neuen Mega-Megaerzählung verbirgt. Zu einem recht ähnlichen Schluß kommt auch BECKER (1990:22).

es eine solche gegenstandsbezogene Perspektive nicht, sie hängt von der Fragestellung eines Betrachters und von den verwendeten Theorien ab. Bei jedem Gegenstand, so auch bei der Gesellschaft, sind unzählige Fragestellungen denkbar, die sich von der Behandlung in der Literatur über wirtschafts- und sozialwissenschaftliche Themenstellungen bis zu den Auswirkungen gesellschaftlicher Umstrukturierungen auf die periglaziale Flora und Fauna erstrecken können.

Damit erweist sich das dritte Axiom als ebenso widersprüchlich wie letztendlich sinnlos. Es ist vielmehr als (gescheiterte) Begründung für das zweite Axiom anzusehen. Ohne eine solche Begründung erweist sich dieses als das, was es ist: eine normative Setzung, die ontologisch nicht zu untermauern ist.

Tatsächlich scheint postmodernes Denken durch die verzweifelt-erfolglose Anbindung an eine dubiose Ontologie seinen Ursprung verdecken oder zumindest übersehen zu wollen: die Krise von Intellektuellen in ihrem Anspruch „to provide 'an authoritative solution to the questions of cognitive truth, moral judgement and aesthetic taste'". (BAUMAN, zit. n. BERG 1993:494)[140] Ein Indiz für diese Vermutung ist unter anderem, daß das gruppenbildende Kennzeichen postmoderner Wissenschaft weder in einer gemeinsamen Theorie noch gar in einem auf eine bestimmte Empirie bezogenen Forschungsprogramm liegt,[141] sondern in einem gemeinsamen Jargon (vgl. dazu BURGER 1994:461):

> „Like it or not, they [postmodernists] are defining a community, one of people who claim to share the ability to see beyond the false absolutes of modernism, to rise above them and attend to the 'real' richness of life." (BARNES/CURRY 1992:65)

In ähnlicher Weise zeigen etwa CURRY (1991) und BERG (1993), daß es sich bei der Postmodernisierung der Geographie (und auch anderer Disziplinen) im wesentlichen um einen Wechsel des Vokabulars handelt, während die wissenschaftliche Praxis sich kaum von der kritisierten „modernen" Position unterscheidet. Der Wechsel des Jargons soll dabei den Eindruck eines neuen wissenschaftlichen Zugangs zur Realität erwecken, um die Reputation des Wissenschaftlers zu erhöhen; eine tatsächliche neue Qualität von Wissenschaft existiert jedoch nicht.

---

[140] Dem Lokalismus liegt daneben die moralisch sicherlich gut fundierte und auch nachvollziehbare Vorliebe für das Lokale und Regionale zugrunde, etwa als Gegengewicht zu universell-abstrakten Einflüssen, die sich auf der lokalen und regionalen Ebene zumeist recht konkret in Form von Auswirkungen der Weltwirtschaft oder zentralstaatlicher Gesetzgebung materialisieren. Bei aller Sympathie für Lokalismus und Regionalismus sollten jedoch die Augen nicht vor den Gefahren verschlossen bleiben, die damit verbunden sind. So zerstört der Universalismus zwar lokale/regionale Partikularitäten, befreit aber Individuen, während der Lokalismus/Regionalismus zwar Regionen befreit, aber nicht selten die Individuen terrorisiert. Nicht zuletzt ist der postmoderne Relativismus (Pluralität der Lebensformen, der Lokalitäten etc.) unter dem Deckmantel des „Leben und lebenlassen" häufig nur eine Paraphrase der Macht für sektorale oder regionale Eliten.

[141] Gerade der Mangel an empirischen Arbeiten ist ein auffälliges Merkmal etwa postmoderner Geographie; ihre Hauptaktivität liegt hingegen im Schreiben über die Postmoderne und die postmoderne Geographie.

Zugleich scheint der pluralistisch-relativistische Grundtenor postmoderner Texte auch der vorweggenommenen Verteidigung/Immunisierung gegen die Dekonstruktion geschuldet zu sein.[142] Daß dies (zumindest) den Geographen nicht gelungen ist, zeigt eindrucksvoll DOEL (1992), wenn er dekonstruktivistisch gegen postmoderne Geographen argumentiert und bereits die binäre Gegenüberstellung von „modern" und „postmodern" als zutiefst modern bezeichnet (DOEL 1992:171). Und wird im dialektischen Dreisprung daraus sogar noch eine Wissenschaftskonzeption abgeleitet, so sieht DOEL zwar den Hegelianismus, nicht aber die Postmoderne verwirklicht (169-173).

Es ist tatsächlich frappierend, wie schnell gerade bei postmodernen Geographen das Lob des Unreglementierten, Fraktalen, Inkommensurablen in handfeste Vorschriften für die wissenschaftliche Ausrichtung des Fachs mündet. So ist es etwa für DEAR offensichtlich kein Widerspruch in sich, eine postmoderne Geographie zu postulieren, die – ontologisch begründet[143] – aus Wirtschafts-, Sozial- und Politischer Geographie besteht. „The other subdisciplines fall into one of three categories: multidimensional, overdetermined, or peripheral." (DEAR 1988:270) Diese Subdisziplinen sind daher von nachrangiger Bedeutung für die Konzeption der Geographie.[144]

---

[142] Das System der Dekonstruktion versucht wissenschaftliche Aussagen soweit zu sezieren, bis die unausgesprochenen Grundannahmen als kulturell fixierte Vorurteile offenbar werden. Während diese Dekonstruktion in der Herausarbeitung der Subtexte zumeist recht erfolgreich ist, erweist sich das Gelingen des zweiten Schritts, der Rekonstruktion zumeist als eher zweifelhaft. Für die Postmoderne gilt, daß hier oft Verfahren der Dekonstruktion – etwa gegen „moderne" Texte – eingesetzt werden.

[143] Auf welch erstaunliche Weise hierbei argumentiert wird, soll nur kurz resümiert werden: Zunächst konstatiert DEAR, daß die Postmoderne die verschiedenen modernen Epistemologien obsolet werden ließ, indem deren zugrundeliegende Suche nach einer einheitlichen Theorie als Metaerzählung erkannt und benannt wurde. Daraus wird für die Geographie der Schluß gezogen, zunächst eine – neue – Ontologie zu formulieren, deren Kernsatz lautet: „Human behaviours are enabled and constrained by a complex set of social, economic and political processes which act through time and space." (DEAR 1988:268)

Diese Ontologie wird dann umstandslos in die entsprechenden, als zentral definierten Teildisziplinen der Geographie überführt. Davon ist es schließlich nur noch ein kleiner Schritt zu dem Schluß, daß auch die Geographie insgesamt eine große Bedeutung hat, da ja die Gesellschaft räumlich sei (DEAR 1988:271).

Diese ebenso schlichte wie in der Geographie heute noch weitverbreitete Argumentation soll hier nicht weiter kommentiert werden; HARD (1993) und BECKER (1996:109-112) haben bereits mit aller Deutlichkeit auf die Qualitäten dieses „ontologischen Tricks" hingewiesen.

[144] Seltsam ist hier ein Vorgehen, das Sport- und Medizinische Geographie als in gleichem Maße peripher für die Disziplin ansieht, für letztere jedoch das Zusatzkriterium der sozialen Relevanz einführt: „... it [medical geography] may not be central to geography's identity, but it is certainly important to our well-being." (DEAR 1988:271) Ist dieses Kriterium aber einmal eingeführt, gilt es auch für die Disziplin insgesamt und ihre Teildisziplinen; es müßte grundsätzlich nicht nur nach der ontologischen, sondern auch nach

Im wesentlichen formuliert DEAR damit eine neue Metaerzählung – ein Vorgehen, das er für postmoderne (Stadt- oder Regional-)Planung auch explizit einfordert (DEAR 1986:376). Innerhalb seiner „Rekonstruktion der Humangeographie" fehlt dieser Begriff; hier wird nur von einer „Begrenzung" des (extremen, dekonstruktivistischen) Relativismus gesprochen (DEAR 1988:272). Dennoch trägt die im Tonfall zurückgenommene, inhaltlich aber rigide Einteilung der geographischen Subdisziplinen in wichtige und unwichtige alle Züge einer – alles andere als subtilen – Metaerzählung.[145]

2 Normative und methodologische Begründungen postmoderner Wissenschaft

Das Scheitern einer ontologischen Begründung postmoderner Wissenschaft macht eine andere Begründung unerläßlich. Die Postmoderne hat darauf zwei Antworten gegeben: eine normative und eine pragmatisch-methodologische. Die normative Antwort ist wiederum in zwei Varianten zu unterteilen, die als aktiv und passiv bezeichnet werden können.

In der passiven Variante ist modernes Denken einer der Gründe für aktuelle gesellschaftlich-ökologische Probleme:

> „Das beharrliche Insistieren auf der Idee der Aufklärung und dem Telos der Emanzipation führt allenfalls tiefer ins Debakel hinein, aber wohl kaum aus dem immer länger werdenden Schatten technologiebedingter 'Neben'-Folgen heraus. Anstelle katastrophenfester Mentalitäten der Wissenschaftshörigkeit sind nun – mehr denn je – Begegnungen gefragt, die frei machen von starrem, traditionellem Denken und neue Ufer suchen." (HASSE 1990:7)

Ein anderes, postmodernes Denken ist demnach die Voraussetzung dafür, daß die Entwicklung von Gesellschaft und Umwelt hin zum Schlechten gebrochen wird.

Die aktive Variante fordert postmodernes Denken nicht, um die negativen Effekte des modernen Denkens zu verhindern, sondern um andere, selbst nicht mehr hinterfragte Werte zu verwirklichen. Dazu gehören etwa ein nicht-ethnozentrisches Denken, der Feminismus oder eine größere Sensibilität gegenüber (gesellschaftlichen) Randgruppen (DEAR 1990:653; GREGORY 1987:245 f.), aber auch die endogene Regionalentwicklung, für die Krüger postmodernes Denken als zentrale Voraussetzung

---

der gesellschaftlichen Begründung der (Wirtschafts-, Sozial- und Politischen) Geographie gefragt werden (vgl. a. SCOTT/SIMPSON-HOUSLEY 1989:235). Dies jedoch unterbleibt.– Immerhin scheint DEARs qualitative Kategorisierung der geographischen Teildisziplinen kein Einzelfall zu sein; so werden die drei Aufsätze über Wirtschafts-, Sozial- und Politische Geographie im ersten Teil des Buches „Human Geography" (GREGORY/MARTIN/SMITH) unter der Abschnittsüberschrift „The Core of Human Geography" plaziert.

[145] Es könnte hier nun von der realen Ironie der Postmoderne gesprochen werden, wenn dem nicht entgegenstünde, daß viele postmoderne Autoren ihrer Schreibweise das Etikett des Ironischen aufkleben (so etwa RELPH 1991:104 f.), damit aber nur dessen völligen Mangel anzeigen (vgl. a. BURGER 1994).

definiert, da nur dieses in der Lage sei, „Gerechtigkeit" zu gewährleisten und „Sinn" oder „Identität" zu stiften (KRÜGER 1988:28-49).

Es gehört zu den Metaerzählungen der analytischen Wissenschaften selbst, daß sie durch ihre Erkenntnisse die Welt verändern. Dabei wird zum einen übersehen, daß für ein bestimmtes Handeln zwar entsprechendes Wissen nicht unbedingt von Nachteil, wenn auch nicht immer vonnöten ist, daß jedoch aus einer Erkenntnis weder direkt noch mit Notwendigkeit ein Handeln resultiert. Der behauptete Zusammenhang zwischen Wissenschaft und gesellschaftlich-politischem Handeln ist damit wesentlich indirekter, als solche normativen Setzungen wissenschaftlicher Praxis postulieren.

Zum anderen bezieht sich gesellschaftliches Handeln auch nur marginal auf Wissenschafts*formen*; von vorrangigem Interesse sind vielmehr wissenschaftliche *Resultate*. Und ob mit einer bestimmten Wissenschaftsform die erwünschten Ergebnisse eher zu erreichen sind als mit einer anderen, ist nicht zu prognostizieren und auch im Rückblick keinesfalls eindeutig zu deduzieren. Die normative Setzung postmoderner Wissenschaft ist damit im wesentlichen auf das Selbstbild „moderner" Wissenschaft hereingefallen.

Der Verweis auf die gesellschaftliche Relevanz wissenschaftlicher Resultate leitet bereits über zur pragmatisch-methodologischen Begründung von Wissenschaft. Darunter ist eine Argumentation zu verstehen, die das Betreiben einer Wissenschaft mit den Ergebnissen rechtfertigt, die diese zu zeitigen in der Lage ist. Innerhalb der postmodernen Geographie können weder die pluralistische noch die ästhetische Variante ein großes Schrifttum aufweisen, so daß sich die folgenden Ausführungen auf die lokale Variante beschränken.

Wenn danach gefragt wird, ob eine (wissenschafts-)theoretisch nicht fundierte Forschungsrichtung dennoch Ergebnisse vorzuweisen hat, die zu ihrer Legitimierung dienen können, soll sich dies nicht auf Resultate beziehen, die bei jeder empirischen Forschung sozusagen als Nebenprodukte anfallen, d. h. während eines Forschungsprozesses unbeabsichtigt erzielt werden. Vielmehr interessieren hier ausschließlich die planvoll erarbeiteten Ergebnisse solcher Forschungen.

Deshalb soll beispielhaft ein Bündel von Untersuchungen vorgestellt werden, zu dem nicht nur besonders aufwendige Forschungen zählen, sondern durch das auch der Begriff „locality" als Forschungsrichtung in die Geographie eingeführt wurde. Dabei handelt es sich um das Forschungsprogramm „Changing Urban and Regional Systems" in Großbritannien zwischen 1984 und 1987. Im Rahmen dieses Forschungsprogramms wurden in insgesamt sieben „localities" (Klein- und Mittelstädte, Stadtteile sowie eine Kleinregion) die Auswirkungen des wirtschaftlichen Strukturwandels auf den Arbeitsmarkt, die Sozialstrukturen, den Wohnungsmarkt u. a., aber auch das Verhalten von lokaler Politik und Bevölkerung gegenüber diesen Veränderungen untersucht (COOKE 1989).[146]

---

[146] Es muß hier darauf hingewiesen werden, daß diese Forschungen sich nicht explizit als „postmodern" verstehen (obwohl der Herausgeber der Forschungsergebnisse COOKE wenig später die Postmoderne als neues Paradigma feiert und mit dem Lokalismus verknüpft; COOKE 1990). Da sie sich aber auch nicht anders verstehen, d. h. über keinerlei kontingente metatheoretische Anbindung verfügen, und konzeptionell an das (auch)

Tatsächlich wurden in diesen Forschungen zahlreiche Daten erhoben und aufgearbeitet; zu Einzelaspekten finden sich teilweise sehr differenzierte Analysen. Damit ist jedoch noch nicht die Frage beantwortet, ob und inwieweit diese Ergebnisse dem spezifisch lokalen Ansatz zu verdanken sind; schließlich erbringt jederart Forschung etwa zum Arbeitsmarkt entsprechende Resultate.

Vielmehr muß die zugrundeliegende Zielsetzung einer Beschreibung und Erklärung lokaler Entwicklungen in der Korrespondenz mit überlokalen, globalen Faktoren den Ergebnissen gegenübergestellt werden. Denn wenn auf lokaler Ebene die jeweilige Konstellation überregionaler Einflußfaktoren untersucht und damit z. B. die Frage „Is the poor position of part-time minority women workers caused more by capitalism, patriarchy, or racism?" (COOKE 1987:411) beantwortet werden soll, ist damit impliziert, daß mit einer lokalen Betrachtungsweise der Schnittpunkt der einzelnen Prozesse erkannt wird.[147]

Warum dem aber so sein soll, ist unklar. Denn die Untersuchungsgebiete werden vorweg, nach administrativen Grenzen ausgewählt, d. h. die räumliche Eingrenzung und Definition von „locality" findet gar nicht nach den Kriterien statt, die in ihrer Zusammenschau ein Muster der Bewältigung eines Strukturwandels ergeben sollen (COOKE 1989:1-44). Letztlich erweisen sich „localities" als ebensolche statistischen Aggregate wie diejenigen, von denen sie sich abheben wollen (DUNCAN 1989:233). Damit sind aber auch die Aussagen über die „localities", die immer auch „Gemeinschaft" oder „soziale Kohäsion" konnotieren, obsolet und die Ergebnisse lediglich zufällige Ausschnitte der Realität.

Wird die lokale *Ebene* zum zentralen Merkmal von Forschung, nicht jedoch eine *Theorie*, welche die Forschung zu leiten in der Lage ist, resultiert daraus einerseits ein haltloser Empirismus, dessen einzige positive Seite die Produktion von Unmengen an (zumeist) statistischem Material ist, und andererseits tauchen all die Probleme auf, die bereits für die (herkömmliche) Länderkunde diskutiert wurden (Kap. 4.1; vgl. DANIELZYK/OSSENBRÜGGE 1993:211; DUNCAN 1989; HARVEY 1987b; SMITH 1987; WOOD 1996:64 f.).[148]

---

postmoderne Lokalitäts-Postulat (s. o.) anschließen, ist daraus keine Differenz zwischen „bloßem" und „postmodernem" Lokalismus abzuleiten; mithin können diese Forschungen als Konkretisierung und Umsetzung des postmodernen Lokalismus interpretiert werden.

[147] Zugleich findet eine Gleichsetzung von Lokalismus und konkreter, nicht-abstrakter Forschung statt – ein Verständnis, das den Lokalismus als adäquaten, ja einzig möglichen Zugang zur Einzigartigkeit von Orten oder Regionen ansieht. Es ist jedoch nicht zu begründen, warum die Auswahl einer räumlichen Ebene identisch ist mit dem Abstraktionsgrad der Betrachtungsweise (COX/MAIR 1989:128 f.).

[148] Auf andere Lokalismus-Forschungen soll hier nicht weiter eingegangen werden, da sie bei allen Unterschieden im Detail dieselben Probleme aufweisen wie die skizzierten „locality"-Forschungen. – Insgesamt bleibt fraglich, welche neuen Erkenntnisse der Lokalismus und als dessen Variante die „New Regional Geography" (NRG) zu erarbeiten in der Lage sind. Während die traditionelle Länderkunde/Landeskunde davon ausgeht, daß jedes „Land" einzigartig ist und deshalb *als* einzigartig untersucht werden muß, argumentiert die NRG (zum Beispiel) mit strukturalistisch-neomarxistischer „ungleicher Entwicklung" (COCHRANE 1987), die ungleiche Voraussetzungen für weitere Entwicklun-

Insgesamt erweist sich die postmoderne Geographie – und das gilt nicht nur für die „locality"-Forschungen, sondern auch für die eher im esoterischen Rahmen praktizierten „pluralistischen" und „ästhetischen" Forschungsansätze[149] – als gescheitert am Anspruch, neue und sinnvolle Erkenntnisse zu produzieren und ein fruchtbares Forschungsprogramm zu formulieren. Damit scheint postmoderne Geographie auch für eine Anwendung in der Landeskunde untauglich zu sein.

Dieser Befund verändert sich jedoch, wenn der Bezug zu dem in Kap. 4.1 herausgearbeiteten zentralen Merkmal einer (überhaupt nur möglichen) Landeskunde hergestellt wird: Landeskunde ist keine Forschungsdisziplin, sondern eine Form der Darstellung.

Dann nämlich sind all diejenigen Punkte, die von der Warte der Erkenntnisleistung eine postmoderne Forschungsrichtung als unsinnig ausweisen, nicht nur produktiv für die Begründung von Landeskunde überhaupt, sondern können auch den Weg bahnen zu einer Integration der Themenbereiche, die als zentral für die Landeskunde identifiziert wurden: die Geographischen Informationssysteme und die Bewußtseinsgeographie.

3 Aspekte postmoderner Produktion und Gestaltung

Wird Landeskunde als Darstellung verstanden, ist derjenige Teil der Postmoderne-Diskussion, der für die Landeskunde nutzbar gemacht werden kann, auch nicht in der (obsolet gewordenen) postmodernen Wissenschaft zu finden, sondern darin, was zu Beginn dieses Kapitels als postmoderne Produktion bezeichnet wurde. Konkret bezieht sich dies auf die postmoderne Kunst, hier: auf die postmoderne Architektur (ähnlich auch das postmoderne Design; vgl. BURKHARDT 1993).

Für postmoderne Architektur sind im wesentlichen zwei Aspekte charakteristisch: Zum einen stellt sie sich ein semiotisches, auf Kommunikation ausgerichtetes Programm, das im Zeichen eines stilistischen Pluralismus steht; und zum anderen trennt sie die im (Bauhaus-)Funktionalismus als Einheit begriffenen Elemente Form und Inhalt zugunsten eines primär ästhetischen, vom Inhaltlich-Funktionsbezogenen getrennten Konzeptes der gestalteten Form.

---

gen schafft, woraus dann wiederum und ohne größere Brüche die Einzigartigkeit von Regionen und daraus wiederum die gemütliche regionale Geographie incl. Holismus, Container-Räumen und regionalen Entitäten (so etwa bei JOHNSTON 1990:130-135; vgl. DUNCAN 1989:221 f., 245) resultiert. Der einzige Unterschied ist wohl, daß die NRG ihrem Selbstverständnis nach nicht nur Einzigartiges analysiert, sondern gleichzeitig den Kapitalismus insgesamt (vgl. z. B. JOHNSTON/HAUER/HOEKVELD 1990:4; DUNCAN 1989)! Lokalismus wie NRG können daher nicht nur als modifizierte Rückkehr zur traditionellen Geographie interpretiert werden (vgl. WERLEN 1997:126-131), sondern auch als Resultat eines tiefsitzenden Hegelianismus auf seiten der zu Post-, Spät- oder sonstigen Bindestrich-Variationen gewandelten Marxisten in der Geographie mit der Dialektik als Fluchtweg aus der (postmodernen) Widersprüchlichkeit in eine neue Harmonie (vgl. DOEL 1992) oder auch als erneuter Versuch, gesellschaftspolitische Relevanz zu erhalten (COCHRANE 1987:362; SWYNGEDOUW 1989:40 f.).

[149] Zur Kritik des ästhetischen Ansatzes in der Geographie vgl. BECKER 1996:120-127; BECKER 1997b.

Das semiotische Programm postmodernen Bauens kann analytisch in zwei Bereiche unterteilt werden: in seine Begründung und in seine Durchführung. Als Begründung für eine postmoderne Architektur wird die Beobachtung angeführt, daß Menschen einen Baustil auch als Zeichen (unterschiedlichen Typs) für bestimmte Werte, einen Lebensstil oder ein ästhetisches Konzept auffassen (können). Eine postmoderne Architektur, die den Pluralismus der Gesellschaft mitsamt ihren unterschiedlichen Wahrnehmungen eines Baustils und entsprechender (semiotisch erklärbarer) Vorlieben ernstnimmt und akzeptiert, setzt sich daher selbst ein semiotisches Programm, d. h. produziert Architektur *als* Zeichen, versucht den realen gesellschaftlichen Pluralismus in Architektur umzusetzen. Das Ergebnis ist ein pluralistischer, eklektizistischer Baustil, vertreten etwa von den postmodernen Architekten und Architekturtheoretikern JENCKS (1994) und – mit Abweichungen – VENTURI (1994; vgl. a. BECKER 1996:34-52, RELPH 1987:224-237).

Diese Begründung eines postmodernen Baustils dürfte jedoch zirkulär und damit nicht stichhaltig sein. Denn aus der Beobachtung, daß Menschen Architektur als Zeichen lesen, folgt auch die Abhängigkeit der Bedeutung eines Zeichens von der Interpretationsleistung des Beobachters (oder auch von dessen Interpretationsverweigerung!). Und diese Interpretation kann sich zwischen einzelnen Menschen, ja bei einem einzelnen auch zu verschiedenen Zeiten stark unterscheiden (BECKER 1996:37). Beispielhaft können hier die Großwohnanlagen der 60er Jahre angeführt werden, die von ihren Erbauern sicherlich anders „verstanden" wurden als es die heutige Architekturkritik unternimmt.[150]

Die – zukünftige oder von anderen Menschen vorgenommene – Interpretation eines Bauwerks ist daher nicht vorhersehbar oder gar planbar. In der Rezeption sind die von der Postmoderne kritisierten funktionalen Bauten ebenso mehrfach kodiert wie postmoderne Bauten selbst, da Codes eine Kommunikation voraussetzen und von ihr abhängig sind; diese Kommunikation ist jedoch kaum zu determinieren.

---

[150] Ein besonders eindrückliches Beispiel innerhalb der Geographie bietet – wohl eher unfreiwillig – STRASSEL, wenn er zur Illustration seines Ansatzes, der Ästhetisierung der Realität sich durch ein „ästhetisches Erkennen" nähern zu wollen, vier Plätze in Barcelona beschreibt (STRASSEL 1994). Er muß nämlich feststellen, daß seine ästhetischen Erlebnisse zwar den Absichten der Architekten entsprechen (und deren Objektbeschreibungen er vor den eigenen Beobachtungen gelesen hat?), nicht jedoch mit den Wahrnehmungen der alltäglichen Nutzer harmonieren. Denn für diese steht gerade die praktische Nutzung im Zentrum des Interesses und nicht die kontemplativ erfahrenen ästhetischen Werte (252). Aus der Kollision von geplanter Ästhetik und gesellschaftlichen Nutzungsinteressen entstehen – etwa durch Akte der Zerstörung – einschneidende Gestaltungsänderungen und damit eine Anpassung von Nutzungswert und Ästhetik, mithin eine neue Ästhetik, die das „ästhetische Erkennen" jedoch offensichtlich wahrzunehmen nicht in der Lage ist, sondern nur als Anästhetik empfindet (254).

Diese Einwände gegen die Begründung postmodernen Bauens sind nun nicht mit einer Kritik an der postmodernen Architektur selbst[151] gleichzusetzen. Vielmehr lassen sich in der semiotischen Konzeption postmodernen Bauens Elemente finden, die nicht nur aus architektonischer Sicht interessante Perspektiven bieten, sondern auch analog zur Konzeption von Landeskunde beitragen können (vgl. Tab. 4-1).

So stellt die semiotisch ausgerichtete Architektur die Kommunikation mit dem Beobachter in das Zentrum ihrer Programmatik und leitet daraus die Aufgabe eines vielperspektivischen, pluralistischen und – aufgrund der notwendigen Eingeschränktheit architektonischer Stilmittel – eklektizistischen Bauens ab. Wird Landeskunde ebenfalls als ein Prozeß der Kommunikation mit dem/den Rezipienten verstanden, in dem es um eine Form von Darstellung geht, bildet dieses pluralistisch-vielperspektivische Vorgehen ein deutliches Signal: Es zeigt dem Rezipienten, daß die Darstellung nicht aus der – vorgeblich eigenen – Logik des Dargestellten folgt, sondern am Adressaten ausgerichtet ist.[152]

Wie der postmodernen Doppelkodierung eine explizite Orientierung an unterschiedlichen Betrachtern zugrundeliegt, weist eine in thematischer, methodischer und stilistischer Hinsicht vielfältige Landeskunde dem Adressaten die zentrale Stellung in der Zwecksetzung der Darstellung zu. Aus dieser Perspektive findet auch Krügers Methodenpluralismus (s. o. Fußnote 133), der als Programm zur Gewinnung wissenschaftlicher Erkenntnisse kaum sinnvoll begründbar ist, eine neue und hohe Qualität: Er führt hin zu der Vielzahl von Darstellungsweisen, die am lokalen oder regionalen Beispiel ein Gesamtbild ergeben können.[153] Wie die postmoderne Architektur multikodierte materielle Räume produziert, so erzeugt eine adressatenbezogene Landeskunde multikodierte virtuelle Räume, d. h. Raumbilder.

---

[151] Dies soll Autoren wie HABERMAS, welcher der postmodernen Architektur einen affirmativen, gesellschaftliche Widersprüche überdeckenden Charakter vorwirft (vgl. BECKER 1996:51, 61 f.), oder HASSE, für den der „populistische Stil" der Postmoderne den Übergang zu einem neuen Akkumulationsregime sowohl ausdrückt als auch absichert (HASSE 1990:9 f.; ähnlich auch KRÜGER 1988:18-21), vorbehalten bleiben.

[152] Dem widerspricht unter Beibehaltung der Analogie auch nicht, daß – wie etwa von verschiedenen Beiträgen in ANDERSON/GALE (1992) gezeigt wird – Landschaften oder bauliche Komplexe wie z. B. Malls nicht nur konstruiert werden, um bestimmte Aussagen zu vermitteln, sondern auch um einzelne Personengruppen ein- oder auszuschließen. Gerade die wissenschaftliche Literatur ist ein Musterbeispiel für Gruppenbildungsprozesse mittels Ein- und Ausgrenzung. Eine statische Landeskunde etwa kann Ausschlüsse prinzipiell nicht vermeiden, eine adressatenbezogene und damit für alle Arten von Nachfragern offene hingegen schon.

[153] Wenn DEAR an dem Buch „Postmodern Geographies" (SOJA 1989) kritisiert, daß Ansätze und Erkenntnisse von Feminismus, politischer Theorie, Ethnographie und Sozialgeschichte darin ebensowenig berücksichtigt werden wie sprachphilosophische Zugänge, die Frankfurter Schule oder eine eigengewichtige physisch-geographische Betrachtungsweise (DEAR 1990:653), kann dies im Umkehrschluß ebenfalls als Plädoyer für eine multiperspektivische Regionalgeographie verstanden werden.

Tab. 4-1: Moderne und postmoderne Architektur bei Charles Jencks

Moderne	**Postmoderne**
Ideologisch	
ein internationaler Stil oder „kein Stil",	Doppelkodierung des Stils,
utopisch und idealistisch,	„populär" und pluralistisch,
deterministische Form, funktional,	semiotische Form,
Zeitgeist,	Tradition und Wahlfreiheit,
Künstler als Prophet und Heiler,	Künstler/Bauherr,
elitär/für jedermann,	elitär und partizipatorisch,
ganzheitlich, umfassende Erneuerung,	stückweise,
Architekt als Retter/Arzt,	Architekt als Vertreter und aktiv Tätiger,
Stilistisch	
„Ehrlichkeit",	zwitterhafter Ausdruck,
Simplizität,	Komplexität,
isotroper Raum,	variabler Raum mit Überraschungen,
abstrakte Form,	konventionelle und abstrakte Form,
puristisch	eklektisch,
ungegliederte, langweilige „Kiste",	semiotische Artikulation,
Maschinenästhetik, ehrliche Logik,	variable, gemischte Ästhetik, abhängig vom Kontext, Ausdruck des Inhalts und semantische Angemessenheit für die Funktion,
gegen das Ornament,	für Organik und angewandtes Ornament,
gegen bildliche Darstellung,	für bildliche Darstellung,
gegen die Metapher,	für die Metapher,
gegen historische Erinnerungen,	für historische Bezüge,
gegen Humor,	für Humor,
gegen Symbolik,	für Symbolik,
Entwurfsvorstellungen	
Stadt im Park,	kontextueller Städtebau und Reparatur,
Trennung der Funktionen,	Mischung der Funktionen,
„Haut und Knochen",	„manieristisch und barock",
Gesamtkunstwerk,	alle rhetorischen Mittel,
„Volumen statt Masse",	schiefwinkelige Räume und Erweiterungen,
Scheibe, klarer Block,	Bauen an der Straße,
Transparenz,	Doppeldeutigkeit,
Asymmetrie und „Regelmäßigkeit",	Neigung zu asymmetrischer Symmetrie,
harmonische Integration	Collage/Kollision

Quelle: BECKER 1996:35 (nach JENCKS, Charles: Spätmoderne Architektur. Stuttgart 1981; S. 32)

Damit vollzieht auch die Landeskunde den *textual turn*, den zentralen Paradigmenwechsel postmoderner Wissenschaft, der die Gegenstände der Betrachtung zu ebensolchen Texten erklärt, wie es die Beobachtungssätze selbst sind. Zwischen Literatur und Wissenschaft findet ein Annäherungsprozeß statt, der tendenziell zu deren Gleichsetzung führt. Es mag mit Fug und Recht bezweifelt werden, ob durch ein solches Vorgehen (wertvolle) Erkenntnisse über die (reale) Welt zu gewinnen sind; für die Landeskunde als Darstellungsdisziplin scheint darin jedoch ein, ja vielleicht der einzig gangbare Weg zu liegen.

Das zweite angeführte Merkmal postmoderner Architektur, die Differenz von Form und Inhalt, kann ebenfalls zum Baustein für Landeskunde werden. Denn diese Differenz macht es möglich, im Bereich der Darstellung die unsinnigen Begründungen für postmoderne Wissenschaft (s. o.) von dieser selbst zu scheiden. Wie die postmoderne Architektur ihre Formen unabhängig von der Funktion des Gebäudes wählt, kann die Landeskunde darauf verzichten, ihre Art der Darstellung von inhaltlichen Gegebenheiten – d. h. der Realität des betrachteten Region – abhängig sein zu lassen; nicht mehr Aspekte der Realität (des „Raumes") gliedern eine Landeskunde, sondern Aspekte der Betrachtung, des methodischen Zugangs, der Sprach- und Zeichenebenen.[154] (Postmoderne) Architektur- und Landeskundetheorie sind folglich nicht Erkenntnis-, sondern Wirkungstheorie.

Eine solche, unter postmodernen Vorzeichen konzipierte Landeskunde gibt sich demnach ein *ästhetisches* Programm, und zwar in zweierlei Hinsicht: Zum einen ermöglicht die Setzung des Schwerpunkts auf die Wirkung der Darstellung und damit auf deren Form die Berücksichtigung und Verwendung zahlreicher Elemente der Darstellung, also landeskundlicher Themen und Gegenstände, ohne deren inhaltliche Zusammengehörigkeit ebenfalls behaupten zu müssen (vgl. zu diesem Grundfehler der altgeographischen Landschaftskunde Kap. 2).

Zum anderen wird über das Medium der Ästhetik das geleistet, was inhaltlich zu unternehmen notwendig scheitern muß: Es wird eine Einheit der Betrachtungselemente erzeugt (WELSCH 1992:o.S.). Ästhetik erhält das Plurale, Heterogene aufrecht und stellt dennoch, ja gerade dadurch Einheit her (HASSE 1991:42 f.). Mit welcher Form von Ästhetik dies geschieht, ist zunächst irrelevant; ob ein traditionelles Verständnis von Ästhetik mit der Betonung des „Schönen" vorliegt oder ob im Gegenteil häßlich-gebrochene Bilder der Realität produziert werden (vgl. HARD 1995:331-337; STRASSEL 1994:254; WELSCH 1992), macht hier keinen Unterschied. Wichtig ist nur, daß die Entscheidung für eine ästhetische Darstellung zur Folge hat, die Mittel dieser Darstellung begründen zu müssen:

> „Auch eine entschieden plurale Gestaltung muß ja dafür Sorge tragen, daß die verschiedenen Codes, die sie in einem Werk oder Objekt verbindet, nicht einfach irgendwie, sondern schlüssig oder deutlich, konsequent oder subtil miteinander verbunden werden." (WELSCH 1992:o.S.)

Damit steht auch Landeskunde vor der Aufgabe zu klären, welche Form von Ästhetik gewählt werden soll und welche Elemente ihr zugrundeliegen sollen.

---

[154] Insofern ist auch STRASSELS „Ästhetisches Erkennen" (STRASSEL 1994) weniger eine Erkenntnis- denn eine Darstellungsform.

4.3 LANDESKUNDLICHE DARSTELLUNG ALS FRAGE DES DESIGNS

Ästhetik als integrierendes Instrument befördert Landeskunde zu einem Prozeß (und Produkt) der Darstellung.[155] Damit ist zwar die Frage beantwortet, wie die Einzelteile der Darstellung zu einem Ganzen verschmelzen sollen, nicht aber, wie das Ganze selbst dargestellt werden soll. Anders: Es fehlt noch die Entscheidung darüber, welche Form von Ästhetik der landeskundlichen Darstellung zugrundezulegen ist.

Diese Frage ist zugleich einfach und schwierig zu beantworten. *Schwierig* deshalb, weil sich die ästhetische Qualität nicht aus der Darstellung selbst ergibt, sondern abhängig ist von der Rezeption oder allgemeiner: der Kommunikation mit dem Rezipienten. Zugleich kann diese Kommunikation unterschiedliche Zwecke verfolgen, die von der vollständigen Ausrichtung an den (vermuteten) Erwartungen, Interessen und Bedürfnissen der Adressaten bis zur Absicht einer Einflußnahme, sei es ergebnisoffen oder ergebnisorientiert, reichen können.

Damit erfordert eine Landeskunde zahlreiche Vorweg-Entscheidungen über die Qualität der Kommunikation mit dem Adressaten und daraus folgend auch Überlegungen, wer dieser überhaupt ist bzw. sein soll. Diese Überlegungen wiederum lassen die Entscheidung über die Gestaltung einer Landeskunde auf der konzeptionellen Ebene nun relativ *einfach* werden; sie resultiert aus der Orientierung an den Adressaten und an dem Zweck, den diese Kommunikation mit ihnen haben soll.

Vor diesem Hintergrund klingt es wie selbstverständlich, wenn etwa POPP zur Frage der Konzeption politisch-soziologisch ausgerichteter Landeskunden „keine Literatur bekannt ist, die sich darüber theoretisch äußert (vielleicht will sie es auch gar nicht, da ihr Anliegen ein praktisches, zielgruppenbezogenes ist)". (POPP 1983:25) Offensichtlich erübrigen sich ausgedehnte paradigmatisch-methodologische Erörterungen, wenn klar ist, für wen und zu welchem Zweck eine Landeskunde gedacht ist.

Überhaupt scheint ein Verständnis von Landeskunde, das über innerdisziplinäre Selbstbezüglichkeit und Selbstvergewisserung hinausgeht, notwendigerweise zu dem Ergebnis zu führen, die Qualität von Landeskunde an deren Bezug auf (mögliche) Adressaten zu messen. Dies läßt sich ebenso aus der Kritik, „daß in der Geographie kaum gebündeltes und nach außen gerichtetes Regionalwissen adressatenbezogen angeboten wird" (POPP 1996:148)[156], ableiten wie aus der positiven Würdigung nicht- oder rand-geographischer Landeskunden (Reiseführer, Exkursionsführer u. ä.) als „zielgruppenorientierte geographisch-landeskundliche Informationsvermittlung". (POPP 1996:145 und passim)

---

[155] Dies ist strikt zu trennen von Formen ästhetischer Erfahrung oder ästhetischen Erkennens, die sich entweder als neue Qualität des wissenschaftlichen Zugangs zur Realität verstehen (zur Kritik an dieser Position vgl. BECKER 1996:120-127, HARD 1995) oder das „Wahre" und das „Schöne" über das Medium der Ästhetik in eins setzen (vgl. zur Diskussion v. a. in den Naturwissenschaften RÖTZER 1994).

[156] Ähnlich die Kritik von STIENS: „Daß die amtliche Landeskunde bisher ein gebrochenes Verhältnis zur Praxis aufwies, sei es zur räumlichen Planung, sei es zur Bildung einer breiten Öffentlichkeit, kann nicht übersehen werden." (STIENS 1972:250).

Und wenn WOLF es als Aufgabe von Landeskunde bezeichnet, „mit 'kreativem Pragmatismus' im regionalen Maßstab die lebensräumlichen Bedingungen des Menschen in seiner Vergesellschaftung herauszuarbeiten und sie für planungsrelevantes Handlungswissen politikberatend zur Verfügung zu stellen und sie, quasi als Sicherung der kulturellen Identität, adressatenadäquat aufzubereiten und darzustellen" (WOLF 1994:366), darf hinter allem Zeitgeist-Vokabular die Nennung der zentralen Aspekte von Landeskunde, wie sie in den vorangegangenen Kapiteln entwickelt wurde, nicht übersehen werden – hier formuliert als planungsrelevantes Handlungswissen, kulturelle Identität und – zu deren Verwirklichung – adressatenadäquate Aufbereitung und Darstellung.

Eine solche „zielgruppen-" oder „adressatenorientierte" Landes- und Länderkunde (vgl. a. BAHRENBERG 1996:50 f.; TAUBMANN 1987) bedarf keiner grundsätzlichen, festgelegten Antwort auf die Frage, „was denn eigentlich an wen, warum und mit welchen Methoden an regionsspezifischen Kenntnissen vermittelt werden soll". (BAHRENBERG 1996:51) Vielmehr leitet sich die konkrete Ausgestaltung einer Landeskunde von der Qualität des Adressatenbezugs ab.[157]

Darunter ist zu verstehen, daß es einerseits einer möglichst genauen Kenntnis der Adressaten und ihrer Informationswünsche an eine Landeskunde bedarf, um eine Entscheidung über ihre Inhalte und ihre Gestaltung fällen zu können. Je genauer aber andererseits das Wissen um die Ansprüche der Adressaten ist, desto einfacher ist es, Inhalte und Vermittlungsformen auszuwählen. Optimaler Adressatenbezug bestünde hiernach aus einer tatsächlichen Kommunikation, in der Inhalt und Darstellung gemeinsam entwickelt werden; eine „Theorie" von Landeskunde verliert mit der Intensität des tatsächlichen Adressatenbezugs ihren Sinn.

---

[157] Wenn BLOTEVOGEL (1996a:Fußnote 8) als Beispiel für eine gelungene Landeskunde „Im Tal der Könige" (GÜNTER 1994) erwähnt, so ist ihm zwar unbedingt zuzustimmen; es muß jedoch angefügt werden, daß die Qualität dieses Buches gerade darin liegt, daß es die Gegenposition zu BLOTEVOGELs Konzeption von Landeskunde (s. Kap. 4.1) einnimmt: So fehlt jede Art von landeskundlicher Forschungsmethodik, ja überhaupt eine entsprechende Absicht (was bei dem Nicht-Geographen GÜNTER nicht nur nicht verwundert, sondern auch nie als Manko auffällt); stattdessen findet eine eindeutige Adressatenorientierung der Darstellung statt, und zwar durch das, was dieses Buch ist: ein detailreicher und anregender Reiseführer über das Ruhrgebiet für Personen, die sich vor allem für die Industrie- und Städtebaugeschichte dieser Region interessieren. – Für die Geschichtswissenschaften hat LIST schon vor mehr als zwanzig Jahren auf das Dilemma der sich öffnenden Schere zwischen zwei literarischen Märkten – der um „Wissenschaftlichkeit" bemühten nachfrageabstinenten Hochschulgeschichtsschreibung und der über ein breites Publikum verfügenden „Dilettantenhistorie" mit ihrer Produktion von synthetisierender Universalgeschichte – hingewiesen und zugleich die Anerkenntnis der Auffassung eingefordert, daß Geschichte als Produkt der Interaktion von Autoren und Adressaten zu verstehen ist (LIST 1977:409-415). Daß es gerade im Adressatenfeld der Universalgeschichte zu dieser divergierenden Entwicklung des Angebots kommt, ist als Hinweis auf die mangelnde oder zumindest sehr einseitig auf die fachinterne Diskussion ausgerichtete Adressatenorientierung der Geschichtswissenschaften zu verstehen. Wird die Landes- und Länderkunde als geographisches Analogon zur Universalgeschichte angesehen, kann die skizzierte Bestandsaufnahme direkt als Zustandsbeschreibung eben der Landes- und Länderkunde verstanden werden.

Daraus ergibt sich wiederum, daß eine Darstellungs- und Vermittlungstheorie von Landeskunde umso wichtiger ist, je weniger der postulierte Adressatenbezug realisiert ist oder überhaupt realisiert werden kann. In einem solchen Fall des unklaren Adressatenbezugs ist es jedoch notwendigerweise unmöglich, eine konsistente adressatenbezogene Begründung für eine bestimmte Form von Landeskunde zu geben – eben da die Adressaten unbekannt sind.

Dieses Dilemma ist nur auf einem Weg zu lösen: indem von vornherein und offen der selektive Charakter einer Landeskunde betont wird, was einhergeht einerseits mit einem Verständnis von Vorläufigkeit und andererseits einer Demonstration einzelner Themen und Darstellungsformen. Beide Aspekte, die als miteinander verbunden zu verstehen sind, bedürfen an dieser Stelle einer näheren Erläuterung.

Wenn klar ist, an welcher Art von Informationen und Images ein Leser einer Landeskunde interessiert ist, kann vom Autor eine an diesen Wünschen orientierte vollständige Darstellung erzeugt werden. Ist aber unklar, um welche Adressaten es sich handelt und vor allem was sie von einer Landeskunde erwarten, ist jede Art von Vollständigkeit illusorisch. Deshalb kann eine solche Landeskunde nur eine Annäherung an die Adressaten sein, der Beginn eines Kommunikationsprozesses, in dem alle drei beteiligten Seiten einem permanenten Wandel unterliegen: der Raum, über den berichtet wird, die Adressaten in ihrer Zusammensetzung und ihren Wünschen, und nicht zuletzt der Autor selbst, sei es als Person, sei es in Form der Geographie als institutionelle Produzentin von Landeskunde(n).[158]

Damit wird Landeskunde zu einem Prozeß, zu einer permanenten Veränderung von Themen und Betrachtungsweisen. Zugleich ist die notwendige Lückenhaftigkeit von Landeskunde nicht nur Element und Antrieb der ständigen Fortentwicklung, deren Ziel bei Strafe des Endes jeglicher Entwicklungsmöglichkeit gerade nicht Vollständigkeit sein kann, sondern es erwächst aus der Selektivität auch ein starkes Moment der Kommunikation mit den Adressaten. Dies geschieht zumindest dann, wenn die Selektivität nicht schamhaft zu verstecken oder zu überspielen versucht wird, sondern wenn sie offensiv als Auswahlmöglichkeit verstanden wird, als Musterschau möglicher Zugangsweisen zur Darstellung eines Gebiets, dies mit dem Zweck, Adressaten zur Kommunikation zu animieren.

Unter diesen Adressaten können Behörden oder Unternehmen, die aufgrund des gebotenen Überblicks über mögliche Informations- und Analyseverfahren vertiefte Einblicke in bestimmte Teilaspekte etwa der regionalen Wirtschaftsstruktur nachfragen (z. B. in Form von Gutachten, die in Auftrag gegeben werden), ebenso sein wie heimatkundliche Verlage, die Interesse an einer ausgeweiteten Darstellung kultureller Eigenheiten auf subregionaler Ebene haben, Fremdenverkehrsvereine, die eine umfassende touristenbezogene Regional- oder Ortsbeschreibung in Auftrag geben, oder Gebietskörperschaften, die für effektives Regionalmarketing eine Corporate Identity herausbilden wollen und hierfür geeignete Elemente suchen – aber auch der regionsinterne wie -externe Leser, der seine regionalen Kenntnisse erweitern, vertiefen, verändern oder einfach nur bestätigen lassen will.

---

[158] ähnlich die Beschreibung einer poststrukturalistischen Geographie bei NATTER/JONES 1993:182

Nicht zuletzt erhält die Geographie auf diese Weise die Möglichkeit, das zu tun, was sie seit jeher tut, nun aber in der direkten und offenen Kommunikation mit einem Nachfrager: nämlich Regionskonstrukte und Raumbilder zu produzieren. Vorläufigkeit und Selektivität sind vor diesem Hintergrund nicht unvermeidliche Schattenseiten einer Landeskunde mit uneindeutigem Adressatenbezug, sondern essentielle Voraussetzungen für die Entwicklung sowohl der Landeskunde als auch der Kommunikation mit den (potentiellen) Adressaten.[159]

Auf diese Weise wird nicht zuletzt ein Grundproblem geographischer Landeskunde gelöst, das auch einer ihrer vehementen Verfechter konstatiert hat: „Ein auffälliges Merkmal regionaler Geographien ist, daß sie sich letzten Endes alle ziemlich gleich lesen ... Dies ruft beim Leser ... einen gewissen ennui hervor." (PATERSON 1979: 275) Mit der Verwendung dieses zutiefst ästhetischen, aus der Décadence stammenden Begriffs, der mit Langeweile, Überdruß und Anästhetik konnotiert, wird gar nicht erst vorgegeben, die sachlichen Inhalte der Landeskunden kritisieren zu wollen; es geht vielmehr allein um, besser: gegen den sturen, dem (falschen) Ideal eines regionalen Gesamtüberblicks geschuldeten Aufbau herkömmlicher Landeskunde.

Damit das unvermeidlich Vorläufige und Selektive aber auch die erwünschten Formen annimmt, d. h. nicht lediglich einen zufälligen Abdruck des Unabwendbaren bildet, muß es produktiv gewendet werden, indem es planvoll zu Elementen von Landeskunde umgestaltet wird. Bereits PATERSON hat die wesentlichen Voraussetzungen benannt: „Um verständlich zu bleiben, muß sie [die Regionalgeographie] Selektivität als Prinzip anerkennen, und in der Praxis muß sie in verbale oder graphische Darstellung eingebettet sein; sie muß die literarische Form bewahren." (PATERSON 1979:296)

Bei der Frage, was die geeignete literarische Form von Landeskunde ist, tritt jedoch ebenfalls der Tatbestand der Selektivität in Wirkung, mithin die Frage, ob nicht unterschiedlichen Sachverhalten, die in einer Landeskunde behandelt werden, auch unterschiedliche Arten und Stile der Darstellung entsprechen, entsprechen können oder gar müssen.

1 Traditionelle Formen geographisch-landeskundlicher Ästhetik

Bevor auf diese Frage eingegangen wird, sollen zunächst – ohne jeden Anspruch auf Vollständigkeit – zwei wichtige ältere Positionen zur Ästhetik der Landes- und Länderkunde skizziert werden. Für die erste Position steht ein Autor wie GRAD-

---

[159] Wenn HARD vorschlägt, in der Schule Länderkunden anhand der Frage zu analysieren, „wessen mental map und wessen Probleme hier von wem für wen gezeichnet werden – und (last not least) wie bedeutsam und wichtig diese mental map für uns (Schüler und künftige Bürger) ist" (HARD 1982d:153), und sich zugleich „gegen die Beschränkung der Länderkunde auf eine einzige mental map", verstanden als „Inbegriff aller richtigen und falschen Informationen und Images über einen Erdraum und seine Teile" (153), wendet, kann dies – bei einer aktivischen Wendung – ebenfalls als Plädoyer für eine multiperspektivische und zugleich offen selektiv wie subjektiv konzipierte Landes- und Länderkunde verstanden werden (vgl. a. BUTTIMER/BRUNN/WARDENGA 1999:130 u. passim).

MANN (1924), der von einem „harmonischen Landschaftsbild" als „spezifische[r] Errungenschaft der neueren wissenschaftlichen Geographie" spricht (GRADMANN 1924:133). Ganz gegen das landläufige Verständnis des Begriffs „Bild" versteht er darunter nur randlich eine unmittelbare Wirkung auf den Beobachter (einen „seelischen Gesamteindruck"), und zwar mit der lakonischen Begründung, „man braucht dazu nicht Geograph zu sein". (133)

Stattdessen ist dieses harmonische Bild ein Produkt des spezifisch geographischen Zugangs zur Realität, der dem Forscher über die „ununterbrochene Kette von Ursache und Wirkung" von Klima und Boden bis Wirtschaft und Politik „die Vorstellung eines untrennbaren Ganzen" vermittelt (133): „Dieses [erst durch die geographische Denk- und Forschungsweise herausgefundene bzw. erzeugte] Zusammenstimmen und Zusammenklingen ist es, was in uns die wohltuende Empfindung der Harmonie erzeugt; sie ist ausschließlich eine Frucht wissenschaftlicher Erkenntnis." (134)

Dieses wohlige Erschauern vor dem Resultat eigener wissenschaftlicher Produktion ist wenig empfänglich für die Ansprüche von Lesern; auf sich darauf gründende Kritik kann GRADMANN nur in recht patziger Weise reagieren, wenn für ihn klar ist,

„wie töricht und ungerecht der oft gehörte Vorwurf ist, auch die besten länderkundlichen Darstellungen bleiben [sic!] in den Einzelheiten stecken; es fehle die Zusammenfassung zu einem einheitlichen geschlossenen Gesamtbild. Wenn es dazu nicht kommt, ist es meistens des oberflächlichen Lesers eigene Schuld. Daß der Darsteller dem Leser dieses Geschäft abnehme, ist ein ebenso unnötiges wie unmögliches Verlangen." (136)

Diese wissenschaftliche Position versteht die landschaftliche Realität selbst als harmonisch und sieht die Aufgabe der Länderkunde darin, diese Harmonie zu zeigen – ohne Rücksicht darauf, ob die Darstellung selbst harmonisch ist. Zumindest in bezug auf Potentialität, d. h. in der Beschreibung dessen, welche Formen von Harmonie einem gegebenen Raum *der Möglichkeit nach* innewohnen und wie diese potentielle Harmonie dann etwa politisch-planerisch erzeugt werden kann, stehen auch spätere Autoren diesem Verständnis von „Harmonie" nahe (so z. B. OTREMBA 1948-49; BARTELS 1969; z. T. auch SCHWIND 1950).

Eine Variante dieses Harmonieverständnisses ist bei SCHMITHÜSEN (1961:71) zu finden, wenn dort die Harmonie der Natur von geeigneten Menschen (Moselwinzer) in eine zumindest gefühlsmäßig erfahrbare Harmonie der Kulturlandschaft umgesetzt wird. Zugleich bedarf es aber auch eines erlernten Sehens, um diese reale Harmonie auch tatsächlich und in vollem Umfang erfassen zu können. Auf diesen Aspekt des Erlernens ästhetischer Maßstäbe wird von anderen Autoren ganz verzichtet; die ästhetischen Urteile können dann „schlicht ... mit Verstand, Herz und Gemüt" erfolgen (HÖHL 1981:16). Sogar objektive Kriterien landschaftlicher Schönheit werden postuliert, die – z. B. in der Tourismusforschung – nicht nur über

Befragungen erhoben werden können, sondern durch die Analyse des Landschaftsbildes selbst (BECKER 1994; GROSJEAN 1986; HUNZIKER 1992).[160]

Die zweite Position, die bereits auf HETTNER zurückzuführen ist, versteht unter einem ästhetischen Landschaftsbild nicht primär oder gar ausschließlich die Realität selbst oder eine bloße Widerspiegelung tatsächlicher Gegebenheiten, sondern eine eigenständige, nicht unbedingt oder ausschließlich geographische Form der Darstellung. Denn

> „jede Landschaftsschilderung oder Landschaftsbeschreibung enthält notwendigerweise ein ... 'subjektives' schöpferisches Moment. Besonders aber ist die Schau des Künstlers, der das Landschaftsideal seiner Zeit oder vorgreifend das kommender Zeiten gestaltet, ein schöpferischer Akt, ein erstes Gewahren und nicht eine nachträgliche Interpretation prinzipiell gleichartiger, 'objektiver' Sinneswahrnehmungen. ... Die schöpferischen Geister einer jeden Epoche sind die Schrittmacher unserer Art zu sehen. Sie prägen nicht nur unsern Geschmack, sondern bilden geradezu das Auge um." (LEHMANN 1950:48)

Und auch wenn PATERSON davon spricht, „daß die literarischen Fähigkeiten eines Geographen es ihm ermöglichen, ein erkennbares Wort-Bild z. B. der Pittsburgher Region zu geben" (PATERSON 1979:273), dann ist zu vermuten, daß die Darstellung einer Region als produktiver und im weitesten Sinne ästhetisch-künstlerischer Akt verstanden wird.

HARD hält diese Position für „sinnlos und gefährlich als wissenschaftliches oder stilistisches Programm" (HARD 1964:340):

> „Wortkunst, Dichtung ist dadurch gekennzeichnet, daß sie eine Eigenwelt hervorbringt, eine eigene Gegenständlichkeit schafft, ferner dadurch, daß auch das Medium der Darstellung, das Wort, ein ästhetisch wirksames Eigenleben erhält. Die Zeichen werden gewissermaßen selbst wieder Dinge. Wissenschaftliche Darstellung aber will die Wirklichkeit geistig verfügbar und das Medium der Darstellung auf das Gemeinte hin so durchsichtig als irgend möglich machen, das grundsätzlich willkürliche Zeichen für den Blick gleichsam auflösen.

---

[160] Diese objektive landschaftliche Schönheit kann aber nicht nur gemessen und auch korrigiert werden, indem etwa Baumaßnahmen auf ihren Einfluß auf Bildsymmetrien hin bewertet werden (GROSJEAN 1986), sondern sie hat auch direkt gesundheitliche Auswirkungen, was wiederum in der Medizin nutzbar gemacht werden kann (GESLER 1993). – Offensichtlich ist die (schöne) Landschaft, „das komplexeste und heterogenste Symbol all der Zeiten, nach denen wir uns sehnen" (EISEL 1982a:155), in ihrer Reifizierung derart tief im Alltagsverständnis verwurzelt, daß die Subjektabhängigkeit von Wahrnehmung völlig unberücksichtigt bleibt. Ein Beispiel aus der Untersuchungsregion (Landesteil Schleswig) für die blinden Flecke dieser Ausblendung von Subjektivität ist die aktuelle Diskussion um die Windenergie. Während mit hohen Kosten alte (funktionsuntüchtige) Windmühlen restauriert werden, verstärkt sich an der Westküste der Protest gegen die Errichtung neuer (funktionsfähiger) Windkraftanlagen. Das wichtigste Argument ist dabei nicht, daß diese Windmühlen jemandem nicht gefallen (subjektiver Standpunkt), sondern daß sie das Landschaftsbild zerstören (objektiver Standpunkt).

Was dort ein ästhetischer Wert sein kann, ist hier fast immer nur eine abscheuliche Manier." (HARD 1964:339)

Diese Kritik entspringt den Befürchtungen eines Lesers, der sich durch die Lektüre etwa einer Landeskunde „nur" über die betreffende Region informieren will, durch die Art der Darstellung und die Wortwahl aber zur Übernahme von Konnotationen, ja eines ganzen Weltbildes gedrängt wähnt. Ein solches Schreiben wirkt dann wie ein unlauteres Unternehmen, wie ein Anschlag auf die eigene Urteilskraft und den eigenen Urteilswillen.[161]

Tatsächlich ist Ästhetik ein sehr wirkungsvolles persuasives Instrument. Bereits die Raummuster à la THÜNEN oder CHRISTALLER gewinnen ihre Überzeugungskraft auch aus ihrer geometrischen Form, und die bunten Karten im Rahmen der Anwendung von Geographischen Informationssystemen werben auch durch ihre Ästhetik für die Qualität der inhaltlichen Aussagen. Denn Ästhetik impliziert und evoziert Wahrheit, eine ästhetisch gelungene Darstellung hat höhere Akzeptanz als eine unästhetische (vgl. a. WELSCH 1992:o.S.).

Dennoch erweist sich die Kritik an ästhetischer Darstellung bzw. das Aufzeigen immanenter Gefahren angesichts dessen, was Landeskunde zu leisten vermag, als wenig gravierend und letztlich nicht stichhaltig. Dies kann wohl am besten durch eine Gegenüberstellung der Begriffsinhalte von wissenschaftlicher Analyse/Argumentation, Ästhetik/Kunst und Landeskunde verdeutlicht werden. Zunächst ist der zitierten Kritik selbstverständlich für den Fall zuzustimmen, daß sie sich auf einen wissenschaftlich-analytischen Text bezieht: Eine Argumentation, die einen bestimmten Sachverhalt zu erklären sucht, entwertet sich in dem Maße, in dem sie den Weg der Schlußfolgerungen durch Besonderheiten der darstellenden Form unklar macht, verschleiert oder gar ersetzt. Insofern ist die Ästhetik der Darstellung als eigenständige Qualität in einem wissenschaftlich-analytischen Text rundum deplaziert.[162] Dieser Textgattung kann Landeskunde jedoch aufgrund ihrer eigenen Zielsetzungen gar nicht zugeordnet werden (s. o.); gerade als Form der Darstellung entgeht Landeskunde der Gefahr, eine wissenschaftliche Argumentation durch ästhetische Elemente teilweise oder ganz zu ersetzen und damit zu entwerten – und zwar deshalb, weil sie eine derartige Argumentation gar nicht enthält.

Trotz dieser grundsätzlichen Bejahung des ästhetischen Charakters landeskundlicher Darstellung können die traditionellen Formen geographisch-landeskundlicher Ästhetik aber nicht als geeignet für ein prospektives, anwendungsorientiertes Verständnis von Landeskunde angesehen werden. Zum einen liegt dies daran, daß die beiden skizzierten Typen landeskundlicher Ästhetik – die Ästhetik des Realobjekts und die Ästhetik der Darstellung – einem sehr reduzierten Verständnis von Ästhetik

---

[161] Auch die Kritik am „Soziologendeutsch" speist sich weniger aus der Verwendung von „Fremdwörtern" (in diesem Fall müßte es zu Proteststürmen etwa gegen die Wortwahl des Kfz-Handwerks kommen) denn aus der Furcht, über die soziologischen Begriffe zugleich eine – für viele manchmal unangenehme – Sicht der Dinge übernehmen zu müssen.

[162] zur Vielzahl von Funktionen, die (wissenschaftliche) Texte über das Informative hinaus mit Notwendigkeit erfüllen und wozu auch die ästhetische Funktion gehört, vgl. HARD 1995:330.

verhaftet sind, nämlich der Harmonie. Innerhalb des zeitgenössischen Verständnisses von Ästhetik ist diese aber bei weitem nicht auf die Dimensionen des Schönen oder Wertvollen – die beide im Harmoniebegriff anklingen – beschränkt; gerade „Schönheit" ist heute, wenn nicht schon seit der Romantik, weniger ein „Indikator für ästhetischen Wert" denn für „Unkunst und Kitsch" (HARD 1995:331) – dies vor allem dann, wenn Kitsch als Beschwörung einer ästhetisch begründeten Wahrheit verstanden wird, die von der Wirklichkeit bereits widerlegt wurde.

Zum anderen konkretisiert sich die traditionelle landeskundliche Ästhetik – trotz aller Reduktion auf den Harmonieaspekt und das Fehlen von Transzendenz und Zweideutigkeit – als Kunstwerk – sei es die Realität selbst, die als Kunstwerk einer höheren Ordnung interpretiert wird, sei es der landeskundliche Text, der sich als literarisches Kunstwerk präsentiert. In beiden Fällen ist die Aussage einer Landeskunde autoreflexiv, d. h. erhält ihre Qualität durch die Konstruktion ihrer eigenen Form: dadurch, daß etwas zu einem „Land" wird, das vorher keines gewesen ist.

Diese Autoreflexivität, die etwa von ECO (1994b:145 ff.) als essentielles Element der ästhetischen Botschaft definiert wird, gerät jedoch in Widerspruch zur Adressatenbezogenheit als Fokus der Konstruktion einer Landeskunde, wenn dem Adressaten das Interesse an (selbstgewählten) Aspekten eines Landes und nicht nur an der Konstruktion eines Landes als eines Ganzen zugestanden wird. Gerade die Adressatenbezogenheit macht es daher unmöglich, Landeskunde als *rein* ästhetisches, d. h. künstlerisches Projekt zu verstehen (vgl. a. MONDADA/RACINE 1999:268 f.).[163]

Damit scheint die bisherige Argumentation in einer Sackgasse zu enden, mündet die Erfüllung der aufgestellten Ansprüche in einem tiefgreifenden Widerspruch: Einerseits findet Landeskunde in Ermangelung einer übergreifenden Fragestellung die Integration ihrer Elemente nur über die Spezifik ihrer Form, d. h. über ihre Ästhetik. Andererseits aber verletzt eine genuin ästhetische Ausprägung von Landeskunde das Postulat des Adressatenbezugs, verweist ihre Form doch nur wieder zurück auf sich selbst und nicht auf das, wovon sie handelt und woran die Adressaten interessiert sind: regionsbezogene Informationen unterschiedlicher Art.

---

[163] Selbstverständlich gibt es auch jüngere Stellungnahmen, welche die Realität und ihre Darstellung über das Medium der Ästhetik gleichzusetzen versuchen: „Wirklichkeit ist ästhetisch erstens, weil sie das Resultat unserer *Hervorbringung* bzw. *Konstruktion* ist. Sie ist ästhetisch zweitens, weil wir diese Konstruktionen im Ausgang von spezifisch *fiktionalen Mitteln* – Anschauungsformen, Metaphern, Grundbildern, Phantasmen – errichten. Und sie ist ästhetisch drittens, weil die Vielfalt der so entstehenden Wirklichkeiten nicht mehr fundamentalistisch auf *eine* Wirklichkeit – die es eben gerade nicht gibt – zurückgeführt werden kann, sondern eine *Gemengelage* darstellt, die plural, konfliktreich und schwebend – und darin spezifisch ästhetisch – verfaßt ist." (WELSCH 1992:o.S.; Hervorhebungen im Original) – Obwohl eine solche Position *möglich* ist, erscheint sie doch für die konkrete Gestaltung einer Landeskunde aufgrund des geforderten Adressatenbezugs als wenig *sinnvoll*, da sie die Differenz zwischen ontologischen Aussagen über die Realität und der Art und Weise, wie die (textliche etc.) Darstellung organisiert ist, verwischt. Gerade diese Differenz macht jedoch das Spezifikum des Adressatenbezugs aus, d. h. bringt die für die konkrete Gestaltung einer Landeskunde zentrale Frage in den Vordergrund, was wie für wen dargestellt werden soll.

Die Auflösung dieses Widerspruchs gelingt nun weder durch das Ignorieren des notwendigerweise ästhetischen, kompositorischen Charakters von Landeskunde und die dann beliebige, mit Verweisen auf die „Realität" nur unzureichend begründete Zusammenstellung interessierender Themen noch durch den Verzicht auf Relevanzentscheidungen bei der Betrachtung einzelner Aspekte der Realität und deren Ersetzen durch Erwägungen rein literarischer Art. Vielmehr gilt es einen Weg zu finden, der die inhaltlich-informationellen Elemente einer Landeskunde mit geeigneten gestalterisch-ästhetischen Formen in Einklang bringt, d. h. Form und Inhalt verbindet, ohne eine der beiden Seiten ihrer eigenständigen Qualitäten zu berauben. Dieser Weg wird im allgemeinen als Design bezeichnet.

2 Landeskundliche Darstellung im Schnittpunkt von Ästhetik und Adressatenbezug: das „user centred design"

Design und – als dessen Sonderform – Architektur eignen sich als konzeptionelle Vorbilder für Landeskunde deshalb in besonderem Maße, weil sie als Prototypen eines Verfahrens gelten, das einerseits die wechselseitige Unabhängigkeit von Inhalt (hier: Gebrauchswert) und Form gewährleistet und andererseits im konkreten Produkt eine stimmige Einheit beider Elemente erzeugt: ECO (1994b:312) unterscheidet in ähnlicher Weise zwischen der „ersten Funktion" eines Objekts (von Architektur und Design), dessen Utilitas *denotiert* wird, und den „zweiten Funktionen", worunter alle weiteren, *konnotierten* Kommunikationsarten eines Objekts fallen. Für eine Landeskunde können dann einzelne Informationen, die ein Leser darin sucht und findet, als erste Funktion bezeichnet werden, darüber hinausreichende Eindrücke etwa einer Ganzheit von Land und Leuten als zweite Funktion.

Wie bereits in der Diskussion der postmodernen Architektur aufgezeigt wurde, sind sowohl die erste als auch und insbesondere die zweite Funktion eines Design-Objekts nicht statisch und immerwährend gültig, sondern verändern sich nach dem Nutzer und – auch bei gleichen Nutzern – im Laufe der Zeit (ECO 1994b:316 f.). Unter diesen Voraussetzungen verändert sich auch die Produktion der Objekte selbst:

> „In dem Moment, wo die Hersteller von Gebrauchsgegenständen [wie etwa einer Landeskunde; W.A.] wissen, daß ihre Artikulation der Signifikanten nicht den Fluß der Signifikate determinieren kann, weil die Geschichte sie im Stich lassen kann; in dem Augenblick, wo die Formgeber die Zyklen der Abweichung zwischen Signifikanten und Signifikaten und die Mechanismen des Austauschs von Signifikaten kennen, wird es ihr Problem, *veränderbare erste Funktionen und 'offene' zweite Funktionen zu schaffen*." (ECO 1994b:322; Hervorhebungen i. O.)

Dieses Postulat läßt sich in zweierlei Hinsicht umsetzen:

a) Zunächst kann es auf das fertige Produkt Landeskunde bezogen werden, indem dieses sich als „offene" Darstellung präsentiert. „Offen" kann hier bedeuten, daß bei der Darstellungsform das notwendige Moment des Selektiven, Vorläufigen und Demonstrativen zu berücksichtigen, d. h. deutlich zu machen und explizit anzuwenden ist, aber auch, daß eine potentiell multiperspektivische und polystilistische Darstellung nicht nur legitim ist, sondern auch am besten die besonderen Qualitäten von

Landeskunde zum Ausdruck bringt, ja erst zum Leben erweckt. CRANG schreibt explizit von Polyphonie als „a compositional strategy, a way of organizing texts". (CRANG 1992:527; vgl. a. MONDADA/RACINE 1999:269-273)

Vielstimmigkeit kann aber nicht nur verstanden werden als eine Form des Umgangs mit dem betrachteten Sachverhalt, sondern vor allem als eine spezifische Gestaltung von Adressatenorientierung.[164] Die durch die Polyphonie ermutigte Vielzahl von Leseweisen hat zwei Effekte:

> „.... it partially liberates the reader, it deliberately gives them a larger hand in creating meanings from the text than traditional academic writings, with their determination to be understood clearly, do; but the price to be paid is a greater loss of authorial control, less power to deliver a specific message." (CRANG 1992:543)

Letzterer Effekt steht in einem gewissen Gegensatz zum üblichen (Selbst-)Verständnis von Wissenschaft, in dem einem – mehr oder weniger aufnahmebereiten – Publikum Wahrheiten über die Welt mitgeteilt werden, mithin eine kommunikative Einbahnstraße existiert. Dies bedeutet wiederum, daß mit einer anderen Form von – hier: – Landeskunde sich auch die Rolle des Autors, ja des Systems Wissenschaft verändert und auch verändern muß.

Eine solche Schlußfolgerung läßt sich auch aus BOURDIEUs Erkenntnissen zum Distinktionscharakter von Ästhetik ableiten, wonach ästhetische Urteile stellvertretend für soziale Werturteile und letztlich für gesellschaftliche Distinktion, d. h. sichtbare Manifestation von Klassenunterschieden oder gar -gegensätzen steht (BOURDIEU 1998). Trifft dies zu – und daran ist kaum zu zweifeln –, ist ein bestimmter Schreib- und Darstellungsstil auch und vielleicht in erster Linie ein Instrument, um eine Auswahl unter potentiellen Adressaten zu treffen. Sollen hingegen verschiedene Adressaten erreicht werden und soll deshalb der Grad der Distinktion reduziert werden, ist polyphones Schreiben unverzichtbar.

Landeskunde ist dann ein narrativer Akt, eine Geschichte für diejenigen, welche eine oder gar diese Geschichte hören wollen (JOHNSTON 1990:122; NATTER/JONES 1993:193). Unter diesen Voraussetzungen bestimmen zwei Kriterien die Darstellung: die Auswahl der darzustellenden Elemente und die konkrete Form der Darstellung.

Die Auswahl der Darstellungselemente orientiert sich selbstverständlich in erster Linie an den Adressaten. Hier ist jedoch die Entscheidung zu treffen, in welchem Verhältnis die Anpassung an die Rezeptionsgewohnheiten der Leser zu Versuchen stehen soll, diese Rezeptionsgewohnheiten zu beeinflussen. Es muß demnach die Frage beantwortet werden, inwieweit die Auswahl und Vermittlung der dargestellten

---

[164] Ein umfassendes Beispiel verwirklichter Vielperspektivität bietet RHODE-JÜCHTERN (1995), wenn auch nicht auf die Landeskunde bezogen, sondern auf die Schulerdkunde. – Im Gegensatz zur „einfachen" Adressatenorientierung ist die Mehrfachadressierung in den Sprachwissenschaften nicht nur ein noch recht wenig erforschtes Gebiet; es handelt sich dabei offensichtlich auch um einen wenig präferierten oder gar zur Einübung empfohlenen Typus von Kommunikation. Daher lassen sich in der einschlägigen Literatur höchstens implizite Vorschläge finden, wie ein solcher mehrfacher Adressatenbezug praktisch umgesetzt werden kann (vgl. grundlegend KÜHN 1995).

Sachverhalte zu Bestandteilen einer tatsächlichen Kommunikation werden, die dem anderen auch etwas zumuten kann, oder ob es sich vorrangig um eine Kommunikation in eine Richtung handelt – etwa in Form der nicht-interpretativen Angabe von kaum bearbeiteten Daten oder als impressionistisch-persuasive Wiedergabe bekannter regionsbezogener Einstellungen.

Bezogen auf die Form der Darstellung sollte zunächst klar sein, daß Landeskunde Bildproduktion ist; eine landeskundlich-wirtschaftsgeographische Strukturbeschreibung erzeugt ebenso ein bestimmtes Raumbild wie eine eher kaleidoskophafte Schilderung auffällig-interessanter Einzelphänomene oder landschaftlicher Gesamteindrücke. [165]

Es ist daher auch nicht sinnvoll, (Raum-)Bilder, welche die sozioökonomische „Realität" zum Inhalt haben, von solchen zu trennen, die über die regionsinternen Raumbilder selbst gezeichnet werden. Denn zum einen gehören auch letztere zur regionalen Wirklichkeit, wenn sie auch schwieriger zu erfassen sind. Und zum anderen zeigt sich, daß je nach Adressaten ganz unterschiedliche Facetten von Raumbildern ausschlaggebend für regionsbezogene Entscheidungen, Verwaltensweisen, Einstellungen etc. sind; die Diskussion um den Stellenwert von „harten" oder „weichen" Standortfaktoren kann hierfür als Beispiel dienen (zum Verhältnis von Raumnutzung und Raumbild vgl. a. IPSEN 1986; IPSEN 1987).

Landeskunde kennt dann zwei Arten des Umgangs mit Raumbildern: Zum einen gibt sie bestehende Raumbilder wieder und untersucht sie in Anbetracht des Umstands, daß

> „the production of images and discourses is an important facet of activity that has to be analysed as part and parcel of the reproduction and transformation of any social order." (HARVEY 1989:355; vgl. dazu die Beispiele in BARNES/DUNCAN 1992b)

Zum anderen ist aber auch jede Art von Landeskunde, ob sie nun ausschließlich sozioökonomische Fakten referiert oder regionsinterne Raumbilder wiedergibt, selbst eine Produktion von Raumbildern. Die Frage ist daher vor allem, ob diese Raumbilder sich innerhalb landeskundlicher Darstellung eher ungeplant einstellen oder doch „sehr bewußt aus der Luft gegriffen werden, in der sie liegen". (IPSEN 1987:143)

Vor diesem Hintergrund gewinnt WEICHHARTs Feststellung, daß es sich bei den Struktur- und Verflechtungsregionen des raumwissenschaftlichen Ansatzes ebenso um methodische Artefakte handelt wie alltagsweltliche Regionsbegriffe „in erheblichem Maße Chimären, Hirngespinste, bloße Trugbilder unserer projektiven Deutung und Umdeutung der Welt" (WEICHHART 1996:38) sind, eine praktische Bedeutung: Diese Raumbilder können dann entweder *als* Konstrukte untersucht werden –

---

[165] Es sollte an dieser Stelle klar geworden sein, daß der bisher verwandte Ästhetikbegriff sich auf die Produktion von Bildern bezieht, nicht jedoch die (bauliche) Ästhetisierung etwa des öffentlichen Raums durch „aufgehübschte Fassaden" (HASSE 1993a:34) oder andere Formen architektonischer „Simulation" (HASSE 1993b) thematisiert. Ebensowenig auch wird Ästhetik als Rezeptionsbegriff verstanden, im Sinne von ästhetischer Erfahrung oder ästhetischem Empfinden (vgl. BOHRER 1993:48 f.; HARD 1988; HARD 1995).

was kaum zur Aufgabe von Landeskunde zu zählen ist, aber sicherlich ein interessantes Forschungsprogramm bildet, vorgeschlagen etwa von KLÜTER unter der Leitvokabel der „Raumabstraktion"(KLÜTER 1986; vgl. a. HARD 1987e:27 u. passim) – oder aber im Bewußtsein ihrer Konstruktqualität produziert werden, was der Darstellungsaufgabe von Landeskunde wohl am besten entspricht.[166]

Exkurs

An dieser Stelle scheint es geboten, kurz auf den mit aller Vorsicht verwendeten Begriff des „Konstrukts" einzugehen. Es ist nicht zu übersehen, daß in zahlreichen Wissenschaften das „Konstrukt" oder die „Konstruktion", ja das „Konstruktivistische" überhaupt eine inflationäre Nutzung findet, die der notwendigen Klarheit der Begriffsverwendung nicht gerade förderlich ist. So gibt es auch in der Geographie zumindest zwei unterschiedliche Bedeutungsvarianten der „Konstruktion" o. ä. von Regionen.

Auf der einen Seite findet sich die Vorstellung, daß Regionen durch soziales Handeln erzeugt werden (vgl. WERLEN 1997), indem das „alltägliche Handeln" etwa von Wirtschaftsunternehmen auch Distanzüberwindungen enthält (Lieferverflechtungen usw.) und so Regionen herausbildet. Dies kann auch als „Real-Konstruktivismus" bezeichnet werden, da das Konstrukt auf der Realebene des Handelns und nicht auf der begrifflichen Ebene (hier: als Element unternehmerischer Sprachwahl) angesiedelt ist.

Auf der anderen Seite steht der Begriffs- oder Beobachtungs-Konstruktivismus, der sich entweder beobachteten Sachverhalten z. B. aus einer distanzorientierten Perspektive nähert und diese Beobachtungen daher *als* Regionen beschreibt, d. h. sprachlich konstruiert (raumwissenschaftlicher Ansatz), oder aber Weltsichten unmittelbar in räumlichen Metaphern wiedergibt (z. B. alltagssprachlicher Regionalismus).

Diese beiden Konstruktionstypen verbinden sich in der Sphäre der Politik, die ja sowohl die materiellen Gegebenheiten als auch die Wahrnehmungs- und Deutungsmuster in der Bevölkerung zu beeinflussen beansprucht. Konkretisiert wird dies durch das Prinzip der Territorialität staatlichen Handelns – eines Handelns, das auf vorgegebenen Territorien die materiellen Gegebenheiten und damit das Leben der Menschen bestimmt, das sich aber auch als Handeln *des* Territoriums artikuliert und

---

[166] Dies bedeutet nicht, daß ein Image erzeugt werden soll – zumindest wenn unter Image die direkt nutzenbezogene, etwa für den Tourismus konzipierte Herstellung von Raumbildern mit dem Zweck verstanden wird, hierüber das Verhalten von Menschen zu steuern, zum Beispiel sie zu einem Urlaub in einer bestimmten Region zu veranlassen. Nicht zuletzt kann eine Imageproduktion auch bewußte Täuschungsversuche enthalten, wovon eine landeskundliche Raumbildproduktion strikt zu trennen ist (vgl. a. IPSEN 1987:145 f.). Selbstverständlich ist kaum zu bestreiten, daß eine eindeutige Unterscheidung zwischen einer Raumbildproduktion als Interpretation tatsächlicher Gegebenheiten und einer Imageproduktion als Tatsachenverfälschung nicht getroffen werden kann, sondern eher von einem Kontinuum auszugehen ist, in dem Grenzen nur fallweise gezogen werden können.

durch dessen Namen eine Einheit von räumlicher Definition und konkreten sozialen Gegebenheiten erzeugt.

Als Kind des nationalstaatlichen Denkens hat es nun gerade die Landes- und Länderkunde sehr schwer, diese Verquickung des Real-Konstruktivismus mit dem Begriffs-Konstruktivismus aufzulösen. So findet sich immer wieder die parallele Verwendung dieser Konstruktbegriffe, um einzelne Regionstypen der wissenschaftlichen Betrachtung vorzulegen. Wenn etwa BLOTEVOGEL zwischen „Beschreibungs- und Analyseregionen" (als Konstrukte seitens der Wissenschaft; etwa: Pendlerverflechtungsbereich), „Tätigkeits-/Aktivitätsregionen" (Konstrukte seitens verschiedener Organisationen; etwa: staatliche Planungsregion) und „Wahrnehmungs- und Identitätsregionen" (Konstrukte seitens der Bevölkerung; etwa: Regionsimage) unterscheidet (BLOTEVOGEL 1996c:58-60), artikuliert sich hier die Annahme, es könnten z. B. regionale Images und Identitäten durch einen Beobachter direkt erfahren werden, ähnlich wie dem Leser eines regionalanalytischen Aufsatzes des Autors Konstrukt eines Verflechtungsbereiches vor Augen steht. Tatsächlich sind die regionalen Images und Identitäten als Objekt wissenschaftlichen Arbeitens ebenfalls dessen Konstrukte und nur über dieses Konstrukt – wenn man so will: das Konstrukt eines Konstrukts – wissenschaftlich kommunikabel. Die aufgeführten Regionstypen sind demnach nicht als parallel, auf derselben Ebene befindlich anzusehen, sondern unterscheiden sich durch ihre wissenschaftliche Zugänglichkeit. Parallel hingegen verläuft die Regionskonstruktion auf der Basis sozioökonomischer Daten zu derjenigen, der wissenschaftliche Konstrukte regionaler Identität zugrundeliegen. Es handelt sich also in beiden Fällen um wissenschaftliche Konstrukte. Und wohl nur in diesem Verständnis, d. h. als Konstruktion von „Regionen" durch begrifflich „regionalisierende" Tätigkeiten verschiedenster Art, ist die Verwendung des „Konstrukt"-Begriffs letztlich sinnvoll.

Auf dieser Grundlage kann nun auch HARDs Definition von „Region"/„Regionalisierung" nutzbar gemacht werden:

> „Eine 'Region', das ist der Output einer Tätigkeit, die man 'Regionalisieren' nennen kann, und 'Regionalisieren' heißt, Begriffe und Bilder von Regionen herzustellen und diese mit mehr oder weniger Erfolg in die soziale Kommunikation einzufädeln." (HARD 1994:54)

Diese recht weite Definition schließt nicht nur die traditionell geographischen Regionsbildungen mittels ausgewählter statistischer u. a. Variablen ein, sondern begreift explizit auch uneindeutige, schillernde und stark situativ gebundene Raumbilder (etwa eines ethnopolitischen Regionalismus) als Form der Regionalisierung. „Region" dient damit als Oberbegriff der Produktion und Verbreitung eines oder mehrerer Raumbilder.

Die konkreten Qualitäten einer Darstellung sind wohl vor allem daraus abzuleiten, inwieweit die Multidimensionalität der Darstellungsinhalte in eine adäquate Repräsentation der Sachverhalte umgesetzt wird. Ob dies in der Weise durchgeführt wird, daß ein Gesamtraum in zwei aufeinander folgenden Durchgängen in jeweils unterschiedlicher Art und Weise beschrieben wird (so z. B. SOJA 1989:190-248), oder ob verschiedene Darstellungsformen je nach regionaler Untereinheit oder verhandeltem Thema ausgewählt werden, ist demgegenüber nebensächlich.

Mit welchen Darstellungsmitteln eine Bildproduktion schließlich durchzuführen ist, läßt sich abstrakt jedoch nicht klären, auch kaum in entscheidungsleitende Fragen umsetzen. Ein Kriterium für die Konzeption der Darstellung ist die Verwendung von Medien, worunter neben der schriftlichen Form sowohl die geographietypischen Darstellungsmittel der Karten, Abbildungen und Tabellen zu verstehen sind als auch moderne, digitale Mittel (etwa multimediale Darstellungen auf CD-ROM). Die schriftliche Form selbst ist sicherlich der am schwierigsten zu entscheidende Aspekt der Darstellung, zumal persönliche Vorlieben und Fähigkeiten hier oft deutlich mit der Adressatenorientierung konfligieren. Prinzipiell sind viele sprachliche Ausdrucksformen denk- und anwendbar; zumindest nicht ganz auszuschließen ist jedoch, daß der „unkonventionelle Stil" einzelner Autoren primär der Demonstration eigener Belesenheit etc. dient, aber nicht einmal versuchsweise der tatsächlichen Kommunikation mit dem Leser.[167] Ebendies sollte jedoch die zentrale Richtschnur von Landeskunde sein.

b) Die aus der Anerkennung des Faktischen resultierende Zielsetzung, „veränderbare erste Funktionen" (hier: Informationsgehalt einer Landeskunde) und „offene zweite Funktionen" (hier: über die Darstellungsformen vermittelte Bilder) zu schaffen, verwirklicht sich jedoch nicht nur in der fertigen Form des *Produkts* Landeskunde, sondern auch – und vielleicht noch wichtiger – in seiner *Produktion*, d. h. im Prozeß der Landeskunde-Entstehung. Gerade wenn Landeskunde nicht in erster Linie als abgeschlossenes Resultat wissenschaftlicher Bemühungen um die Erfassung zentraler Merkmale des betrachteten Gebiets verstanden wird, sondern vielmehr als permanente Neuschaffung einer Darstellung regionsbezogener Informationen, bleibt der Informationsgehalt sowohl veränderbar als auch in seiner Darstellung offen.

Diese Offenheit, die dieses Merkmal ja nicht absoluten eigenen Qualitäten verdankt, sondern als solche nur relativ, d. h. unter Einbezug der Rezipienten qualifizierbar ist, enthält in zweifacher Hinsicht Adressatenorientierung. Zum einen berücksichtigt sie überhaupt erst den Umstand, daß Landeskunden nicht primär *über* ein Land, sondern vor allem *für* Leser geschrieben werden (sollen), und bietet durch diese Anerkennung eines Autor-Leser-Verhältnisses die Grundvoraussetzung jeder inhaltlichen und gestalterischen Adressatenorientierung. Zum anderen weist sie darüber hinaus auch eine stark dynamische Komponente auf, indem sie die Frage nach der Organisation des Autor-Leser-Verhältnisses aufwirft.

Zur Beantwortung dieser Frage, d. h. zur Lösung des Problems, wie ein Produkt veränderbar und offen gestaltet werden kann, kann nun wiederum auf aktuelle Entwicklungen im Bereich des (Produkt-)Designs zurückgegriffen werden.

Den Ausgangspunkt bilden hier Anwendbarkeits-(„Usability"-)Untersuchungen, wie sie ab den 70er Jahren zunächst v. a. in den USA durchgeführt wurden. Mit Hilfe etwa von ethnographischen Feldforschungsmethoden und daran ausgerichteten Tests wurde hier zu ermitteln versucht, wie die Nutzer mit einem Produkt umgehen, um daraus Erkenntnisse über mögliche Verbesserungen des Designs gewinnen zu

---

[167] Zudem erzielen Versuche, die Grenzen zwischen Literatur, Philosophie und Wissenschaft primär stilistisch aufzuheben, zumeist negative Ergebnisse, werden „Texte der Gattung 'nicht-wissenschaftliche schlechte Belletristik'" (SCHMIDT 1993:298) erzeugt.

können. Eine besondere Bedeutung haben solche nutzerzentrierten Beobachtungsverfahren in der Computerbranche bei der Gestaltung anwenderfreundlicher Programmoberflächen, aber auch für Hersteller von komplexer „Hardware" (Videorecorder, Fotokopierer, Mobiltelefone u. ä.).

Einen Schritt weiter gehen Design-Prozesse, für die der Nutzer nicht nur passives Beobachtungsobjekt ist, sondern die den Nutzer aktiv in die Design-Entwicklung einbeziehen. Als Musterbeispiel kann das dänische Industrieunternehmen Danfoss (Regelungstechnik u. ä.) angeführt werden. Hier existiert seit 1992 die „User Centred Design group", die über die skizzierten Anwendbarkeitsstudien hinaus den Nutzer am Design-Prozeß teilhaben läßt. Dabei werden Nutzer in die Labors eingeladen und in Kooperation mit den Designern nicht nur überwachten Anwendbarkeitstests ausgesetzt, sondern es werden dieses Tests auch in Workshops überführt und letztlich die Nutzer in den Design-Prozeß selbst eingebunden (BUUR/BAGGER 1999).

Und da weder der Design-Prozeß noch gar die einzelnen Workshops selbst als abgeschlossene, singuläre Akte verstanden werden, sondern lediglich Stufen einer permanenten Weiterentwicklung bilden, kann hier nicht nur von Adressaten- oder Nutzerorientierung als prinzipielle Ausrichtung der Firmenpolitik gesprochen werden, sondern auch von Adressatenorientierung als Element der Produktentwicklung selbst. Weniger planvoll, aber sicherlich ähnlich wirksam wie im geschilderten Beispiel gestaltet sich der Kommunikationsprozeß zwischen Produktentwicklern und Nutzern in der Softwarebranche, wo gemeldete Probleme, aber auch Anregungen der Kunden zur rasanten Weiterentwicklung von Computerprogrammen beitragen.

Selbstverständlich soll hier nicht unterschlagen werden, daß diese Formen eines „user centred design" zwar die Nutzerfreundlichkeit eines Produkts teilweise erheblich steigern, der Nutzer letztlich aber in der Rolle des (unbezahlten) Ideengebers zugunsten eines gewinnorientierten Unternehmens verbleibt. In letzter Konsequenz verwirklicht sich daher „user centred design" erst in einem gemeinsamen Produktionsprozeß, in dem sich die Unterscheidung zwischen Designer/Produzent und Nutzer/Kunde aufhebt. Als Beispiel für einen solchen kollektiven Produktionsprozeß, in dem ein Nutzer gleichzeitig Produzent für einen anderen Nutzer ist, kann die „open source"-Bewegung im Softwarebereich (das Betriebssystem Linux u. a.) erwähnt werden. Unter Verzicht auf Eigentumsrechten an eigenen Problemlösungen etc. wird das Produkt in konsequenter Ausrichtung an den Interessen der beteiligten Nutzer permanent weiterentwickelt, indem alle Neuerungen öffentlich und kostenlos zugänglich gemacht werden – was zum einen der Qualität des Produkts selbst zugute kommt und zum anderen und insbesondere eine enge Anbindung der Produktentwicklung an den Nutzerinteressen gewährleistet.

Diese hier nur sehr plakativ skizzierten Elemente eines „user centred design" oder gar der „open source"-Bewegung bilden nun die Matrix, in der auch eine adressatenorientierte Landeskunde ihren Standort finden kann. So erhält Landeskunde ihre Optimierung nicht nur in der inhaltlichen wie formalen Ausrichtung an (vermuteten) Adressaten, sondern auch konsequenterweise in der Rückkoppelung mit den Adressaten, ja sogar in einem gemeinsamen Produktionsprozeß, in dem ein Autor nicht mehr die oberste Instanz der Hervorbringung von Landeskunde – ihr „Schöpfer" –

ist, sondern Moderator eines vielseitigen und vielstimmigen Prozesses von Landeskunde-Entstehung.

Zusammenfassend lassen sich damit folgende Elemente einer auch wissenschaftstheoretisch begründbaren Konzeption von Landeskunde festhalten:

1. Landeskunde ist keine Forschungsdisziplin, sondern eine Form der Darstellung. Sie basiert daher nicht auf einer Theorie der Forschung, sondern der Darstellung.
2. Wichtige Inhalte von Landeskunde sind das Angebot regionsbezogener Daten und – bereits damit, aber auch darüber hinausgehend – die Vermittlung eines vielperspektivischen Bildes einer Region.
3. Landeskunde ist adressatenbezogen und deshalb selektiv, vorläufig und demonstrativ. Sie verfügt über kein vorgegebenes und umfassendes Themenspektrum, sondern zeigt die vielfältigen Möglichkeiten eines landeskundlichen Zugangs auf.
4. Konsequenter Adressatenbezug begreift Landeskunde nicht nur als Produkt, sondern auch und vor allem als Prozeß der Entstehung von Landeskunde in der Kommunikation mit den Adressaten.
5. Landeskunde als Darstellung versteht sich damit als ästhetisches Projekt eines „user centred designs".

Die Gesamtheit dieser Merkmale von Landeskunde ist ein Postulat – aber weniger ein Postulat, wie Landeskunde in praxi sein soll, als vielmehr eine Aufforderung, diese Elemente von Landeskunde als unumgehbar zu akzeptieren. Genauer: Die vorgestellte Konzeption von Landeskunde versteht sich als theoretische Begründung für das, was praktizierte Landeskunde bisher in ihrem Kern immer war, aufgrund falscher theoretisch-methodologischer Fundierung jedoch nicht sein durfte und daher zu dem bekannten unbefriedigenden Zwitter mutierte, der gerade theoretisch reflektierte Landeskunden kennzeichnet.[168]

Die dargestellten neueren Entwicklungen der Geographie passen sich wie naturwüchsig in die vorgestellte Konzeption von Landeskunde ein, was nicht zuletzt auf den diesen Entwicklungen zugrundeliegenden Paradigmenkern der Geographie – eben die Landes- und Länderkunde – zurückzuführen ist. Landeskunde kann daher aber auch andere Teildisziplinen der Geographie als Quellen ihrer eigenen Aufgabe verwenden; wesentlich ist nur, daß letztere gewahrt bleibt: das adressatenorientierte Angebot von Raumbildern und Raumbildelementen.

Ausgehend von diesen Überlegungen führt eine Neuentdeckung der Landeskunde nicht in völlig unerforschte Gefilde, sondern lediglich hin zu einer integrierenden und systematisierenden Betrachtung aktueller Praxis. Anstatt die Kreation von Raumbildern als – unerwünschten – Nebeneffekt analytischer Forschungstätigkeit zu begreifen, geht es vielmehr darum, diesen schöpferischen Akt als Kern geographisch-landeskundlichen Handelns zu begreifen und zu optimieren.

---

[168] Diese Feststellung versteht sich als Analogon etwa zu SCHRAMKEs Argumentation für die Schulerdkunde als Form politischer Bildung, wenn er zunächst die Faktizität politischer Bildung im Erdkundeunterricht herausarbeitet und daran die Forderung nach dem bewußten und gestalterischen Umgang mit dieser Tatsache anschließt (SCHRAMKE 1978).

Aus diesem Blickwinkel und mit Hilfe der vorgestellten Konzeption rückt eine Kritik an wissenschaftlicher Praxis nicht die Darstellungsqualitäten bestehender Landes- und Länderkunde ins Zentrum des Interesses, sondern ausschließlich deren (kontraproduktive) theoretische Fundierung. Da die vorgestellte Konzeption als zentrales Element die Adressatenorientierung enthält, ist eine Bewertung der Darstellungsqualitäten abstrakt auch gar nicht möglich. Weil zudem die herausgearbeiteten Anforderungen an eine Landeskunde prinzipiell unendlich viele Formen ihrer Konkretisierung zulassen, können auch andere Gestaltungen von Landeskunde sinnvoll sein.

Ein solcher Versuch soll im anschließenden Kapitel am Beispiel einer notwendigerweise fragmentarischen und vorläufigen Landeskunde des Landesteils Schleswig unternommen werden. Dieser Versuch ist mit einer Reihe von Widersprüchen verbunden:

– So schließt sich die folgende praktische Landeskunde an ein theoretisches Plädoyer an, das zu argumentieren beanspruchte, daß theoretische Vorbemerkungen nicht nur unnötig, sondern kontraproduktiv sind.
– Obwohl der Charakter der Vorläufigkeit, des „work in progress" von Landeskunde herausgearbeitet wurde, ist die praktische Umsetzung hier ein abgeschlossener Text.
– Die postulierte Vielstimmigkeit wird durch einen einzelnen Autor präsentiert, und der Adressatenbezug schillert zwischen der exemplarischen Diskussion einer Konzeption und Informationen für regional Interessierte.

Diese Widersprüche sind zum einen Resultat des Entstehungszusammenhangs des vorliegenden Textes, zum anderen aber auch prinzipieller Natur, reflektieren sie doch die paradoxe Rolle der Darstellungsdisziplin „Landeskunde" im institutionellen Rahmen einer theoretisch-analytisch arbeitenden Geographie. Gerade dieses Paradoxon ist unauflösbar. Es kann daher im folgenden nur darum gehen, einerseits den Bezug zu den eigenen theoretischen Überlegungen nicht zu verlieren, andererseits aber auch die Eigenständigkeit der Praxis herauszustellen.

5 LANDESKUNDE ALS ADRESSATENORIENTIERTES SYSTEM VON BILDERN – DER LANDESTEIL SCHLESWIG

5.1 VORBEMERKUNGEN

Die Umsetzung des in Kap. 4 entwickelten Konzepts von Landeskunde in die landeskundliche Praxis erfordert ihre Ausrichtung an den Schlüsselkategorien Bild, System und Adressat. Während die erste, grundsätzlich-allgemeine Kategorie sowohl die Anerkenntnis des Selektiven und Konstruierten als auch das Postulat einer umfassenden, über bloß Fragmentarisches hinausreichenden Darstellung enthält, berühren die beiden letzten Kategorien die jeweils konkrete, aus diesen abgeleitete Gestaltung einer Landeskunde.

In der vorliegenden Arbeit wird als *Adresse* in erster Linie ein vermutetes Interesse an (Varianten) landeskundlicher Information gesetzt, woraus sich ein Demonstrationscharakter ergibt, dessen Ziel nicht Vollständigkeit, sondern Diversität ist. Diese unterschiedlichen Möglichkeiten landeskundlicher Darstellung sollen in Form eines qualitativ gegliederten *Systems* umgesetzt werden, und zwar durch eine Einteilung nach der Art der erzeugten Bilder und der ihnen zugrundeliegenden Daten. Daraus ergibt sich folgende Gliederung:

– Zunächst wird kurz auf bisherige Landeskunden, die (auch) den Landesteil Schleswig behandeln, eingegangen und ihre Informationsreichweite diskutiert.
– Daran schließt sich eine bisher eher unübliche Ebene regionaler Information an, und zwar der Aufbau von Datenbanken über den Landesteil Schleswig als Quelle für die Konstruktion von Landeskunde.
– In einem ersten Durchgang landeskundlicher Darstellung soll ein beschreibender Überblick über die Gesamtregion sowie die Verteilungsmuster verschiedener (sozial- und wirtschaftsstatistischer) Merkmale gegeben werden.
– Eine zweite Stufe landeskundlicher Bildproduktion erzeugt multivariate Raumkategorien und diskutiert die Bedeutung räumlicher Modelle.
– Neben die Konstruktion wissenschaftlicher Regionstypen tritt in einem weiteren Arbeitsschritt die Präsentation bestehender Regionskonzepte bzw. der Bedeutungsreichweite von Bezeichnungen auf subregionaler Ebene.
– Sowohl für den Gesamtraum als auch die in ihm enthaltenen (alltagssprachlichen) Kleinregionen werden schließlich vorhandene und projektierte Raumbilder und Images behandelt und auf ihren Gehalt hin untersucht.
– Den Abschluß des Kapitels bildet die Diskussion der Adressatenorientierung landeskundlicher Information, wobei nicht nur auf die jeweils unterschiedlichen *Inhalte* einer Landeskunde eingegangen wird, sondern auch auf deren *Darstellung*.

Der Umfang der behandelten Themen erfährt jedoch in zwei Bereichen von vornherein eine Beschränkung: Physisch-geographische Aspekte bleiben ebenso unberücksichtigt wie längere Ausführungen zur („raumwirksamen") Historie. Durch die Art der Aufarbeitung sozial- und wirtschaftsgeographischer Informationen soll jedoch deutlich werden, daß naturgeographische Phänomene in ähnlicher Weise behandelt werden können.

Objekt einer Landeskunde ist ein Ausschnitt der Erdoberfläche, der sich in zumindest einem Kriterium von benachbarten Gebieten unterscheidet (vgl. zu diesem Kapitel auch die allgemeinen Ausführungen in Kap. 4.1). Üblicherweise handelt es sich bei diesem Merkmal um die Bezeichnung, um den Namen, der in einem oder mehreren Zusammenhängen für diese Region Anwendung findet. Ein zweites, oft eng damit verbundenes Kriterium ist das Vorliegen einer Verwaltungsgrenze.

Im Falle einer Landeskunde des Landesteiles Schleswig ist es schwierig, die Bezeichnung „Schleswig" als eindeutiges Kriterium zu bezeichnen, da sie über unterschiedliche Bedeutungsreichweiten verfügt. Mithin ist das, was unter einer „Untersuchungsregion Schleswig" zu verstehen ist, eine vorwiegend pragmatische Entscheidung, die aber auch an bestehende Abgrenzungen anschließt (Abb. 5-1):

Zunächst einmal umfaßt die Untersuchungsregion *nicht* das historische Herzogtum Schleswig, dessen feudale Zugehörigkeiten sich im aufkommenden Nationalismus des 19. Jhs. als wechselseitig unvereinbar erweisen und das so zum Streitobjekt zwischen Dänemark und Preußen wird. Nach einem Krieg mit Dänemark 1864 gehört Schleswig zu Preußen, ab 1870 zum Deutschen Reich.

Ebenfalls ist das Untersuchungsgebiet *nicht* mit denjenigen Gebieten des ehemaligen Herzogtums identisch, die 1920 nach der (neuen) Grenzziehung im Rahmen des Versailler Vertrags beim Deutschen Reich verbleiben und heute den nördlichsten Teil (daher „Landesteil") des Bundeslandes Schleswig-Holstein bilden.

Vielmehr wird im folgenden als Landesteil Schleswig ein Gebiet verstanden, das sich aus den Kreisen Nordfriesland, Schleswig-Flensburg sowie der kreisfreien Stadt Flensburg zusammensetzt. Diese Verwaltungseinheiten bilden zugleich den Planungsraum V der schleswig-holsteinischen Landesplanung.[169] Die hier gewählte Bezeichnung der beiden Kreise incl. Flensburg als „Landesteil Schleswig" folgt zum einen der Praxis der ehemaligen Forschungsstelle für regionale Landeskunde an der Pädagogischen Hochschule (heute: Universität) Flensburg. Zum anderen reicht der südlich gelegene Kreis Rendsburg-Eckernförde weit über die Grenzen des historischen Schleswig hinaus, so daß keinerlei Übereinstimmung zwischen der Südgrenze des ehemaligen Herzogtums und heutigen Verwaltungsgrenzen besteht. Da jedoch viele Daten lediglich auf Kreisebene publiziert werden, liegt es nahe, die Abgrenzung der Untersuchungsregion am Verlauf der Kreisgrenzen auszurichten.

---

[169] Im Rahmen des „Regionalprogramms für strukturschwache Räume" wird der „Landesteil Schleswig" jedoch mit dem Kreis (entspricht dem Landkreis anderer Bundesländer) Schleswig-Flensburg und der Stadt Flensburg gleichgesetzt, während der Kreis Nordfriesland zusammen mit dem Kreis Dithmarschen eine Region „Westküste" bildet (DER MINISTER FÜR WIRTSCHAFT, TECHNIK UND VERKEHR 1995).

Abb. 5-1: Lage des Landesteiles Schleswig

Quelle: eigener Entwurf

5.2 LANDESKUNDE UND LANDESKUNDLICHE THEMEN

Aus der Tatsache, daß auch in bisherigen landeskundlichen Forschungen der „Landesteil Schleswig" mit den beiden nördlichen Kreisen und der Stadt Flensburg gleichgesetzt wird, läßt sich jedoch nicht schließen, daß eine Landeskunde des Landesteils Schleswig existiert. Dies trifft nämlich nicht zu. Vielmehr liegen Landeskunden bisher nur über das gesamte Bundesland Schleswig-Holstein vor. Dabei kann unterschieden werden zwischen
1. geographischen Landeskunden i. e. S.,
2. geographischen Landeskunden i. w. S. und
3. nicht-geographischen Landeskunden.

Für alle drei Arten von Landeskunde ist das Dilemma einer Position zwischen den Attraktionspunkten des landschaftsgeographischen Allzusammenhangs und der willkürlichen (teilweise enzyklopädischen) Datensammlung charakteristisch.

Als geographische Landeskunde i. e. S. sind solche Publikationen anzusehen, in denen ein Autor alle als landeskundlich wichtig verstandenen Merkmale einer ausgewählten Region in einem Gesamtüberblick darstellt. Zu diesem Typus ist STEWIGs „Landeskunde Schleswig-Holstein" (1982) ebenso zu zählen wie einzelne Kapitel in geographisch-landeskundlichen Exkursionsführern „Schleswig-Holstein" (BÄHR/KORTUM 1987; SCHLENGER/PAFFEN/STEWIG 1970).

Während bei SCHLENGER/PAFFEN/STEWIG (1970) die landeskundliche Darstellung strikt dem länderkundlichen Schema folgt, zeigt sich bei BÄHR/KORTUM das landschaftsgeographische Grundmuster eines postulierten Allzusammenhangs als offensichtlich unverzichtbar, was etwa in folgender Erkenntnis kumuliert:

> „Schleswig-Holstein gehört als Teilraum der Norddeutschen Tiefebene zum atlantisch geprägten Küstensaum Europas. Die hierdurch bedingte Meeresbezogenheit bestimmt nicht nur Klima und Wetter, sondern auch die wirtschaftlichen Aktivitäten und hat das Wesen der hier siedelnden Bewohner geprägt. ... (Die) Polarität zwischen den beiden so verschiedenen Meeres- und Küstenräumen hat das maritime Denken und Handeln der Bevölkerung bis heute tief beeinflußt." (BÄHR/KORTUM 1987:2)[170]
>
> Und verschiedene Teilregionen Schleswig-Holsteins „gewinnen ihre regionale Identität sowohl durch spezifische physische Merkmale als auch durch eine oft weit zurückreichende historische, kulturelle und sozioökonomische Eigenart". (ebd.:5)

Das altgeographische Mensch-Natur-Paradigma scheint hier nicht nur notwendiger Bestandteil von Landeskunde zu sein, sondern auch unausweichlich in der Kovarianz von Wetter und menschlichem Handeln zu stranden.

Kaum weniger zweifelhaft sind Stewigs Bemühungen, Landeskunde „systemtheoretisch" oder „systemanalytisch" zu betreiben, wenn dies zunächst lediglich bedeutet, die betrachtete Region als „Wirkungsgefüge" zu verstehen, wobei physische Elemente zu einem „Ökosystem" koagulieren, gesellschaftliche zu einem „Soziosystem" und beide zu einem „Geosystem" (STEWIG 1982:10 f.). Die alte landschafts-

---

[170] ähnlich TIEDEMANN 1988:7

geographische Denkweise wird durch das „systemtheoretische" Vokabular nur geringfügig kaschiert.

Die entsprechende Darstellung Schleswig-Holsteins auf den einzelnen Betrachtungsebenen (Bevölkerung, Landwirtschaft, Industrie usw.) weist ein durchgängiges Konstruktionsprinzip auf: So werden etwa im Kapitel über die Landwirtschaft in Schleswig-Holstein zunächst „Faktoren" („Ökosystembedingungen, historische Vorgabe, Arbeit, Agrartechnik, Kapital, Wirtschaftsordnung") aufgezählt und sodann verschiedene landschaftsgebundene agrarwirtschaftliche Sub-„Systeme" (Hügelland, Geest und Marsch) herausgehoben (STEWIG 1982:93-127). Dabei fällt jedoch den „Faktoren" lediglich die Rolle von Beschreibungselementen des jeweiligen „Systems" zu; als Kausalitäten im Rahmen von allgemeinen Gesetzesaussagen bei gleichzeitig räumlich variierenden Ausgangsbedingungen werden sie nicht verwendet. Damit ist diesen „Faktoren" dieselbe scheinkonkrete Metaphorik zu eigen wie den alt-landschaftsgeographischen „Wirkkräften" (vgl. Kap. 2).

Das STEWIGsche „System" fungiert jedoch nicht nur als Synonym von „Landschaft", sondern erfährt durch eine Ausrichtung an Konnotationen alltagssprachlicher Verwendung auch eine Bedeutungserweiterung, und zwar im Sinne von „systematisch". Tatsächlich bildet die Aufzählung von „Faktoren" und (Sub-) „Systemen" weniger ein erklärendes denn ein beschreibungsstrukturierendes und damit didaktisches Verfahren einer Landeskunde.

Sieht man von den a priori vergeblichen Versuchen der Entdeckung von Allzusammenhängen ab, bleibt eine Darstellung von landeskundlich als wichtig erachteten Themen, deren Bandbreite sowohl fachinternen Traditionen folgt als auch den Vorlieben und Kenntnissen des Autors geschuldet ist. Eine solche Behandlung landeskundlich relevanter Themen kann auch als geographische Landeskunde i. w. S. bezeichnet werden. Derartige Landeskunden über Schleswig-Holstein sind in größerem Ausmaß anzutreffen als die diskutierten Landeskunden i. e. S.

Die jeweiligen Inhalte differieren stark; im wesentlich handelt es sich dabei um Kompilationen von Aufsätzen, die einzelne Probleme in ganz Schleswig-Holstein, in Teilregionen oder auf lokaler Ebene behandeln (ACHENBACH 1991; GLAESSER 1991; SCHOTT 1953; STEWIG 1971). Gegenüber den Landeskunden i. e. S. zeichnen sich diese Bände einerseits durch Beiträge aus, die ihren jeweiligen Gegenstand umfassend beschreiben und teilweise auch erklären, sind andererseits aber auch durch die Beliebigkeit der Zusammenstellung der Aufsätze charakterisiert, deren einzige gemeinsame Klammer der Raumbezug auf Schleswig-Holstein ist. Wenn in einer Landeskunde i. e. S. aus einer *Systematik* der Darstellung gleich *System* der realen Welt hypostasiert wird, so kennzeichnet die Landeskunden i. w. S. vor allem ein *Mangel* an Systematik. Die jeweiligen Titel (Beiträge zur Landeskunde/regionalen Geographie) weisen implizit auf ein Verständnis hin, das Landeskunde zunächst als (eigentlich nie zu erreichendes) Produkt (unendlich) vieler einzelner Beiträge begreift, woraus dann abzuleiten ist, daß Landeskunde vor allem ein *Prozeß* ist, in Form der permanenten Akkumulation von regionsbezogenem Wissen.

Zwischen den Polen des (dort nur selten ganzheitlich aufgeladenen) Enzyklopädischen und des in seiner Zusammenstellung eher Zufälligen sind auch die nicht-geographischen Landeskunden zu verorten, die wiederum in verschiedene Gruppen unterteilt werden können:

- Noch recht nah mit geographischen Landeskunden verwandt sind Zusammenstellungen von Beiträgen verschiedener Fachleute zu einzelnen landeskundlichen Themen, deren Spektrum von landschaftlichen Betrachtungen über Geschichte und Kultur bis zu Wirtschafts- und Verkehrsfragen reichen kann (NDR 1986; THIEDE 1962).
- Zu einem anderen Typus sind politische Landeskunden zu zählen, die neben Informationen zur Wirtschafts- und Sozialstruktur vorrangig solche zur Geschichte, zu öffentlichen Einrichtungen, politischen Organen und wichtigen Themen der Landespolitik geben (LANDESZENTRALE FÜR POLITISCHE BILDUNG SCHLESWIG-HOLSTEIN 1992; WENZEL 1998).
- Mit Einschränkungen ebenfalls als Landeskunde kann die thematisch ausgerichtete Sammlung von Ortsbeschreibungen (LOCATION GUIDE SCHLESWIG-HOLSTEIN 1994) oder der Überblick über „alternative Einrichtungen" (NETZWERK SELBSTHILFE HOLSTEIN UND SCHLESWIG 1987) verstanden werden.
- Andere Arten von Landeskunde sind in Bildbänden, Reiseführern und Prospekten auszumachen; ebenso kann die Darstellung von Schleswig-Holstein im Unterricht als Landeskunde verstanden werden. Diese beiden Publikationsformen werden später gesondert behandelt (Kap. 5.6).

Es zeigt sich, daß recht unterschiedliche Formen von Landeskunde existieren. Allen gemeinsam ist die Behandlung jeweils mehrerer Themen, deren einzige Klammer der Bezug auf die gewählte räumliche Einheit – das Bundesland Schleswig-Holstein – bildet. Eine Begründung für die Auswahl wird nicht gegeben; auch STEWIGs „Systemtheorie" betrifft lediglich die Verknüpfung der Informationen, nicht deren Zusammenstellung.

Die folgenden Ausführungen verzichten ebenfalls auf eine solche Begründung, ja müssen darauf verzichten, da die hier vertretene Konzeption von Landeskunde sich als prinzipiell offen, als permanentes *work in progress* versteht (vgl. Kap. 4.3). Demzufolge geht es vorrangig um die Konstruktion eines Gerüsts, in das bestehende und zukünftige Elemente von Landeskunde eingebaut und nach Bedarf abgerufen werden können.

5.3 Datenbanken als System landeskundlicher Quellen

Grundlage einer jeden landeskundlichen Aufarbeitung regionsbezogener Quellen sind diese Quellen selbst, die im wesentlichen in drei Gruppen unterteilt werden können:
1. eigene Erhebungen,
2. fremde Erhebungen, und
3. landeskundliche Darstellungen.

Eigene Erhebungen umfassen das gesamte Spektrum geographischer Forschungstätigkeit, das von Beobachtungen über Messungen verschiedener Art bis zu komplexen Verfahren empirischer Sozialforschung reichen kann. Zu den *fremden Erhebungen* gehören vor allem die Zählungen zur staatlichen Statistik – etwa Volkszählung, Handels- und Gaststättenzählung, Landwirtschaftszählung usw. –, aber auch Erhebungen anderer Einrichtungen, so z. B. der Bundesanstalt für Arbeit, der Kammern und Verbände oder auch privater Unternehmen, sowie Topographische und Luftbild-Atlanten. Die *landeskundlichen Darstellungen* umfassen das breite Spektrum von der Fachliteratur (etwa als wissenschaftlicher Aufsatz zu einem Thema) bis zu populärwissenschaftlichen oder literarischen Publikationen.

Der Aufwand für eine Landeskunde sinkt mit dem steigenden Anteil bereits von anderer Seite entwickelter Darstellungen und steigt mit der Durchführung eigener Erhebungen, während es sich bei der Möglichkeit zur freien Entscheidung, welche Informationen verwendet und welche Bilder geschaffen werden sollen, umgekehrt verhält. Zugleich bewegt sich auch das Interesse an Landeskunde zwischen den Extremen einer auf bearbeiteten und bewerteten Informationen basierenden, im Endeffekt auf konkrete Angaben verzichtenden Gesamtschau und der Zusammenstellung vielfältiger, für eigene Untersuchungen über einen Raum ebenfalls verwendbarer detaillierter Daten.

Damit stellt sich nicht nur das Problem der Verwendung von Daten unterschiedlichen Aufarbeitungsniveaus, sondern auch die Frage, in welcher Form regionalkundliche Quellen dem Nutzer einer Landeskunde zur Verfügung gestellt werden sollen.[171] Solche Quellen werden zumeist in einem Verzeichnis (z. B. Literaturverzeichnis) gesammelt veröffentlicht – wenn auch dieses Minimum an Nutzerfreundlichkeit nicht immer gegeben ist.[172]

Das Verfahren des alphabetisch geordneten Literatur- und Quellenverzeichnisses verkoppelt Information und Quelle jedoch nur in einer Richtung, indem es die Quelle für eine im Text verarbeitete Information angibt, nicht aber Quellen nach ihrem Informationsgehalt ausweist. Die entgegengesetzte Richtung schlagen thematisch gegliederte Literaturüberblicke (etwa BÄHR/KORTUM 1990), aber auch und vor allem Bibliographien ein, in denen auf den Informationsgehalt einzelner Quellen sowohl durch die Einordnung in themenbezogene Kapitel als auch durch Registereinträge verwiesen wird. Wichtigster Quellennachweis für den Landesteil Schleswig

---

[171] Nicht zuletzt gehört es auch zu den unumgehbaren Usancen akademischer Arbeit, diejenigen Quellen anzugeben, aus denen die einer Argumentation zugrundeliegenden Daten oder Gedankengänge stammen.

[172] so etwa bei STEWIG 1982, dessen Literaturangaben über das gesamte Buch verteilt sind.

ist die Schleswig-Holsteinische Bibliographie, deren Bände im mehrjährigen Turnus erscheinen.[173]

Da nun unter Landeskunde die *strukturierte* Wiedergabe regionalkundlicher Informationen verstanden wird, so gehören hierzu nicht nur z. B. die Angaben über die Bevölkerungszahlen, sondern auch die Angaben über die entsprechenden Quellen und deren Informationsgehalt. Damit stellt sich die Frage, wie diese dem Leser angeboten werden können. Es ist offensichtlich, daß die üblichen Literaturverzeichnisse zu diesem Zweck wenig geeignet sind. Der thematischen Strukturierung in Bibliographien sind jedoch ebenfalls starke Grenzen gesetzt, denn auch in einem abgegrenzten Gebiet können prinzipiell unzählige Themen (oft auf gleicher Datengrundlage) von Interesse sein; deshalb existiert keine Strukturierung von Quellen- und Literaturangaben, die für alle auftauchenden Zwecke in gleichem Maße geeignet ist. Damit wird die Frage nach der *besten* Strukturierung dieser Angaben abgelöst von der Frage nach der *flexibelsten*. Die Antwort auf diese Frage ist eine (hier: relationale) Datenbank (Abb. 5-2).

Solche Datenbanken vermögen es, über Schlüsselvariablen unterschiedliche Informationen und Informationsarten miteinander in Beziehung zu setzen und zu verknüpfen (für einen Einblick in die Leistungsfähigkeit dieses Instruments vgl. JÄCKEL 1991). So können auch nicht nur Sachdaten unterschiedlicher Provenienz verbunden werden, sondern darüber hinaus Literatur- und Datenquellen sowie Adressen von Institutionen und Einzelpersonen, die aus regionalkundlicher Perspektive von Bedeutung sind.

Eine Verschneidung etwa über die Variable „Kreis" ergibt nach diesem Muster Informationen zur Bevölkerungs- und Wirtschaftsstruktur ebenso wie zur Literatur und zu wichtigen Einrichtungen. Abb. 5-3 zeigt je ein Datenblatt der Literatur- und der Adressdatenbank.[174]

---

[173] Der neueste Band 15 erfaßt die Literatur für die Jahre 1993/94 (SCHLESWIG-HOLSTEINISCHE LANDESBIBLIOTHEK 1997). Den Aufbau gibt eine Anmerkung zu Beginn der thematisch gegliederten bibliographischen Angaben wieder: „Weitere Literatur zu einzelnen Sachgebieten, die nur unter dem lokalen Aspekt berücksichtigt ist, findet man über das Orts-, Personen- und Sachregister unter dem Systemstellenschlagwort mit dem Zusatz des Regionen- bzw. Ortsnamens." (S. XXVII) – Auch für Angeln, einen Teil des Landesteils Schleswig, und die Insel Föhr existieren Bibliographien, jedoch geringerer Inhalts- und Komplexitätstiefe (HAMER 1986; KOOPS 1991).

[174] Basis der Adressdatenbanken sind v. a. thematisch ausgerichtete Veröffentlichungen des Landes Schleswig-Holstein (DATENKOMPASS 1992; LOCATION GUIDE SCHLESWIG-HOLSTEIN 1994; PRESSESTELLE DER LANDESREGIERUNG 1994; RADTKE 1992), daneben auch Broschüren auf Kreisebene (PRESSESTELLE DER KREISVERWALTUNG SCHLESWIG-FLENSBURG ca. 1996).

Abb. 5-2: Struktur einer landeskundlichen Datenbank des Landesteils Schleswig

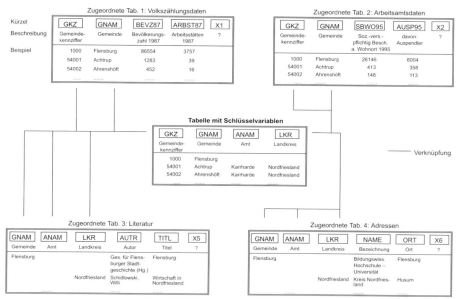

Quelle: Eigener Entwurf

Beide Tabellen können selbstverständlich nicht nur über ihren Raumbezug (hier: Schlüsselvariable „Kreis") miteinander verknüpft werden, sondern auch über ihren Sachbezug (Schlüsselvariablen „Thematische Zuordnung" oder „Sachbezug1-3"). Damit ist eine hohe Flexibilität und Ergiebigkeit auf dieser Ebene landeskundlicher Information gewährleistet.

Es ist jedoch offensichtlich, daß eine landeskundliche Datenbank zwar Zugriff auf eine Vielzahl von Informationen bieten kann, gleichzeitig eben daran scheitert. Denn so einfach mit Hilfe einer Datenbank der Zugriff auf die Daten ist, so schwierig gestaltet sich der Zugriff auf die Datenbank selbst. Zum einen kann eine gedruckte Landeskunde keine Datenbank enthalten, da diese auf elektronische Träger angewiesen ist; zum anderen ist eine Veröffentlichung einer Datenbank in digitaler Form bei all denjenigen Daten unmöglich, die rechtlich geschützt sind bzw. deren digitale Weiterverbreitung untersagt ist (was etwa für die kostenpflichtig zu erhaltenden Volkszählungsdaten oder Zahlen der Arbeitsverwaltungen gilt). Gleiches gilt für die Rohdaten aus eigenen Erhebungen, bei denen die Anonymität der Befragten zugesichert wurde, was aber nur dann möglich ist, wenn die Rohdaten eben nicht weitergegeben werden.

Abb. 5-3: Datenblätter der Literatur- und Adressdatenbank zum Landesteil Schleswig

Auszug aus Literaturdatenbank

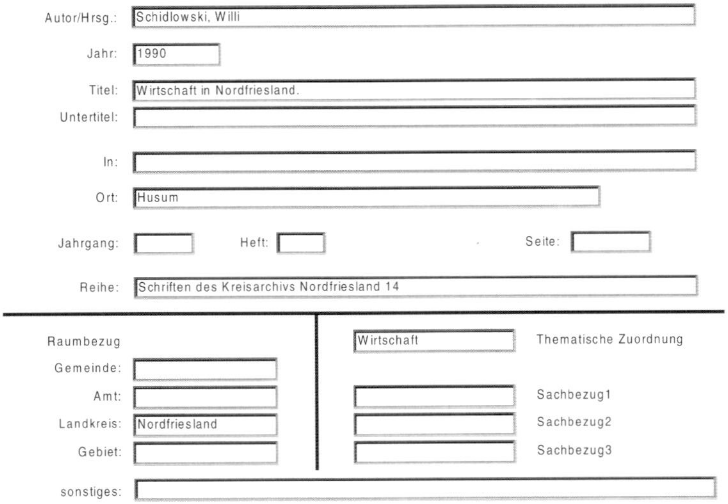

Autor/Hrsg.:	Schidlowski, Willi
Jahr:	1990
Titel:	Wirtschaft in Nordfriesland.
Untertitel:	
In:	
Ort:	Husum
Jahrgang:	Heft: Seite:
Reihe:	Schriften des Kreisarchivs Nordfriesland 14

Raumbezug		Thematische Zuordnung
Gemeinde:	Wirtschaft	
Amt:		Sachbezug1
Landkreis: Nordfriesland		Sachbezug2
Gebiet:		Sachbezug3

sonstiges:

Auszug aus Adressdatenbank

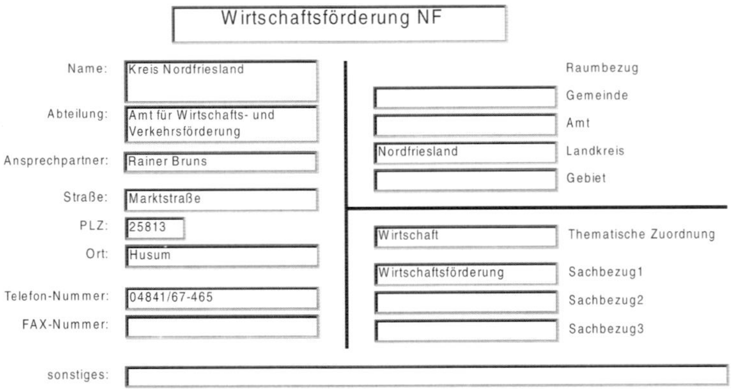

Wirtschaftsförderung NF

Name:	Kreis Nordfriesland
Abteilung:	Amt für Wirtschafts- und Verkehrsförderung
Ansprechpartner:	Rainer Bruns
Straße:	Marktstraße
PLZ:	25813
Ort:	Husum
Telefon-Nummer:	04841/67-465
FAX-Nummer:	

Raumbezug	
	Gemeinde
	Amt
Nordfriesland	Landkreis
	Gebiet

	Thematische Zuordnung
Wirtschaft	
Wirtschaftsförderung	Sachbezug1
	Sachbezug2
	Sachbezug3

sonstiges:

Quelle: Eigener Entwurf

Schließlich bleiben für eine digitale Veröffentlichung nur noch die Daten aus der Literatur- und Adressdatenbank. Bei der ersten Niederschrift dieses Textes war noch nicht abzusehen, inwieweit dies 1. prinzipiell möglich ist und 2. ob die Pflege dieser Datenbank auch in Zukunft gewährleistet sein würde. Denn zumindest für Einrichtungen mit ausreichenden personellen Ressourcen sollte der Aufbau und die Pflege einer solchen landeskundlichen Teil-Datenbank eine grundlegende Tätigkeit sein.[175]

Für eine Landeskunde (hier: des Landesteils Schleswig) ergeben sich daraus folgend drei Aufgaben:
– den Aufbau der landeskundlichen Datenbank des Landesteils Schleswig zu beschreiben (was in diesem Kapitel unternommen wurde),
– frei verfügbare Informationen in Form einer Datenbank anzubieten (was von finanziellen und personellen Ressourcen abhängig und daher primär eine politische, keine wissenschaftliche Frage ist), und
– zu zeigen, welche Art, Reichweite und Bearbeitungstiefe landeskundlicher Informationen mit Hilfe des dieser Arbeit zugrundeliegenden Konzepts und der verfügbaren Quellen erreicht werden kann (was Inhalt der folgenden Kapitel ist).

---

[175] Inzwischen sind jedoch im tätigen Zusammenwirken von Landesregierung und Hochschulleitung die mit dem Landesteil Schleswig befaßten Regionalforschungseinrichtungen ersatzlos aufgelöst worden, so daß von einer kontinuierlichen landeskundlichen Datenpflege und Informationsaufbereitung für den Landesteil nicht mehr gesprochen werden kann.

5.4 Bildtyp I: Gesamtdarstellung und Verteilungsmuster

Die Strukturierung landeskundlicher Informationen kann auf zwei kategorialen Ebenen geschehen: zum einen räumlich, zum anderen inhaltlich. Im folgenden soll eine Kombination beider Gliederungsformen gewählt werden, indem zunächst der Landesteil Schleswig sowohl insgesamt als auch auf der Ebene von Teilregionen charakterisiert wird und sodann in größerem Maßstab auf verschiedene Merkmale eingegangen wird.

Wie bereits diskutiert wurde (Kap. 4.1), kann die Abgrenzung einer Untersuchungsregion nicht mit denjenigen Merkmalen begründet werden, die dann auch zu ihrer (wissenschaftlichen) Analyse verwendet werden. Dasselbe gilt bei der Vorauswahl von Teilregionen. Damit stellt sich die Frage, nach welchen Kriterien solche Gebiete ausgewählt werden sollen. Im wesentlichen lassen sich zwei Kategorien finden, nach denen (nicht nur) der Landesteil Schleswig in der Literatur unterteilt wird.

Abb. 5-4: Naturräumliche Gliederung des Landesteils Schleswig

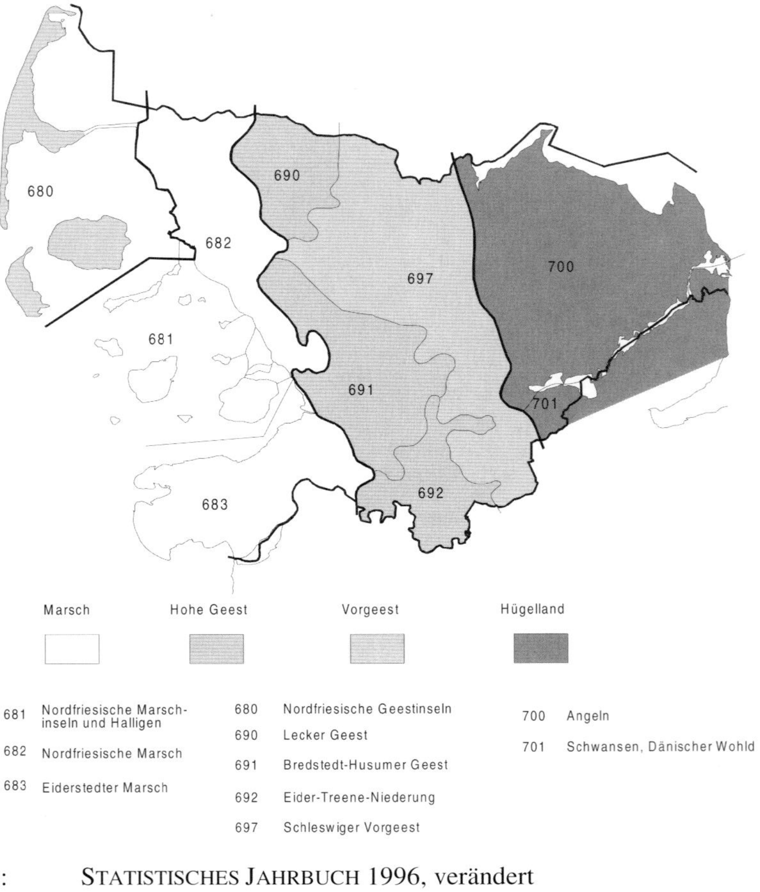
680
681
682
683
690
691
692
697
700
701
Marsch
Hohe Geest
Vorgeest
Hügelland
681 Nordfriesische Marsch-inseln und Halligen
682 Nordfriesische Marsch
683 Eiderstedter Marsch
680 Nordfriesische Geestinseln
690 Lecker Geest
691 Bredstedt-Husumer Geest
692 Eider-Treene-Niederung
697 Schleswiger Vorgeest
700 Angeln
701 Schwansen, Dänischer Wohld

Quelle: Statistisches Jahrbuch 1996, verändert

Zum einen wird er – wie Schleswig-Holstein insgesamt – naturräumlich von West nach Ost in die morphographisch definierten Einheiten Marsch, Geest (mit Hoher Geest und Vorgeest) und (Östliches) Hügelland gegliedert (Abb. 5-4). Da diese Unterteilung in offiziellen Statistiken (sieht man von naturgeographischen Themen ab) lediglich bei der Darstellung landwirtschaftlicher Daten Verwendung findet, soll sie hier zunächst nicht weiter berücksichtigt werden.[176]

Zum anderen existieren diverse Verwaltungsgrenzen, als deren wichtigste neben den Kreisgrenzen die Bezirksgrenzen der Land- und Amtsgerichte, der Finanzämter und der Arbeitsämter zu zählen sind. Lediglich die Arbeitsamtsbezirke weichen recht deutlich von den Kreisen ab, so daß Daten aus den Arbeitsverwaltungen nicht auf der (aggregierten) Bezirksebene verwendet werden können. Da jedoch die meisten wirtschafts- und sozialwissenschaftlich relevanten Angaben auf Kreisebene zusammengefaßt werden, basiert die folgende großräumige Darstellung des Landesteils Schleswig auf dieser räumlichen Untergliederung (Abb. 5-5).

Abb. 5-5: Ämter, Städte und Gemeinden im Landesteil Schleswig

Quelle: Eigener Entwurf

---

[176] Über die Ebene des Datenbezugs hinaus spielen diese Regionsbegriffe aber auch eine Rolle in der Alltagssprache sowie für Heimatvereine u. ä. Darauf soll später noch eingegangen werden (Kap. 5.5).

1 Der Landesteil Schleswig, seine Kreise und die kreisfreie Stadt Flensburg

Der Landesteil Schleswig besteht neben der kreisfreien Stadt Flensburg aus den Kreisen Schleswig-Flensburg und Nordfriesland mit insgesamt 273 Gemeinden, die sich aus 10 amtsfreien und 2 amtsangehörigen Städten, 6 amtsfreien und 255 amtsangehörigen Gemeinden (in insgesamt 24 Ämtern)[177] zusammensetzen. Das Gesamtgebiet umfaßt mit einer Fläche von 4177 km² 26,5 % des Bundeslandes Schleswig-Holstein. Die Bevölkerungszahl beträgt 438014 Personen oder 16,0 % (jeweils zum 31.12.1996; STATISTISCHES LANDESAMT SCHLESWIG-HOLSTEIN 1997). Die Bevölkerungsdichte von 105 E/km² liegt damit weit unter dem Landesdurchschnitt (174), der wiederum deutlich geringer als der Bundesdurchschnitt (228) ist.

Wie aus Tab. 5-1 zu ersehen ist, unterscheidet sich die Stadt Flensburg nicht nur bei diesem Kriterium deutlich von den beiden Kreisen; darüber hinaus trägt die Zugehörigkeit Flensburgs zum Landesteil Schleswig dazu bei, die Abweichung vom Landesdurchschnitt etwas zu verringern. Insgesamt läßt sich folgendes Profil der Wirtschafts- und Sozialstruktur im Landesteil Schleswig skizzieren:[178]

Beim Landesteil Schleswig handelt es sich um ein dünn besiedeltes Gebiet, in dem nur Flensburg und mit Einschränkungen Schleswig (26497 E.) und Husum (21458 E.) städtische Züge aufweisen. Neben der geringen Verstädterung ist die fortschreitende Ent-Städterung ein Charakteristikum (nicht nur) des Landesteils Schleswig; so haben die drei größten Städte seit 1970 in weit überdurchschnittlichem Ausmaß Bevölkerung verloren, zumeist durch Abwanderung ins Umland (vgl. a. HAHNE/ VON ROHR 1999:32-36).

Dies läßt bereits ein Vergleich der Bevölkerungsentwicklung in Flensburg und im Kreis Schleswig-Flensburg vermuten. Hinter diesen Angaben darf jedoch kein kontinuierlicher Prozeß gesehen werden; vielmehr verbirgt sich hier eine sehr deutliche Zäsur, die vom Jahr 1989 markiert wird. Tatsächlich findet zwischen 1970 und 1987 ein Bevölkerungsrückgang von 2,4 % statt, aus dem ab 1989 ein Bevölkerungswachstum wird (v. a. durch Zuwanderung aus den Neuen Bundesländern). Dennoch bleibt der Landesteil Schleswig weit hinter den Wachstumsraten des Bundeslandes insgesamt zurück, wo vor allem die Hamburger Randgemeinden vom Einwohnerzuwachs profitieren.

---

[177] Unter Ämtern wird eine noch aus preußischen Zeiten stammende administrative Einheit verstanden, welche die hauptberufliche Verwaltungsebene verschiedener Gemeinden zusammenfaßt.

[178] Den Ausführungen liegt folgende Literatur zugrunde: DIE MINISTERPRÄSIDENTIN DES LANDES SCHLESWIG-HOLSTEIN 1995; DOHSE/HERRMANN/RUPP 1992; ECKERT 1992; GORNIG/TOEPEL/HAHNE 1997; GRUNDMANN 1991; GRUNDMANN/MATTHIES 1993; HAHNE U. A. 1993; HERRMANN 1989; HERRMANN 1991; HERRMANN 1997; INSTITUT FÜR WELTWIRTSCHAFT AN DER UNIVERSITÄT KIEL 1990; LIEBRENZ 1992; MINISTERIUM FÜR WIRTSCHAFT, TECHNOLOGIE UND VERKEHR DES LANDES SCHLESWIG-HOLSTEIN 1997; RAUMORDNUNGSBERICHT 1991; eigene Berechnungen

Tab. 5-1: Ausgewählte Angaben zum Landesteil Schleswig im Vergleich

	Stadt FL	Kreis SL	Kreis NF	**Landesteil**	Schles.-Holst.
Bevölkerungsdichte (Einwohner je km²; 1996)	1535	92	78	**105**	174
Bevölkerungsentwicklung 1970-1996 (in %)	-10,9	+12,2	+2,8	**+3,4**	+10,0
Beschäftigtenentwicklung 1980-1996 (sozialversicherungspflichtig B. in %)	-2,6	+16,2	+15,4	**+9,6**	+10,9
Anteil d. Erwerbstätigen i. d. Wirtschaftsbereichen (in %)					
– Landwirtschaft	0,6	8,2	7,6	**5,9**	4,0
– Produzierendes Gewerbe	30,0	25,4	21,7	**25,3**	30,5
– Handel, Verkehr	20,9	17,0	19,9	**19,1**	20,9
– Dienstleistungen	19,5	17,2	22,2	**19,7**	20,8
– sonstige (jeweils 1994)	29,0	32,1	28,5	**29,9**	23,8
durchschnittl. Betriebsgröße im Verarbeitenden Gewerbe 1994[1]	84	34	29	**47**	52
Arbeitslosenquote 1996 im Durchschnitt	14,6	9,2	9,6	**10,5**	10,0
Hochqualifizierte 1994[2]	40	27	26	**31**	45
Bruttowertschöpfung zu Marktpreisen pro Einwohner (in 1000 DM; 1992)	53	25	30	**33**	35
Wirtschaftswachstum 1982 bis 1992 (in %)	54	49	50	**51**	68

1) Industriebetriebe jeder Größe sowie Handwerksbetriebe ≥20 Beschäftige
2) Fachhochschul- oder Universitätsabschluß; je 1000 sozialversicherungspflichtig Beschäftige
Quelle: GORNIG/TOEPEL/HAHNE 1997; HAHNE U. A. 1993; STATISTISCHES JAHRBUCH 1996; STATISTISCHES LANDESAMT SCHLESWIG-HOLSTEIN 1997; eigene Berechnungen

Überdurchschnittlich ist im Landesteil Schleswig die Beschäftigtenentwicklung (bezogen auf die sozialversicherungspflichtig Beschäftigten), gemessen im Zeitraum 1980-1995. Daraus kann jedoch nicht auf eine entsprechende Entwicklung der Erwerbstätigkeit insgesamt geschlossen werden: Zwar ist heute die Erwerbsquote im

Untersuchungsgebiet (41,8 %) geringfügig größer als im Landesdurchschnitt (40,1 %), der Anteil der sozialversicherungspflichtig Beschäftigten an den gesamten Erwerbstätigen beträgt aber nur 70,6 % gegenüber 75 % in ganz Schleswig-Holstein; und betrachtet man die Entwicklung auf der Basis aller Erwerbstätigen, entspricht der Landesteil Schleswig in etwa dem Durchschnitt. Aufgrund dessen ist die Beschäftigtenentwicklung im wesentlichen als Produkt der Umstrukturierung der regionalen Wirtschaft mit ihrem Rückgang der Landwirtschaft und dem Übertritt der ehemals dort Tätigen (Selbständige oder mithelfende Familienangehörige) in den sekundären oder tertiären Sektor (Arbeiter, Angestellte) anzusehen. Mithin ist hier der Anstieg der Beschäftigung, der im Landesdurchschnitt parallel zum Bevölkerungswachstum verläuft, in dem darüber hinausgehenden Maß vor allem durch eine Veränderung des arbeitsrechtlichen Status zu erklären.

Es soll nicht unerwähnt bleiben, daß die Parallelisierung von Bevölkerungs- und Beschäftigtenentwicklung das Berufspendeln außer acht läßt. Dieses Vorgehen ist jedoch dadurch zu rechtfertigen, daß für Nordfriesland kreisüberschreitendes Pendeln kaum eine Rolle spielt (8,5 % aller Beschäftigten 1995) und für die Stadt Flensburg und den Kreis Schleswig-Flensburg lediglich das wechselseitige Pendeln (jeweils 19,3 %) größere Bedeutung annimmt.[179] Für letztere Gebiete zusammen beträgt der Beschäftigtenzuwachs zudem nur 7,1 %, so daß hier auf einen vergleichsweise geringen Beschäftigungsanstieg wie auch Strukturwandel zu schließen ist.

Dies schlägt sich in der Verteilung der Erwerbstätigen auf die Wirtschaftsbereiche ebenfalls nieder. Hat bereits im gesamten Landesteil die Landwirtschaft eine weit überdurchschnittliche Bedeutung, so zeigt sich besonders der Kreis Schleswig-Flensburg als noch stark agrarisch geprägt. Hier weist auch der tertiäre Sektor die geringsten Erwerbstätigenzahlen auf; die hohe Quote in Nordfriesland ist auf die eminente Bedeutung des Tourismus an der Nordsee zurückzuführen.

Der Beschäftigtenanteil im Produzierenden Gewerbe, der in Flensburg und im Kreis Schleswig-Flensburg nur wenig hinter dem – allerdings im Vergleich zum Bundesdurchschnitt sehr niedrigen – Stand in Schleswig-Holstein zurückbleibt, basiert zu einem überdurchschnittlichen Ausmaß auf der Beschäftigung in der Ernährungsindustrie (45 % im Kreis Schleswig-Flensburg) und im besonders konjunkturanfälligen Baugewerbe. Die stark unterdurchschnittliche Betriebsgröße ist ebenfalls als Hinweis auf die geringe wirtschaftliche Bedeutung dieses Sektors zu werten.

Ein weiteres ungünstiges Moment der regionalen Wirtschaftsstruktur verbirgt sich hinter der großen Bedeutung der sonstigen Wirtschaftsbereiche, wozu vor allem staatliche und kommunale Einrichtungen sowie Sozialversicherungen zu zählen sind. All diese Einrichtungen sind zur Zeit von Umstrukturierungen mit teilweise erheblichem Beschäftigungsrückgang betroffen; dies gilt am ausgeprägtesten für die

---

[179] Mit Hilfe der Pendlerströme kann auch nachträglich die Auswahl der Untersuchungsregion begründet werden, haben doch die beiden Kreise und die Stadt Flensburg nur jeweils miteinander solche Kontakte, kaum aber mit Gebieten außerhalb des Landesteils. Darüber hinaus ergibt eine Befragung von Unternehmern, welcher Region sie ihren Standort zurechnen, ebenfalls einen von den anderen Teilen Schleswig-Holsteins weitgehend dissoziierten Landesteil (DOHSE/HERRMANN/RUPP 1992).

Bundeswehr. Nach Angaben von 1987/89 waren 15,3 % aller Beschäftigten im Kreis Schleswig-Flensburg bei der Bundeswehr tätig (Zivilbeschäftigte und Soldaten ohne Grundwehrdienstleistende), in Nordfriesland und in der Stadt Flensburg waren es jeweils 11,4 %, im schleswig-holsteinischen Durchschnitt hingegen nur 5,9 %. Von den aktuellen Konversionsprozessen mit der Verkleinerung der Bundeswehr sind die Standorte im Landesteil Schleswig in unterschiedlichem Ausmaß betroffen: Nach den Planungen von 1991 geht die Zahl der Bundeswehrbeschäftigten in der Stadt Flensburg um zwei Drittel, in Nordfriesland um ein Drittel, im Kreis Schleswig-Flensburg aber nur um 20 % zurück. Damit findet eine weitere Konzentration der Bundeswehrpräsenz auf diesen Kreis statt – eine Entwicklung, die unter kurzfristigem Aspekt zwar Arbeitsplätze erhält, unter regionalplanerischer Perspektive aufgrund der Verfestigung einer unproduktiven, wenig innovativen Wirtschaftsstruktur aber eher als ungünstig zu beurteilen ist.[180]

Die geringfügig unterdurchschnittliche Arbeitslosenquote in den beiden Kreisen kann angesichts der skizzierten Wirtschaftsstruktur nur eingeschränkt als Ausdruck einer günstigen ökonomischen Lage dieser Gebiete interpretiert werden; vielmehr wirkt sich hier die Pufferfunktion ländlicher und vor allem agrarischer Lebensverhältnisse aus. Zusammen mit Flensburg ergibt sich für den Landesteil sogar eine höhere Arbeitslosenquote als im Landesdurchschnitt. Der geringe Anteil von Hochqualifizierten kann ebenfalls kaum verwundern; so adäquat er den vorhandenen Beschäftigungsstrukturen ist, so wenig kann er als Ausgangspunkt innovativer Entwicklungen interpretiert werden, dokumentiert er doch das Fehlen von Forschungs- und Entwicklungskapazitäten, von denen wirtschaftliches Wachstum heute entscheidend bestimmt wird. Nicht zuletzt haben nur 10 der 100 belegschaftsstärksten Privatunternehmen Schleswig-Holsteins ihren Hauptsitz im Landesteil Schleswig; unter den 50 größten Unternehmen befinden sich sogar nur drei aus der Untersuchungsregion.[181]

Die Wirtschaftskraft der Untersuchungsregion ist insgesamt betrachtet unterdurchschnittlich. Vor allem der Kreis Schleswig-Flensburg, aber auch der Kreis Nordfriesland erreichen bei der Bruttowertschöpfung pro Einwohner den Landesdurchschnitt nicht; zudem ist auch das Wirtschaftswachstum deutlich geringer.[182]

---

[180] Ob und inwieweit die mit EU- und Bundesmitteln finanzierten Projekte der Standortkonversion, der betrieblichen Konversion und der Umnutzung militärischer Liegenschaften sich regionalwirtschaftlich günstig auswirken, kann an dieser Stelle nicht beurteilt werden.

[181] Dies sind: Danfoss Compressors GmbH (Platz 8), Motorola Electronic GmbH (12) und Schleswig-Holsteinischer Zeitungsverlag GmbH (48), jeweils in Flensburg. Datengrundlage ist eine Umfrage der Landesbank Schleswig-Holstein auf der Basis der durchschnittlich im Jahr 1997 bei Arbeitgebern in Schleswig-Holstein sozialversicherungspflichtig Beschäftigten (Angaben nach: FLENSBURGER TAGEBLATT vom 29.8.1998:6)

[182] Hierbei ist jedoch zu berücksichtigen, daß gerade an Standorten mit Großproduktion – etwa Schiffbau in Flensburg – der Wert einer mehrjährigen Fertigung lediglich im Jahr der Endabnahme statistisch erfaßt wird und in die regionale Wertschöpfung eingeht, so daß zyklische Verzerrungen auftreten. Gerade der hohe Wert in Flensburg für das Jahr 1992 ist diesem Umstand zuzuschreiben.

Betrachtet man die Landesteil Schleswig zusammenfassend in seinen wichtigsten sozioökonomischen Merkmalen, läßt sich folgendes festhalten: Das Untersuchungsgebiet ist ökonomisch gering entwickelt und weist wenig regionalwirtschaftliche Innovationskraft auf. Dem entsprechend wird der gesamte Landesteil mit Ausnahme der nordfriesischen Inseln im Landesraumordnungsprogramm von 1995 auch als „strukturschwacher ländlicher Raum" klassifiziert. Lediglich im Bereich Tourismus werden die Inseln sowie zwei weitere Küstenabschnitte als „Ordnungsräume für Fremdenverkehr und Erholung" eingestuft.

Beide Kreise sind dünn besiedelt und industrieschwach; beide weisen hohe Konversionslasten auf. Im Kreis Nordfriesland hat der Tourismus eine hohe Bedeutung, ist jedoch ebenso wie andere wichtige regionale Branchen (Bauwirtschaft, Fischerei) stark saisonabhängig. Innovative Wirtschaftszweige mit höherer Wertschöpfung fehlen fast vollständig.

Der Kreis Schleswig-Flensburg kann von der Verflechtung mit dem Oberzentrum Flensburg profitieren, weist aufgrund der starken Agrarisierung und der großen Bedeutung von Nahrungsmittelindustrie und militärischen Einrichtungen aber nur ein geringes wirtschaftliches Potential auf. In Flensburg hat der Niedergang der traditionellen Wirtschaftszweige (v. a. Schiffbau) durch die Förderung als Hochschul- und Technologiestandort bei weitem nicht kompensiert werden können, was zu einer hohen Arbeitslosenquote geführt hat. Ein weiterer Problembereich – auch des gesamten Landesteils – ist seine geringe Verflechtung sowohl nach Süden (Region Hamburg) als auch nach Norden (Dänemark; etwa als Pendelbeziehungen).

Insgesamt erweist sich der Landesteil Schleswig als ein strukturschwacher peripherer Raum, dessen Wirtschafts- und Innovationspotential zumindest mittelfristig recht gering ist.

2 Der Landesteil Schleswig und seine Charakteristika auf Gemeindeebene

Dieses erste Bild der Region weist bei aller Grobrasterung bereits einige Differenzierungen auf Kreisebene auf; in einer zweiten Stufe soll dieses Bild nun verfeinert werden, indem einzelne Aspekte auf Gemeindeebene genauer betrachtet werden. Dies soll wiederum in mehrere Schritte untergliedert werden, und zwar werden zunächst die räumlichen Verteilungen einiger wichtiger Merkmale dargestellt. Durch Verschneidung mit anderen räumlichen Verteilungen werden sodann Kausalhypothesen abgeleitet und schließlich überprüft.

Betrachtet man die Bevölkerungsverteilung als Ausdruck regionalwirtschaftlicher Gegebenheiten, sind zwei Aspekte von Bedeutung: die aktuelle Bevölkerungsverteilung und – da von einem *time lag* der Anpassung an Veränderungen der regionalen Wirtschaftsstruktur ausgegangen werden kann – die Entwicklung der Bevölkerungszahlen.

Ein Blick auf die Bevölkerungsdichte (Abb. 5-6) läßt mehrere Charakteristika offenkundig werden: so ist der Ostteil der Untersuchungsregion deutlich dichter besiedelt als der Westteil; hinzu kommen die Suburbanisierungserscheinungen vor allem um Flensburg, aber auch um Schleswig. Dies trifft für Husum nur eingeschränkt zu, wie überhaupt im westlichen Teil der Region eine höhere Bevölkerungsdichte lediglich in den Städten sowie auf den Inseln Sylt, Amrum und Föhr erreicht wird.

Abb. 5-6: Bevölkerungsdichte im Landesteil Schleswig 1995

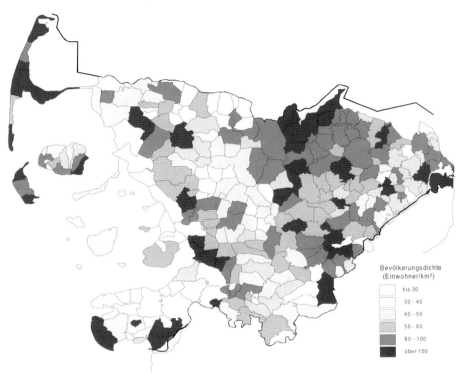

Quelle: STATISTISCHES LANDESAMT SCHLESWIG-HOLSTEIN 1997; eigene Berechnungen

Diese Bevölkerungsverteilung ist zum einen das Erbe historischer Besiedlungsvorgänge, die vor allem den Osten des Landesteils mit ökonomischen Vorteilen sehen und daraus zu erklären sind, zum anderen aber auch durch Wanderungsprozesse der jüngeren Vergangenheit verursacht. So weist die Bevölkerungsentwicklung zwischen 1970 und 1987 mehrere eindeutige Muster auf (Abb. 5-7): Sehr deutlich zeigen sich zum einen die Suburbanisierungsprozesse um Flensburg und Schleswig sowie teilweise um Husum, aber auch ein starkes Bevölkerungswachstum entlang der Verkehrsverbindungen zwischen Flensburg und Schleswig bzw. Husum und Schleswig, das zunächst nicht eindeutig einer der Städte zugeschrieben werden kann. Zum anderen findet sowohl an der Nordseeküste als auch in den stadtfernen Gebieten der Ostregion ein starker Bevölkerungsrückgang statt.

Abb. 5-7: Bevölkerungsentwicklung im Landesteil Schleswig 1970-1987

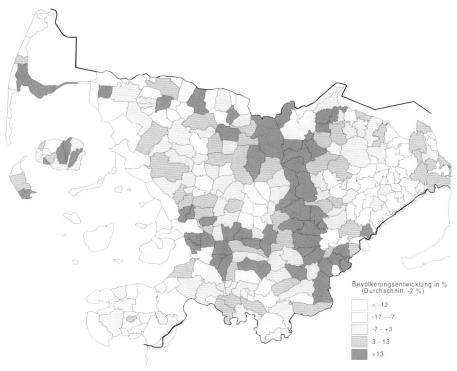

Quelle: STATISTISCHES LANDESAMT SCHLESWIG-HOLSTEIN 1997; eigene Berechnungen

Diese Bevölkerungsentwicklung ist jedoch nicht nur aus der Lage (Stadtnähe oder -ferne) zu erklären, sondern hängt auch von der Größe des Ortes, d. h. von seiner Ausstattung mit zentralörtlichen Funktionen, ab. So ergibt eine Korrelation zwischen der Bevölkerungsentwicklung 1970-87 und der Bevölkerungszahl 1970 einen Rang-Korrelationskoeffizienten (Kendall) von 0,2253 (ohne die drei größten Städte: τ=0,3560).

Eine solche Korrelation ist für das Folgejahrzehnt (1987-1996) nicht festzustellen.[183] Auch die räumlichen Verteilungsmuster sind weniger eindeutig als in den Jahren zuvor (Abb. 5-8): Zwar entwickeln sich die Gemeinden an der Nordseeküste weiter unterdurchschnittlich oder verlieren sogar Bevölkerung, im Osten des Landesteils ergibt sich jedoch ein sehr heterogenes Bild mit Gemeinden, welche die Tendenz der Jahre zuvor umkehren können, und solchen, die weiter von Bevölkerungsverlusten betroffen sind. Auch die Entwicklungsachse zwischen Schleswig und Husum scheint verschwunden zu sein, während sie sich zwischen Flensburg und

---

[183] Bezogen auf alle Gemeinden ist τ nicht signifikant; ohne Flensburg, Schleswig und Husum ist die Korrelation zwar signifikant, erreicht mit 0,0929 aber nur eine vernachlässigbare Größenordnung.

Schleswig – in abgeschwächter Form – nach Westen verlagert hat. Zudem tritt die Suburbanisierung in eine neue Phase ein, indem die direkten Nachbargemeinden v. a. von Schleswig keinen überdurchschnittlichen Bevölkerungszuwachs mehr verzeichnen, während ein zweiter Ring von Gemeinden an ihre Stelle tritt.

Abb. 5-8: Bevölkerungsentwicklung im Landesteil Schleswig 1987-1996

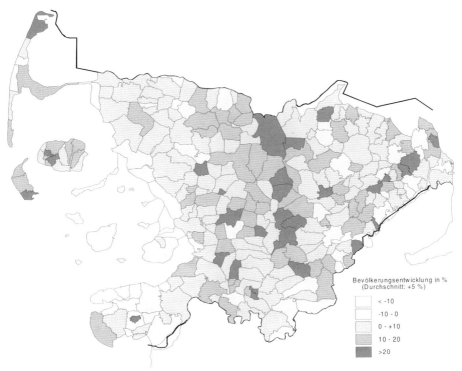

Quelle: STATISTISCHES LANDESAMT SCHLESWIG-HOLSTEIN 1997; eigene Berechnungen

Betrachtet man den Gesamtzeitraum zwischen 1970 und 1996, so konzentriert sich die Bevölkerung des Landesteils Schleswig in zunehmendem Maße auf eine Region „Mitte", die definiert wird durch die Lage der Ortsmittelpunkte zwischen ausgewählten Längen- und Breitengraden (Abb. 5-9).

Abb. 5-9: Bevölkerungsentwicklung in der Region „Mitte" 1970-1996

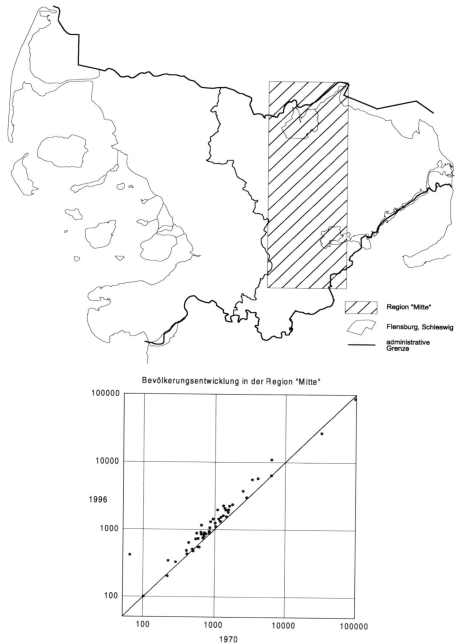

Quelle: STATISTISCHES LANDESAMT SCHLESWIG-HOLSTEIN 1997; eigene Berechnungen

Aus der Konzentration der Bevölkerung in einem Gebiet kann jedoch nicht auf eine Konzentration in bestimmten Orten oder Ortsgrößenklassen geschlossen werden. Tatsächlich ist es aber zu einer zunehmenden Konzentration der Bevölkerung gekommen (Abb. 5-10).[184] Auch deshalb hat sich der Unterschied der Bevölkerungsverteilung zum schleswig-holsteinischen Durchschnitt, für den insgesamt Deglomerationstendenzen kennzeichnend sind, (geringfügig) verringert. Insgesamt jedoch bleibt die Siedlungsstruktur des Landesteils trotz dieser Entwicklung deutlich homogener als im Landesdurchschnitt.

Abb. 5-10: Bevölkerungskonzentration im Landesteil Schleswig und in Schleswig-Holstein

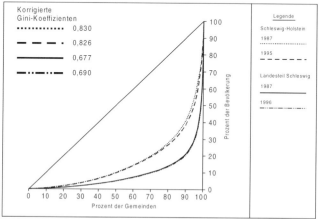

Quelle: STATISTISCHES LANDESAMT SCHLESWIG-HOLSTEIN 1997; eigene Berechnungen

Wenn die Bevölkerungsentwicklung bisher mit Lageparametern erklärt wurde, so ist offensichtlich, daß diese nur als räumliche Metaphern für wirtschaftsstrukturelle Gegebenheiten verwendet wurden. Im wesentlichen kommen als Begründung für einen Bevölkerungszuwachs (bei unveränderter Geburtenrate) zwei Faktoren in Frage: die Entwicklung von stadtnahen Gemeinden zu Pendlerwohnorten und die Niederlassung von Betrieben in diesen Gebieten (ob als Verlagerung oder als Neugründung).

Zu erklären ist die Bevölkerungsentwicklung dann zum einen dadurch, daß die Bevölkerung einer Gemeinde einen in erreichbarer Entfernung gelegenen Arbeitsplatz hat und diesen vom Wohnort aus als Pendler aufsucht, zum anderen durch die Ansiedlung von Betrieben, die den Ort auch als Wohnstandort attraktiv machen. Zunächst soll letzterer Punkt untersucht werden, d. h. die Entwicklung von Gemeinden als Arbeitsorte.

---

[184] Die hier dargestellten Lorenzkurven weisen die Stärke der Abweichung von der Gleichverteilung durch ihre Entfernung von der 45°-Diagonalen, die den Idealtypus der Gleichverteilung repräsentiert, aus, während der Gini-Koeffizient die Fläche zwischen der jeweiligen Lorenzkurve und der Diagonalen als Maß der Ungleichverteilung angibt.

Wird die absolute Entwicklung der sozialversicherungspflichtig Beschäftigten zwischen 1987 und 1996 der Bevölkerungsentwicklung im selben Zeitraum gegenübergestellt, läßt sich ein recht schwacher Zusammenhang konstatieren.[185] Und auch wenn davon ausgegangen wird, daß ein Bevölkerungszuwachs erst mit einer gewissen Zeitverzögerung nach dem Entstehen von Arbeitsplätzen einsetzt, und deshalb die Bevölkerungsentwicklung auf die absolute Zahl von sozialversicherungspflichtig Beschäftigten im Jahr 1987 bezogen wird, tritt nur eine so schwache Korrelation ($\tau=0{,}0946$) auf, daß der Einfluß von Arbeitsplätzen auf die Bevölkerungsentwicklung in einem bestimmten Ort zu vernachlässigen ist. Zugleich läßt sich keinerlei Ballung von Orten mit ähnlicher Arbeitsplatzentwicklung in räumlichen Mustern feststellen, so daß letztlich siedlungsindividuelle Faktoren als ausschlaggebend anzunehmen sind.

Bei der Überprüfung der Hypothese eines Zusammenhangs der Bevölkerungsentwicklung mit der Bedeutung des Pendelns ergibt sich das Problem der Datenlage. Aussagekräftig sind hier nur Angaben zu den Erwerbstätigen; die letzte Erhebung stammt jedoch aus dem Jahre 1987 (Volkszählung). Die von den Arbeitsämtern zusammengestellten Daten zu Pendelwanderungen beziehen sich demgegenüber nur auf die sozialversicherungspflichtig Beschäftigten (ohne Selbständige, Beamte usw.). Arbeitsplätze in solchen Beschäftigungsverhältnissen sind jedoch allein zu 50 % in den drei größten Städten (bzw. zu zwei Dritteln in den 10 Orten mit den meisten sozialversicherungspflichtig Beschäftigten) konzentriert, so daß es zu kaum differierenden, durchgängig hohen Auspendlerquoten kommt.[186] Daher läßt sich mit den vorhandenen Daten ein Zusammenhang zwischen den Auspendlerquoten und dem Bevölkerungswachstum weder bestätigen noch widerlegen.

Dennoch zeigt die räumliche Verteilung der Auspendlerquote (hier: Anteil an den Erwerbstätigen 1987) eine gewisse Übereinstimmung mit den Schwerpunkten der Bevölkerungsentwicklung (Abb. 5-11). Hierin spiegeln sich folgende Tatbestände wider: Zu den Orten mit besonders geringen Auspendlerquoten gehören in erster Linie städtische Gemeinden, die dem größten Teil der erwerbstätigen Wohnbevölkerung einen Arbeitsplatz bieten können, aber auch stark agrarisch geprägte Siedlungen ohne größere Beschäftigungszahlen in abhängigen Arbeitsverhältnissen. Den Gegenpol bilden die Stadtrandgemeinden, die zum stark überwiegenden Teil bloße Wohnstandorte für Pendler, ohne eigenes Wirtschaftsprofil sind. Zwischen diesen beiden Extremkategorien befinden sich stadtferne Gemeinden mit einer gemischten Funktion aus Betriebs- und (reinem) Wohnstandort.

---

[185] Der Rang-Korrelationskoeffizient (Kendalls Tau) erreicht den Wert 0,1488. Betrachtet man anstelle der absoluten die relative Entwicklung, ist die Rang-Korrelation nicht signifikant.

[186] Im Durchschnitt des Landesteils beträgt die Auspendlerquote 67,1 % (1996), ohne Flensburg, Schleswig und Husum 73,4 % und ohne die 10 Orte mit der höchsten Anzahl von sozialversicherungspflichtig Beschäftigten 80,2 %).

Abb. 5-11: Anteil der Auspendler an den Erwerbstätigen 1987

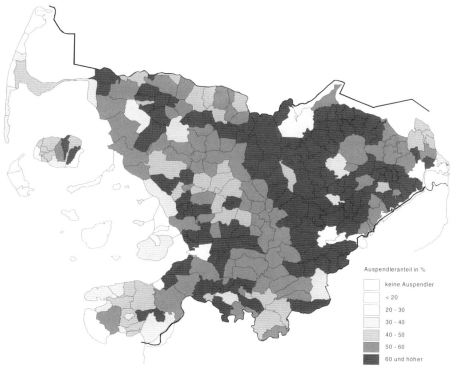

Quelle: VOLKSZÄHLUNG 1987; eigene Berechnungen

Die aus der Abbildung ableitbare Vermutung einer Zuordnung der Stadtrandgemeinden an die jeweilige Stadt bestätigt sich, wenn die Pendelbeziehungen selbst betrachtet werden (Abb. 5-12).[187] Insgesamt zeichnen sich drei große Pendlerräume ab, und zwar um Flensburg, Schleswig und Husum. Eher kleinräumig ausgebildet sind die Pendlerströme auf den Inseln Sylt und Föhr, sowie um die nachrangigen Zentren Niebüll, Leck, Sankt Peter-Ording und Kappeln. Die übrigen Pendelbeziehungen überschreiten kaum den Charakter von Singularitäten; lediglich vier Gemeinden im Süden des Landesteils sind bereits dem großen Einzugsgebiet der Kreisstadt Rendsburg zuzurechnen.

---

[187] Aus Gründen der Übersichtlichkeit wurden verschiedene Einschränkungen in der Darstellung gemacht. So werden nur solche Pendelwanderungen dargestellt, die mindestens 10 % der Erwerbstätigen umfassen, und es wird lediglich der wichtigste Zielort berücksichtigt, für den zusätzlich die Bedingung gilt, daß er ein positives Pendelsaldo aufweist, der wiederum größer ist als 10 % der Erwerbstätigen vor Ort (Erwerbstätige am Arbeitsort).

Abb. 5-12: Pendelbeziehungen im Landesteil Schleswig 1987 (mind. 10 % der Erwerbstätigen; Hauptzielorte)

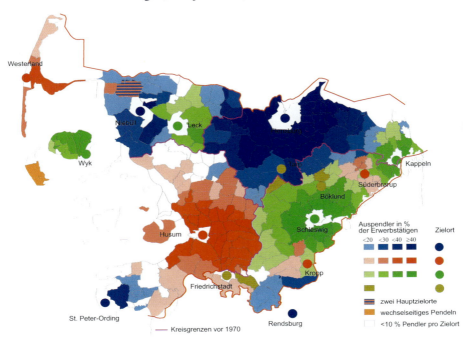

Quelle: VOLKSZÄHLUNG 1987; eigene Berechnungen

Wird als Vergleich hierzu das Muster der Pendelwanderungen aus den Daten der sozialversicherungspflichtig Beschäftigten des Jahres 1996 konstruiert (Abb. 5-13)[188], ergibt sich eine recht weitgehende Übereinstimmung gerade bei den großen Pendelräumen, während im Nordwesten eine eindeutige Trennung zwischen den Einzugsgebieten von Niebüll und Leck schwierig ist und durch den Einfluß von Westerland weitere Veränderungen auftreten.[189]

---

[188] Hierbei ist aus den bereits genannten Gründen eine Gleichsetzung der Quoten mit denjenigen der Erwerbstätigen nicht möglich; es lassen sich jedoch zumindest Tendenzen erkennen. Die Umsetzung der Angaben in die Karte erfolgte nach den gleichen Kriterien wie bei den Erwerbstätigen 1987.

[189] Es kann jedoch nicht entschieden werden, ob diese – und andere – Unterschiede zwischen den Bezugsjahren 1987 und 1996 den unterschiedlichen Datengrundlagen oder tatsächlichen Veränderungen der Pendlerströme geschuldet sind.

Abb. 5-13: Pendelbeziehungen im Landesteil Schleswig 1996 (mind. 10 % der Beschäftigten; Hauptzielorte)

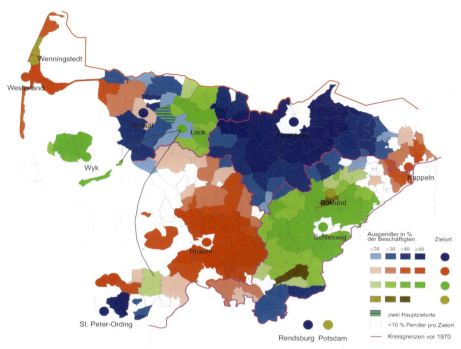

Quelle: Arbeitsämter; eigene Berechnungen

Die in etwa stabil gebliebene Raumstruktur der Pendelwanderungen ist zunächst recht einfach durch die üblichen Faktoren[190] zu erklären: Orte mit zahlreichen Arbeitsplätzen haben ein größeres Einzugsgebiet als kleinere Orte, und der Anteil der Auspendler in einen Zielort nimmt mit der Entfernung zu diesem ab. Die Einzugsgebiete der wichtigsten Zielorte weisen jedoch eine Eigenheit auf, die mit diesen Faktoren nicht zu erklären ist: und zwar die weitgehende Übereinstimmung mit den heutigen Grenzen in Nord-Süd-Richtung und den Kreisgrenzen vor 1970 in West-Ost-Richtung.[191]

Da nun nicht anzunehmen ist, daß die Verwaltungsgrenzen vorausschauend an der Struktur heutiger Pendelwanderungen ausgerichtet wurden, aber auch eher zweifelhaft ist, daß ein Arbeitsuchender vor dem Übertreten von Kreisgrenzen zurück-

---

[190] wie sie jedes Handbuch zur quantitativen Geographie anführt

[191] Damals bestand der heutige Kreis Nordfriesland noch aus den Kreisen Südtondern, Husum und Eiderstedt (bis 1970) und der heutige Kreis Schleswig-Flensburg aus den Kreisen Flensburg-Land und Schleswig (bis 1974). Zusätzlich wurden bei der Bildung der heutigen Kreise Gemeinden im Nordosten des Kreises Südtondern zum Kreis Schleswig-Flensburg geschlagen, während Gemeinden im Südwesten des Kreises Schleswig zum Kreis Nordfriesland kamen.

schreckt, muß es andere Gründe geben, die zu dieser Übereinstimmung führen. Diese Gründe sind in den informationellen Zugangsmöglichkeiten auf den Arbeitsmarkt zu sehen. Werden die eher informellen, z. B. persönlichen Kontakte als Mittel der Arbeitsplatzvermittlung nicht berücksichtigt, bleiben im wesentlichen zwei Wege des Zugangs zum Arbeitsmarkt: die staatliche Arbeitsverwaltung (Arbeitsamt) und die Stellenanzeigen in der örtlichen bzw. regionalen Presse.

Abb. 5-14: Arbeitsamtsbezirke und -dienststellen im Landesteil Schleswig

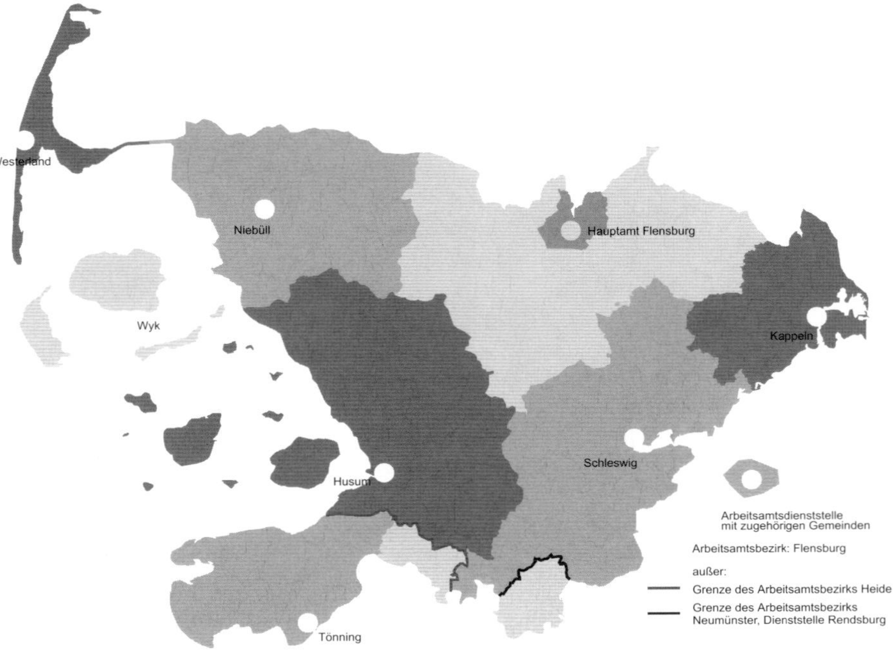

Quelle: Arbeitsamt Flensburg; eigene Berechnungen

Abb. 5-14 zeigt den Zuständigkeitsbereich des Arbeitsamtsbezirks Flensburg mit den zugeordneten Dienststellen sowie die zu anderen Bezirken bzw. Dienststellen gehörenden Gemeinden im Süden des Landesteils Schleswig. Zu den Eigenheiten der Arbeitsvermittlung in den Dienststellen gehört seit 1989 ein computergestütztes System, das offene Stellen aus dem gesamten Arbeitsamtsbezirk, z. T. auch überregional, ausweist. Bis 1989 jedoch erfolgte diese Zusammenstellung von Arbeitsmöglichkeiten auf Karteikartenbasis in derjenigen Dienststelle, auf deren Gebiet ein Arbeitgeber sich befand. Ein systematischer Austausch dieser Informationen mit anderen Dienststellen erfolgte nicht. Dies hat, so soll hier geschlossen werden, regionale Arbeitsmärkte entlang der Grenzen der Arbeitsamtsdienststellen (die wiederum weitgehend mit den – alten – Kreisgrenzen übereinstimmen) präjudiziert. Die Überlappung der Pendelbeziehungen im Nordwesten der Untersuchungsregion sind unter diesem Aspekt auch dadurch zu erklären, daß sie auf dem Gebiet einer einzigen Dienststelle liegen. Da heute die Informationsbarriere der Dienststellengrenze nicht mehr existiert, ist zu erwarten, daß zumindest von dieser Seite in zunehmendem Maße keine steuernde Wirkung mehr auf die Richtung der Pendelwanderung erfolgen wird.

Die zweite genannte Möglichkeit der Information über freie Arbeitsstellen ist die Presse (Abb. 5-15). Von der Verbreitung der im Landesteil Schleswig mit großem Abstand meistverkauften Tageszeitung mitsamt ihren jeweiligen Regionalteilen soll daher nicht nur auf die (sub-)regionale Selbstzuordnung der Leser geschlossen werden (vgl. dazu Kap. 5.5), sondern auch auf das Gebiet der vorrangigen Aufmerksamkeit, hier für einen Arbeitsplatz.[192]

Abb. 5-15: Abonnentenverteilung der Regionalausgaben von Tageszeitungen aus dem sh:z-Verlag

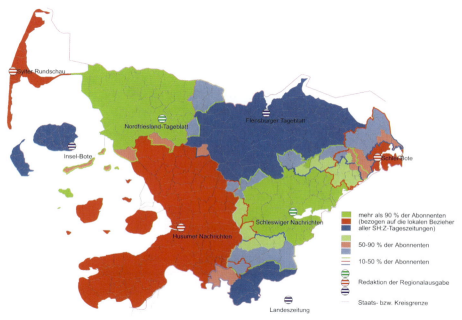

Quelle: sh:z-Verlag; eigene Berechnungen

Der optische Eindruck einer Übereinstimmung der Pendelbeziehungen mit den Gebieten der Arbeitsamtsdienststellen bzw. der Zeitungsabonnenten kann auch quantitativ bestätigt werden. In Tab. 5-2 sind die Übereinstimmungen zwischen den

---

[192] Die Stellenangebote selbst wirken hierfür aber nur wenig prägend, da für die – in diesem Zusammenhang zentrale – Samstagsausgabe nur Anzeigen für alle innerhalb des Landesteils Schleswig erscheinenden Regionalausgaben zusammen aufgegeben werden können. Lediglich an Wochentagen ist es auch möglich, Anzeigen nur für eine einzelne Regionalausgabe zu schalten. Insgesamt dürfte der Einfluß solcher (sub-)regionalen Stellenanzeigen auf den entsprechenden Arbeitsmarkt jedoch eher gering sein.

jeweiligen Arealen wiedergegeben, wobei jeweils zwei dichotome Zuordnungen[193] einander gegenübergestellt werden. Der Phi²-Koeffizient weist durchgängig recht hohe Werte auf, d. h. es gibt eine hohe Übereinstimmung der jeweiligen Gebiete. Am wenigsten eindeutig ist der Einzugsbereich von Tönning (und anderer Orte dieser Arbeitsamtsdienststelle), da hier bereits ein starker Einfluß der Kreisstadt Husum festzustellen ist. Als relativ unspezifisch erweist sich des weiteren die Region Kappeln, in der sich die Einzugsbereiche von Flensburg, Schleswig und Kappeln selbst überlappen. Und während dem Pendlerzielort Westerland/Sylt auch Orte auf dem Festland zugeordnet werden müssen, reicht der Abonnentenkreis der Landeszeitung (Rendsburg) deutlich über das (primäre) Pendlereinzugsgebiet hinaus. Insgesamt jedoch können diese Abweichungen als geringfügig gegenüber den doch weitgehenden Übereinstimmungen der einzelnen Areale eingestuft werden.

Tab. 5-2: Übereinstimmung der Pendlereinzugsbereiche mit den Gebieten der Arbeitsamtsdienststellen und den Verbreitungsarealen der regionalen Tagespresse

	Übereinstimmung mit primärem Pendlerzielort*			
	Arbeitsamts-Dienststelle	Phi²	Tageszeitung aus dem sh:z-Verlag mit Sitz der Regionalredaktion	Phi²
1	Flensburg	0,8066	Flensburger Tageblatt (Flensburg)	0,8304
2	Kappeln	0,5584	Schlei-Bote (Kappeln)	0,5056
3	Schleswig	0,7442	Schleswiger Nachrichten (Schleswig)	0,7469
4	Husum	0,6782	Husumer Nachrichten (Husum)	0,8883
5	Tönning	0,3851	–	–
6	Niebüll	0,7291	Nordfriesland-Tageblatt (Leck)	0,7291
7	Westerland	0,5712	Sylter Rundschau (Westerland)	0,5712
8	Wyk/Föhr	0,9246	Insel-Bote (Wyk/Föhr)	0,8442
9	Rendsburg	0,7469	Landeszeitung (Rendsburg)	0,3902

*) Folgende Pendlerzielorte werden auf die Arbeitsamtsdienststellen und Regionalredaktionen bezogen:
   1   Flensburg, Harrislee
   2   Kappeln
   3   Schleswig, Böklund
   4   Husum, Bredstedt, Langenhorn (bei Regionalzeitungen auch: s. Pkt. 5)
   5   Tönning, Sankt Peter-Ording, Garding
   6   Leck, Niebüll
   7   Westerland, sonstige Orte auf der Insel Sylt
   8   Wyk/Föhr, sonstige Orte auf den nordfriesischen Inseln (ohne Sylt)
   9   Rendsburg
Andere Orte mit unklarer Zuordnung (Süderbrarup, Friedrichstadt, Satrup) bzw. solche außerhalb der Region bleiben unberücksichtigt.

---

[193] etwa: Gemeinde x gehört zum primären Pendlergebiet der Stadt y bzw. gehört nicht dazu, und sie gehört zur Arbeitsamtdienststelle z bzw. gehört nicht dazu.

Die hohen Auspendlerquoten in den meisten Gemeinden lassen umgekehrt den Schluß auf einen starken Mangel an solchen Arbeitsplätzen zu, die in den Pendlerzielorten aufgesucht werden. Dabei handelt es sich fast ausschließlich um Beschäftigungen in nicht-agrarischen Wirtschaftsbereichen. Daraus wiederum ist auf eine große Bedeutung der Landwirtschaft innerhalb vieler lokaler Ökonomien zu schließen (Abb. 5-16).

Abb. 5-16: Bedeutung der Landwirtschaft im Landesteil Schleswig (1987)

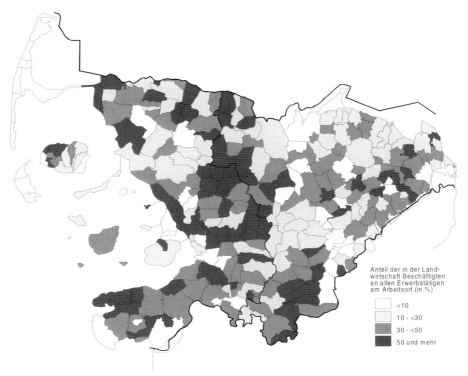

Quelle: VOLKSZÄHLUNG 1987; eigene Berechnungen

Das Fehlen neuerer vergleichbarer Daten[194] macht die Ergebnisse der Volkszählung von 1987 zur wichtigsten Informationsquelle. Obwohl seither ein weiterer Rückgang der Beschäftigung in der Landwirtschaft (und anderen hierunter subsumierten Branchen wie etwa Forstwirtschaft oder Fischerei) stattgefunden hat, kann davon ausgegangen werden, daß das Grundmuster bis heute in etwa seine Gültigkeit behalten hat.

---

[194] So berücksichtigen die Zählungen der sozialversicherungspflichtig Beschäftigten die gerade in der Landwirtschaft dominierenden Selbständigen nicht; zudem sind die Zahlen der soz. Besch. in den meisten Orten so gering, daß Angaben zur Aufteilung nach Wirtschaftszweigen aus Datenschutzgründen nicht veröffentlicht werden.

Es lassen sich mithilfe der Abbildung mehrere Sachverhalte konstatieren: So fällt der Beschäftigtenanteil der Landwirtschaft naturgemäß in den Städten am geringsten aus. Aber auch auf den touristisch geprägten nordfriesischen Inseln sowie in einzelnen Bundeswehrstandorten ist die Landwirtschaft von geringer Bedeutung. Demgegenüber läßt sich ein stärkerer Agrarisierungsgrad im Westteil des Landesteils sowie im Dreieck Flensburg – Schleswig – Kappeln beobachten.

Dieser Sachverhalt ist zunächst auf die ökonomischen Merkmale dieser Gebiete insgesamt zurückzuführen. So handelt es sich bei den stark agrarisch geprägten Gemeinden um kleine Siedlungen, die auch aufgrund der infrastrukturellen Ausstattung wenig Anreiz für größere Ansiedlungen anderer Wirtschaftsbranchen bieten.[195] Zugleich ist die Bedeutung der Landwirtschaft in denjenigen Siedlungen am höchsten, in denen es die – gemessen an der durchschnittlichen Größe – ökonomisch stärksten Betriebe gibt.[196] Ein Mangel an außeragrarischen Arbeitsplätzen geht demnach einher mit der Konzentration der landwirtschaftlichen Produktion auf wenige Betriebe.

Während die regionale und betriebliche Struktur der Landwirtschaft aus den genannten Faktoren abzuleiten ist, ergeben sich die Unterschiede der Produktion selbst vorrangig aus der spezialisierten Fortführung traditioneller Produktionsrichtungen und agrartechnisch vermittelten Effekten der Bodenqualität. Ein Vergleich der naturräumlichen Gliederung (Abb. 5-4), die im wesentlichen eine morphographische

---

[195] Eine Rangkorrelation der Bevölkerungszahl mit dem Anteil der einzelnen Wirtschaftsbereiche an den Erwerbstätigen am Arbeitsort erreicht bei der Landwirtschaft den höchsten (negativen) Wert ($\tau=-0,4800$), gefolgt von Handel, Verkehr und Nachrichtenübermittlung (+0,4004). Relativ gleichverteilt ist das Produzierende Gewerbe (+0,2140), während aus den Standorten der übrigen Wirtschaftsbereiche (+0,3391), wozu neben den privaten Dienstleistungen und dem Kreditgewerbe auch die Gebietskörperschaften, Sozialversicherungen und Organisationen ohne Erwerbszweck zählen, aufgrund der heterogenen Zusammensetzung dieser Gruppe kaum Schlußfolgerungen gezogen werden können.

Es soll hier nicht verschwiegen werden, daß es zu dem Argument, die starke Bedeutung der Landwirtschaft in den jeweiligen Orten sei ein Effekt der unterbliebenen gewerblichen etc. Entwicklung aufgrund der mit der Siedlungsgröße einhergehenden schlechten Infrastrukturausstattung, gewichtige Alternativhypothesen gibt: Zum einen kann die geringe Bevölkerungszahl nicht nur als Faktor, sondern auch als Ergebnis einer unterbliebenen wirtschaftlichen Umstrukturierung verstanden werden, und zum anderen sind in wirtschaftshistorischer Perspektive gerade prosperierende landwirtschaftlich geprägte Gemeinden einer Gewerbeansiedlung gegenüber meist eher feindlich eingestellt. An dieser Stelle kann nicht auf die Wirtschaftsgeschichte einzelner Gemeinden eingegangen werden, mithin kann die Gültigkeit der aufgeführten Hypothesen nicht überprüft werden. Da jedoch – wie bereits erläutert wurde – das Ziel der landeskundlichen Darstellung nicht die Erklärung einzelner Prozesse ist, kann hier auf eine weiterführende Erläuterung verzichtet werden.

[196] Die Produktmoment-Korrelation zwischen dem Anteil der Erwerbstätigen in der Landwirtschaft und der durchschnittlichen Betriebsgröße weist auf einen deutlichen Zusammenhang hin ($r=0,3926$). Zu beachten ist hierbei, daß nicht in allen Fällen die Größe eines Betriebes mit ökonomischer Stärke gleichgesetzt werden kann.

Gliederung ist, mit dem Anteil der Ackerfläche an der landwirtschaftlichen Nutzfläche (Abb. 5-17) weist den Ostteil der Untersuchungsregion (Angeln) als ein Gebiet aus, in dem auf Böden der Grundmoränen fast ausschließlich Ackerbau betrieben wird, während in den Moränen- und Sandergebieten der Geest Grünlandwirtschaft vorherrscht. Nicht so eindeutig mit dem Boden korreliert die Landnutzung in der Marsch; während im nördlichen Teil der Westküstenregion v. a. Ackerbau betrieben wird, ist der südliche Teil (Eiderstedt) Grünlandgebiet.[197]

Abb. 5-17: Anteil der Ackerfläche an der landwirtschaftlichen Nutzfläche (1995)

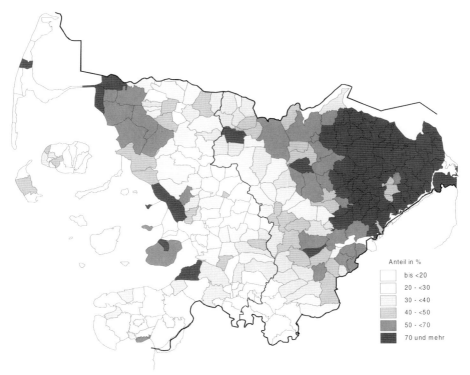

Quelle: AGRARSTRUKTUR ... 1996; eigene Berechnungen

Die Produktion auf der dortigen Ackerfläche entspricht jedoch derjenigen in der nördlichen Küstenregion (Abb. 5-18): Es dominiert der Getreideanbau. Ähnlich, wenn auch nicht derart spezialisiert, werden die Ackerflächen im Ostteil bewirtschaftet. Auf den Ackerflächen der Geest hingegen wird kaum Getreideanbau betrieben; hier wachsen v. a. Futterpflanzen. Wie aufgrund der Verteilung von Grünland und Futterpflanzenanbau bereits zu vermuten ist, konzentriert sich auf der

---

[197] Die Marsch ist zwar genetisch einheitlich (Schwemmland), nicht jedoch im aktuellen Nutzungspotential: Hier ist zwischen fruchtbarer, relativ trockener junger Marsch und ausgelaugter, gesackter und damit nasser alter Marsch zu differenzieren.

Geest auch die (zumeist großbetriebliche) regionale Rinderhaltung,[198] ein zweiter Standort mit durchschnittlich kleineren Einheiten ist der südwestliche Teil des Landesteils (Eiderstedt). Insgesamt dient etwa ein Drittel der Rinderhaltung der Milchproduktion, wobei in räumlicher Hinsicht eine gewisse Zunahme des Anteils der Milchwirtschaft von West nach Ost zu beobachten ist.

Abb. 5-18: Anteil der Getreideanbaufläche an der Ackerfläche (1995)

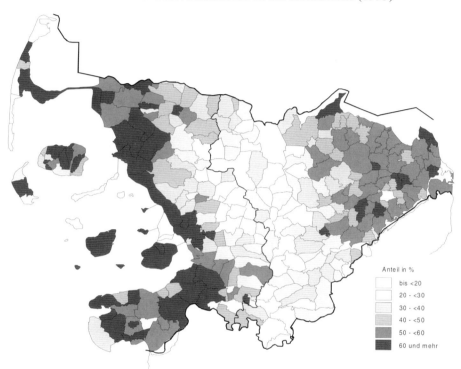

Quelle: AGRARSTRUKTUR ... 1996; eigene Berechnungen

Wie bereits angesprochen wurde, ist eine ähnlich kleinräumige Analyse wie bei der Landwirtschaft im sekundären und tertiären Sektor des Landesteils nicht möglich, da entsprechende aktuelle Daten nicht vorliegen. Aus den Angaben der Volkszählung 1987 läßt sich zwar eine Abhängigkeit des Anteils nicht-landwirtschaftlicher Arbeitsplätze von der Größe der Siedlung (vgl. Fußnote 195) ableiten, räumliche Muster im Sinne industriell geprägter Teilräume sind jedoch nicht festzustellen.

Eine Ausnahme hiervon bildet lediglich ein Teilbereich des tertiären Sektors, und zwar Handel und Gastgewerbe, wie sie durch die Handels- und Gaststättenzählung 1993 erfaßt wurden. Im folgenden soll als am stärksten raumbildprägend nur das

---

[198] Die Korrelation zwischen dem Grünlandanteil und dem Anteil der rinderproduzierenden Betriebe an allen landwirtschaftlichen Betrieben beträgt 0,4188 (Produktmoment-Korrelationskoeffizient), zwischen Rinderproduktion und Futterpflanzenanbau 0,3758.

Gastgewerbe und darunter der Tourismus betrachtet werden. Einschränkend muß vorweg angeführt werden, daß nur solche Unternehmen erfaßt wurden, deren Jahresumsatz mindestens 25.000 DM betrug; somit bleiben die Vermieter einzelner Privatzimmer und z. T. auch von Ferienwohnungen unberücksichtigt. Eine ältere Untersuchung (HOFFMEYER/KRIEGER/SOLTWEDEL 1987) hat jedoch aufgezeigt, daß das Raummuster von Kleinbetrieben und Privatquartieren sich nicht grundsätzlich von den größeren Betrieben unterscheidet; die beobachteten räumlichen Konzentrationen sind im ersten Fall etwas stärker ausgeprägt, was unter anderem darauf zurückgeführt wird, daß „die Bettenkapazitäten der größeren Betriebe auch von Geschäftsreisenden in Anspruch genommen werden, deren Reiseziele gleichmäßiger über den Raum verteilt sein dürften". (HOFFMEYER/KRIEGER/SOLTWEDEL 1987:73)

Die wichtigsten Fremdenverkehrsregionen Schleswig-Holsteins sind Nordfriesland und Ostholstein.[199] Während Nordfriesland sowohl bei der Zahl der Arbeitsstätten (20 % aller Arbeitsstätten in Schleswig-Holstein; Stand 1993) als auch bei der Anzahl der Beschäftigten (15 %) und dem Umsatz (18 %) im Gastgewerbe an erster Stelle steht, erreicht es beim Angebot an Fremdenzimmern/Wohneinheiten (26 %) und Fremdenbetten/Schlafgelegenheiten (27 %) nur den zweiten Platz, weist jedoch im Vergleich zu Ostholstein ein deutlich höheres Wachstum seit 1985 auf, was nicht zuletzt durch den höheren Umsatz pro Übernachtungseinheit zu erklären ist.[200]

Der Landkreis Schleswig-Flensburg gehört zu den touristisch weniger entwickelten Regionen Schleswig-Holsteins. Die oben genannten Kennziffern schwanken hier um jeweils 5 % der Werte des Bundeslandes insgesamt. Bemerkenswert ist jedoch der deutlich überdurchschnittliche Ausbau des Übernachtungsangebots (zwischen 1985 und 1993 +50 % bei Fremdenzimmern/Wohneinheiten und +63 % bei Fremdenbetten/Schlafgelegenheiten), dem ein nur unterdurchschnittlicher Umsatzzuwachs (60 % gegenüber 69 % in Schleswig-Holstein) gegenübersteht.

Wie aus Abb. 5-19 zu ersehen ist, kann von einer starken Konzentration des Gastgewerbes im Landesteil Schleswig gesprochen werden. Hohe Umsätze (ähnlich: Anzahl der Beschäftigten usw.) werden außer in den Städten vor allem auf den nordfriesischen Inseln, z. T. auf dem nordfriesischen Festland und an der Ostseeküste erzielt. Eine Möglichkeit, die relative Bedeutung des Tourismus in einzelnen Gemeinden und damit die raumwirtschaftliche Prägewirkung zu ermitteln, besteht in der Umrechnung der Kennziffern auf die Bevölkerungszahl (zur Anzahl der Betten pro 100 Einwohner vgl. Abb. 5-20).

---

[199] alle folgenden Angaben nach der HANDELS- UND GASTSTÄTTENZÄHLUNG 1993; eigene Berechnungen

[200] Der Jahresumsatz (1992) pro Bett (1993) beträgt in Nordfriesland ca. 23.000 DM gegenüber 18.000 DM in Ostholstein. Zugleich ist auch das Umsatzwachstum 1984-1992 in Nordfriesland mit 95 % deutlich höher als in Ostholstein (72 %).

Abb. 5-19: Umsatz im Gastgewerbe des Landesteils Schleswig (1992)

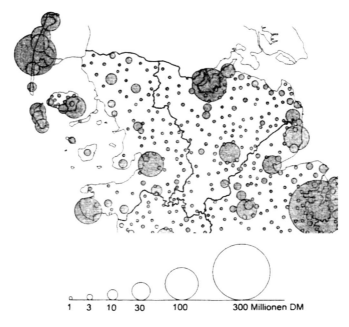

Quelle: HANDELS- UND GASTSTÄTTENZÄHLUNG 1993: G/Handelszensus 1993-7; S. 38 (Kartenausschnitt)

Abb. 5-20: Anzahl der Fremdenbetten pro 100 Einwohner im Landesteil Schleswig (1993)

Quelle: HANDELS- UND GASTSTÄTTENZÄHLUNG 1993; eigene Berechnungen

Abb. 5-20, in der weder diejenigen Orte, in denen keine Fremdenbetten erhoben wurden, als auch solche, in denen aus Datenschutzgründen keine Angaben veröffentlicht wurden, aufgeführt sind, zeigt das bereits beschriebene Muster noch deutlicher: Tourismus im Landesteil Schleswig ist Inseltourismus; nur in einzelnen Festlandstandorten an der West- und Ostküste ist der Tourismus zumindest in bezug auf die Übernachtungen von größerer Bedeutung. Darüber hinaus ist aber auch in den küstenfernen Teilen Nordfrieslands der Tourismus von größerer Bedeutung als in entsprechenden Gebieten des Landkreises Schleswig-Flensburg.

Nachdem bisher unter Regionalstruktur im wesentlichen Wirtschaftsstruktur verstanden und die Bevölkerung in ihrer Erwerbstätigkeit betrachtet wurde, sollen nun auch weitere Merkmale in die Darstellung einbezogen werden. Die wichtigsten sozialstatistischen Kategorien sind das Alter und die Bildung. Dabei sollen zwei Fragen interessieren: Gibt es räumliche Muster, und welche Zusammenhänge bestehen zwischen einzelnen Merkmalen?

Wird die Bevölkerung in die drei großen Gruppen der Kinder und Jugendlichen (unter 18 Jahren), der Personen im erwerbsfähigen Alter (18-59 J.) sowie der Rentner (60 J. und älter) eingeteilt, so verteilt sich die mittlere Altersgruppe weitgehend gleichmäßig über die sozioökonomischen Gemeindetypen des Landesteils Schleswig. Auch die ältere Bevölkerung zeigt fast keinerlei Präferenz für bestimmte Siedlungstypen; lediglich eine gewisse Häufung dieser Gruppe in den größeren Orten läßt sich feststellen.[201] Die jüngste Altersgruppe hingegen weist eine sehr deutliche Konzentration auf einen durch diverse Merkmale charakterisierten Siedlungstyp auf: Die Kinder und Jugendlichen wohnen signifikant häufiger in Gemeinden mit geringer Bevölkerungsdichte (r=-0,3180), einem hohen Anteil an Personen mit Volksschulbildung (0,3710) und großer Bedeutung der Landwirtschaft (Erwerbstätige am Arbeitsort; 0,2966).

Wird die Verteilung auf Siedlungstypen nach dem Bildungsgrad untersucht, weisen die Absolventen von Realschule, Gymnasium und Hochschule recht ähnliche Charakteristika auf: Sie wohnen eher in größeren Orten, in denen sowohl der Anteil der Landwirtschaft (Erwerbstätige am Arbeitsort) gering als auch derjenige im Handel und in den sonstigen Wirtschaftsbereichen hoch ist. Absolventen von Fachschulen hingegen sind überdurchschnittlich häufig in landwirtschaftlich geprägten Gemeinden anzutreffen, für Personen mit Volksschulabschluß gilt dies noch ausgeprägter.[202]

Die räumliche Verteilung sieht die Hochschulabsolventen v. a. in den Städten und ihrem Umland. Die Fachschulabsolventen wie auch die Personen im erwerbsfähigen Alter zeigen hingegen nur geringe räumliche Konzentrationen. Die beiden übrigen Altersgruppen wie auch die Personen mit Volks- und Realschulabschluß bzw. Abi-

---

[201] Der Produktmoment-Korrelationskoeffizient zwischen dem Anteil dieser Altersgruppe und der Bevölkerungsdichte beträgt 0,2335.

[202] Die Produktmoment-Korrelation mit dem Anteil der in der Landwirtschaft Beschäftigten am Arbeitsort ergibt beim höchsten Schulabschluß Volksschule einen Koeffizienten von 0,3356, bei der Fachschule 0,4392, Realschule -0,3473, Gymnasium -0,2691 und Hochschule -0,2737; die entsprechenden Zahlen bei den sonstigen Wirtschaftsbereichen betragen -0,5547, -0,2042, 0,4865, 0,4852 und 0,4630.

tur weisen ein eigentümliches räumliches Muster auf, das in etwa der naturräumlichen Dreiteilung entspricht. Als Beispiel soll die Verteilung der Personen mit Realschulabschluß dargestellt werden (Abb. 5-21).

Abb. 5-21: Anteil der Personen mit höchstem Schulabschluß Realschule (1987)

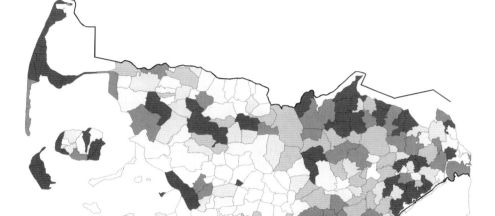

Quelle: VOLKSZÄHLUNG 1987; eigene Berechnungen

Selbstverständlich kann nicht davon ausgegangen werden, daß das Relief oder der Untergrund dafür ursächlich ist, daß auf der Geest im Gegensatz zu den beiden anderen Teilregionen die Anteile der jüngsten Altersgruppe und der Volksschulabsolventen über- und die Anteile der Rentner und der Realschulabsolventen sowie der Abiturienten unterrepräsentiert sind. Weshalb es jedoch zu diesem Muster kommt, ist mit den vorliegenden Daten nicht zuletzt deshalb nicht zu klären, weil auch keine theoriegestützte Hypothese gefunden werden konnte, nach der eine Datenauswertung erst sinnvollerweise vorgenommen werden könnte.

Neben den (sozialstatistischen) *Merkmalen* der Bevölkerung sind ihre *Einstellungen* ein wichtiges Thema der Sozialgeographie. Hier soll nur auf einen Aspekt eingegangen werden, und zwar auf die politischen Präferenzen. Bei der Landtagswahl

1996 erreichten die Parteien im Landesteil Schleswig folgende Stimmenanteile (Tab. 5-3):[203]

Tab. 5-3: Anteile an den gültigen Stimmen zur Landtagswahl 1996 im Landesteil Schleswig

Partei	Anteil der gültigen Stimmen (in %)
CDU	36,6
SPD	35,0
Südschleswigscher Wählerverband (SSW)	12,5
Bündnis 90/Die Grünen	6,4
F.D.P.	4,8

Quelle: LANDTAGSWAHL 1996; eigene Berechnungen

Die stimmenstärkste Partei im Landesteil Schleswig ist – anders als im Landesdurchschnitt – die CDU, was v. a. auf die strukturellen Gegebenheiten in der Untersuchungsregion zurückgeführt werden kann. Denn wie aus vielen Analysen von Wahlverhalten bekannt ist, korreliert auch im Landesteil der Anteil der Stimmen für die CDU positiv mit dem Anteil der Beschäftigten in der Landwirtschaft (r=0,4350) und negativ mit der Bevölkerungsdichte (r=-0,2552) sowie dem Beschäftigtenanteil im Handel (r=-0,3691). Die gegenüber dem Landesdurchschnitt geringere Bevölkerungsdichte und der höhere Agrarisierungs- bei gleichzeitig niedrigerem Tertiärisierungsgrad können demnach diese Abweichung der Wahlergebnisse der CDU befriedigend erklären.[204]

---

[203] Es werden nur solche Parteien aufgeführt, die entweder landesweit oder im Landesteil mehr als 5 % der gültigen Stimmen erhalten haben. Im Landesdurchschnitt entfielen auf die SPD 39,8 %, die CDU 37,2 %, Bündnis 90/Die Grünen 8,1 %, die F.D.P. 5,7 % und den Südschleswigschen Wählerverband (SSW) 2,5 %.

[204] Diese Korrelationen sind in zweifacher Hinsicht zu kommentieren: Zum einen darf nicht außer acht gelassen werden, daß die Wahlergebnisse von 1996 hier in Zusammenhang mit den wirtschaftsräumlichen Gegebenheiten von 1987 gebracht wurden. Ein Vergleich mit den Wahlergebnissen von 1987 und 1988 zeigt jedoch kein anderes Bild, und auch die wirtschaftsräumliche Struktur hat sich kaum gewandelt, so daß von der Gültigkeit der Korrelationen auszugehen ist. Zudem zeigt eine Gegenüberstellung der Wahlen von 1987, 1988 und 1996, daß trotz großer Verschiebungen des Stimmenanteils zwischen den Parteien die (relative) regionale Verteilung im wesentlichen unverändert bleibt. So beträgt z. B. der Korrelationskoeffizient zwischen den CDU-Stimmenanteilen 1987 und 1988 bei einem Verlust von 8 % im Landesteil immer noch 0,9057; d. h. die Verluste verteilen sich in etwa gleichmäßig.

Zum anderen ist zu beachten, daß aus der Korrelation von Merkmalen auf Gemeindeebene nicht auf eine solche auf personaler Ebene geschlossen werden darf, d. h. daß aus einem hohen Stimmenanteil der CDU in agrarisch geprägten Siedlungen nicht eine Vorliebe der landwirtschaftliche Tätigen für diese Partei gefolgert werden kann.

Da diese drei Merkmale selbst miteinander korrelieren, stellt sich die Frage, inwieweit hier ein einzelner Zusammenhang lediglich in mehrfacher Form auftritt. Eine Möglichkeit, dies zu überprüfen, ist die sukzessive Eliminierung dieser Faktoren durch multiple Regression. Dabei zeigt sich, daß die Bevölkerungsdichte kein signifikanter eigenständiger Faktor für die Erklärung des Wähleranteils der CDU ist. Die multiple Regression der CDU-Wähler nach dem Anteil der Erwerbstätigen in der Landwirtschaft und im Handel ergibt einen Korrelationskoeffizienten von 0,5002, d. h. der Anteil der Stimmen für die CDU wird zu ca. 25 % von diesen beiden Faktoren erklärt. Die aus dieser Regression errechneten Residuen korrelieren mit keiner der aufgeführten sozialstatistischen Merkmale, so daß damit die Erklärung des Wahlverhaltens mit Hilfe dieser Merkmale auf einem recht niedrigen statistischen Niveau verharren muß.[205]

Abb. 5-22: Residuen der Regression des Anteils der CDU-Wähler (1996) nach dem Anteil der Beschäftigten in Landwirtschaft und Handel (1987)

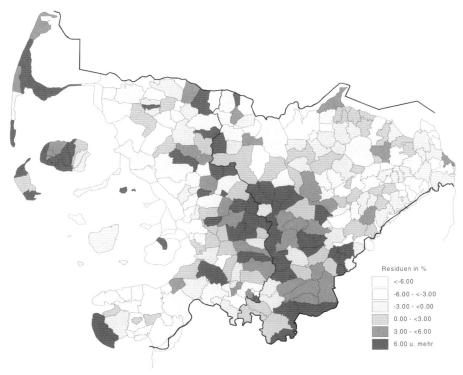

Quelle: VOLKSZÄHLUNG 1987, LANDTAGSWAHL 1996; eigene Berechnungen

---

[205] Die Formel der Regression lautet: CDU-Anteil = 40,0777 + 0,2708 * Anteil der Erwerbstätigen in der Landwirtschaft − 0,2349 * Anteil der Erwerbstätigen im Handel. Die Residuen sind die Differenz zwischen den tatsächlichen Stimmenanteilen und den durch die Regression errechneten Erwartungswerten.

Betrachtet man die räumliche Verteilung der Residuen des CDU-Stimmenanteils, also desjenigen Wahlverhaltens, das nicht wirtschafts- und sozialstrukturell erklärt werden kann, zeigen sich recht hohe positive Abweichungen auf der Geest und den nördlichen nordfriesischen Inseln, während in der Marsch und überwiegend auch im Ostteil der Untersuchungsregion weniger Stimmen für die CDU abgegeben wurden als erwartet (Abb. 5-22).

Eine durch dieses Bild angeregte Analyse ergibt signifikante Zusammenhänge zwischen den Residuen des CDU-Stimmenanteils und der (relativen) Bedeutung der Futterpflanzenproduktion (r=0,3278), des Grünlands (0,2604) sowie der Rinderproduktion (0,2390). Da aus dem Typ der landwirtschaftlichen Produktion jedoch kaum auf ein Wahlverhalten geschlossen werden kann, harrt sowohl der Großteil der Stimmen für die CDU wie auch deren Zusammenhang mit der Rinderproduktion usw. weiter einer Erklärung.[206]

Die Stimmen für Parteien wie die SPD oder die Grünen, die als politische Gegner der CDU aufgetreten sind, weisen in etwa komplementäre Erklärungsfaktoren und Verteilungsmuster auf. Lediglich das Stimmenpotential des Südschleswigschen Wählerverbandes (SSW) zeigt eine ganz andere räumliche Struktur (Abb. 5-23).

Die Konzentration der SSW-Stimmen entlang der Nordgrenze kann zunächst dadurch erklärt werden, daß der SSW sich sowohl selbst als Vertreter der dänischsprachigen Bevölkerung Schleswig-Holsteins versteht als auch von einem (quantitativ nicht einschätzbaren) Teil der Bevölkerung so verstanden wird. Aber obwohl gerade die grenznahen Orte Schwerpunkte kulturpolitischer usw. Aktivitäten des SSW und eng damit verbundener Organisationen sind und dort auch besonders viele Menschen sich selbst zu einer „dänischen Minderheit"[207] bekennen, kann aus dieser Übereinstimmung auf gemeindlicher Ebene nicht auf eine tatsächliche, personale Korrelation geschlossen werden; nicht zuletzt arbeitet der SSW auch an einem Image als Regional- oder Grenzraumpartei.

Es existiert mit Ausnahme der Bevölkerungsdichte und dem Anteil der Beschäftigten im Handel keinerlei signifikante Korrelation mit dem Anteil der SSW-Stimmen. Aber auch diese beiden Faktoren haben lediglich einen Erklärungswert von zusammen 6 % und sind auf das besondere Gewicht Flensburgs zurückzuführen. Insgesamt sind damit die Stimmen für den SSW weniger soziostrukturell als räumlich bedingt; die Frage, ob dies aus einer regionalen oder einer (dänisch-) nationalen Position resultiert, kann demgegenüber hier vernachlässigt werden.

Nach dem großräumigen Überblick über den gesamten Landesteil und seine Teilregionen zeigt eine Analyse auf Gemeindeebene eine Vielzahl markanter und in ihrem räumlichen Muster teilweise überraschender bis rätselhafter Verteilungen der wichtigsten wirtschafts- und sozialstrukturellen Merkmale des Untersuchungsgebiets. Das sich ergebende Bild des Landesteils Schleswig erweist sich des öfteren weniger als stabiles Gemälde denn als Vexierbild, dessen Gehalt von der eingenommenen Perspektive bestimmt wird.

---

[206] Dies könnte ein recht lohnendes Thema für die Wahlforschung auch und gerade in Schleswig-Holstein sein.

[207] zur Fragwürdigkeit des dahinterstehenden Konzeptes vgl. ASCHAUER 1996b.

Abb. 5-23: Anteil der SSW-Wähler bei den Landtagswahlen 1996

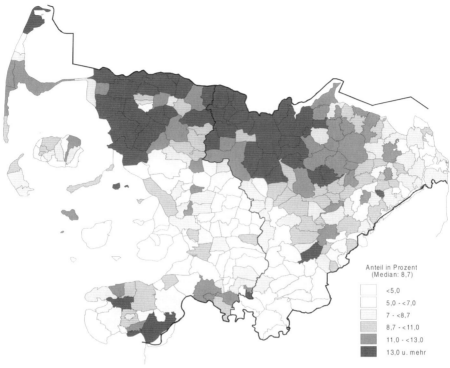

Quelle: LANDTAGSWAHL 1996; eigene Berechnungen

3 Kleinräumige Besonderheiten im Landesteil Schleswig

Nur eingeschränkt zur genaueren und intensiveren Betrachtung bereits vorgestellter Gebiete, vorrangig hingegen zu einer zusätzlichen und neue Aspekte berührenden Darstellung dienen landeskundliche Informationen über kleinere Teilräume oder wichtige Siedlungen.

Ein Blick auf die Veröffentlichungen der letzten 15 Jahre zeigt folgende Charakteristika landeskundlich bedeutsamer Informationen (Tab. 5-4): Zum einen ist die bloße Zahl an Publikationen überaus gering. Selbstverständlich ist nicht auszuschließen, daß trotz umfangreicher Literaturrecherchen ein wichtiges Forschungsthema übersehen wurde;[208] zugleich wurden in die Tabelle aber auch solche Arbei-

---

[208] In die Tabelle wurden Datensammlungen und Jahresberichte (z. B. der IHK zu Flensburg, der Arbeitsämter, des Fremdenverkehrsverbandes Schleswig-Holstein) ebensowenig aufgenommen wie Raumordnungsberichte, Regional- und Kreisentwicklungspläne sowie unveröffentlichte Gutachten. Auch wurde nicht jede Veröffentlichung eines Autors zu einem best. Thema berücksichtigt.

Tab. 5-4: Häufig in der Literatur behandelte Themen in einzelnen Teilregionen und Gemeinden des Landesteiles Schleswig (Auswahl)

Gesamtraum oder mehrere Teilräume

Wirtschaft, Verkehr: DOHSE/HERRMANN/RUPP 1992, NUHN 1990

Landwirtschaft, Nahrungsmittelproduktion: ACHENBACH 1990, JONGE 1988

Tourismus: BECK U. A. 1986, HOFFMEYER/KRIEGER/SOLTWEDEL 1987

Zentrale Orte, Raumplanung: HAHNE 1993B, WILMS/KIRSTEN 1983, VOS 1989

mehrere Themen: BÄHR/KORTUM 1987, DEGN/MUUSS 1963-1984, HINGST/MUUSS 1978, MUUSS/PETERSEN 1971, SCHLENGER/PAFFEN/STEWIG 1970

Grenzraum

Wirtschaft, Verkehr: WEIGAND 1988 ff.

Tourismus: HOLLER 1991

Zentrale Orte, Raumplanung: KOCH 1992

Flensburg

Wirtschaft, Verkehr: HAHNE 1992,1993a, MAGISTRAT 1991, NUSSER 1993, POTTHOFF/ZÜHLKE-ROBINET/RUPP 1991

Zentrale Orte, Raumplanung: BÜHRING/PLEWA 1985, MAGISTRAT 1991, VAJEN 1993

Kreis Schleswig-Flensburg, Angeln

Wirtschaft, Verkehr: POTTHOFF/ZÜHLKE-ROBINET/RUPP 1991

Landwirtschaft, Nahrungsmittelproduktion: BENDER 1988

Tourismus: HAHNE 1987b

Zentrale Orte, Raumplanung: BÖLTING/GOEKEN 1989, VAJEN 1993

Eider-Treene-Sorge-Niederung

Zentrale Orte, Raumplanung: ENTWICKLUNGSCHANCEN 1994, HAHNE 1995, THORMÄHLEN 1993

Nordfriesland (v. a. Küste und Inseln)

Tourismus: KLUG/KLUG 1994a+b

Zentrale Orte, Raumplanung: FRITSCH 1995, MASCHKE/FEIGE 1991, PEZ 1991

mehrere Themen: FREUND 1991, HANSEN 1992, ASCHAUER U. A. 1994, FAHN 1982, HAHNE U. A. 1990, JESSEL 1994, MÜLLER U. A. 1992, PETERSEN 1981, RIECKEN 1982

ten aufgenommen, die sich *unter anderem* mit dem Landesteil Schleswig oder Teilen davon befassen. Insgesamt kann das Reservoir an aufgearbeiteter landeskundlicher Information über die Untersuchungsregion jedoch nur als spärlich bezeichnet werden.[209]

Zum anderen lassen sich sowohl thematische wie regionale Schwerpunkte, aber auch und vor allem unberücksichtigte Gebiete feststellen. In regionaler Hinsicht sind dies einerseits Flensburg und seine Umgebung, andererseits die nordfriesischen Inseln und Küstengebiete. In jüngster Zeit treten mehrere Veröffentlichungen über die Eider-Treene-Sorge-Niederung[210] hinzu. Terra incognita bleiben demgegenüber weite Teile des Binnenlandes, wozu vor allem die Gebiete entlang der Kreisgrenze zwischen Nordfriesland und Schleswig-Flensburg zu rechnen sind, aber auch die Halbinsel Eiderstedt im Südwesten und Angeln im Osten des Landesteils.

In thematischer Hinsicht führt die geringe Anzahl von Autoren dazu, daß in jeder Region nur sehr wenige landeskundlich relevante Aspekte behandelt werden. Während für Flensburg und Umgebung der grenzüberschreitende Verkehr (mit Einkaufs- und Berufspendeln), das Einzugsgebiet des Oberzentrums Flensburg und die regionalwirtschaftliche Bedeutung des dortigen Technologiezentrums untersucht wurden, steht in den Forschungen in Nordfriesland und in der Eider-Treene-Sorge-Niederung das Dreieck Landwirtschaft-Tourismus-Ökologie mitsamt seinen Konflikten, aber auch seinen Potentialen für die Regionalentwicklung im Zentrum des Interesses. Für den Gesamtraum lassen sich Arbeiten v. a. zur Landwirtschaft und zur Nahrungsmittelproduktion finden, während zu einzelnen Gemeinden bzw. Inseln polythematische Strukturanalysen vorliegen.

Insgesamt und zusammenfassend stellen die kleinräumigen Untersuchungen zwar zusätzliche Facetten des Landesteils dar, können jedoch aufgrund ihres spärlichen und verstreuten Vorkommens nur wenig zu einem Gesamtbild beitragen.

Ein solches Gesamtbild wurde bisher auf der Grundlage der Verteilung einzelner Variablen v. a. der Wirtschafts- und Sozialstruktur und mit Hilfe von Zusammenhängen zwischen diesen Variablen zu zeichnen versucht. In einem nächsten Schritt sollen nun multivariate Verteilungen und Raummodelle auf ihre Eignung für die Darstellung des Landesteils Schleswig hin untersucht werden.

---

[209] In diesem Zusammenhang ist es folgerichtig, daß in einem Überblick über landeskundliche Quellen (VAAGT 1994) im wesentlichen historische Arbeiten sowie die Forschungen am Geographischen Institut der (damaligen) PH Flensburg (WEIGAND 1988 ff.) angeführt werden.

[210] Dies ist ein naturräumlich abgegrenztes Gebiet, das im Süden des Landesteils Teile der Kreise Nordfriesland und Schleswig-Flensburg, aber auch der weiter südlich gelegenen Kreise Dithmarschen und Rendsburg-Eckernförde umfaßt.

5.5 BILDTYP II: MULTIVARIATE RAUMKATEGORIEN UND MODELLE

Die Verwendung einzelner Variablen zur Konstruktion und Analyse von Raummustern ist auch dann noch recht weit entfernt von dem der Landeskunde zugeschriebenen Postulat einer integrierten Betrachtung, wenn die einzelnen Variablen argumentativ miteinander verknüpft werden. Einen Schritt weiter geht die Verwendung multivariater Verfahren, die unterschiedliche Komplexitätsstufen erreichen können.

1 Gemeindetypisierung mittels Clusteranalyse

Ein heute recht häufig angewandtes Instrument zur Erzeugung multivariater Raumkategorien ist die Clusteranalyse. Dabei werden die einzelnen Raumeinheiten (hier: Gemeinden) mit ihren n Merkmalen in einem n-dimensionalen Attributenraum lokalisiert und schrittweise (dies gilt für die hierarchischen Clusterverfahren) die einander jeweils nächsten Beobachtungen (Siedlungen) bzw. Beobachtungscluster zu einem Cluster zusammengefaßt, bis sich zuletzt alle Fälle in nur noch einem Cluster befinden. Nach Maßgabe der in ihrer Größenordnung vorgegebenen Zahl gewünschter Siedlungstypen und der Ergebnisse der sog. Cluster-Geschichte wird die endgültige Anzahl und damit Zusammensetzung der einzelnen Siedlungstypen ermittelt und durch Mittelwerte dargestellt.

Bei der Auswahl der Merkmale erfolgte eine pragmatische Orientierung an den verfügbaren Daten aus der Volks- und Arbeitsstättenzählung 1987. Verwendung fanden die Angaben zu folgenden Merkmalen: Bevölkerungszahl, Altersstruktur, Bildung, Erwerbsquote, Anteil der Erwerbstätigen nach Sektoren am Wohnort und am Arbeitsort, Anteil der Erwerbstätigen nach der Stellung im Beruf, Arbeitslosenquote, Quoten der Aus- und Einpendler, Einkommen aus Renten- und Pensionszahlungen (jeweils VOLKSZÄHLUNG 1987), Beschäftigungsentwicklung 1970-1987, Entwicklung der Anzahl der Betriebe 1970-1987, Anteil der Klein- und Großbetriebe, Anteil der Beschäftigten nach Sektoren und Stellung im Beruf (jeweils ARBEITSSTÄTTENZÄHLUNG 1987).

Mit der aus diesen Variablen und den Gemeinden des Landesteils gebildeten Datenmatrix wurden sodann die Arbeitsschritte der Normierung, Orthogonalisierung (via Hauptkomponentenanalyse), Auswahl des Ähnlichkeitsmaßes (euklidische Distanzen) und Entscheidung über das clusteranalytische Verfahren (WARD-Algorithmus) durchgeführt.[211]

Bei der Clusterbildung ergaben sich zwei Arten von Problemen: Zum einen fehlen bei insgesamt 20 Gemeinden die Werte von einer oder mehreren Variablen; aus Datenschutzgründen wurden die entsprechenden Angaben zu den zumeist sehr kleinen Orten nicht veröffentlicht. Diese Gemeinden wurden daher aus der Clusteranalyse ausgenommen. Zum anderen erwiesen sich die Städte Flensburg, Schleswig und

---

[211] Zur genaueren Charakterisierung dieser Arbeitsschritte vgl. ASCHAUER 1995:16-25

Husum sowie die nordfriesische Gemeinde Ellhöft[212] als derart starke Ausreißer, daß sie auch bei einer Aggregationsstufe von vier Clustern noch drei Cluster vollständig besetzten; daher wurden diese Orte ebenfalls nicht in der Clusteranalyse berücksichtigt.

Die Clusterbildung der übrigen Gemeinden zeigt Tab. 5-5, den Verlauf von r² (Abweichung der Clustermitglieder vom Clustermittelpunkt im Verhältnis zur Abweichung aller Fälle vom Gesamtmittelpunkt) für die letzten sechs Clusterbildungen die Abb. 5-24.

Tab. 5-5: Clusterbildung mit ausgewählten Daten des Landesteils Schleswig

Number of Clusters	Clusters Joined		Frequency of New Cluster	RMS STD of New Cluster	Semipartial R-Squared	R-Squared
20	CL21	CL31	38	0.96005	0.010708	0.30544
19	CL23	CL26	24	1.01766	0.010950	0.29449
18	CL33	CL67	14	0.96956	0.011003	0.28348
17	CL22	CL27	72	0.74650	0.011156	0.27233
16	CL32	OB46	7	1.17459	0.011360	0.26097
15	CL73	CL28	8	1.22093	0.011828	0.24914
14	CL17	CL25	119	0.77563	0.012647	0.23649
13	CL47	CL15	12	1.24582	0.012790	0.22370
12	CL65	OB222	5	1.26395	0.014221	0.20948
11	CL77	CL13	14	1.29093	0.014321	0.19516
10	CL24	CL19	37	1.03946	0.015623	0.17954
9	CL20	CL10	75	1.02058	0.016307	0.16323
8	CL14	CL9	194	0.88834	0.016961	0.14627
7	CL18	CL16	21	1.11438	0.017352	0.12892
6	CL42	CL96	11	1.04358	0.018037	0.11088
5	CL8	CL11	208	0.93001	0.020258	0.09062
4	CL6	CL12	16	1.22249	0.020546	0.07008
3	CL5	CL40	214	0.94660	0.022523	0.04755
2	CL7	CL4	37	1.21258	0.022715	0.02484
1	CL3	CL2	251	1.00000	0.024839	0.00000

---

[212] Ursächlich dafür ist die Tatsache, daß sich auf dem Gemeindegebiet der neben Flensburg wichtigste Grenzübergang nach Dänemark befindet, weshalb hier eine sehr große Menge entsprechender Arbeitsplätze bei gleichzeitig recht geringer Bevölkerungszahl anfällt.

Abb. 5-24: Clusterentwicklung (nach dem WARD-Algorithmus)

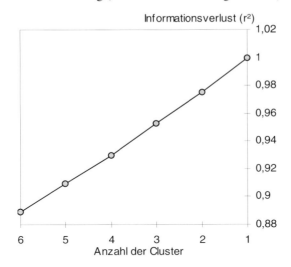

Die Entscheidung für die Anzahl der Cluster und damit die Raumgliederung erfolgte zum einen pragmatisch: Für eine ausreichend genaue Unterscheidung von Siedlungstypen schien eine Größenordnung von 3-6 Gemeinden (neben den Städten Flensburg und Schleswig bzw. Husum) angemessen zu sein.[213] Zum anderen hatte sich die exakte Festlegung der Clusterzahl an der Clustergeschichte zu orientieren. Ein wichtiges Entscheidungskriterium bildet dabei der Verlauf des Informationsverlustes durch die Bildung immer größerer Cluster. In Abb. 5-24 läßt sich erkennen, daß ein Bruch in der r^2-Kurve bei 4 Clustern erfolgt, d. h. von hier an steigert sich der Informationsverlust deutlich. Aufgrund dessen kann die Entscheidung nur lauten, 4 Siedlungstypen zu bilden. Die Lokalisierung dieser Siedlungstypen ist aus Abb. 5-25 zu ersehen.

Mehrere Sachverhalte werden durch die Abbildung visualisiert: So zeigt sich die sozioökonomische Regionalstruktur zunächst als recht homogen, sind doch mehr als 80 % der Orte zur Kategorie der Durchschnittssiedlungen zu zählen. Jeweils nur geringe Fallzahlen weisen deshalb die übrigen Kategorien auf, bei denen die kleinen Agrarsiedlungen durch eine niedrige Bevölkerungszahl und hohe Anteile von Erwerbstätigen in der Landwirtschaft, von Selbständigen und von Kleinbetrieben zu charakterisieren sind.

---

[213] Daneben bildete diese Clusteranalyse auch die Grundlage einer empirischen Untersuchung, in der Befragungen in Orten unterschiedlicher sozioökonomischer Struktur durchgeführt wurden. Dabei begrenzten die finanziellen und zeitlichen Gegebenheiten ebenfalls die Anzahl von Siedlungsklassen, d. h. eine Klassenbildung mit mehr als 8 Gemeindetypen (incl. Flensburg und Schleswig oder Husum) war von vornherein ausgeschlossen.

Abb. 5-25: Gemeindetypen im Landesteil Schleswig

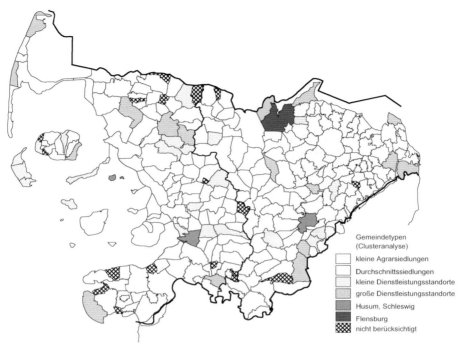

Quelle: Eigene Berechnungen

Die unter der Bezeichnung „kleine Dienstleistungsstandorte" zusammengefaßten Gemeinden haben zwar eine unterdurchschnittliche Bevölkerungszahl bei gleichzeitig überdurchschnittlicher Bildung der Bevölkerung, aber eine große Bedeutung als großbetrieblich dominierter Arbeitsort (Pendelgewinne) mit Arbeitsplätzen vor allem im tertiären Sektor (ohne Handel). Von diesem Siedlungstyp unterscheiden sich die großen Dienstleistungsstandorte besonders durch die hohe Bevölkerungszahl, aber auch durch überdurchschnittliche Anteile von Beamten und Angestellten in der Wohn- wie in der Arbeitsbevölkerung.

Die Bezeichnung der beiden Typen von „Dienstleistungsstandorten" bedarf einer näheren Erläuterung, da hier alle Tätigkeiten des tertiären (und in einer häufig anzutreffenden Terminologie auch: quartären) Sektors mit Ausnahme des Handels zusammengefaßt sind. Dadurch kommt es zu einer Vermengung von sehr unterschiedlichen ökonomischen Profilen: Zum einen finden sich in den beiden Kategorien des „Dienstleistungsstandorts" zentrale Orte mit Funktions- und Bedeutungsüberschuß für die umliegenden Gemeinden. Zum anderen zählen hierzu auch touristisch geprägte Siedlungen, v. a. auf den nordfriesischen Inseln. Und nicht zuletzt werden auch große Bundeswehrstandorte unter diese Kategorie subsumiert. Insofern bilden die „Dienstleistungsstandorte" recht heterogene Cluster. Da jedoch die Fallzahlen in den – einzelne Wirtschaftsbereiche des tertiären Sektors aggregierenden – Kategorien der kleinen und großen Dienstleistungsstandorte recht gering sind, kann auf eine genauere Spezifizierung verzichtet werden; die angeführten Hinweise mögen genügen.

Die anfängliche Argumentation, aus dem deutlichen Überwiegen von Durchschnittssiedlungen eine relativ homogene Raumstruktur ableiten zu können, muß nun gerade aufgrund der geringen Fallzahlen in den übrigen Klassen modifiziert werden. Denn für eine Clusteranalyse ist es charakteristisch, daß immer diejenigen Beobachtungen (hier: Gemeinden) oder Cluster zu Clustern zusammengefaßt werden, die einander näher liegen als andere. Wenn nun einzelne Beobachtungen oder Cluster besonders exzentrische Werte aufweisen, führt dies dazu, daß der Großteil der Gemeinden sich in einem Durchschnittscluster ballt, weshalb die Größe der Kategorie „Dienstleistungssiedlungen" nicht allein auf die Ähnlichkeit der zugeordneten Gemeinden zurückzuführen ist, sondern auch auf die starke Abweichung der Gemeinden in den übrigen Kategorien. Damit erweist sich die Homogenität der Raumstruktur als eine relative, bedingt durch starke punktuelle Abweichungen von den Durchschnittsmerkmalen; räumliche Muster ergeben sich folglich nicht.

Selbstverständlich ist aus der relativen Homogenität der Regionalstruktur nicht auf eine „Gleichheit" der einzelnen Gemeinden zu schließen; denn bei jeder Klassifizierung – und ebendazu dient eine Clusteranalyse – hängt das Ergebnis von den Variablen ab, die der Klassenbildung zugrunde liegen. Insofern kann es auch keine Bildung von Gemeindetypen geben, die unabhängig von der Auswahl der Variablen ist; d. h. es hängt vom Zweck der Klassenbildung ab, zu welchen Klassen es schließlich kommt. Das (rechnerische) Verfahren selbst ist dieser fundamentalen Voraussetzung gegenüber sekundär.[214]

Vergleicht man die Verteilung clusteranalytisch gebildeter Gemeindetypen mit der Verteilung lediglich eines Merkmals (s. o. Kap. 5.4), ist einerseits der Informationsverlust gegenüber einer univariaten Darstellung offensichtlich. Andererseits zeigt gerade die Zusammenschau von mehreren Variablen, daß in einer Gesamtcharakteristik des Landesteils sich nur relativ wenige Gemeinden eindeutig von den anderen unterscheiden, mithin auch keine größeren Unterschiede zwischen Teilräumen existieren.

Obwohl durch die clusteranalytische Betrachtung zusätzliche Informationen über den Landesteil Schleswig erbracht werden, kann sie im wesentlichen nur als Instrument verbesserter Deskription verstanden werden. Neue Daten können hingegen

---

[214] Auf einem solchen Mißverständnis des – im wesentlichen deskriptiven – Charakters von Klassenbildung basiert auch die Argumentation KILCHENMANNs (1991b), der die Erkenntnismöglichkeiten durch cluster- und faktoranalytische Verfahren anzweifelt und nur in (verbesserten) Geographischen Informationssystemen eine Chance sieht, zu wirklich „natürlichen" Raumgliederungen zu kommen (anhand derselben Beispiele und mit ähnlicher Argumentation wurden 20 Jahre früher die Qualitäten der Faktor- und Clusteranalyse betont; KILCHENMANN 1971). Leider wird dabei übersehen, daß auch noch so komplex in Beziehung zueinander gesetzte Daten nicht aus sich heraus „sprechen", etwas erklären o. ä. Die Arbeit des Wissenschaftlers bleibt es weiterhin, inhaltliche – und nicht nur statistische – Zusammenhänge herauszuarbeiten und mit der jeweiligen Fragestellung zu verknüpfen. Insofern kann sich an alle Klassifizierungsverfahren nicht die Frage stellen, welche Qualitäten sie an sich haben, sondern nur, in welchem Fall und in welchem Ausmaß, d. h. inwiefern sie tauglich sind für die Bearbeitung einer bestimmten Fragestellung.

damit nicht gewonnen werden. Hierzu bedarf es entweder empirischer Arbeit[215] oder der Anwendung von Modellen auf vorhandene Daten. Auf letzteres soll im folgenden eingegangen werden.

2 Raummodelle und ihre Anwendung für den Landesteil Schleswig

Von seiten der quantitativen Geographie wurden zahlreiche Raummodelle entwickelt, in denen nicht nur einfache Kausalitäten zwischen Distanzen und sozioökonomischen Daten enthalten sind, sondern auch Elemente wie Selbststeuerung, Wahrscheinlichkeitsannahmen (Unschärfen), menschliche Interaktionen, Verhaltenskonzepte, politisch-normative Setzungen, zeitliche Dynamik usw. An dieser Stelle kann es jedoch nicht darum gehen, einen möglichst umfangreichen Überblick über bestehende Raummodelle zu geben und diese jeweils für den Landesteil Schleswig zu exemplifizieren. Vielmehr sollen beispielhaft zwei Typen von Raummodellen dargestellt werden, die sowohl eine unterschiedliche Komplexität aufweisen als auch mit vertretbar großem Rechenaufwand[216] angewandt werden können.

Der erste Typ von Raummodellen, der hier eingesetzt werden soll, verwendet ausschließlich Lageparameter, keine Sacheigenschaften. Unter Lageparametern können absolute (etwa: Gauß-Krüger-Koordinaten) oder relative (Entfernungen zu Nachbargemeinden) Verortungen auf der Erdoberfläche verstanden werden. Zu berechnende Ergebnisse sind auf dieser Basis z. B. entfernungsminimale Standorte oder das Minimalgerüst eines Straßennetzes. Eine andere Anwendung zeigt Abb. 5-26.

Die Berechnung der Verkehrsströme erfolgte auf der Grundlage folgender Voraussetzungen und Annahmen: Berücksichtigt wurden nur die amtsfreien Gemeinden sowie die Amtssitze. Zwischen diesen wurden die Entfernungen nach Straßenkategorien (Autobahn, Bundesstraße, sonstige Straße) gemessen und in den jeweiligen Zeitaufwand umgerechnet.[217] Sodann wurde für alle Orte die zeitminimale Strecke nach Flensburg graphentheoretisch ermittelt (mit dem GraphGeo-Modul „Netzwerk"). Die angegebenen Streckenbelastungen setzen simplifizierend in allen Orten gleiches Aufkommen von Quellverkehr voraus. Zudem ist der überregionale Verkehr nicht berücksichtigt.

---

[215] Auf die Ergebnisse eigener, im Landesteil Schleswig durchgeführter Erhebungen soll an dieser Stelle nicht eingegangen werden, da es sich um Forschungen entlang inhaltlicher Fragestellungen handelt, die in einer konzeptionellen Darstellung von Landeskunde nicht adäquat repräsentiert werden können.

[216] Als vorteilhaft erweist sich, daß für beide im folgenden behandelten Modellarten eine relativ einfach zu bedienende Software, die zudem auch für finanziell schlecht gestellte Hochschulen erschwinglich ist, existiert, und zwar das Programmpaket GraphGeo (GÜSSEFELDT 1996).

[217] Dabei wurde für Autobahnen eine Durchschnittsgeschwindigkeit von 100 km/h gesetzt, für Bundesstraßen von 80 km/h und für die übrigen Straßen von 60 km/h.

Abb. 5-26:   Verkehrsströme nach Flensburg

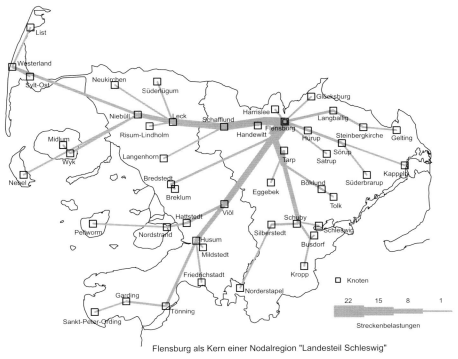

Flensburg als Kern einer Nodalregion "Landesteil Schleswig"

Quelle: Eigene Berechnungen

Aber auch unter diesen Einschränkungen läßt sich gut erkennen, welche Verkehrswege durch Fahrten nach Flensburg besonders belastet sind. Darüber hinaus ergibt sich, daß in der Summe aller Strecken knapp 30 Stunden aufgewandt werden müssen, um nach Flensburg zu gelangen. Dieselben Berechnungen für Husum und Schleswig ergeben gering (30,5 h) bzw. deutlich (38 h) höhere Gesamtfahrzeiten.[218] Damit erweist sich Flensburg als die für den PKW-Verkehr am besten zu erreichende Stadt im Landesteil Schleswig.[219]

Neben den zeitminimalen Wegen in einen vorgegebenen Ort besteht auch die Möglichkeit, die kürzeste Rundreise zwischen den Gemeinden zu bestimmen. Da der „Netzwerk"-Algorithmus jede Strecke nur einmal benutzen kann und jeder Ort ebenfalls nur einmal durchfahren werden kann, erweist sich die Berechnung einer Rundreise im Landesteil Schleswig als recht schwierig, bilden doch die Zufahrten zu den nordfriesischen Inseln Sackgassen, d. h. Strecken, die zweimal durchfahren

---

[218] Noch schlechter zu erreichen sind Kappeln (45 h) und Westerland/Sylt (65 h).

[219] Selbstverständlich wäre es unsinnig, die gute Erreichbarkeit als Ursache für die dominierende Stellung Flensburgs im Landesteil anzunehmen; vielmehr ist die Erreichbarkeit Produkt der auf das Oberzentrum ausgerichteten guten Verkehrsanbindung (Autobahn, Bundesstraße).

werden müssen (zumindest bei Zugrundelegung mehrmals täglich verkehrender Fähren etc.). Dieses Problem ist auf zwei Wegen zu lösen: Zum einen können lediglich Luftlinienentfernungen berechnet werden (Abb. 5-27). Es ist offensichtlich, daß diese Art der Berechnung für das Festland eine sehr gute Lösung darstellt, den Besuch der Inseln jedoch vor große Probleme stellt; lediglich der Besitz eines Hubschraubers ermöglicht es, die abgebildete Route abzureisen.

Abb. 5-27: Kürzeste Rundreise im Landesteil Schleswig (Start und Ziel: Flensburg; Luftlinien)

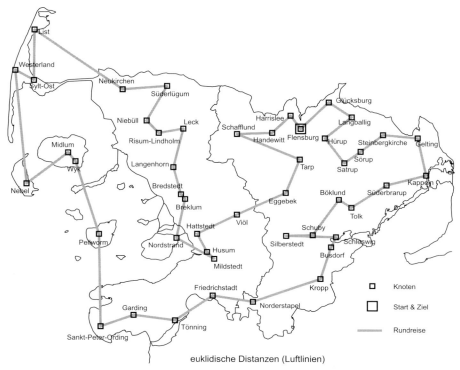

Quelle: Eigene Berechnungen

Eine wirklichkeitsnähere Streckenkonstruktion ist daher nur bei einem teilweisen Übergehen des Rechenverfahrens zu erreichen. Dabei werden zunächst die Inselgemeinden sowie die Orte Garding und Sankt Peter-Ording, die innerhalb des Landesteils ebenfalls in einer Sackgasse liegen, von weiteren Berechnungen ausgeschlossen. Eingeschlossen werden hingegen als Durchgangsknoten die fünf Autobahnzufahrten auf dem Gebiet des Landesteils. Die gemessenen metrischen Entfernungen werden in zeitliche umgerechnet, auf deren Basis dann die kürzeste Rundreise ermittelt werden kann. Anschließend werden die zuvor ausgeschlossenen Orte bzw. Strecken wieder hinzugefügt (Abb. 5-28).

Abb. 5-28: Kürzeste Rundreise im Landesteil Schleswig (Start und Ziel: Flensburg; restriktives Distanzkonzept)[220]

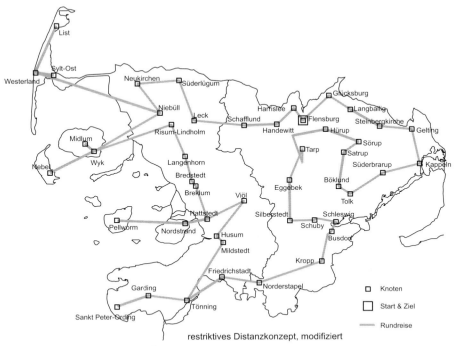

Quelle: Eigene Berechnungen

Die aus Lageparametern konstruierten Raum- und Distanzmodelle basieren selbstverständlich auf Annahmen, die über die bloßen Distanzen hinausgehen; hierzu gehören etwa die ungehinderte Mobilität oder das Vorhandensein von Verkehrswegen mit unterschiedlichen Geschwindigkeitsprofilen. Damit liegen auch diesen Modellen Sachmerkmale zugrunde, die aber dadurch aus den Berechnungen ausgenommen werden, daß sie als konstant bzw. ubiquitär angenommen werden. Mit unterschiedlichen Ausprägungen von Sachmerkmalen und ihrer Verteilung im Raum beschäftigt sich der zweite Typus von Raummodellen. Im folgenden soll auf einen recht verbreiteten Vertreter dieser Art von Raummodellen eingegangen werden, und zwar auf das Modell der Zentralen Orte.

Beim Thema „Zentrale Orte" überschneiden sich zwei Aspekte: die ökonomisch abgeleitete Herausbildung einer optimalen Standortstruktur des Angebots an Gütern, die von der Bevölkerung (Privathaushalte) nachgefragt werden, und eine Raumord-

---

[220] Um zu verhindern, daß anstelle der tatsächlichen Straßenentfernungen in denjenigen Fällen, in denen keine direkte Straßenverbindung existiert, Luftlinien berechnet werden, wurde all diesen Verbindungen ohne direkte Anbindung eine extrem hohe Distanz zugeschrieben, um sie so „künstlich" aus der Berechnung auszuschließen (zu den verschiedenen Distanzkonzepten vgl. a. GÜSSEFELDT 1996:457-461).

nungskonzeption, welche die Zentralität von Orten durch Flächenmanagement und Ansiedlung öffentlicher Einrichtungen produziert.[221]

Die Zentralität von Orten, wie sie sich durch ökonomische Gesetzmäßigkeiten herausbildet, steht in einem schwierigen Verhältnis zur normativen staatlichen Setzung zentraler Orte; denn einzelne Marktteilnehmer – z. B. ansiedlungswillige Einzelhandelsunternehmen – beurteilen die zentralörtlichen Qualitäten eines Standortes oft ganz anders als die Raumordnung, die ihren eigenen Ziel- und Zwecksetzungen folgt. Konkret drückt sich dies z. B. in den Kontroversen über die Ansiedlung von großen Einkaufszentren im ländlichen Raum zwischen mehreren großen Städten aus.

Gerade in solchen Situationen erweisen sich Kenntnisse über die Einzugsgebiete der zentralen Orte einer Region für alle beteiligten Seiten als unerläßliche Diskussions- und Entscheidungsgrundlage. Diese Kenntnisse können im wesentlichen auf zwei Wegen erworben werden: empirisch und theoretisch-modellhaft (vgl. BOOTZ 1968). Die Empirie besteht zuvörderst aus Befragungen, etwa von Kunden oder von Einzelhändlern bzw. Dienstleistungsanbietern. Wenn dieser Weg aus Kosten- oder Zeitgründen nicht gangbar ist, bieten sich Rechenmodelle an. In der Literatur werden verschiedene, zumeist dem physikalischen Gravitationsgesetz nachgebildete Modelle angeführt, deren wesentliche Elemente das Angebot in den zentralen Orten und die Entfernung zwischen den Orten sind (BOOTZ 1968; LÖFFLER 1987a).

Im Landesteil Schleswig existieren bisher zwei Untersuchungen über zentrale Orte aus der ersten Hälfte der 80er Jahre, in denen in unterschiedlicher Weise dem Problem der Zentralitätsmessung genähert wird (WILLMS/KIRSTEN 1983; BÜHRING/PLEWA 1985). Die ältere Untersuchung definiert als Zentralitätskriterien die Berufs- und Ausbildungseinpendler sowie die Beschäftigten im Handel und im Dienstleistungsbereich jeweils absolut und relativ, woraus mittels Clusteranalyse Siedlungstypen konstruiert werden, die wiederum gleichgesetzt werden mit Graden an Zentralität. Da hier jedoch das wesentliche Element von Zentralität, nämlich die Beziehung zu den nicht-zentralen Orten völlig unberücksichtigt bleibt, kann eigentlich nicht von einer Untersuchung von Zentralität gesprochen werden. Dieser gravierende theoretisch-methodische Fehler dürfte ursächlich dafür sein, daß schon zwei Jahre später die zweite Untersuchung erscheint, in deren Titel explizit auf den Unterschied eingegangen wird: Behandelt die erste Arbeit das Thema „Zentrale Orte im Landesteil Schleswig", so geht es nun um „Zentrale Orte und ihre Verflechtungsbereiche im Landesteil Schleswig". Die Datenbasis sind hier nicht mehr Sta-

---

[221] Von der „Zentralität" eines Ortes wird in beiden Fällen dann gesprochen, wenn ein „Bedeutungsüberschuß" bei der Versorgung mit einem Gut besteht. Mit dem Bedeutungsüberschuß (d. i. mehr Gesamtnachfrage als Nachfrage durch Bewohner des zentralen Ortes) korrespondiert ein „Bedeutungsmangel" in den nicht-zentralen Orten. Daraus wiederum ergibt sich eine Beziehung zwischen beiden Orten; der zentrale Ort übernimmt Versorgungsfunktionen für die Bevölkerung der nicht-zentralen Orte. Räumlich drückt sich dies in Verkehrsaufkommen aus, indem die Bewohner der nicht-zentralen Orte in das Zentrum fahren, um dort (zentrale) Güter zu erwerben. Dieser Raum, in dem eine Zuordnung zu einem best. Zentrum besteht, wird auch als dessen Einzugsgebiet bezeichnet; dieses wiederum hängt von der Art des Gutes ab, weshalb auch von der Zentralität von Gütern gesprochen wird.

tistiken, sondern umfangreiche Erhebungen, in denen die Bevölkerung nach ihrem Einkaufsverhalten (Einkaufsort, Warengruppen, Fahrthäufigkeit usw.) und nach dem Arbeitspendeln befragt wird. Mit Hilfe von Grenzwerten werden verschiedene Typen von Einzugsbereichen ermittelt und sodann auf den Grad an Zentralität geschlossen. Wie in der ersten Untersuchung stellt sich zwar die Frage nach der theoretischen Absicherung des Einbezugs von Arbeitspendlern in die Zentralitätsmessung, handelt es sich bei der von CHRISTALLER entwickelten Zentrale-Orte-Theorie doch um eine Standorttheorie des tertiären Sektors; dennoch führt die Methodik zu einer relativ aussagekräftigen Beschreibung zentralörtlicher Beziehungen.

Die folgende Analyse der zentralörtlichen Struktur im Landesteil Schleswig verfolgt damit zwei Ziele: Zum einen soll eine Neubewertung der Zentralität von Siedlungen im Landesteil Schleswig durchgeführt werden, um den Entwicklungen seit der Durchführung der angeführten Untersuchungen gerecht zu werden. Zum anderen soll die Einsatzmöglichkeit von Modellen innerhalb einer Landeskunde dargestellt werden. Für beide Zwecke wird auf das – als stochastisch oder probabilistisch bezeichnete – HUFF-Modell, das wohl am weitesten entwickelte Verfahren der Schätzung von Einzugsgebieten, zurückgegriffen. Die hierbei verwendeten Faktoren sind die Größe der Absatzorte, die durch die Verkaufsfläche oder den Umsatz des Einzelhandels gemessen wird, und die zeitliche Entfernung zwischen diesem Absatzort und dem Wohnort eines (potentiellen) Kunden. Welche Bedeutung die Entfernung hat, wird durch einen empirisch zu ermittelnden Parameter festgelegt (BOOTZ 1968; HUFF 1964; LÖFFLER 1987a).

Vor dem praktischen Einsatz des Modells – und dieses damit modifizierend – sind verschiedene Vorentscheidungen zu treffen: Zunächst ist die Frage der verwendeten Daten zu entscheiden. Dabei liegt es nahe, auf die Ergebnisse der Handels- und Gaststättenzählung 1993 zurückzugreifen. Aus Datenschutzgründen sind jedoch nicht nur in sehr kleinen Orten, sondern auch in Siedlungen, die unzweifelhaft Zentralität aufweisen bzw. von der Raumordnung als zentrale Orte ausgewiesen sind (z. B. Glücksburg/Ostsee, Kropp, Sörup), weder Umsätze noch Verkaufsfläche oder Beschäftigte der Einzelhandelsbetriebe insgesamt geschweige denn einzelner Sparten verfügbar. Als Alternative hierzu könnten die sozialversicherungspflichtig Beschäftigten im tertiären Sektor bzw. seinen einzelnen Wirtschaftsabteilungen als Datengrundlage verwendet werden – wenn hier nicht ebensoviele Lücken existierten wie bei der Handels- und Gaststättenzählung. Die einzig vollständigen Daten stammen aus der Arbeitsstättenzählung 1987; da diese wiederum nur wenig zeitlichen Abstand zu den Erhebungen von BÜHRING/PLEWA (1985; durchgeführt 1981/82) aufweisen, stellt sich die Frage, welche der aufgeführten Daten am ehesten tauglich für die Modellbildung sind.

Um nicht die methodische Diskussion zu sehr zu betonen, soll hier pragmatisch die Handels- und Gaststättenzählung verwendet werden, deren fehlende Werte durch eine Interpolation geschätzt wurden. Außerdem werden wegen des großen Aufwandes keine tatsächlichen zeitlichen Distanzen (die aus kilometrischen zu berechnen wären), sondern Luftlinienentfernungen benutzt, wobei klar ist, daß dies eine gewisse Verfälschung der Zuordnungen zu zentralen Orten auf den Inseln führen kann. Als Distanzparameter, der den Exponenten des Distanzwiderstandes angibt, wird der Wert 2,5 gewählt, was auch von GÜSSEFELDT (1996:494) für den Fall der Verwendung von Luftliniendistanzen vorgeschlagen wurde. Dieselbe Quelle diskutiert auch verschiedene Verfahren zur Transformation der Indikatorwerte (Umsatz etc.) in Bedeutungsüberschüsse; für die skizzierte Datengrundlage scheint danach die Verwendung gewichteter Standortquotienten am günstigsten zu sein.[222] Die Resultate der Zentralitätsschätzung mit Hilfe der Handels- und Gaststättenzählung[223] zeigt die Abb. 5-29.

Abb. 5-29: Zentrale Orte im Landesteil Schleswig nach dem HUFF-Modell (Handels- und Gaststättenzählung 1993)

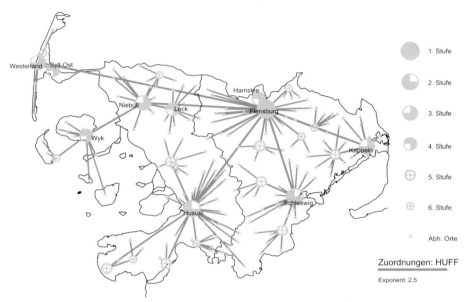

Quelle: Eigene Berechnungen

Gewisse Abstriche an der Realitätsnähe dieses Ergebnisses sind in drei Bereichen zu machen. Zum einen dürften die abgebildeten Zuordnungen zu Wyk/Föhr in den Fällen, in denen es sich um andere Inseln bzw. Halligen handelt, unzutreffend sein. Zum anderen ist im Süden des Kreises Schleswig-Flensburg von einer Zuordnung der dortigen Siedlungen zum Zentrum Rendsburg (das nicht zum Untersuchungsgebiet gehört) auszugehen. Nicht zuletzt dürfte die Zentralität Flensburgs über das abgebildete Einzugsgebiet hinausgehen und sich bis nach Dänemark erstrecken.

---

[222] Zur Diskussion der einzelnen Verfahren vgl. GÜSSEFELDT 1996:472-500. Obwohl das Bestimmtheitsmaß des Zusammenhangs zwischen Einwohnerzahl und Indikatorwerten größer als 97 % ist und damit Christallers Methode als optimale Wahl gilt, kann dieses Ergebnis nicht als gesichert angenommen werden, da ein Teil der zugrundegelegten Daten geschätzt wurde. Deshalb wird ein geringeres Bestimmtheitsmaß angenommen, und die Entscheidung muß aufgrund des eher explorativen Charakters der Berechnung zugunsten der gewichteten Standortquotienten ausfallen (ebd.:500). Zum Einsatz der bei der Clusterbildung verwendeten fuzzy logic vgl. GÜSSEFELDT 1997:5-8.

[223] Verwendet werden die Angaben zum Umsatz und zur Verkaufsfläche.

Im letzteren Fall ist eine Modifikation des Modells dadurch möglich, daß – wie Schätzungen verschiedener Gutachten besagen – von einem Kaufkraftanteil dänischer Kunden in Höhe von 5 % am gesamten Umsatz in Flensburg ausgegangen wird und daher dieser Anteil von den Gesamtzahlen abgezogen wird. Auf die Zentralitätsstufen im Landesteil hat diese Modifikation aber keinerlei Auswirkung; lediglich ein nicht-zentraler Ort in der Nähe von Flensburg (Oeversee) verändert seine Zuordnung zu einem Zentrum (von Flensburg zu Tarp).

Ein Vergleich des aus den Merkmalen der Raumstruktur des Einzelhandels errechneten Zentrale-Orte-Systems mit den Kategorien der Raumordnung (Abb. 5-30) zeigt zahlreiche Übereinstimmungen, aber auch Abweichungen, die einerseits durch den politisch-normativen Charakter letzterer Kategorien bedingt sind, andererseits aber auch die Frage aufwerfen, ob und inwieweit die Raumordnung ihre Einstufungen und Zuordnungen verändern sollte. Dies kann hier jedoch nicht diskutiert werden (vgl. dazu: HAHNE/VON ROHR 1999).

Abb. 5-30: Zentrale Orte im Landesteil Schleswig in der Raumordnung

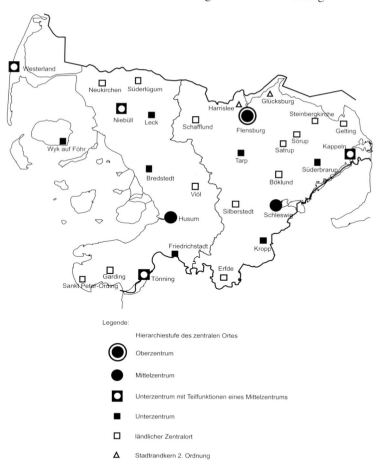

Quelle: RAUMORDNUNGSBERICHT 1996

Die vorgestellte Anwendung von Modellen zur Ermittlung von Zentralität und Zentrale-Orte-Systemen ist nicht nur zur Schätzung des Ist-Zustandes geeignet, sondern kann auch zur Prognose dienen. Als Beispiel soll hypothetisch angenommen werden, daß in der als ländlicher Zentralort eingestuften Gemeinde Viöl an der Straße Husum-Flensburg ein großes Einzelhandelszentrum eröffnet wird, dessen Kapazitäten in etwa 2 % des gesamtregionalen Handels entsprechen.[224] Die Auswirkungen bei ansonsten unveränderten Gegebenheiten – d. h. es findet in den übrigen Orten kein Nachfrage- bzw. Angebotsrückgang statt – zeigt Abb. 5-31.

Abb. 5-31: Prognose des Zentrale-Orte-Systems im Landesteil Schleswig bei Ansiedlung von Einzelhandelsunternehmen in der Gemeinde Viöl

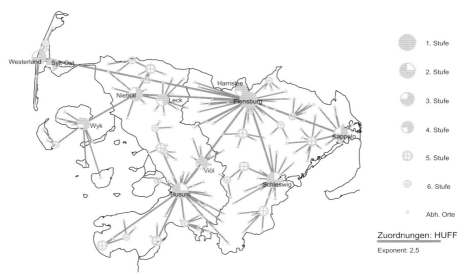

Quelle: Eigene Berechnungen

Die hypothetische Ansiedlung schöpft das Einzelhandelsvolumen in einer Weise ab, daß weniger das Zentrum Husum beeinträchtigt ist als zunächst nachrangige zentrale Orte wie Bredstedt im Westen oder Jübek im Osten der Gemeinde Viöl. Obwohl etwa Bredstedt nur ein geringfügig kleineres Angebot im Einzelhandel aufweist, kann es seine Zentralitätsstufe nur knapp behaupten und verliert in seinem Norden an Ausstrahlungskraft, so daß es dort zu einem Aufbau an Zentralität kommt, der sich wiederum zuungunsten von Leck und Niebüll auswirkt, in deren Norden dann ebenfalls neue Zentralitäten entstehen. Eine ähnliche, aber geringer ausgeprägte Abfolge von Wirkungen ist bei Jübek festzustellen. Selbstverständlich ist dieses Ergebnis auch davon beeinflußt, daß in den übrigen Orten die Angebots- und Nachfragesituation als konstant angenommen wurde, mithin von einem gesamtregionalen Wachstum dieses Sektors von 2 % ausgegangen wurde. Tatsächlich dürfte in einem gewissen Umkreis eine noch weitergehende Nachfrageumorientierung nicht ausbleiben. Zudem ist der Standort so gewählt, daß seine Reichweite sich nicht bis in die

---

[224] 85 Mio. DM Umsatz auf 11.400 m² Fläche

unmittelbare Nähe von Husum erstreckt; bei einer noch stärkeren Annäherung der Ansiedlung (etwa in einer Stadtrandgemeinde) sind deutliche Auswirkungen auch auf diese Stadt wahrscheinlich.[225]

Insgesamt erweisen sich Modelle, sofern über ihre Voraussetzungen und Einsatzbedingungen Klarheit besteht, in ihrer Anwendung als sehr flexibel und durch die schnelle Modifikation einzelner Ausgangsdaten auch zur Prognose als überaus geeignet. Sie erzeugen neue Informationen und damit neue Raumbilder, die über die Deskription räumlicher Verteilungen mittels univariater Daten weit hinausgehen. Insofern bilden sie ein eigenständiges Kapitel landeskundlicher Information.

In den bisherigen Abschnitten wurden nicht nur wichtige Merkmale der Gesamtregion dargestellt, sondern aus ihnen auch räumliche Muster gebildet, d. h. wissenschaftliche Regionalisierungen durchgeführt. Bereits bei der Beschreibung dieser Teilregionen des Landesteils Schleswig war es manchmal unumgänglich, aus Gründen der Orientierung auf Raumbegriffe zurückzugreifen, die anderen Regionalisierungen entstammen. Explizit wurde bereits auf die naturräumlich definierten Raumkategorien Marsch, Geest und (östliches) Hügelland eingegangen. Im folgenden Kapitel soll danach gefragt werden, welche Raumbegriffe darüber hinaus existieren, in welchen Zusammenhängen sie verwendet werden und welche Bedeutungsreichweiten sie aufweisen.

---

[225] Entsprechend wird z. B. von den Einzelhändlern der Flensburger Innenstadt argumentiert, wenn sie Umsatzeinbußen auf Einkaufszentren am Stadtrand zurückführen.

5.6 BILDTYP III: BEDEUTUNGSREICHWEITE REGIONALER SUBTYPEN

Wie bereits dargelegt wurde (Kap. 5.1), erstreckt sich der „Landesteil Schleswig" über unterschiedlich dimensionierte Territorien; die Bezeichnung umfaßt je nach Zweck und Thema ein anderes Gebiet. Die hier gewählte Abgrenzung (die beiden nördlichen Kreise und die Stadt Flensburg) bildet dabei eine Minimalversion eines Landesteils Schleswig; die im Süden angrenzenden Gebiete haben bereits weniger an diesem Sprachgebrauch Anteil, werden seltener dem Landesteil Schleswig zugerechnet. In welchem Ausmaß dies passiert, kann hier jedoch nicht überprüft werden, da die Untersuchungsregion nach anderen Kriterien ausgewählt wurde und es nicht sinnvoll ist, sie nun auszuweiten und die getroffene Entscheidung neu zu begründen.

Praktikabel und sinnvoll ist es hingegen, Regionsbezeichnungen *innerhalb* des Landesteils zu diskutieren, d. h. Teilregionen in ihrer sprachlichen Verwendung nach Vorkommen, Inhalt und Bedeutungsreichweite zu untersuchen. Ein wichtiger Typ von Quellen sind wissenschaftliche Orts- und Landschaftsnamenkunden; als Beispiel soll hier die Zusammenstellung der „Namen und Abgrenzungen von Landschaften in der Bundesrepublik Deutschland ..." (LIEDTKE 1984) angeführt werden. Darin werden folgende Landschaften mit näherer Bestimmung aufgeführt (vgl. Abb. 5-32, Tab. 5-6):

Abb. 5-32: Landschaftsnamen im Landesteil Schleswig

Quelle: LIEDTKE 1984: Kartenbeilage

Tab. 5-6: Beschreibung der Landschaftsnamen im Landesteil Schleswig

Landschaftsname	Beschreibung
Amrum	20 qkm große nordfriesische Insel mit Geestkern und bis zu 30 m hohem Dünengürtel. Land des Germanenstammes der Ambronen. Gezeitenunabhängiger Fährbetrieb
Angeln	Wellige Jungmoränenlandschaft in dem schmalen Bereich (german. angwa eng) zwischen der Flensburger Förde und der Schlei. Als etwas unsichere Westgrenze gilt der Ochsenweg, der westl. von Schleswig und Flensburg verlief
Bökingharde	Unsicher abgrenzbares nordfriesisches Kooggebiet um den kleinen niedrigen (4 m) Geestkern von Niebüll. „Harde der Leute bei den Buchen". Von ursprünglich 13 Harden in Nordfriesland sind heute nur noch Bökingharde und Wiedingharde im Volksmund in Gebrauch
Die Halligen	Die Halligen (nordfriesische Bezeichnung für unbedeichtes Vorland) bilden eine Gruppe von 10 kleinen meist unbedeichten Marschinseln im Wattenmeer der nordfriesischen Küste
Eiderstedt	Seit dem M. A. durch Eindeichungen von Marschland zusammengewachsene, sehr flache, 340 qkm große nordfriesische Halbinsel und als ehem. Bauernrepublik gut abgrenzbare histor. Landschaft
Föhr	82 qkm große Insel im Wattenmeer Nordfrieslands mit 13 m hohem Geestkern, eingedeichtem Marschland und gezeitenunabhängigem Fährbetrieb
Karrharde	Unsicher abgrenzbares nordfriesisches Kooggebiet westl. Klintum
Nordergosharde	Unsicher abgrenzbare nordfriesische histor. Landschaft aus Koogen [Kögen] und Geestgebiet nördl. Bredstedt
Nordfries. Inseln	Inseln im Wattenmeer vor der Nordseeküste Schleswig-Holsteins zuzüglich der dänischen Inseln Fanö und Röm
Nordfriesland	Marschenland an der schleswigschen Nordseeküste zwischen der Wiedau im Norden und der Eider im Süden. Die Abgrenzung ist unsicher, zumal seit 1974 ein weit auf die Schleswigsche Geest reichender Landkreis gleichen Namens besteht
Nordstrand	48 qkm große, ganz flache, eingedeichte Marscheninsel im nordfriesischen Wattgebiet, durch einen Deich [Damm] seit 1936 mit dem Festland verbunden
Pellworm	36 qkm große, ganz flache eingedeichte Marschlandinsel im nordfriesischen Wattgebiet mit gezeitenabhängigem Fährbetrieb
Schleswigsche Geest	Sammelbezeichnung für das zwischen dem Marschland im Westen und dem kuppigen Jungmoränenland östl. des Ochsenweges gelegene sanftwellige sandige oder sandig-lehmige Altmoränengebiet zwischen der dänischen Grenze und dem Nord-Ostsee-Kanal. Vhm. gut abgrenzbar
Stapelholm	Bogenförmiger, 22 qkm großer Geestrücken, der sich östl. Friedrichstadt und nördl. der unteren Eider bis 41 m mit deutlichem Rand aus der davorliegenden Marsch erhebt
Südergosharde	Unsicher abgrenzbare nordfriesische histor. Landschaft aus Koogen [Kögen] und Geestgebieten
Sylt	Mit 99 qkm die größte der Nordfriesischen Inseln aus zwei Geestkernen, Marschland und Küstendünen, im zentralen Teil bis 53 m hoch. Durchschnittlicher Küstenrückgang an der Westküste 1,1 m/Jahr. Seit 1927 durch einen Bahndamm mit dem Festland verbunden
Wiedingharde	Gut abgrenzbares nordfriesisches Kooggebiet südl. der dänischen Grenze und westl. Süderlügum, „Harde der Wiedauanwohner" (vgl. Bökingharde). Zur Wiedingharde gehören die Dörfer Aventoft, Emmelsbüll, Horsbüll, Klanxbüll, Neukirchen und Rodenäs

Quelle: LIEDTKE 1984

Bereits eine flüchtige Betrachtung dieser Aufstellung führt zu leidlicher Verwirrung, ist doch unklar, worum es hier überhaupt geht. Einerseits postuliert die Überschrift des Verzeichnisses, Landschafts*namen* anzugeben, woran sich konsequenterweise eine Erläuterung der *Verwendung* dieser Namen anzuschließen hätte. Andererseits suggerieren die Charakterisierungen, daß es sich um die Kurzbeschreibung von – zumeist geomorphologisch definierten – realen Raumeinheiten handelt.

Dieses Verfahren ist solange unauffällig, als Verwaltungsbezeichnungen, naturräumliche Gliederung und rezipierter Sprachgebrauch übereinstimmen; dies ist etwa bei den nordfriesischen Inseln unzweifelhaft der Fall.[226] Problematisch, ja auffällig unsinnig ist dieses Vorgehen jedoch auf dem Festland, wenn die Bezeichnung „Nordfriesland" auf Marschgebiete eingeschränkt wird, wodurch nicht nur meerferne Teile des Kreises aus der Definition ausgeschlossen werden, sondern auch das regionale Zentrum Husum oder große Teile des historischen Siedlungsgebietes der namengebenden Nordfriesen. Es dürfte schwerfallen, ein solches Nordfriesland-Verständnis mit dem Gebrauch des Namens sowohl im öffentlichen Leben als auch im Alltagsverständnis der Bevölkerung in Einklang zu bringen.

Ähnlich wirr sind die Definitionen der Harden (Bökingharde usw.), wenn Aspekte der Geomorphologie herangezogen werden, die Namen selbst jedoch historische Rechtsbegriffe (ehemalige Siedlungsverbände und Gerichtsbezirke) sind, die sich gerade nicht auf das Relief beziehen. Aus dieser Perspektive ist es dann nur konsequent, „unsicher abgrenzbare" Gebiete, deren Namen ungebräuchlich sind, d. h. nicht (mehr) als Landschaftsnamen existieren, durch simple naturräumliche Merkmale festzulegen.

Diese Kritik an der Verschneidung beliebiger, inhaltlich unzusammenhängender Kategorien der Landesbeschreibung basiert jedoch auf einem Verständnis des Zwecks solcher Namenkunden, der nicht unbedingt auch Zweck des jeweiligen Autors sein muß: nämlich Wissen über die Verwendung best. Regionsbezeichnungen zu vermitteln. Wenn es in einer Landschaftsnamenkunde aber vor allem darum geht, „das verschüttete oder verdrängte Bewußtsein für die Heimat und für den eigenen Staat wieder zu wecken", und zugleich eine heutige Landschaft als Offenbarung der „enge(n) Verwobenheit von historischer Prägung und natürlichen Voraussetzungen" (LIEDTKE 1984:8) angesehen wird, erhält das beschriebene Vorgehen seinen tieferen, praktischen Sinn.

Denn wenn über die Publikation von Landschaftsnamen Heimatbewußtsein erzeugt werden soll, dann dominiert das (politische) Ziel; dann ist es irrelevant, welche tatsächliche Verwendung ein Name findet und in welchem Ausmaß er verbreitet ist oder historisch war. Solche Landschaftsnamen können auch aktuell erfunden sein; sie müssen nur *gut* erfunden sein und ihren Zweck, das Erreichen des genannten Ziels, erfüllen können. Die Qualität einer durch Namengebung erfolgten Abgrenzung erweist sich wiederum an ebendiesem Zweck.

---

[226] Aber auch hier ist unklar, weshalb etwa bei Pellworm neben der Lage und Größe die Untergrundbeschaffenheit und die Anbindung ans Festland erwähnenswert sind, nicht aber wirtschaftliche Merkmale oder eine historische Einordnung. – Ergänzend ist hinzuzufügen, daß heute auch diese Insel über einen gezeitenunabhängigen Fährbetrieb verfügt.

Dabei ist aus praktisch-benennungsökonomischen Gründen eine multifunktionale, d. h. für mehrere Zwecke geeignete Namengebung wünschenswert, wenn auch nicht immer möglich. Eine solche „Benennungsökonomie" bildet neue Namen zudem nur dann, wenn es aus Gründen der räumlichen Abgrenzung bzw. sachlichen Distinktion unbedingt notwendig ist. Vorzuziehen ist ein Rückgriff auf bestehende Bezeichnungen, die aber vor ihrer Anwendung daraufhin untersucht werden müssen, welche Bedeutungsreichweite sie aufweisen, um nicht unerwünschte räumlich-sachliche Konnotationen zu transportieren.

Deshalb stellt sich zunächst die Frage nach geeigneten Primärquellen für die Suche nach vorhandenen Raumbegriffen. Ein erster Zugang ist über Verwaltungseinheiten möglich. Dabei sind folgende übergemeindliche Regionsnamen anzutreffen (vgl. Abb. 5-5):
– Nordfriesland (Kreis);
– Eiderstedt, Stapelholm, Bökingharde, Karrharde, Wiedingharde (Ämter);
– Amrum, Föhr, Sylt (Ämter).

Während die Abgrenzung der Inseln fraglos ist, besteht bei der Bedeutungsreichweite der übrigen Regionsbegriffe Erläuterungsbedarf. Sowohl die Amtsbezeichnungen als auch der Kreisname sind Produkt der Gebietsreform von 1970/74. Das Amt Stapelholm verdankt seine Bezeichnung einem markanten Höhenzug, dessen Namen zum Sammelbegriff für einige umliegende Gemeinden wurde.[227] Das Amt Eiderstedt kann als Schrumpfungsform des ehemaligen Kreises Eiderstedt[228] verstanden werden, während mit der Bezeichnung Nordfriesland an das – wesentlich kleinere – Siedlungsgebiet einer ab dem 7. Jh. zugewanderten Bevölkerung (Friesen) erinnert wird. Einen ähnlichen begrifflichen Hintergrund haben die Ämter Bökingharde, Karrharde und Wiedingharde, wobei vor allem in bezug auf die Lage des Amts Karrharde im Vergleich zu den Angaben LIEDTKEs (Abb. 5-32) Lage-Diskrepanzen nicht zu übersehen sind.[229]

Gerade an diesem Beispiel läßt sich der Umgang mit (Sub-)Regions-Begriffen wohl am einfachsten verdeutlichen. Während etwa die Bezeichnung „Amrum" für die nordfriesische Insel eine Deckungsgleichheit von Topographie und Verwaltungseinheit ausdrückt, d. h. weder andere Namen mit „Amrum" konkurrieren noch „Amrum" andere Gebiete umfaßt, existiert eine historische „Karrharde" als – in ihrer Ausdehnung strittige – Verwaltungseinheit, eine durch ihre Oberflächenstruktur charakterisierte Landschaft „Karrharde" (vgl. Tab. 5-6) und ein heutiges Amt dieses Namens, das ein teilweise stark abweichendes Gebiet umfaßt.

---

[227] Er erinnert zudem an eine bereits im 17. Jh. existierende Verwaltungseinheit gleichen Namens („Landschaft Stapelholm").

[228] ohne die amtsfreien Gemeinden bzw. Städte sowie drei Dörfer im Norden

[229] Es bestehen jedoch nicht nur Diskrepanzen zwischen dem Gebiet des heutigen Amts Karrharde und der Lokalisierung des historischen Territoriums bei LIEDTKE, sondern auch abweichende Angaben zu Größe und Lage in der Vergangenheit je nach der herangezogenen Literatur. So erstreckte sich etwa nach LAUR (1982) die Karrharde deutlich weiter nach Nordosten, und zwar bis zum Kirchspiel Medelby auf dem Gebiet des heutigen Kreises Schleswig-Flensburg.

Diese Abweichungen sind jedoch unproblematisch, und zwar deshalb, weil weder aus der Geschichte noch aus dem Relief ein räumlich bereits fixierter Name abgeleitet wurde, sondern eine regional vorhandene, aber quasi freischwebende Bezeichnung wieder mit territorialer Bestimmung versehen wurde. Die im Namen steckende Erinnerung von Gemeinsamkeit, wie jede Bezeichnung ja eine ebendadurch ausgedrückte Einheit symbolisiert, kann durch die mangelnde Konkurrenz einer bestehenden regionalen Bedeutung zur Bezeichnung einer aktuellen Verwaltungseinheit werden.

Da – wie in Kap. 3.2 erörtert wurde – die Bedeutung von Namen der Situation, in der sie verwendet werden, geschuldet ist, kann jedoch vom öffentlichen Vorhandensein von Bezeichnungen (hier: als Name eines Amts) eventuell eine Absicht der Namengeber abgeleitet werden, keinesfalls aber die Rezeption. Analytisch ist daher zu trennen zwischen dem Angebot regionaler Bezeichnungen und deren Übernahme in regionsbezogenes Denken der Bevölkerung. Während ersteres durch verschiedene Medien transportiert wird, worauf spätere Abschnitte zu sprechen kommen, stellt sich im Falle der Rezeption von Regionsbezeichnungen die bekannte Frage nach der Messung.

1 Messung der Bedeutungsreichweite von Regionsbegriffen durch Befragungen

Eine direkte Möglichkeit der Erhebung ist eine Befragung. Im Rahmen umfangreicher Untersuchungen im Landesteil Schleswig wurde versucht, regionalen Zuordnungen lokaler Bevölkerung nicht dadurch näher zu kommen, daß vorgegebene Regionsbezeichnungen abgefragt wurden, sondern durch eine offene Fragestellung. Dabei wurde in je einer Gemeinde pro Gemeindetyp[230], und zwar in den Orten Bordelum, Brebel, Flensburg, Leck, Schleswig und Wester-Ohrstedt (Abb. 5-33), nach der Einleitungsfrage zur Wohndauer folgende Frage ohne Antwortenvorgabe gestellt:

Wie würden Sie die Gegend, das Gebiet nennen, in dem <Bordelum> [hier wurde der jeweilige Befragungsort eingesetzt] liegt? Oder: Welchen Namen hat es?

Die Befrager waren angewiesen, auch hier keinesfalls Hilfestellungen zu geben, also keinerlei Erörterungen bei Nachfragen vorzunehmen. Auf diese Weise und v. a. durch die offene Fragestellung sollte zunächst überprüft werden, ob eine Zuordnung des Wohnortes zu Regionsbezeichnungen überhaupt durchgängig vorhanden ist, d. h. ob die Bevölkerung über den geographietypischen Reflex der räumlichen Kategorisierung zumindest dann verfügt, wenn er durch eine Frage angesprochen wird. Des weiteren sollte selbstverständlich die Bekanntheit und Virulenz von Regionsbegriffen in den Fällen eruiert werden, in denen solche räumlichen Zuordnungen vorliegen. Das Ergebnis zeigt Tab. 5-7.

---

[230] zur Gemeindetypisierung via Clusteranalyse vgl. Kap. 5.5. Für die Erhebung wurde die dem Clustermittelpunkt nächste Gemeinde ausgewählt; im Fall Schleswig bzw. Husum gab der Zugang zu detaillierten Daten auf Stadtteilebene den Ausschlag zugunsten von Schleswig.

Abb. 5-33: Untersuchungsorte im Landesteil Schleswig

Tab. 5-7: Zuordnung der Befragungsorte zu Regionsbegriffen seitens der Befragten*

	Flensburg	Schleswig	Leck	Wester-Ohrstedt	Bordelum	Brebel
Ort(steil) selbst	46,1	6,5	1,1	0	6,1	0
Schleswig-H.	2,8	9,8	0	0	0	3,5
Angeln, östl. Hügelland	11,4	9,8	0	0	0	44,8
(Nord-)Friesland	2,1	0	68,4	38,8	24,5	0
Geest(rand)	0	6,5	7,4	32,7	20,4	0
sonstige Regionsnamen	16,3	20,7	10,5	8,2	4,1	0
ästhetische Kategorien	5,7	23,9	4,2	6,1	12,2	6,9
sachliche Kateg.	7,1	21,7	7,4	16,3	8,2	6,9
Heimat	0	4,4	2,1	0	12,2	27,6
Provinz	0	3,3	1,1	0	6,1	6,9
Grenzland	14,2	0	1,1	0	0	0
weiß nicht	1,4	5,4	0	0	10,2	13,8
	n=141	92	95	49	49	29

* jeweils in %; Mehrfachnennungen möglich
Quelle: Eigene Erhebungen

Zunächst zeigt sich ganz allgemein, daß es tatsächlich Regionsnamen gibt, denen die Befragten ihren Wohnort zuordnen (können): Am häufigsten genannt wurden Angeln (oder auch: östliches Hügelland), (Nord-)Friesland und Geest(rand); daneben existieren in geringerem Umfang andere, zumeist recht unscharfe Bezeichnungen wie z. B. Marschgebiet, Schleiregion oder nördliches Schleswig-Holstein. Daß dabei die Einwohner von Brebel sich ausschließlich einer Region Angeln zurechnen, während die Bevölkerung in Leck, Wester-Ohrstedt und Bordelum in unterschiedlichem Ausmaß zwischen Zuordnungen zu Nordfriesland und zur Geest schwanken, ist genausowenig verwunderlich wie der Umstand, daß für die Flensburger die Stadt selbst mit einer Region gleichzusetzen ist und für Schleswig die Tendenz zu einer regionalen Zuordnung überhaupt sehr schwach ausgeprägt ist.

Insgesamt ist jedoch nur in zwei Siedlungen (Leck, Wester-Ohrstedt) eine mehrheitliche Zuordnung des Wohnorts zu einem Regionsbegriff festzustellen. In den beiden kleinsten Dörfern tritt neben die Regionsbezeichnung vor allem die unspezifische Benennung als „Heimat", in wohl eher negativem Sinn als „Provinz" o. ä. sowie der völlige Verzicht auf das Finden einer ortsübergreifenden Einordnung. Nicht zuletzt werden hier wie in allen Orten ästhetische und sachliche Merkmale zur Benennung einer Region herangezogen; zu den ästhetischen Merkmalen gehört im wesentlichen die schöne, ruhig, gesunde etc. Landschaft, während als sachliche Merkmale wirtschaftliche Charakteristika (Landwirtschaft u. a.) ebenso zusammengefaßt wurden wie soziale (dörflich, ländlich u. ä.) und physiognomische (flach, am Wasser) Beschreibungen. In Flensburg kommt hierzu noch die Grenznähe.

Damit erweisen sich einerseits drei Regionsbegriffe (Angeln, Geest, Nordfriesland) als die wohl wichtigsten Bezeichnungen von Subregionen innerhalb des Landesteils Schleswig,[231] andererseits gibt es aber auch gewichtige Alternativen zu einer Verwendung von Regionsbezeichnungen bei der Charakterisierung der regionalen Zuordnung des Wohnorts.

Es werden bei einer offenen Frage demnach Regionsnamen nur als *eine* unter mehreren Möglichkeiten räumlicher Charakterisierung verstanden. Gelte es jedoch unter vorgegebenen Alternativen eine einzelne zu wählen – und zwar nicht nur bei einer Befragung, sondern auch z. B. bei politischem Engagement –, so dürfte das Ergebnis ganz anders ausfallen. Lediglich für Schleswig ist nicht zu erkennen, welche Präferenzen in bezug auf Regionsbezeichnungen bestehen.

Um aber überhaupt die Möglichkeit zu haben, in einer best. Situation regionale Zuordnungen treffen zu können, ist – so banal dies zunächst auch klingen mag – das Vorhandensein von Regionsnamen vonnöten. Die mangelnde Zuordnung Schleswigs könnte daher auch dem Umstand geschuldet sein, daß es keinen öffentlich wirksamen Regionsbegriff gibt, mit dem diese Stadt verbunden ist.[232] Ein Blick auf Abb. 5-32 sieht Schleswig wie auch Flensburg tatsächlich in einer eher randständigen Position zu einzelnen Landschaftsbegriffen.

---

[231] Ob hierzu noch Inselnamen sowie die Bezeichnungen Eiderstedt und evtl. auch Stapelholm zu rechnen sind, kann mangels dortiger Befragungen nicht überprüft werden.

[232] Zugleich scheint die Eigenständigkeit der (kreisangehörigen) Stadt für die Bewohner wesentlich geringer ausgeprägt als dies etwa im kreisfreien Oberzentrum Flensburg der Fall ist.

Welche Zuordnungen aber nicht nur in Namenkunden bestehen, die in ihrer Prägewirkung für die örtliche Bevölkerung doch als eher marginal einzustufen sind, sondern auch und vor allem in öffentlichen, den Alltag berührenden Sphären auftauchen, d. h. welche Angebote an regionalen Zuordnungen der Bevölkerung gemacht werden, soll im folgenden an einigen Beispielen diskutiert werden.

Zuvor soll jedoch noch einmal auf die Bedeutungsreichweite der wichtigsten genannten Regionsbegriffe eingegangen werden. Während Angeln den östlichen Teil des Kreises Schleswig-Flensburg, der selbst kein Bezugsraum für die Zuordnung der hier gelegenen Orte ist, bildet und sich daran die naturräumliche Einheit Geest anschließt, die Teile beider Kreise umfaßt, ist die Bedeutung von (Nord-)Friesland unklar. Es kann sich hierbei sowohl um den Kreis als auch um ein Synonym der küstennahen Marschgebiete (vgl. LIEDTKE 1984) handeln oder sogar die kulturell-ethnische Komponente eines Bezugs auf die friesischsprachige Bevölkerung enthalten.

2 Regionsbegriffe in den Bezeichnungen von Institutionen und Unternehmen

Diese Unklarheit ist zu beachten, wenn als eine Möglichkeit, die Bedeutung von Regionsbezeichnungen zu erheben, Namen von Einrichtungen und Unternehmen dahingehend überprüft werden, welche Regionsbezeichnung sie enthalten.[233] Dazu wurde im Landesteil Schleswig das Vorkommen der Regionsbezeichnungen „Schleswig" (für den Gesamtraum), Schleswig-Flensburg (Kreis), „Angeln", „Stapelholm", „Eiderstedt" und „Nordfriesland" mitsamt den daraus gebildeten Adjektiven in den Namen von Behörden, Verbänden, Unternehmen, Vereinen usw. ermittelt (Abb. 5-34).

Das auf den ersten Blick sehr komplexe Bild (Abb. 5-34a) weist bei genauerer Betrachtung charakteristische Muster auf: In weiten Teilen Nordfrieslands ist ebendiese Bezeichnung das einzige Angebot regionaler Namengebung. Im südlichen Kreisgebiet dominiert der Begriff „Eiderstedt". Weniger klar getrennt sind die Verhältnisse im Kreis Schleswig-Flensburg; während im Westen die Bezeichnung „Schleswig-Flensburg" allein oder neben verschiedenen, z. T. kreisexternen Namen vorkommt, gibt es im Ostteil eine fast durchgängige Überlappung mit der Bezeichnung „Angeln". Der Begriff „Schleswig" für den Gesamtraum ist in unterschiedlichen Gebieten anzutreffen.[234]

Werden nur Namenvorkommen >1, d. h. Gebiete mit mehr als minimaler Namenpräsenz berücksichtigt (Abb. 5-34b), wodurch auch die oft als einzige die Regions-

---

[233] Auch nach PRIEBS (1987:541-545) ist die Übereinstimmung der regionalen Ausdehnung von sozial bedeutsamen Einrichtungen wie Vereinen, Verbänden etc. mit administrativen Grenzen von großer Bedeutung für die Verbreitung eines regionalen Zugehörigkeitsdenkens.

[234] Dabei handelt es sich zumeist um Einrichtungen der „Arbeitsgemeinschaft Deutsches Schleswig e. V.", eines ehemals für den antidänischen Kulturkampf gegründeten, heute weniger nationalitätenpolitisch denn allgemein kulturpolitisch aktiven Vereins.

Abb. 5-34: Vorkommen regionaler Bezeichnungen in Adressen (nach Ämtern)
a) alle Nennungen

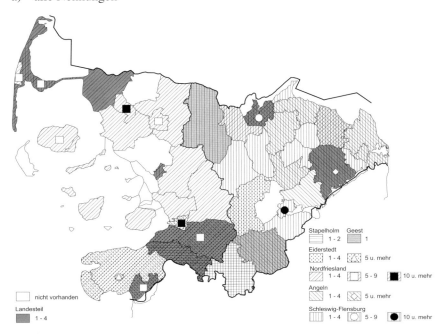

b) mindestens zwei Nennungen pro Amt

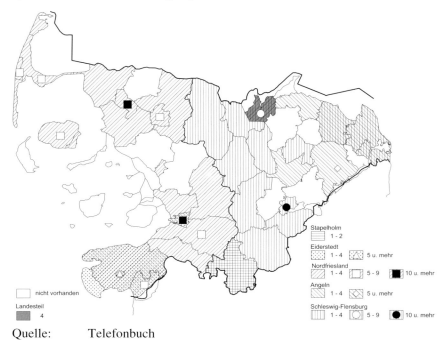

Quelle: Telefonbuch

bezeichnung repräsentierenden Kreissparkassen ausgeblendet werden, ist das Muster recht eindeutig: Neben zahlreichen „begriffslosen" Gebieten zeigt sich eine eindeutige Aufteilung der Namenvorkommen in der bereits beschriebenen Weise.

Vergleicht man dieses Angebot an regionalen Bezeichnungen mit den entsprechenden Verwendungen durch die Befragten, zeigen sich zwei markante Unterschiede: So ist „Geest" als Namensbestandteil fast inexistent, in der regionalisierenden Alltagssprache jedoch häufig anzutreffen. Das Gegenteil ist in bezug auf „Schleswig-Flensburg" zu konstatieren; obwohl der Kreisname in der Bezeichnung zahlreicher Einrichtungen und Unternehmen enthalten ist, spielt er für die Befragten aus den in diesem Gebiet gelegenen Gemeinden (Schleswig, Brebel) keine Rolle. Damit zeigt sich ein Unterschied auch zum Kreis Nordfriesland, dessen Name offensichtlich in der Alltagssprache fest verwurzelt ist;[235] zumindest ist er der einzige aktuelle Verwaltungsbegriff im Dreiklang der wichtigsten regionalen Zuordnungen bei der angeführten Befragung. Damit erweist sich „Nordfriesland" als deutlich rezeptionsfreundlicher als „Schleswig-Flensburg".

Aber auch innerhalb Nordfrieslands konnte 1970 bei der Neukonstruktion der Ämter auf bereits vorhandene Subregionsbegriffe (die -harden; s. o.) zurückgegriffen werden, was im Osten des Landesteils – mit Ausnahme von „Stapelholm" – nicht möglich war. Weder „Angeln" noch „Geest" wurden als Amts- oder Kreisnamen übernommen, was auch aus der starken wirtschaftsräumlichen Fixierung dieser Bezeichnungen (für Gebiete stark unterschiedlicher landwirtschaftlicher Produktions- und Einkommensverhältnisse) und damit der Abweichung von der Fläche des Kreises Schleswig-Flensburg resultiert.

Da die Geest sich etwa zur Hälfte auch in den Kreis Nordfriesland erstreckt, gibt es nur eine Subregion, die vollständig zum Kreis Schleswig-Flensburg zu zählen ist, und zwar Angeln. Üblicherweise wird darunter das Gebiet zwischen den Meeresarmen der Flensburger Förde und der Schlei verstanden, nach Westen abgegrenzt durch die alte Straßenverbindung zwischen Schleswig und Flensburg (vgl. HAMER 1994:11 f.).[236]

Damit ist die Trennung des Kreises Schleswig-Flensburg in einen West- und in einen Ostteil die dominante regionale Untergliederung dieses Gebiets, die in etwa der agrarwirtschaftlichen Differenzierung (Abb. 5-17/18) entspricht, jedoch quer verläuft zu Regionalisierungen entlang zahlreicher anderer sozialer, ökonomischer

---

[235] Ein Blick zurück auf die Entstehungsgeschichte, als zunächst keiner der drei 1970 zusammengeschlossenen Kreise Südtondern, Husum und Eiderstedt auf die eigene Bezeichnung verzichten wollte, zeigt, als wie glücklich sich nachträglich die Wahl des eigentlich (oder vielleicht gerade weil) in seinen Inhalten unklaren und seinen Verweisen schillernden Namens erwiesen hat.

[236] Diese Abgrenzung wird in der Literatur zumeist als Selbstverständlichkeit angesehen. So kann bereits Pfeifer seine Siedlungsgeographie Angelns mit dem Satz beginnen: „Das Siedlungsbild der Landschaft Angeln ist von großer Mannigfaltigkeit." (PFEIFER 1928:9), ohne daß zunächst irgendeine Regionsabgrenzung überhaupt vonnöten zu sein scheint; erst auf Seite 14 wird als westliche Grenzlinie der Übergang von den (östlichen) Endmoränen zu den (westlichen) Sanderflächen, wo sich zugleich die Landstraße befindet, angegeben.

und informationeller Daten: Verwiesen sei hier nur auf die Kreisgrenzen vor 1970 und die Pendelbeziehungen (Abb. 5-12/13) oder die Abonnentenverteilung der regionalen Tageszeitungen aus dem sh:z-Verlag (Abb. 5-15).

Gerade beim Blick auf die Tageszeitungen im Kreis Schleswig-Flensburg ergeben sich drei verschiedene regionale Muster: Während das Einzugsgebiet des Flensburger Tageblatts und der Schleswiger Nachrichten durch eine recht scharfe Linie voneinander getrennt sind (vgl. Abb. 5-15), überlappen sich die Gebiete, über die berichtet wird, fast vollständig.[237] Selbstverständlich liegt ein Schwerpunkt der regionalen Berichterstattung des Flensburger Tageblatts in der Stadt Flensburg (entsprechendes ist bei den Schleswiger Nachrichten festzustellen) und im nördlichen Teil des Kreises. Dennoch wird auch über Ereignisse eher lokaler Bedeutung aus dem Süden des Kreises berichtet. Noch stärker gleichverteilt sind die Berichte der Schleswiger Nachrichten. Ganz anders sieht es jedoch in bezug auf Nachrichten aus dem benachbarten Kreis Nordfriesland aus: Hier besteht auch bei der Berichterstattung eine markante Grenze, d. h. es finden sich nur überregional bedeutsame Nachrichten aus Nordfriesland in den Zeitungen des Kreises Schleswig-Flensburg. Von einer Überlappung kann hier keine Rede sein.[238]

Trotz der geringen regionalen Differenzierung der Berichte *zwischen* dem Flensburger Tageblatt und den Schleswiger Nachrichten werden von diesen Zeitungen regionale Einteilungen *innerhalb* des Kreises vorgenommen, die bei beiden Zeitungen identisch sind. Wie aus Abb. 5-35 zu ersehen ist, existiert in den Zeitungen eine bereits bekannte räumliche Gliederung der Berichterstattung: Abgesehen von Flensburg, Harrislee, Glücksburg (jeweils Nachbargemeinden von Flensburg) und Schleswig werden alle übrigen Gemeinden des Kreises in drei Kategorien eingeteilt[239]: Neben „Süderbrarup" (entsprechend dem gleichnamigen Amt) sind dies „Angeln" und „Kreis Westen", der mit dem auf dem Kreisgebiet liegenden Teil einer Region „Geest" identisch ist.

---

[237] Diese Angaben basieren auf einer Auswertung der beiden Zeitungen im Januar und Februar 1997.

[238] Ganz anders sieht es bei der regionalen Untergliederung der zweiten in Flensburg erscheinenden Tageszeitung, dem Flensborg Avis, aus. Da diese als Organ der dänischen Minderheit angesehene zweisprachige Zeitung nur über eine geringe, mit zunehmender Grenzferne abnehmende Verbreitung verfügt, kann es nicht weiter verwundern, daß sie auf eine genauere regionale Differenzierung des Berichterstattungsraumes verzichtet. So unterteilt der Flensborg Avis – mit dem dänischen Untertitel „i hele grænselandet" (=das ganze Grenzland), während die deutsche Untertitelung „Südschleswigsche Heimatzeitung – Der Schleswiger" lautet – seine dänischsprachigen Regionalnachrichten in die Rubriken „Flensborg", „Sydslesvig" (=Südschleswig, d. h. deutsche Seite der Grenzregion) und „Sønderjylland" (Südjütland; dänische Seite); die deutschsprachigen Teile werden entweder unter „Flensburg" oder „Von Küste zu Küste" rubriziert (zur großen Bedeutung der deutschen und dänischen Regionsbezeichnungen für regional- und ethnopolitische Zuordnungen vgl. a. ASCHAUER 2000).

[239] Drei im Süden des Kreises liegende Gemeinden konnten auch nach der Analyse eines halbjährigen Zeitraums nicht in der Berichterstattung der beiden Zeitungen gefunden werden. Eventuell liegt hier eine Zuordnung zum angrenzenden Berichtgebiet der Rendsburger „Landeszeitung" vor.

Abb. 5-35: Regionseinteilungen in den Tageszeitungen Flensburger Tageblatt und Schleswiger Nachrichten

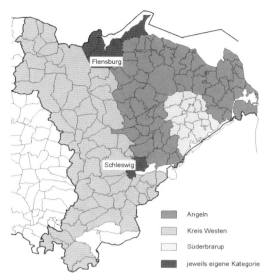

Quelle: Eigene Zusammenstellung

Diese Regionalisierung des öffentlichen Interesses, das an den Kreisgrenzen abrupt endet und innerhalb des Kreises Schleswig-Flensburg nicht nach aktuellen funktionalen Zugehörigkeiten ausgerichtet ist, sondern an der räumlichen Differenzierung eines heute marginalen Wirtschaftszweiges – der landwirtschaftlichen Produktion –, kann als Überbleibsel vormoderner Gegebenheiten betrachtet werden, die in der Gegenwart als wohlfeiles Instrument regionaler Gliederung verwendet werden. Wenn nun bereits ein modernes Massenmedium ökonomisch überkommene Raumeinheiten reproduziert, so sind kaum Überraschungen zu erwarten, wenn aktuelle regionale Einteilungen betrachtet werden, die sich explizit (auch) auf Vergangenes beziehen. Darunter sind zunächst konkret die Heimatvereine im Landesteil zu verstehen.

3 Regionale Zugehörigkeiten bei Heimatvereinen

Auf dem Gebiet des Landesteils Schleswig existieren nach Auskunft des Dachverbandes „Schleswig-Holsteinischer Heimatbund" (SHHB) folgende sechs Ortsvereine bzw. Landschaftsverbände:
– Heimatbund Landschaft Eiderstedt e. V.
– Heimatverein der Landschaft Angeln e. V.
– Heimatverein Schleswigsche Geest
– Nordfriesischer Verein e. V.
– Schleswig-Holsteinischer Heimatbund, Ortsverein Schleswig
– Stapelholmer Heimatbund

(Quelle: Schriftliche Auskunft des SHHB vom 28.4.1997)

Obwohl diese Vereine die bereits bekannten regionalen Bezeichnungen im Namen führen, sind sie weder im Regionalbezug noch im organisatorischen Aufbau umstandslos miteinander vergleichbar. Während etwa der Heimatverein der Landschaft Angeln selbst Träger der Vereinsaktivitäten wie Ortsforschung oder Bildungsveranstaltungen ist, fungiert der Nordfriesische Verein als Dachverband von 25 Ortsvereinen oder gemeindeübergreifenden Gruppierungen (Auskünfte der Vorsitzenden). Dennoch und trotz der Möglichkeit von Mehrfachmitgliedschaften läßt sich ein ungefähres Territorium der Heimatvereine definieren; es muß jedoch unklar bleiben, inwieweit die jeweils zugehörigen Gemeinden Wohnorte von Mitgliedern sind oder zu dem Gebiet gezählt werden, für das sich ein Heimatverein „zuständig" fühlt. Werden unter diesen Voraussetzungen Angaben der Vereine zu ihrem Vereinsgebiet zusammengestellt, wobei der Ortsverein Schleswig des SHHB unberücksichtigt bleibt,[240] läßt sich folgende Unterteilung des Landesteils Schleswig in Heimatvereins-Regionen konstruieren (Abb. 5-36).

Abb. 5-36:   Tätigkeits- und Einzugsgebiete der Mitgliedsvereine des Schleswig-Holsteinischen Heimatbundes im Landesteil Schleswig

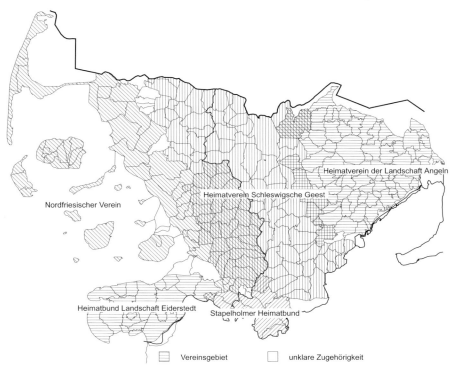

Quelle: Auskünfte der Vereine; eigene Zusammenstellung

Im wesentlichen wiederholt sich bei den Gebieten der Heimatvereine das bereits vertraute Muster: Von Ost nach West ist der Landesteil in die drei, den landwirt-

---

[240] In Schleswig hat auch der Heimatverein der Landschaft Angeln zahlreiche Mitglieder.

schaftlichen Nutzungszonen entsprechenden Streifen geteilt, und im Süden schließen sich die Sonderfälle Eiderstedt und Stapelholm an.[241]

Die jeweils im Süden des Vereinsgebiets von Nordfriesischem Verein und Heimatverein Schleswigsche Geest sehr starken Überlappungen sind weniger auf unklare regionale Zugehörigkeiten denn auf unterschiedliche Kriterien der Zugehörigkeit zurückzuführen. Während der Heimatverein Schleswigsche Geest sich nach naturräumlichen Grenzen und (historischen) landwirtschaftlichen Produktionszonen bestimmt, versteht sich der Nordfriesische Verein zwar auch als Heimatverein für (einen Teil von) Nordfriesland, aber darüber hinaus und vorrangig als Verein für *die* Nordfriesen bzw. *das* Nordfriesische. Mehrere Teilvereine bezeichnen sich explizit als „Friesenverein", z. T. auch in friesischer Sprache. Gerade in denjenigen Gebieten, in denen auf Geest-Boden das Interesse an friesischer Kultur etc. existiert, kommt es daher zu den aufgezeigten Überschneidungen.

Der Umstand, daß Geest und Stapelholm als Gebiete der gleichnamigen Vereine zu beiden Kreisen gehören, kollidiert nicht nur mit funktionalen Zuordnungen, sondern auch mit der bereits beschriebenen Presselandschaft: Die strikte Beschränkung von Meldungen und Ankündigungen in den Tageszeitungen auf das Gebiet des jeweiligen Kreises führt zu einer informationellen Barriere, die das Wissen über die jeweils andere Seite des Vereinsgebiets behindert und damit tendenziell das Verständnis einer gemeinsamen Region erodiert (Auskunft der Vereinsvorsitzenden).

Damit wird ein Begriff wie „Geest" weniger durch die politische Kreisgrenze als durch die Berichterstattung der Presse in zunehmendem Maße auf das entsprechende (Teil-)Gebiet des Kreises Schleswig-Flensburg eingeengt; ähnliches trifft – wenn auch in bisher geringerem Ausmaß – auf „Stapelholm" zu. Hieraus folgt die

---

[241] Es soll an dieser Stelle nicht unterschlagen werden, daß der SHHB sich als „Zusammenschluß von Vereinigungen und Mitgliedern (bezeichnet), der sich folgende Aufgaben stellt: ... c) Pflege deutscher Kultur schleswig-holsteinischer Prägung, d) Förderung der niederdeutschen und friesischen Sprache, ... g) Unterstützung der deutschen Volksgruppe in Nordschleswig [an den Landesteil Schleswig angrenzender Teil Dänemarks], h) Unterstützung anderer deutscher Gruppen im Ostseeraum". (Satzung v. 3.9.1994, § 2) Damit ist – erklärbar auch durch den Zweck der (Wieder-)Gründung des SHHB im Jahre 1947, eine Grenzrevision zugunsten Dänemarks, aber auch jegliche kulturell-sprachliche Orientierung der nördlichen Teile Schleswig-Holsteins an Dänemark zu verhindern – unter „Heimat" eine ausschließlich deutschsprachige (wozu auch das Friesische gezählt wird) Ausrichtung zu verstehen (vgl. FRIEDRICHSEN 1981). Die „Heimat" der dänischsprachigen Bevölkerung des Landesteils ist explizit nicht Inhalt der Aktivitäten des SHHB. Ob die Regionsbildung, wie sie durch die organisatorische Gliederung des SHHB vermittelt wird, auch auf seiten der dänischsprachigen Bevölkerung vollzogen wird, muß daher ungeklärt bleiben.

Eine weitere Einschränkung für den Rückschluß von Heimatvereinsterritorien auf in der regionalen Öffentlichkeit kursierende Regionsbegriffe liegt in der Mitgliederstruktur begründet. Früher fast ausschließlich von Volksschullehrern getragen, sind die Heimatvereine auch heute noch charakterisiert durch ältere, dem ländlichen Bildungsbürgertum – allgemeiner: den dörflichen Honoratioren – zuzurechnende Mitglieder. Ob diese Personengruppe in ihrer Kommunikation von Regionsbegriffen von der übrigen Bevölkerung abweicht, kann hier nicht überprüft werden.

Frage, ob gerade diese beiden, aber auch die übrigen Bezeichnungen überhaupt noch in Zukunft als regionale Gemeinsamkeit vermittelnde Begriffe werden fungieren können oder dann lediglich auf historische Landschaften verweisen.

4 Die Bedeutungsreichweite von Regionsbegriffen in der Literatur

Als weitere, literarische Form von regionalen Zuordnungen, die Geschichte und Gegenwart miteinander verbinden, können Märchen und Sagen mit Orts- und Regionsbezügen verstanden werden. Zum einen verweisen sie etwa bei der Nennung von Reisen oder Gerichtsverfahren auf tatsächliche soziale Beziehungen zwischen einzelnen Orten und damit auf eine funktionale Zuordnung von Siedlungen zu einer Region. Zum anderen aber vermitteln sie den heutigen Lesern auch ein entsprechendes Bild, erzeugen bei diesen das (richtige oder falsche) Wissen um solche regionalen Zusammengehörigkeiten.

Unter diesen Voraussetzungen kommt der jeweiligen Auswahl von Märchen und Sagen eine entscheidende Rolle zu. Zwar werden Märchensammlungen zumeist nicht nach dem Kriterium zusammengestellt, regionale Zusammengehörigkeiten zu repräsentieren, sondern überwiegend nach thematisch-literarischen Gesichtspunkten (gleiches gilt für die Analyse dieser Märchen; vgl. SPARING 1984); dennoch kommt der Zuordnung von Sagen und Märchen zu bestimmten Regionsbegriffen eine präjudizierende Kraft zu, indem durch die Sammlung von Märchen unter dem Namen eines Territoriums auch die inhaltliche Zusammengehörigkeit suggeriert wird.[242]

Bei einer Zusammenschau aktueller Märchensammlungen zeigt sich, daß Kompilationen von Märchen aus ganz Schleswig-Holstein offensichtlich unter der Maßgabe erstellt werden, möglichst alle Regionen zu berücksichtigen – mit dem Ergebnis, daß zumindest auf Ämterebene fast eine Gleichverteilung auftritt (HUBRICH-MESSOW 1993; HUBRICH-MESSOW 1997; SELK 1986, SELK 1994). Aussagekräftiger im Hinblick auf Teilgebiete gerade des Landesteils Schleswig sind daher Märchensammlungen, die sich auf einzelne Regionen beschränken.[243]

Entsprechende Zusammenstellungen existieren für Angeln, Nordfriesland, Stapelholm sowie die Städte Flensburg und Schleswig (HUBRICH-MESSOW 1989, 1991, 1992, 1994, 1996, SELK 1992). Ein Vergleich der beiden größeren Regionen, Angeln und Nordfriesland, in ihrer Repräsentanz in Märchensammlungen zeigt eine Reihe markanter Unterschiede, die in Abb. 5-37 dargestellt sind. In dieser Abbildung wird die Auswertung der Bücher einer einzigen Autorin wiedergegeben; diese Beschränkung begründet sich in der Vergleichbarkeit der beiden Märchen-Regionen, da von einem grundsätzlich identischen Auswahlverfahren ausgegangen

---

[242] Im folgenden soll aus Gründen sprachlicher Vereinfachung nicht mehr zwischen Sagen und Märchen unterschieden werden, sondern auch dann, wenn im Titel einer Sammlung von beiden Literaturgattungen gesprochen wird, nur noch die Bezeichnung „Märchen" verwendet werden.

[243] Werden Märchensammlungen, die sich explizit auf den Landesteil Schleswig beziehen, regionalisiert, finden sich Ortsnennungen vorrangig entlang der Grenze zu Dänemark, kaum hingegen im südlichen Teil der Untersuchungsregion (KETELSEN 1968-69, 1986).

werden kann, dem neben den literarischen Qualitäten auch die Berücksichtigung des gesamten Bezugsraum zugrunde liegt.

Abb. 5-37: Ortsnennungen in Sammlungen von Märchen aus Angeln und Nordfriesland

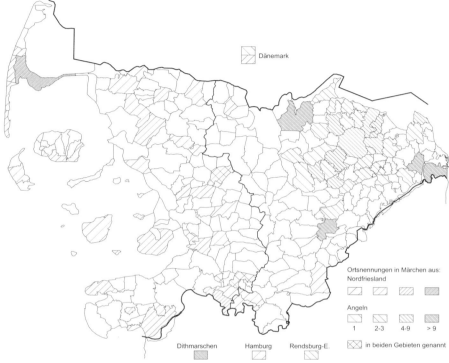

Quelle: HUBRICH-MESSOW 1989, 1991; eigene Zusammenstellung

In der Abbildung sind alle in den Märchen erwähnten Orte markiert, wobei im Falle von Beziehungen zu Orten außerhalb der jeweiligen Region, aber auch außerhalb des Landesteils (hier regional zusammengefaßt) die entsprechenden Ortsnennungen ebenfalls wiedergegeben werden. Dies dokumentiert nicht zuletzt die zur Entstehungszeit der Märchen bestehenden sozialen Beziehungen über die engere Umgebung hinaus.

Wichtiger als diese überregionalen Beziehungen ist jedoch die Konstruktion der Region selbst. Im Falle Nordfrieslands ist das Bezugsgebiet der Kreis insgesamt, wobei weder eine Einschränkung auf (ehemals) friesisches Sprachgebiet stattfindet noch die Halbinsel Eiderstedt eine eigenständige Einheit bildet; so existiert auch keine Sammlung von Märchen aus Eiderstedt. Das Gesamtbild zeigt ein Bemühen um relative Gleichverteilung der berücksichtigten Orte über den Kreis.

Ganz anders sieht es im Nachbarkreis Schleswig-Flensburg aus. Zunächst ist festzustellen, daß dieser überhaupt nicht den Rahmen für eine Märchensammlung bildet; statt dessen reproduziert sich die bereits in anderen Zusammenhängen deutlich gewordene West-Ost-Teilung mit dem Charakteristikum, daß derjenige Teil des Kreises, welcher der Geest zugerechnet wird, zur Gänze unberücksichtigt bleibt, während zu Angeln nicht nur die für die Abbildung ausgewertete Märchensammlung existiert.[244]

Ein genauerer Blick auf dieses "Angeln" zeigt jedoch, daß die übliche Definition als Gebiet zwischen Flensburger Förde und Schlei hier nicht zutrifft; zumindest im Süden der Region, nahe der Schlei, werden keine ortsbezogenen Märchen vermerkt.

Dies könnte zunächst selbstverständlich darauf zurückzuführen sein, daß es keine Märchen, die in diesen Orten handeln, gibt. Verschiedene Sammlungen von Sagen und Märchen aus ganz Schleswig-Holstein – darunter auch von der Autorin der Angeln-Sammlung (HUBRICH-MESSOW 1993) – lassen diese Vermutung zumindest als nicht ausreichend erscheinen. Vielmehr dürfte sich hier auch ein Verständnis von "Angeln" manifestieren, das dessen südliche Begrenzung nicht unbedingt an der Schlei sieht, sondern einen regionalen Schwerpunkt weiter im Norden setzt, von dem aus dieses Angeln nach Süden und auch nach Osten langsam ausfranst.

Dieser Befund deckt sich wohl nicht zufällig mit Auskünften von seiten des Heimatvereins der Landschaft Angeln, wonach ein Übergewicht bei Aktivitäten wie Mitgliedern im Norden des Vereinsgebiets existiert. Offensichtlich, so kann vorläufig geschlossen werden, liegt das soziale „Angeln", das gemessen wird durch die einzelnen Indizien der Zugehörigkeit, im nördlichen Teil des topographischen Angeln.

Diese Indizien, wie etwa das Vereinsgebiet von Heimatvereinen oder der Bezugsraum von Literatur (hier dargestellt anhand von Märchensammlungen), aber auch Regionsbezeichnungen in Institutionsnamen, können nur deshalb in Bezug zu sozialen Regionen – sei es als funktionale Zuordnung, sei es als regionsbezogenes Denken – gesetzt werden, weil sie in einem doppelten Sinn als Indikator verstanden werden: Zum einen verweisen diese Regionsbezeichnungen auf diejenigen Personen oder Einrichtungen, die sie produzieren oder verwenden und dadurch die räumliche Reichweite ihrer Aktivitäten etc. dokumentieren; zum anderen zeigen sie an, in welchen Gebieten die Menschen leben, die als Mitglieder, Kunden usw. gewonnen werden sollen.

So zeigt die Bezeichnung „Heimatverein der Landschaft Angeln" einerseits an, daß dieser Verein sich mit einer Region Angeln bzw. mit Themen, die dort angesiedelt sind, beschäftigt, und andererseits, daß er von Personen getragen wird, die dieses Gebiet als ihre Heimat verstehen. Und eine Sammlung von Märchen aus Angeln signalisiert nicht nur, woher diese Märchen stammen, sondern auch, wo das Gros der Interessenten an dieser Sammlung vermutet wird.

Eine zweite Zielgruppe sind solche Personen, die nicht in Angeln wohnen oder von dort stammen (und dann Märchen als Form der rückbezogenen Heimatbindung verwenden), aber sich aus verschiedenen Gründen für diesen Raum interessieren. Es bestehen zwar keine Kenntnisse über den Käufer solcher Märchensammlungen; es ist jedoch anzunehmen, daß die erste Gruppe (die regionale Bevölkerung) zahlenmäßig deutlich dominiert. Mit der zweiten Gruppe ist aber bereits ein neuer Aspekt der Kommunikation regionaler Bezeichnungen angesprochen. Es geht nun nicht mehr um eine (postulierte) Gleichsetzung des Gebiets von Anbietern und Rezipien-

---

[244] Auch in anderen literarischen Formen bildet Angeln eine Bezugsregion (vgl. z. B. CALLSEN 1993), nicht aber der Kreis oder das (Teil-)Gebiet der Geest.

ten regionaler Zuordnungen, sondern um das Angebot regionaler Bezeichnungen für regionsexterne Zielgruppen.

5 Regionsbegriffe im Tourismus

Wohl die wichtigste regionsexterne Personengruppe, für die regionale Bezeichnungen wenn nicht konzipiert, so zumindest als bedeutsam angenommen werden, sind Touristen. Im Rahmen des regionalen und lokalen Marketings stehen die Gemeinden bzw. die kommunalen Fremdenverkehrsvereine vor drei Fragen der regionalen Abgrenzung:
1. Soll sich eine Gemeinde allein – als Urlaubsort – oder im Verbund mit anderen – als Urlaubsregion – anbieten?
2. Falls die Entscheidung zugunsten eines Verbundes ausfällt: Mit welchen Gemeinden zusammen soll diese Urlaubsregion gebildet werden?
3. Wie soll diese Urlaubsregion heißen?

Gerade wenn eine Gemeinde nicht über einen großen Bekanntheitsgrad oder ausreichend Mittel für Tourismuswerbung verfügt, liegt der Zusammenschluß mit anderen nahe. Nach welchen Kriterien die Auswahl der Partner und damit auch die Bildung einer Urlaubsregion erfolgt, soll an dieser Stelle nicht weiter interessieren. Wichtig hingegen ist, inwieweit eine solche Urlaubsregion durch ihre Bezeichnung und ihre Abgrenzung auch von den Touristen als zusammengehörige Region wahrgenommen werden kann.

Im folgenden soll die Regionalisierung des Landesteils Schleswig in Urlaubsgebiete dargestellt werden, die sich für einen (potentiellen) Urlaubsgast aus Prospekten und Unterkunftsverzeichnissen ergibt. Ausgehend von der Überlegung, daß von den Broschüren der Fremdenverkehrsvereine das Bild einer Urlaubsregion zu vermitteln versucht wird, das dann übergeführt wird in ein Angebot vor allem von Unterkünften, lassen sich die Standorte der Beherbergungsbetriebe als Konkretisierung der als Ganzes beworbenen Region verstehen. Das heißt, für einen (potentiellen) Touristen sind weniger diejenigen Orte, die einem Tourismusverein angehören, Elemente der Urlaubsregion als vielmehr diejenigen Orte, in denen er tatsächlich Urlaub macht. Für die Messung einer Urlaubsregion ist es daher sinnvoll, nicht ausschließlich Mitgliedsgemeinden von Tourismusvereinen heranzuziehen, sondern das Angebot an Unterkünften in den Prospekten eines Gebietsvereins zu verwenden.

Damit kann eine Urlaubsregion aus zwei Kategorien konstruiert werden: den Orten mit Beherbergungsbetrieben und der Bezeichnung des Gebiets. Als Bezeichnung soll hier nicht der Name des Fremdenverkehrsvereins verstanden werden, sondern der Regionsname, der Prospekte und Unterkunftsverzeichnisse titelt. Da die Nordseeinseln in ihren Broschüren jeweils eigene Urlaubsregionen bilden, sollen sie im folgenden nicht weiter betrachtet werden; ebenso bleiben solche touristischen Angebote unberücksichtigt, die nur Unterkünfte eines einzelnen Orts[245] enthalten. Die unter diesen Voraussetzungen zu ermittelnden Urlaubsregionen zeigen Tab. 5-8 und Abb. 5-38.

---

[245] Um Ausreißer und Sonderfälle ausschließen zu können, werden nur solche Orte in die Untersuchung einbezogen, aus denen mindestens fünf Beherbergungsbetriebe in einem Gebietsprospekt angegeben werden.

Tab. 5-8: Bezeichnungen der Urlaubsregionen im Landesteil Schleswig (ohne Inseln) seitens der Fremdenverkehrsvereine

primäre Bezeichnung (Titel o. ä.)	sekundäre Bezeichnungen (nachrangige Regionsnamen, Untertitel, im Text)	Fremdenverkehrsverein (FVV)
Bredstedt und Umgebung	Nordfriesland, Nordsee, Nordergoesharde	FVV Bredstedt und Umgebung (Bredstedt)
Eiderstedt	Nordseehalbinsel	FV-Gemeinschaft Eiderstedt (Garding)
Flensburg	Flensburger Fördenland, Wikingerland	Tourist-Information & Service Flensburg
Flensburger Fördeland	Angeln	FVV Amt Langballig, FVV Sörup
Gelting	Ostangeln, Ostsee	FVV Ostangeln (Gelting)
Grünes Binnenland	Nördliches Schleswig-Holstein	Gebietsgemeinschaft Grünes Binnenland (Tarp) und FVV Südangeln (Böklund)
Husumer Bucht	Nordsee	Geschäftsstelle Husumer Bucht
Kappeln	Schlei	Touristikverein Kappeln/ Schlei-Ostsee
Ostsee–Hasselberg–Maasholm		FVV Ostsee–Hasselberg–Maasholm (Hasselberg)
Ostseeurlaub	Amt Steinbergkirche, Angeln, Flensburger Außenförde	Touristikverein Amt Steinbergkirche
Rund um die Schlei		Touristinformation Schleswig
Schleidörfer		FVV Die Schleidörfer (Süderbrarup)
Stapelholm	WIR rund um Friedrichstadt	FVV Stapelholm / FV-Gemeinschaft „WIR [s. links]" (Friedrichstadt, Süderstapel)
Südtondern	Nordsee, Nordfriesland	FV-Zentrale Dagebüll/Bökingharde und FV-Gemeinschaft Südtondern (Niebüll)
Viöl und Umgebung		FVV Viöl und Umgebung
Zwischen Nord- und Ostsee	Norden	Verein für Tourismus im Amt Schafflund

Quelle: Gebietsprospekte und Gastgeberverzeichnisse (1997/1998)

Abb. 5-38: Zuordnungen von Gemeinden zu Urlaubsregionen (mind. 5 Beherbergungsbetriebe pro Ort; ohne Inseln und Gemeinden in reinen Ortsvereinen)

Quelle: Gebietsprospekte und Gastgeberverzeichnisse (1997/1998); eigene Zusammenstellung

Aus der Sicht eines Touristen unterteilt sich der Landesteil Schleswig in folgende Subregionen:
– Inseln und Halligen;
– Nordseeküste, bestehend aus Nordfriesland, das wiederum in Teilgebiete untergliedert ist, und Eiderstedt;
– Stapelholm/Friedrichstadt;
– Schleiregion;
– Ostseeküste, teilweise in Angeln übergehend;
– Flensburger Umland incl. Förde;
– Binnenland mit den Ämtern Schafflund und Viöl.

Während es für die Inseln als selbstverständlich erscheint, daß der Inselname zugleich die Bezeichnung einer Urlaubsregion ist, sind auf dem Festland recht unterschiedliche Formen der Namengebung anzutreffen. So wird an der Nordseeküste die Eigenständigkeit der Urlaubsregionen durch den Verweis auf wichtige Orte (Bredstedt, Husum) oder die alte Kreiseinteilung (Südtondern) hervorgehoben, was jedoch zu der Vermutung führt, daß für die Touristen diese Urlaubsgebiete keine sehr markanten räumlichen Einheiten sind, sondern lediglich Teilgebiete des größeren Raums Nordfriesland oder gar Nordseeküste.

Eine größere Eigenständigkeit kommt Eiderstedt zu, das sich zusätzlich als „Nordseehalbinsel" bezeichnet, nicht aber mit der Zugehörigkeit zu Nordfriesland wirbt. Ein ebenfalls auf den Bezug auf größere regionale Einheiten verzichtendes Urlaubsgebiet ist Stapelholm, das in einer Doppelnennung mit Friedrichstadt auf einen städtischen Schwerpunkt verweist. Eiderstedt und Stapelholm sind auch diejenigen Urlaubsregionen, deren Territorium in etwa mit dem Gebiet der jeweiligen Heimatvereine übereinstimmt. Hier scheint demnach eine Übereinstimmung von Binnen- und Außenrepräsentation zu herrschen, d. h. eine einheitliche Region sowohl für die Bewohner als auch für die Touristen zu existieren.[246]

Ganz anders stellt sich die Situation im Osten des Landesteils dar. Zunächst könnte das „(Grüne) Binnenland" als Schrumpfform der Geest verstanden werden, ohne Bezug zum Kreis Nordfriesland[247] und auch ohne die im Süden des Kreises gelegenen Gemeinden. Da jedoch die „Geest" weder in den redaktionellen Teilen der Broschüren noch in den Angebotsbeschreibungen vorkommt, ist davon auszugehen, daß diese Bezeichnung bewußt vermieden wird. Zugleich ist „Binnenland" derart unspezifisch bzw. ein bloßer Residualbegriff[248], daß daraus für einen Touristen keine Definition einer Urlaubsregion resultiert.

Im Dreieck Flensburg-Schleswig-Kappeln zeigt sich schließlich das sehr heterogene Bild eines wahren Flickenteppichs an Urlaubsregionen, die sich zudem im Bereich dieser Städte stark überlappen. Grob untergliedert kann von einer Region „Schlei" gesprochen werden, die auch einen Teil des Kreises Rendsburg-Eckernförde (Schwansen) umfaßt, bei Kappeln in eine Region „Ostsee" übergeht und sich dann Richtung Flensburg in eine Region „(Flensburger) Fördeland" verwandelt.

Lediglich im Nordosten des Gebiets taucht die Bezeichnung „Angeln" auf, und zwar in Form des FVV Ostangeln in Gelting. Aber auch in den Broschüren des benachbarten Touristikvereins Amt Steinbergkirche spielt die Zugehörigkeit zu „Angeln, dem Feriengebiet zwischen Flensburg und Kappeln" (Gastgeberverzeichnis 1997), eine größere Rolle, ebenso bei den FVV Amt Langballig und Sörup. Insgesamt jedoch bestimmen sich die Urlaubsregionen nach den angrenzenden Gewässern, während die Bezeichnung „Angeln" nur eine sekundäre Rolle spielt. Immerhin be-

---

[246] Modifiziert wird die „Bewußtseinsregion" Stapelholm durch aktuelle raumplanerisch-ökologische Bestrebungen zur Konstruktion einer Region „Eider-Treene-Sorge", die über das Gebiet Stapelholm hinausreicht und sich in der zunehmend institutionalisierten Planungskooperation von Gemeinden aus den Landkreisen Dithmarschen, Nordfriesland, Rendsburg-Eckernförde und Schleswig-Flensburg konkretisiert.

[247] Die Urlaubsregion „Viöl und Umgebung", die im Kreis Nordfriesland liegt, umfaßt im wesentlichen das Amt Viöl und weist auch in seiner Namengebung nicht über diese Verwaltungseinheit hinaus. Ein tatsächlicher Regionsbezug, der über die formale Abgrenzung hinausgeht, ist – auch aufgrund des geringen Übernachtungspotentials – hieraus jedoch nicht abzuleiten und dürfte zudem Urlaubern nur schwer zu vermitteln sein. Gleiches gilt für die Fremdenverkehrsregion „Zwischen Nord- und Ostsee" (Amt Schafflund).

[248] etwa: alles, was nicht an der Küste liegt

stätigt sich auch hier die bereits aufgestellte Vermutung, daß „Angeln" eher im Norden des historisch-naturräumlich definierten „Angeln" liegt.

Zusammenfassend kann eine Reihe unterschiedlicher regionaler Subtypen festgehalten werden:
- Kaum in Frage zu stellen ist die regionale Abgrenzung der Inseln und Halligen.
- Nicht ganz so eindeutig, da nach verschiedenen Kriterien geringfügig differierende Gebiete umfaßt werden, ist die Definition der Teilregionen Eiderstedt und Stapelholm.
- Deutlich unklarer ist die Ausdehnung von Nordfriesland, für das linguistisch-kulturelle, naturräumliche, administrative und andere Grenzziehungen vorliegen. Nur marginale Bedeutung haben historisierende Regionsbegriffe innerhalb Nordfrieslands (die -harden).
- Kaum mehr in Deckung zu bringen sind die Regionsbezeichnungen im Osten des Landesteils: Hier überlappen sich Schleswig-Flensburg, Schlei, Angeln, Geest, Ostseegebiet usw. in einer Art und Weise, die es unmöglich macht, für eine größeren Teilraum von einem einheitlichen Regionsbegriff zu sprechen. Lediglich die Trennlinie der Straße Flensburg-Schleswig kann als Konstante festgehalten werden. Offensichtlich hat aber die starke Betonung der Trennung zur Vernachlässigung der Frage geführt, welche Regionen mit jeweils welchem Namen und welcher Ausdehnung hier voneinander getrennt werden.

Zwar werden durch (begriffliche) Grenzziehungen Unterschiede zwischen den Regionen ebenso hervorgehoben, wie durch einen Regionsnamen eine Zusammengehörigkeit formuliert wird; dennoch bedarf es zur Akzeptanz einer regionalen Einteilung auch ihrer inhaltlichen Füllung, muß deutlich werden, was das Besondere und Typische einer Region ist. Darunter ist nicht unbedingt eine Homogenität von Merkmalen über die gesamte Region zu verstehen, sondern es kann sich auch um eine markante Abfolge von Merkmalen handeln. Welcher Art Bild der Landesteil Schleswig mitsamt seinen Teilregionen in verschiedenen Quellen bietet, soll daher im folgenden dargestellt werden.

5.7 BILDTYP IV: RAUMBILDER UND IMAGES

Wenn im folgenden von Raumbildern und Images gesprochen wird, so soll dies nicht im Sinne einer Unterscheidung zwischen denjenigen, die ein Bild von einem Gebiet haben, und solchen, die ein Bild (Image) produzieren,[249] geschehen; bereits in Kap. 3.2 wurde auf die geringe Praktikabilität und Sinnhaftigkeit einer Erforschung von Regionalbewußtsein u. ä. bei der Bevölkerung hingewiesen. Vielmehr soll ausschließlich die Seite der Produktion von Raumbildern betrachtet werden, wobei unter Image die bewußte Produktion von Raumbildern verstanden wird, während letztere als Ergebnis einer sich nicht als bildproduzierenden, sondern z. B. informationsvermittelnd begreifenden Darstellung angesehen werden.

Da jedoch nicht exegetisch die Absichten der Produzenten von Raumbildern bzw. Images analysiert werden sollen, ist nicht in allen Fällen eindeutig zu klären, ob es sich um Raumbilder oder um Images handelt. In diesen Fällen werden beide Begriffe synonym verwendet.

1 Raumbilder im Schulunterricht

Wichtige Formen von systematisch vermittelten Raumbildern sind diejenigen, die als erstes den Bewohnern des Landesteils angeboten werden. Die Rede ist vom Schulunterricht mit seinen Aussagen über den Landesteil, einzelne seiner Teile oder über Schleswig-Holstein insgesamt, sofern sie auch für den Landesteil zutreffen.

Sowohl aus Gründen des Umfangs als auch aufgrund des besonderen Charakters landeskundlicher Informationen für Kinder soll dieser Aspekt hier jedoch nicht weiter vertieft werden. Vielmehr liegt der Schwerpunkt der weiteren Ausführungen auf den Instrumenten der Raumbildproduktion für die erwachsene Bevölkerung. Da diese nach der Schule dieses einheitliche Sozialisationsumfeld verlassen hat, ist von einer relativ heterogenen Gruppe von Quellen eines Raumbildes auszugehen.

2 Raumbilder in Publikationen staatlicher und privater Einrichtungen

Von staatlicher Seite tragen vor allem die einzelnen Fachministerien und zugeordnete Behörden durch Veröffentlichungen aus ihrem Ressort zur Entwicklung und Ausgestaltung zumindest von Facetten eines Raumbildes bei. Eine Quintessenz dieser Facetten bildet die von der Pressestelle der Landesregierung herausgegebene Broschüre „Schleswig-Holstein. Ein Lesebuch" (1993), wird doch in deren Einleitung das Ziel formuliert, „einen Überblick zu geben über 'das ganze Schleswig-Holstein'". (5) Ausdrücklich wendet sich das Buch sowohl an landesunkundige Urlaubsgäste als auch an Einheimische (5). Welches Bild diese Veröffentlichung vermittelt, soll zunächst anhand des Titelbildes zu ermitteln versucht werden (Abb. 5-39).

---

[249] so etwa die Unterscheidung bei KRÜGER 1988:63

Abb. 5-39: Titelbild der staatlichen Informationsbroschüre „Schleswig-Holstein. Ein Lesebuch"

Quelle: PRESSESTELLE DER LANDESREGIERUNG SCHLESWIG-HOLSTEIN 1993

Nach diesem Bild besteht Schleswig-Holstein zu etwa einem Drittel aus Wasser. Während das Wattenmeer, in dem am Horizont Halligen mit Bauernhäusern und einer Windmühle auszumachen sind, von einem modernen Ausflugsschiff befahren wird, liegt in einem Meeresarm (Förde) ein Windjammer vor Anker. Zu beiden Seiten des Meeresarmes finden sich – z. T. auf grünen Hügeln – markante Gebäude (historische Sakral- und Profanbauten), am Übergang zum offenen Meer steht neben einem reetgedeckten großen Bauernhaus (offensichtlich der Haubarg-Typus aus Eiderstedt) ein Leuchtturm. Daneben sind drei Surfer zu erkennen. Der Vordergrund zeigt eine Düne, auf der Strandkörbe stehen, und eine junge Frau mit Kind. Während das Kind den Bildbetrachter nicht weiter zu würdigen scheint und die übrigen, schemenhaften Personen auf dem Bild sich vom Betrachter wegbewegen, winkt die Frau ihm zu. Der Sinn dieses Winkens ist nicht ganz klar – mit der Ausnahme, daß es sich nicht um einen Willkommensgruß handelt. Aus der Körper- und Handhaltung der Frau kann sowohl ein „Stop"-Zeichen gelesen werden als auch eine Verabschiedung. Nach einer eigenen, nicht-repräsentativen Kurzumfrage ist jedoch die wahrscheinlichste Bedeutung dieses Winkens ein Gruß an eine vorbeifahrende Person.[250]

Mit diesem Titelbild wird ein Themenkanon aufgeblättert, der – soviel vorweg – zentrale Raumbildelemente auch anderer Quellen enthält.[251] So steht mit den Schiffen und Inseln der Meeresbezug im Vordergrund; auch die Landwirtschaft wird durch die Bauernhäuser implizit dargestellt. Neben dem Wasser sind in dieser Quelle der Tourismus und eindrucksvolle historische Bauten die wichtigsten Merkmale Schleswig-Holsteins – abgesehen von den Menschen, die zumindest widersprüchliche Signale aussenden.

Dieses Bild – von den Herausgebern sicherlich als Konglomerat erwünschter Raumbilder von Schleswig-Holstein verstanden – bildet den zusammenfassenden Kommentar zu den einzelnen Kapiteln der Broschüre, in denen folgende Themen abgehandelt werden:
– Schleswig-Holsteins Geschichte,
– die Politikgeschichte seit 1945,
– die Frauenpolitik des Landes,
– die Wirtschaftsstruktur,
– der Tourismus,
– Landwirtschaft und Fischerei,
– Natur- und Umweltschutz,
– Schulen und Hochschulen,
– Kunst und Kultur (mit dem Untertitel „Bunte Vielfalt dank der Brückenfunktion des Landes"),
– Medien.

Themenübergreifende, regionsbezogene Raumbilder bietet das erste Kapitel mit dem Titel „Halligen und Handelsstädte, Wikinger und Patrizier ... Ein Streifzug durch das Land zwischen den Meeren". Nach einem Überblick über die erdgeschichtliche Entwicklung Schleswig-Holsteins und die naturräumliche Dreiteilung des Landes werden einzelne Teilregionen skizziert; im Landesteil Schleswig sind dies die Inseln und Halligen, Flensburg und Angeln sowie – aus historischer Perspektive – die Wikingerstadt Haithabu und das heutige Schleswig. Die wesentlichen Inhalte der entsprechenden Raumbilder sollen durch Zitate wiedergegeben werden.

> „Mit materiellen Reichtümern ist das nördlichste Bundesland nicht gerade im Überfluß gesegnet. Als Ausgleich bietet Schleswig-Holstein seinen Bewohnern und Gästen eine Landschaft, wie sie aufregender und abwechslungsreicher nicht sein kann. ... Ein Beispiel nur: die Westküste. Selbst verwöhnte Weltenbummler geraten ins Schwärmen, wenn sie mit dem Schiff oder gar mit der für nur zwei

---

[250] Diese Interpretation stimmt mit der Chiffre des „Brückenlandes" insofern überein, als es sich dabei um eine Bewegung über etwas hinweg bzw. an jemand vorbei handelt. Beide Fälle weisen zumindest nicht auf ein Verbleiben hin.

[251] Das Titelbild setzt sich auf der Rückseite des Buches mit folgenden Motiven fort: Leuchtturm auf Hallig, Windkraftanlagen, festgetäute Motorjachten, Holstentor (Lübeck), Frachter auf Nord-Ostsee-Kanal unter Rendsburger Hochbrücke, sich umarmendes Paar.

Passagiere eingerichteten Postlore zum Besuch einer Hallig aufbrechen. ...

Ist die Hallig Oland das erste Ziel, beginnt nach etwa halbstündiger Fahrt langsam der Übergang vom Meer zum Land. Zunächst zeigen sich graue Schlickanhebungen, dann folgen in pastellfarbigem Grün der anspruchslose Queller und die Strandnelke, und schließlich wachsen üppig grüne Gräser. Wie hoch die letzte Flut reichte, zeigen die vom Wind waagerecht gehaltenen Tang- und Heufäden am Stacheldraht der Weidenzäune [sic!]. Oland ist eine der kleinsten der ständig bewohnten fünf Halligen. 120 Hektar mißt das Eiland und bietet mit seinen 16 Häusern drei Dutzend Menschen eine Heimstatt. Bei freundlichem Wetter eine Idylle – doch wenn die See kocht und das Wasser über die Warften hinweg bis zu den Gebäuden schwappt, gleicht die Hallig einem einsamen Schiff im Meer. ...

Die Geschichte der Halligen gleicht einer Chronik des Schreckens, und lange gab es dabei keinen Zweifel daran, daß die Natur dem Menschen überlegen war. ... Auch wenn das Leben auf den Halligen derzeit für die Menschen sicherer als je zuvor ist, die zerstörerischen Kräfte der Natur sind noch immer unbesiegt. ... Bei diesem ständigen Kampf zwischen der See und dem Land bilden die sogenannten Wattenblöcke mit den darauf gelagerten Inseln und Halligen eine unentbehrliche Verteidigungslinie gegen den 'Blanken Hans'. ...

Die – neben Helgoland – bekanntesten Inseln Schleswig-Holsteins sind Amrum, Föhr und Sylt, die als Stammlande der alten Friesen anzusehen sind. Trotz des Ansturms der Urlauber hat sich hier wie an anderen Teilen der Westküste viel Tradition erhalten. Man erkennt sie an den Trachten, an den mit viel Liebe und Sorgfalt wiederhergestellten alten Friesenhäusern, aber auch an den Grabsteinen. Eine erstaunlich große Zahl von Bewohnern spricht auch noch Friesisch. ...

In früheren Zeiten waren die Inseln für die dort ansässigen, oft wohlhabenden Seefahrer das Tor zur Welt. Inzwischen hat sich der Handel auf die großen Städte des Festlandes verlagert. Das gilt beispielsweise für Flensburg, das zugleich Tor zum Norden und zum Süden ist. Über 700 Jahre zählt die Stadt, und sie gehört mit ihren historischen Bauten zugleich zu den schönsten Städten im Lande. Durch seinen Seehandel, vor allem mit Westindien, ist Flensburg berühmt geworden, und noch heute werden dort Rum und andere 'scharfe' Getränke hergestellt. Der traditionelle Schiffbau ist als Folge der weltweiten Werftenkrise zwar auch hier zurückgedrängt worden, aber die Verbindung zur See besteht noch immer, und sei es auch nur durch die Marineschule, die die Bundeswehr in Mürwik unterhält. Nicht weit davon entfernt liegt auch das Kraftfahrtbundesamt mit der von jedem Verkehrsteilnehmer gefürchteten 'Punktesammlung'.

Zwischen Flensburg und der Schlei liegt mit der Landschaft Angeln einer der schönsten Teile Schleswig-Holsteins. In die liebliche Landschaft schmiegen sich gepflegte Bauernhöfe mit überdurchschnittlich großen Flächen und durchweg ordentlichen Erträgen. Die bedeutendste Ortschaft ist die kleine Stadt Kappeln, in der vor allem in den

Sommermonaten das Leben pulsiert. Wenn die Angeliter besonders berühmt sind, dann natürlich wegen ihrer Vorfahren, die im fünften Jahrhundert mit den Jüten und Sachsen nach Britannien zogen und sich dort zum Volk der Angelsachsen, den heutigen Engländern, vereinigten. ...

Doch Schleswig-Holstein besteht natürlich nicht nur aus der vom Meer besonders geprägten Westküste. Auf der Ostsee-Seite lag beispielsweise mit der alten Wikingerstadt Haithabu einst eine Weltstadt, an die heute nur noch einige Hügel sowie ein morastiger Wasserarm erinnern. ... Im zwölften Jahrhundert wurden die Handelsschiffe allgemein so groß, daß sie die Schlei nicht mehr befahren konnten; Haithabu und das angrenzende Schleswig verloren ihren Rang als internationale Hafenstädte. Dafür gewann Schleswig zwischen dem 16. und 18. Jahrhundert politische Bedeutung, denn hier residierten die einen Teil des Landes regierenden Gottorfer Herzöge. Sie bauten sich ein prächtiges Schloß [das Schloß Gottorf] ..., in dem sich das weit über die Landesgrenzen hinaus bekannte Landesmuseum befindet. Zu den weiteren Sehenswürdigkeiten der Schleistadt zählt der Dom mit dem berühmten Brüggemann-Altar." (PRESSESTELLE DER LANDESREGIERUNG SCHLESWIG-HOLSTEIN 1993:8-15)

Dieses lange Zitat soll als Exempel für ein Raumbild stehen, das nicht nur in dieser Broschüre zu finden ist, sondern Teil eines in öffentlichen Darstellungen immer wieder anzutreffenden, homogenen und quasi-standardisierten Bildes des Landesteils Schleswig und des gesamten Bundeslandes ist. So entfaltet sich an zentraler Stelle der Kampf zwischen Mensch und Natur an der Nordsee, so steht bei der Betrachtung des Landesteils Flensburg im Blickpunkt und das mittelalterliche Haithabu, und es konzentriert sich das Auge des Betrachters auf die Landwirtschaft (hier: in Angeln).

Daneben wird jedoch nicht nur über Geschichte und Gegenwart landschaftlich bemerkenswerter Raumelemente geschrieben, sondern es werden auch Aussagen über die Menschen und ihre „Mentalität" gemacht:

„Daß zwischen einer Landschaft und der Mentalität der dort lebenden Menschen ein enger Zusammenhang besteht, hat sich oft bewahrheitet. ... Wo die Landschaft rauh und die Einsamkeit groß ist, wie in weiten Bereichen der Westküste, sind auch die Bewohner von ihrer Umgebung besonders geprägt. Man spricht, was zu besprechen ist – mehr nicht. Man verbirgt sein Inneres oft hinter einer rauhen Schale, ist aus der Sicht eines Südländers vielleicht sogar etwas 'dröge'; dafür aber gelten Zuverlässigkeit, Hilfsbereitschaft und die Pflege von Freundschaften als besondere Tugenden. Im dicht besiedelten Hamburger Randgebiet bestimmt die Nähe der Großstadt auch die Lebensweise. Die Menschen sind nicht so stark mit der heimischen Scholle verbunden wie etwa die Eiderstedter, die Fehmaraner oder die Angeliter." (21-22)

Dieses Element der Landesbeschreibung, die nähere Bestimmung von Regionen durch Menschentypen, ist nicht auf die staatliche Charakterisierung der Bevölkerung beschränkt. Sie ist – zumindest historisch – auch ein wichtiger Bestandteil der Selbstdefinition ethnisch und regional abgegrenzter Menschengruppen.

Zur ersten Kategorie der ethnischen Differenzen gehören die in den deutsch-dänischen Auseinandersetzungen vor 1920 und nach 1945 bemühten Stereotypen der jeweils anderen Seite. Die artikulierten Selbst- und Fremdbilder haben seither an Virulenz verloren; es wäre aber sicherlich falsch, sie als verschwunden zu bezeichnen. Zumindest in bestimmten Bevölkerungskreisen ist von einem latenten Weiterbestehen einer Vorstellungswelt auszugehen, die muttersprachliche oder Herkunfts-Unterschiede zu ethnisch begründeten Mentalitätsunterschieden gerinnen läßt. Mangels entsprechender Forschungen kann dies jedoch nur vermutet werden; ein tatsächlicher Beleg steht noch aus.

Zur zweiten Kategorie der regionalen Differenzen in der Mentalität der Bevölkerung zählt der bereits in der angeführten Broschüre erwähnte Angeliter. Nach Untersuchungen von SELK (1993) existieren zumindest bis in die 50er Jahre deutliche Vorstellungen etwa bei Bewohnern der Geest, aber wohl auch in ganz Schleswig-Holstein, welche Merkmale „den Angeliter" auszeichnen. Dieser – genauer: die Subspezies des wohlhabenden Bauern – wird als tüchtig bezeichnet, aber auch als stolz, unnahbar und sich vornehm gerierend (SELK 1993:177 f.). Aber auch zwischen einzelnen Gemeinden Angelns gibt es eine Konkurrenz um den Ruf des besonders Überheblichen und Hochmütigen (180 f.).

Für die heutige Zeit diagnostiziert der Autor das Verschwundensein solcher Stereotypen, bedingt durch die Nivellierung wirtschaftlicher Unterschiede zwischen Angeln und der Geest, aber auch durch die angestiegenen überregionalen Kontakte (181). Im Gegensatz hierzu geht HAMER (1994) weiterhin von der Existenz eines Phänotyps „Angeliter" aus:

> „Die Einheit Angelns besteht nicht nur aufgrund der landschaftlichen Gegebenheiten. Sie wird auch durch seine einheimischen 'Angeliter' geprägt. Von ihren Nachbarn werden sie als eigenes 'Volk' angesehen, wohl wegen ihrer etwas anderen Sprachweise des Niederdeutschen, des verhaltenen Wesens und ihrer früher nur unter sich geknüpften Familienbande. ... Ganz Angeln scheint miteinander 'verwandt' zu sein und namentlich von einigen -sen-Sippen 'beherrscht' zu werden. Überall in Angeln sind die Familien Petersen und Hansen in der Zahl unübertroffen die Nummer Eins. Dann folgen die Thomsen, Lorenzen und Nissen, denen sich die vielen Namensvettern Jürgensen, Jensen und Clausen anschließen." (HAMER 1994:13)

In einem längeren Interview hat der Vorsitzende des Heimatvereins der Landschaft Angeln, befragt auch zum Thema „Angeliter", eine weiterhin bestehende Eigentümlichkeit der regionalen Bevölkerung verneint. Obwohl sich damit die Position derjenigen Organisation artikuliert, die sich der Pflege der kulturellen Eigenheiten Angelns verschrieben hat, kann daraus noch nicht geschlossen werden, daß Vorstellungen regionaler Mentalitäten in dieser Region überhaupt nicht mehr existieren.

Eine Zwischenposition zwischen ethnischer und regionaler (Selbst- oder Fremd-) Zuordnung nehmen die Nordfriesen ein. Folgt man den Veröffentlichungen des Nordfriesischen Instituts in Bredstedt, sind die Nordfriesen nicht identisch mit den Bewohnern Nordfrieslands, aber auch nicht mit den etwa 10 000 Personen, die friesisch sprechen (können). Am ehesten können Nordfriesen dadurch bestimmt werden, daß sie sich auf irgendeine Art und Weise als Nordfriesen verstehen (STEENSEN 1994:28).

Damit jedoch ist das Definitionsproblem zwar individualisiert, aber nicht gelöst. Auch in der angeführten Quelle wird diese offensichtlich aus der politischen Debatte stammende, konkret aber überhaupt nicht anwendbare Definition vernachlässigt zugunsten einer regionalen Bestimmung, nach der unter Nordfriesen die Bevölkerung der historischen nordfriesischen Siedlungsgebiete verstanden wird.[252] Nur deshalb ist es möglich, das am Rand dieser Siedlungsgebiete gelegene, im 17. Jahrhundert von Niederländern aufgebaute Friedrichstadt als Kennzeichen der Mannigfaltigkeit nordfriesischer Kultur anzuführen (STEENSEN 1994:11).

Trotz dieser konstatierten kulturellen Vielfalt scheint es nicht nur möglich, „besondere" nordfriesische Kulturformen – neben der Sprache mit ihren zahlreichen Dialekten sind dies Hausformen, Volkstrachten und manche (regionalen) Sitten und Gebräuche (12 f.) – zu isolieren, sondern auch Verhaltensmerkmale. Diese werden besonders bei der Inselbevölkerung aus einer starken lokalen bzw. insularen Bindung, aber auch aus den intensiven Beziehungen nach Übersee abgeleitet: „Verwurzelung in der kleinen Welt, Offenheit für die große Welt – so könnte man dieses Doppelgesicht [nordfriesischer Mentalität] beschreiben." (STEENSEN 1994:12)

Während sich der Autor zugleich von Klischees etwa der nordfriesischen Physiognomie (blond, blauäugig, usw.) distanziert, kann der Vorsitzende des Nordfriesischen Vereins in einem Interview auch die Mentalitätsunterschiede zu benachbarten Regionen nicht bestätigen. Da jedoch die Publikationen des Nordfriesischen Instituts einen wichtigen Beitrag zur regionsbezogenen Kommunikation leisten, ist anzunehmen, daß in Teilen der Bevölkerung nordfriesische Eigenheiten wenn nicht propagiert, so doch zumindest als existent angesehen werden. Wie im Falle Angelns ist mangels entsprechender Untersuchungen nicht bekannt, in welchem Umfang solche ethnisch-regionalen Stereotypen außerhalb von Publikationen kommuniziert werden.

Während die Veröffentlichungen der Heimatvereine zumeist für die innerregionale Kommunikation konzipiert sind, hat das Nordfriesische Institut eine dreifache publizistische Ausrichtung: Zwar steht auch hier die ethnisch-regionale Definitionsarbeit für die Bevölkerung im Zentrum der Tätigkeit, die als Pflege, Förderung und Erforschung der friesischen Sprache, Geschichte und Kultur beschrieben wird; daneben ist diese Einrichtung in das Geflecht der schleswig-holsteinischen Minderheitenpolitik eingebunden, findet eine ethnische Artikulation gegenüber dem Staat statt. Zum dritten ist Nordfriesisches auch Element der regionalen Selbstvermarktung, wofür das Nordfriesische Institut und der Nordseebäderverband Schleswig-Holstein, der Dachverband der Fremdenverkehrsvereine Nordfrieslands und Dithmarschens, etwa gemeinsame Publikationen herausgeben (vgl. als Beispiel STEENSEN 1994).

---

[252] Über diesen Raum wird jedoch in mehrfacher Weise hinausgegangen, so z. B. wenn zur Darstellung sozioökonomischer Merkmale der „Nordfriesen" recht unvermittelt und gegen die eigene Definition die Bevölkerung des ganzen Landkreises Nordfriesland betrachtet wird oder eine Broschüre namens „Die Nordfriesen" ein Titelbild schmückt, auf welchem der Landkreis hervorgehoben ist (STEENSEN 1992).

3 Raumbilder im Tourismus

Damit tritt neben das Bild, das der regionalen Bevölkerung gegenüber vom Landesteil Schleswig oder einzelnen Teilregionen entworfen wird und damit das regionale Selbstbild ergibt, ein Raumbild, das gegenüber regionsexternen Adressaten entwickelt wird. Im wesentlichen kann hier unterschieden werden zwischen Raumbildern, die durch Bildbände, Reiseführer u. ä. vermittelt werden, und einer Imageproduktion seitens der Fremdenverkehrswirtschaft zum Zweck der Anwerbung von Touristen (Marketing; vgl. a. MEISSNER 1995).

Das Image, das die Prospekte und Gastgeberverzeichnisse der Fremdenverkehrsvereine von den jeweiligen Gebieten zeichnen, ist einerseits recht heterogen, andererseits lassen sich doch dominante Raumbilder feststellen, die zu folgenden Typen zusammengestellt werden können:

1. *Flensburg*: Flensburg ist eine alte Handelsstadt an der Kreuzung einer Nebenstrecke des historischen Heer- oder Ochsenweges (N-S-Verbindung) mit der Straße von Angeln nach Friesland (O-W-Verbindung). Neben dieser Kreuzung ist die Lage am Meer entscheidend für das Entstehen der mittelalterlichen Siedlung. Zur Attraktivität tragen die historischen Gebäude mitsamt den malerischen (Kaufmanns- und Handwerker-)Höfen ebenso bei wie die Museen und musealen Schiffe, die pittoreske Lage an der Förde und die Flensburger Alkoholproduktion (Bier, Rum).

2. *Binnenland* (Grünes Binnenland, Amt Schaffund, Amt Viöl): Hier gibt es vor allem saubere Luft, eine intakte, industriefreie Landschaft, vielfältige Sportangebote sowie Wander- und Radwege. Das wichtigste Merkmal dieser Gebiete ist jedoch ihre Zentralität; das Amt Viöl wird sogar als „Mittelpunkt Schleswig-Holsteins" bezeichnet.[253] Diese Zentralität ist kein Wert an sich, sondern hat zum Inhalt, daß von hier aus wichtige Fremdenverkehrsziele an Nord- und Ostsee schnell erreicht werden können. Das Binnenland eignet sich deshalb vor allem als Standort für Ausflüge (Abb. 5-40).

3. *Stapelholm/Friedrichstadt*: Obwohl ebenfalls im Binnenland und nach den Prospekten auch „im Herzen Schleswig-Holsteins" gelegen, spielt in der Region Stapelholm/Friedrichstadt die Erreichbarkeit von Ost- oder Nordsee keine Rolle; der einzige Bezug zu anderen Gebieten ist die salzhaltige, heilklimatisch wertvolle Luft aus Richtung Nordsee. Besonders bemerkenswert sind neben der intakten Natur mit seltenen Tieren (v. a. Störche) und Pflanzen, reizvollen Gärten und Knicks, die auf zahlreichen Radwegen entdeckt werden können, die fischreichen Gewässer (für Angler), das malerische, von Holländern aufgebaute und von Grachten durchzogene Friedrichstadt sowie die freundlichen und gleichmütigen, aber wortkargen Menschen.

---

[253] Keine der üblichen Mittelpunkts-Definitionen ist aber auch nur annähernd in der Lage, diese Feststellung zu stützen.

Abb. 5-40: Raumbild des „Grünen Binnenlandes"

Quelle: Gebietsgemeinschaft Grünes Binnenland e. V. (Hg.): Buchungskatalog und Gästeführer. Tarp o. J.; S. 3

4. *Die Schlei* (Schleswig, Schleidörfer, Kappeln): Für das Image, das von den Fremdenverkehrsvereinen an der Schlei vermittelt wird, steht folgendes Zitat:
„Die Schlei ist der längste Meeresarm der Ostsee und schlängelt sich 40 km von Schleimünde bis Schleswig ins Landesinnere. Sie gehört mit ihren vielen romantischen Buchten und der angrenzenden lieblichen Landschaft zu den schönsten Ferienzielen in Schleswig-Holstein. Nördlich und südlich der Schlei liegen Urlaubsregionen, die Gelegenheit zu echter Erholung bieten. In diesem stillen und vom großen Verkehrsstrom unberührten Urlaubsgebiet finden Sie erholsame Ruhe genauso wie hervorragende Möglichkeiten zu kulturellen Erlebnissen und sportlichen Aktivitäten: Angler, Liebhaber des Segel- und Wassersports, Radwanderer und Reiter kommen hier ebenso auf ihre Kosten wie Kulturliebhaber. Entdecken Sie die 'Kulturhauptstadt' Schleswig mit ihrer über 1000jährigen Geschichte oder die Heimat des 'Landarztes' [eine TV-Serie], die bekanntermaßen in und um Kappeln liegt." (Gastgeberverzeichnis „rund um die Schlei", Schleswig o. J., S. 3; Anmerkung von mir; W. A.)

5. *Ostsee und Flensburger Förde* (Ostsee–Hasselberg–Maasholm, Gelting, Ostseeurlaub/Steinbergkirche, Flensburger Fördenland, z. T. Kappeln): Auch die Regionen an der Ostsee zeichnen sich vor allem durch die Reize der Natur (Knicklandschaft, Vegetation insgesamt, Vögel) und die Schönheit alter Bauern- und Herrenhäuser sowie mittelalterlicher Kirchen aus, die wandernd und radfahrend im Hinterland der Küste erlebt werden können. Die Küste selbst scheint weniger attraktiv zu sein; zumindest nehmen entsprechende Schilderungen, abgesehen von der gesunden Ostseeluft, wenig Raum ein. Auch die Empfehlung einer Fahrt mit einem Ausflugsschiff nach Dänemark oder der Verweis auf die Bade- und Kurmöglichkeiten im Seebad Damp (im südlich angrenzenden Kreis Rendsburg-Eckernförde) wie auch überhaupt zu interessanten außerregionalen Ausflugszielen zeigen die geringe Rolle, welche die Ostsee innerhalb des regionalen Images spielt.

6. *Nordfriesisches Festland* (Südtondern, Bredstedt, Husumer Bucht): Dieses Gebiet weist drei wesentliche Merkmale auf: An erster Stelle steht das Meer, das als „Blanker Hans" eine Bedrohung für das Land darstellt, gerade deshalb aber auch eine wild-romantische Qualität hat, das – durch einen grünen Deich vom Festland getrennt – die Möglichkeit zu vielerlei Freizeitbeschäftigungen bietet und das – bei Ebbe trockengefallen – das einzigartige Wattenmeer zur Bewanderung freigibt (Abb. 5-41). Daneben ist die Region charakterisiert durch die Stille und Weite der ausschließlich agrarischen Landnutzung mit Wiesen und Weiden, Raps- und Getreidefeldern. Die Attraktivität dieses Gebiets ist jedoch nicht auf die Natur beschränkt; kleinstädtisches Flair (in Husum und anderen Orten) wird ergänzt durch zahlreiche Museen und vor allem durch ein umfangreiches Repertoire an kulturellen, sportlichen und sonstigen Veranstaltungen, in deren Mittelpunkt oft (nord-)friesisches Brauchtum steht.

7. *Eiderstedt*: Für das vermittelte Raumbild Eiderstedts, das zwar gewisse Ähnlichkeiten mit den anderen nordfriesischen Festlandsgebieten hat, sich aber durch eine wesentlich deutlichere Betonung der naturräumlichen Qualitäten auszeichnet, soll folgendes Zitat stehen:

> „Landschaften mag man, oder nicht. Eiderstedt liebt man, oder nicht – ein himmelweiter Unterschied. Ein weiterer: Es gibt Natur- oder Kulturlandschaften, die ihre Gediegenheit bewahrt haben; Eiderstedt ist beides in einem geblieben. Auf einem Außendeich stehend begegnet einem Meer und Wattenmeer, eine unverstellte Natur, die sich im Vorland unmerklich, hinterdeichs abrupt von einer menschengeschaffenen Kulturlandschaft abgrenzt.
>
> Eiderstedt ... und dann der HIMMEL, oft voneinander nicht zu trennen. Manchmal durch eintreibende Seenebelfelder miteinander zu einer kosmischen Einheit verschmolzen, bisweilen spökenkiekerhaft die weidenden Mastochsen umwabernd, dann wieder glasklar, abgegrenzt durch weite Horizonte ringsum, Zeilen gleich, auf denen statt Buchstaben inselartige Warften mit einer weiteren Besonderheit Eiderstedts stehen: die berühmten Haubarge, reetgedeckt und ohnegleichen.
>
> Und dann der WIND, die 'Sonne von Eiderstedt'. Er läßt von Nordwest aus das alle Wege säumende Reet wie rhythmische Grabengebinde tanzen, alleinstehende Bäume wie 'Windbesen' sich nach Osten neigen.

Abb. 5-41: Raumbild von Südtondern

Quelle: FV-Gemeinschaft Südtondern e. V./FV-Zentrale Dagebüll/Bökingharde e. V. (Hg.): Gastgeberverzeichnis 1996. Niebüll/Dagebüll o. J.; Titelseite

Die LUFT, staubfrei, erfrischend, salzhaltig, herb, heilend, alle Sinne weckend, herausfordernd.
Die NORDSEE, der 'Blanke Hans', zweimal täglich heraufkommend, zweimal täglich ablaufend, wie ein Wunder, ein weltweit einzigartiges Naturereignis freilegend – das WATTENMEER.
Und dann die MARSCH mit ihrem Verbundnetz erhabener Binnendeiche, von denen herab die durch Gräben und Sielzüge gegliederte Landschaft wie ein aufgeschlagenes Bilderbuch einzusehen, mit dem Fahrrad auch gut zu 'erfahren' ist.
18 alte Kirchen in einmaliger Dichte geben von jedem Punkt aus wegweisende Orientierung – von Koog zu Koog zu Dorf zu Stadt zu Deich zu Strand ..." (Gastgeberverzeichnis 97 „Nordseehalbinsel Eiderstedt", Garding o. J., 2. Umschlagseite)

8. *Pellworm*: Während Pellworm naturräumlich kaum Besonderheiten aufweist und über die touristischen Zonen Meer (Baden, Wattwandern etc.) und Land (Wandern und Radfahren vorbei an Schafen und Rapsfeldern) wenig Spektakuläres zu berichten ist, liegen die Besonderheiten in anderen Bereichen: Zum einen machen die klimatischen Bedingungen die Insel sehr geeignet für Kuren unterschiedlicher

Art;[254] zum anderen ist ein Merkmal Pellworms die große Bedeutung regenerativer Energien (Solarfeld, Windkraftanlagen) und der Direktvermarktung landwirtschaftlicher Erzeugnisse zumeist aus „ökologischer" Produktion. Besonders geeignet als Urlaubsziel ist Pellworm für Familien mit Kindern.[255]

9. *Die Halligen* (Oland, Langeneß, Hooge): Die Halligen sind charakterisiert durch das Fehlen eines Deiches, was sie direkt den Gezeiten aussetzt und bei Sturmflut zu Landunter führt. Zum Schutz vor dem Meer befinden sich die Gebäude auf Warften, aufgeworfenen, grasbewachsenen Erdhügeln (Abb. 5-42). Diese besondere Siedlungsweise macht zusammen mit dem umgebenden Wattenmeer (bei Ebbe), dem Nordseeklima, einzelnen Elementen friesischer Baukultur und der Stadtferne die Qualität dieser Kleinregion aus.

Abb. 5-42:   Raumbild der Hallig Hooge

Quelle: FV-Büro Hallig Hooge (Hg.): Gastgeberverzeichnis 1998. Hallig Hooge o. J.; Titelseite

10. *Föhr*: Föhr unterscheidet sich von anderen Inseln nicht durch seine Lage im Wattenmeer, das Nordseeklima, die Möglichkeit des Kurens oder seine Kinderfreundlichkeit. In das Zentrum der Aufmerksamkeit wird mit der Selbst-Beschreibung als „grüne Insel" die Vegetation gestellt, die in den drei Naturräumen Geest(kern), Marsch und Vorland zu erleben ist. Neben entsprechenden Pflanzengesellschaften und Tierarten sowie landwirtschaftlicher Produktion ist die Besied-

---

[254] Das bis hier skizzierte Raumbild ist identisch mit demjenigen der Insel Nordstrand, auf die im weiteren nicht mehr eingegangen wird.

[255] Welche insularen Interessen, Nachfragestrukturen und Kalkulationen dieses Raumbild einerseits hervorgerufen haben und es andererseits auch reflektieren, wurde im Rahmen eines Gutachtens bereits umfangreich analysiert (ASCHAUER U. A. 1994).

lung der Geest von besonderem Interesse: Hier finden sich Mühlen, Kirchen, reetgedeckte Friesenhäuser und – in der Inselhauptstadt Wyk – putzige Häuschen in dänischem Stil sowie Jugendstilvillen. Zahlreiche Sport- und sonstige Veranstaltungen prägen das Inselleben ebenso wie ein modernes „Freizeitparadies".

11. *Amrum*:

"Gegen Wind und Wellen stemmt sich das Fährschiff der Wyker Dampfschiffs-Reederei, vorbei an gelben und grauen Watten, an Seehunden und Halligen, an Pricken und Bojen – Genuß einer Seefahrt. Dann taucht die Insel aus dem Meer und legt sich auf den Horizont: der Leuchtturm, die Kirchturmspitze, die Mühle auf der hohen Inselgeest, das wellige Panorama der Dünen, die dunkle Reihe des Inselwaldes und die Versammlung der Häuser auf der Amrumer Südspitze Wittdün." (Nordseeinsel Amrum – Die Geliebte des blanken Hans. Hg. Bädergemeinschaft Amrum. Wittdün o. J.)

Deutlich wichtiger als etwa auf Föhr ist für Amrum der direkte Kontakt mit der Nordsee. In dessen Gefolge zeichnet sich Amrum durch viele Seevögel, viel Wind sowie Sandstrand und -dünen ebenso aus wie durch die materiellen Zeugnisse von Seefahrern (v. a. Walfängern), Strandräubern und der im Mittelalter eingewanderten Friesen insgesamt. Sport-, Kultur- und gastronomische Angebote sind weitere Anziehungsmomente der Insel.

12. *Sylt*: Die Insel Sylt besteht zum einen aus verschiedenen Urlaubsorten, die alle um die Prägung eines jeweils eigenen Raumbildes bemüht sind. Andererseits wird gerade diese Vielfalt als Markenzeichen der Insel verstanden. So läßt sich feststellen, daß in den einzelnen Gebieten von Sylt all diejenigen Elemente von Raumbildern existieren, die bereits auf den übrigen Inseln, aber auch in weiten Teilen des nordfriesischen Festlandes angetroffen wurden. Zusätzlich wird das Vorhandensein von Golfplätzen vermerkt sowie als Besonderheit die Stadt Westerland, eine Metropole mit pulsierendem Leben, eleganten Geschäften und differenzierter Gastronomie, einer Strandpromenade und zahlreichen Freizeiteinrichtungen sowie mit einem vielfältigen Nachtleben (Abb. 5-43).

Abschließend lassen sich die regionalen Images, wie sie von den Fremdenverkehrsvereinen kommuniziert werden, wie folgt zusammenfassen (ohne Flensburg): Die meerfernen Gebiete des Landesteils Schleswig stellen sich überwiegend passiv als Residuen dar, d. h. als das, was übrigbleibt, wenn jegliches besondere Merkmal fehlt:[256] Ruhe und der Hinweis auf attraktive Ziele außerhalb der Region. Eine Ausnahme bildet Stapelholm, das aktiv mit seiner Peripherität wirbt und ohne den Verweis auf benachbarte Ziele auskommt. Die Gebiete an Schlei und Ostsee verfügen über ein deutlich breiteres Spektrum an Raumnutzungstypen; neben die agrarlandschaftliche Grundprägung tritt das Meer bzw. die Schlei sowohl als ästhetisches Moment als auch als Ort von Freizeitgestaltung.

---

[256] Für IPSEN hat das Fehlen eines Raumbildes einschneidende Konsequenzen: „Der [von Raumbildern] entleerte Raum zieht Restnutzungen an – Müllhalden, Entsorgung, gefährliche Produktion, Militärs auf der Suche nach Räumen, die man übungshalber zerstören kann." (IPSEN 1987:146; sinngemäßer Zusatz von mir; W. A.) In den Geestgebieten des Landesteils läßt sich tatsächlich eine Konzentration der Bundeswehrstandorte in Schleswig-Holstein feststellen.

Abb. 5-43:   Ein Raumbild der Insel Sylt: Die Vereinigung von Meer, Sport und eleganten Menschen

Quelle: Bädergemeinschaft Sylt (Hg.): „Natürlich Sylt" 1998. Westerland 1997; Titelseite

Über diese Qualitäten hinaus ist den Regionen an der Nordsee ein wichtiges neues Merkmal zu eigen: das Spektakuläre. Hierunter sind zunächst naturräumliche Elemente zu verstehen. An erster Stelle steht das Meer mit seinen Gefahren, aber auch seinen vielen interessanten Teilaspekten, deren bedeutsamster das Wattenmeer als ständig sich wandelndes Gebiet für Entdeckungen der belebten und unbelebten Natur ist. Daneben weisen Wind und Weite auch des Festlands – neben der Eintönigkeit – imposante Züge auf. Der spektakuläre Naturraum wird ergänzt durch exotische kulturelle Eigenheiten (zu verschiedenen Facetten der Konstruktion von Regionalkultur vgl. KÖSTLIN 1980), die vor allem mit den Friesen verbunden sind. All diese natur- und kulturlandschaftlichen Merkmale kulminieren auf der Insel Sylt, auf der sie nicht nur in großer Vielfalt existieren, sondern darüber hinaus auch um moderne, teilweise großstädtische Elemente von Gastronomie, Unterhaltung und Freizeit bereichert werden.

Diese in den vorangegangenen Abschnitten referierten Raumbilder einzelner Teilregionen des Landesteils Schleswig müßten nach der eingangs vorgenommenen Unterscheidung korrekterweise als Images bezeichnet werden, da es sich um Raumbilder handelt, von denen die Fremdenverkehrsvereine wünschen, daß sie bei (potentiellen oder tatsächlichen) Gästen als solche sedimentieren. Dennoch – so die hier nicht weiter überprüfte Hypothese – ist davon auszugehen, daß diese Images zwar hochselektiv nur einen Teil der regionalen Wirklichkeit widerspiegeln, sich dadurch aber trotzdem nicht im Umfang oder in der Qualität (etwa: der Wirklichkeitsnähe) von anderen Raumbildern unterscheiden, sondern lediglich in seiner besonderen Art des Adressatenbezugs: des Zwecks der Beeinflussung von Reiseentscheidungen.

4 Raumbilder in Reiseführern, Regionalbeschreibungen und Bildbänden

Andere Quellen von Raumbildern weisen hingegen keinen derart eindeutigen Adressatenbezug auf und bilden daher eine recht heterogene Kategorie. Die Rede ist von dem breiten Spektrum der Reiseführer, Regionalbeschreibungen und Bildbänden (im folgenden zusammenfassend „journalistische Raumbilder"), deren große Anzahl zudem einen auch nur annähernd vollständigen Überblick unmöglich macht.

Den weitaus größten Umfang nehmen nach einer eigenen, nicht-repräsentativen Abschätzung solche Publikationen ein, die – im weitesten Sinne – touristisch relevante Attraktionen des jeweils beschriebenen Gebietes vorstellen.[257] Geordnet nach regionalen Bezügen, läßt sich sowohl auf der Ebene der Literatur zu einzelnen Teilregionen als auch im Hinblick auf die Berücksichtigung dieser Teilregionen innerhalb von Publikationen über das gesamte Bundesland oder übergreifende Teilräume eine eindeutige und weitgehend übereinstimmende Bedeutungsabstufung feststellen: Im Zentrum des Interesses steht Nordfriesland, wobei dessen wichtigste Teilgebiete die Inseln und – mit deutlichem Abstand – Eiderstedt sind. Wesentlich geringere Berücksichtigung finden demgegenüber der Kreis Schleswig-Flensburg, hier stark konzentriert auf Angeln mit der Schlei, Schleswig und Glücksburg, und – mit wiederum großem Abstand – die kreisübergreifende Eider-Treene-Sorge-Niederung/ Stapelholm. Die Geest kommt begrifflich überhaupt nicht vor; gleiches gilt für den Landesteil Schleswig als Ganzes.

In Veröffentlichungen zu Nordfriesland interessiert in erster Linie die Küste mit entsprechenden Themen wie Sturmfluten (die „großen Mandränken" von 1362 und 1634), Landgewinnung durch Eindeichung von Kögen, das Wattenmeer, Warften usw., wobei sowohl küstennahe Festlandsgebiete als auch die Inseln und Halligen dargestellt werden. Teilweise recht ausführlich wird die Geschichte der zugewanderten Friesen geschildert, daneben finden auch die regionalen Kleinstädte und einzelne Gemeinden mit wichtigen Sehenswürdigkeiten Erwähnung. Aussagen etwa

---

[257] Auf eine detaillierte Darstellung der Resultate einer Inhaltsanalyse von insgesamt 60 untersuchten Publikationen wird hier aus Gründen des Umfangs verzichtet. – Über die hier betrachteten journalistischen Raumbilder hinaus finden sich Regionalbeschreibungen – zumeist mit historischen Themen – auch in den Kalendern, Jahresberichten etc. der Heimatverbände und verwandter Organisationen (Publikationen: DIE HEIMAT, JAHRBUCH DES HEIMATVEREINS DER LANDSCHAFT ANGELN, JAHRBUCH FÜR DIE SCHLESWIGSCHE GEEST, NORDFRIESISCHES JAHRBUCH, NORDFRIESLAND, SCHLESWIG-HOLSTEIN, SCHLESWIG-HOLSTEINISCHER HEIMATKALENDER, ZWISCHEN EIDER UND WIEDAU); auf diese wird hier jedoch ebenfalls nicht eingegangen.

zur Sozial- und Wirtschaftsstruktur finden sich in der Literatur nur verstreut, historisierend und insgesamt nachrangig behandelt.

Insgesamt erweisen sich die Raumbilder Nordfrieslands in der Kategorie der journalistischen Raumbilder nicht nur als homogen und konstant, sie weichen auch kaum von den Raumbildern anderer Quellen (staatliche Broschüren, Fremdenverkehrsprospekte etc.; s. o.) ab. Dies gilt nicht nur für die Elemente der Raumbildinhalte, sondern auch für die bloße Reichweite: Denn die Regionen im Osten des Landkreises Nordfriesland gehören – auch dieser Literatur zufolge – offensichtlich nicht zu Nordfriesland; sie werden nicht erwähnt. Diese Bedeutungsreichweite von „Nordfriesland" wird nur dann überschritten, wenn die Autoren nicht mehr einen Begriff von „Nordfriesland" verwenden, der ein alltagssprachliches räumliches Vorwissen impliziert, sondern explizit den Landkreis thematisieren (so etwa FIEDLER 1996).

Weniger eindeutig ist die Situation im Osten des Landesteils, d. h. im Landkreis Schleswig-Flensburg bzw. in Angeln. Diese Unterscheidung zwischen dem Landkreis Schleswig-Flensburg und Angeln ist nicht nur deshalb von Bedeutung, weil ihr unterschiedliche räumliche Einheiten zugrunde liegen, sondern auch aus inhaltlichen Gründen. Denn anders als in Nordfriesland, das in den journalistischen Raumbildern unterschiedliche Bedeutungsvarianten aufweist, dabei aber fast ausschließlich auf diejenige der Küstenregion beschränkt bleibt, existiert für „Schleswig-Flensburg" überhaupt nur eine Bedeutungsvariante, und zwar die einer administrativen Einheit. Dementsprechend zeichnen sich die journalistischen Raumbilder über den Landkreis durch eine Berücksichtigung aller Teilregionen aus.

Dies kann entweder auf dem Wege der Darstellung sehr vieler interessanter, bedeutender oder pittoresker Örtlichkeiten geschehen, wobei als dominantes Gliederungsverfahren die Naturraumunterteilung auftritt, oder aber durch eine thematische Gliederung, die neben Gesamtübersichten über den Landkreis etwa zum Wirtschaftsprofil auch lokale Schwerpunkte nach Maßgabe des jeweiligen Themas (etwa Landesgeschichte) kennt. Deutlich weniger einem Vollständigkeitsideal verpflichtet sind die Publikationen über Angeln. Sie befassen sich mit einzelnen wichtigen Orten, allgemeinen Landschaftsmerkmalen (Hügel, Knicks) sowie naturräumlichen Besonderheiten und vermitteln damit ein Angelnbild, dessen herausragendes Charakteristikum das Lieblich-Unspektakuläre ist. Im Gegensatz zu den Raumbildern der Nordseeküste spielt hier das Meer spielt nur eine marginale Rolle. Insgesamt unterscheidet sich diese Form journalistischer Raumbilder zwar in einzelnen Schwerpunkten, nicht aber in dem Gesamtbild, das vom Landesteil Schleswig oder seinen Teilregionen geboten wird, von den touristischen und v. a. staatlichen Raumbildern (s. o.).

Ein weiterer, weniger verbreiteter Typ literarischer Information über den Landesteil kann in die Rubrik „Kritik, Ironie und Spott" eingeordnet werden. Er soll hier nur schlaglichtartig angesprochen werden, da seine Bedeutung für die inner- oder auch außerregionale Kommunikation von Raumbildern unklar ist. So stammen etwa von dem Flensburger Cartoonisten Kim SCHMIDT Landkarten-Poster (z. B. SCHMIDT o. J.), in denen das Bundesland die Bezeichnung „Hedwig-Holzbein" erhält und auch verballhornte Ortsnamen wie Langweilig (tatsächlich: Langballig) oder

Schnarchsupp-Thumpig (Schnarup-Thumby) vorkommen.[258] In diesen Bezeichnungen artikuliert sich sicherlich eine gewisse Kritik an sozialen, politischen oder kulturellen Gegebenheiten; von der Vermittlung eines tatsächlichen Raumbildes kann jedoch kaum gesprochen werden.

Am ehesten ist derlei in Betrachtungen wie der folgenden über die „Lebenslüge Sylt" zu finden:

> „Wer etwas auf sich hält, bewohnt eine antike Friesenkate in Kampen. Weil aber der Originalbestand an ehemals ärmlichen, heute als pittoresk bejubelten Fischerhäuschen bei weitem nicht ausreichte, haben sich findige Unternehmer schon früh für die massenhafte Errichtung von Friesenkaten-Imitaten entschieden.
>
> Der mit der hinterhältigen Bezeichnung 'Hausteil im Friesenstil' belegte Apartmenttyp ist die mit Abstand bösartigste Erfindung, zu der ein geldgieriges Konglomerat aus Architekten, Maklern, Sprossenfensterfabrikanten und Betonmischern fähig ist: Reihenhäuser der übelsten Bauart, getaucht in eine Orgie aus Plastiksprossen, Friesenzäunchen, Reetdachapplikaten, Messingklingeln, historischen Schiffsschrauben und anderen Wahngebilden der kommerzfreudigen Inselnostalgie, schlüsselfertig für eine knappe Million Mark zu erwerben. Ein marketingstrategisches Rätsel bleibt auch, wie es der lokalen Kaufmannschaft gelang, mit der einfachen Addition des Wortes 'Friesen-' aus Ladenhütern Kapital zu schlagen. Die Produkte norddeutscher Brauereien bekommen mit der Etikette 'friesisch-herb' den Beigeschmack rustikaler Unverdorbenheit; ungenießbare, allenfalls als Streckmaterial für Hühnerfutter geeignete Teesorten finden als hausgemachte 'Friesenmischung' begierige Abnehmer.
>
> Am deutlichsten zeigt sich die Misere in Westerland, das ambitionierte Planer Anfang der siebziger Jahre von einem verschlafenen Kurort in eine wassernahe Sozialbausiedlung verwandelt haben. In der Fußgängerzone, die zum ehemals mondänen Strandhotel 'Miramar' führt, bieten Souvenirläden Kapitänsmützen, Stoffrobben und Friesentöpfe feil. In gischtumwehten Strandkörben liegen verkohlte Schönheiten vergangener Dezennien, Berufsjugendliche mit Porschebrillen und Clubblazern, Kurgäste mit Ischias und notorische Frauenschlepper." (MAAK 1998:13)

So ironisch-kritisch dieses – hier nur ausschnittsweise zitierte – Raumbild auch ist, so wenig kann über seine Verbreitung noch gar über seine Auswirkungen gemutmaßt werden – wie allgemein die Effekte eher negativer Bemerkungen wesentlich schlechter abgeschätzt werden können als solche positiver Äußerungen.

Die Raumbilder des Landesteils Schleswig nach Quellen resümierend, kann – von der zuletzt angeführten Variante abgesehen, die es dennoch in paradoxer Weise bestätigt – eine weitgehende Übereinstimmung und Konstanz festgestellt werden. Ob staatliche Landeskunden, Fremdenverkehrsbroschüren oder Reiseführer, Regio-

---

[258] Daß Nordfriesland die Bezeichnung „Nordmiesland" erhält, die Geest zur „Wüste" wird und Angeln überhaupt nicht vorkommt, spiegelt ein weiteres Mal die stark divergierende Repräsentanz wichtiger Regionsbegriffe im öffentlichen Bewußtsein wider.

nalbeschreibungen und Bildbände betrachtet werden: Die wesentlichen Züge der Raumbilder verändern sich kaum. Besonders hohe Übereinstimmung besteht zum einen an der Westküste in bezug auf die Raumbildinhalte und zum anderen im Zentrum des Landesteils, der über ein leeres Raumbild – oder auch: ein Raumbild der Leere – verfügt. Zwar sind die Raumbilder im östlichen Teil des Untersuchungsgebiets, in Angeln, etwas heterogener und unschärfer; in dieser Heterogenität und Unschärfe jedoch stimmen auch hier die einzelnen Kategorien der betrachteten Literatur überein.

Nur geringe Übereinstimmungen hingegen existieren zwischen den einzelnen Typen von Raumbildern. So zeichnet der Bildtyp I (regionale Verteilungsmuster sozioökonomischer Daten; Kap. 5.4) ein ganz anderes Muster wichtiger raumprägender Tatbestände (etwa: Bevölkerungswachstum) als der zuletzt behandelte Bildtyp IV der Raumbilder und Images. Während im ersten Fall etwa der Linie Flensburg – Schleswig eine große Bedeutung als Wachstumsregion zukommt, im Bereich des Arbeitspendelns sich aber auch konzentrische Kreise um die größeren Städte herausgebildet haben, sind gerade diese Kleinregionen auf der Ebene der Raumbilder und Images inexistent; statt dessen stehen die Küstenregionen und das periphere Stapelholm im Zentrum der Aufmerksamkeit und bilden ganz andere regionale Einheiten.

Dieser Befund kann insofern wenig überraschen, als diesen Regionalisierungen Ausgangsdaten völlig unterschiedlicher Art und Qualität zugrunde liegen. Auch der Zweck und die Adressaten dieser Regionalisierungen könnten divergierender kaum sein. Eine solche Feststellung wiederum ist zwar in der Lage, die Unterschiedlichkeit in der Konkretisierung einzelner Bildtypen zu erklären, beschreibt jedoch das Problem nur anders, löst es nicht – das Problem nämlich, daß die einzelnen Bildtypen sich auf dieselbe Raumeinheit – hier: den Landesteil Schleswig – beziehen, aber nicht auf die jeweils anderen Bildtypen.

Ein solcher Bezug unterschiedlicher Bildtypen aufeinander, z. B. der Zusammenhang von touristischen Raumbildern und sozioökonomischen Strukturmustern, soll an dieser Stelle nicht hergestellt werden; vielmehr dürfte eine derartige Analyse die Darstellungsaufgaben von Landeskunde bereits weit überschreiten. Immerhin aber kann die Formulierung dieser und ähnlicher Erklärungsdefizite auch als Hinweis an (potentielle) Adressaten auf interessante, wissenschaftlich bedeutsame und nicht zuletzt praxisrelevante Fragen gewertet werden. Daher kehrt diese Übersicht über einzelne Bildtypen (vulgo: Landeskunde) des Landesteils Schleswig in ihrem letzten Teil wieder zu ihrer zentralen Ausrichtung zurück: der Orientierung an den Adressaten.

5.8 Adressatenorientierung zwischen Politikberatung und Populärwissenschaften

Landeskunde als adressatenbezogene Bildproduktion zu verstehen, führt nicht nur zur Entscheidung, welche Inhalte vermittelt werden sollen, sondern auch, in welcher Form dies geschehen soll. In der klassischen Variante von Landeskunde sind diese beiden Entscheidungen recht unabhängig voneinander: Zunächst erfolgt die Auswahl der darzustellenden Inhalte, die dann – zum Beispiel je nach Zielgruppe, vorhandenen oder selbst erstellten Abbildungen, Karten, Tabellen, usw. und den für die Veröffentlichung vorhandenen Ressourcen – in eine bestimmte Form der Darstellung gegossen werden.

In der hier vertretenen Konzeption von Landeskunde ist eine solche Nachrangigkeit der Form gegenüber dem Inhalt jedoch nicht möglich, da bestimmte Inhalte entsprechende Darstellungsformen mit Notwendigkeit zur Konsequenz haben. Dies gilt nicht unbedingt für die in den vorangegangenen Kapiteln vorgestellten Übersichten über einzelne Bildtypen des Landesteils Schleswig; hier scheint die Verwendung herkömmlicher Medien wie (schriftlicher) Text, Tabellen und (gedruckte) Karten ausreichend, wenn auch nicht immer befriedigend zu sein.

Eine ganz andere Situation ergibt sich jedoch, wenn das Anforderungsprofil potentieller Adressaten von Landeskunde genauer auf den Bedarf hin überprüft wird. Dabei zeigen sich nämlich Zwecke von Landeskunde, die nicht nur neue Inhalte, sondern auch und vor allem neue Formen nach sich ziehen. Eine grobe Untergliederung potentieller Adressaten ergibt eine Vielzahl recht divergenter Zwecke, die – ohne Anspruch auf Vollständigkeit – folgende Qualitäten von Landeskunde erfordern:

- Angaben unterschiedlichen Typs über die betreffende Region als Grundlage weiterführender Analysen (Datenbankfunktion; z. B. für Wissenschaftler);
- themenzentrierte Darstellung regionaler Strukturmerkmale (Regionalanalyse; z. B. für Regionalplaner, Politiker);
- lokale Informationen im regionalen Vergleich (Standortanalysen; z. B. für Gewerbeansiedlungen);
- Überblick über (sub-)regionale touristische Angebote (etwa im Rahmen von Regionalmarketing; für Reiseveranstalter und Touristen);
- Darstellung alltagsrelevanter Regionalinformationen (v. a. für die regionale Bevölkerung);
- impressionistische Landesbeschreibung (für Touristen und Einheimische).

Aus dieser Vielzahl von inhaltlichen Anforderungen, denen eine Landeskunde aufgrund ihrer Zielsetzung möglichst umfassender regionaler Bildproduktion zu genügen bestrebt ist, lassen sich im wesentlichen zwei Inhaltstypen konstruieren, die wichtige formale Qualitäten zur Konsequenz haben. Zum einen handelt es sich hier um die Nachfrage nach umfangreichen Informationen, die verbunden sind mit der Möglichkeit zu eigener Datenaufarbeitung und -analyse seitens der Adressaten. Weder kann in der herkömmlichen Schriftform von Landeskunde ein umfangreiches

Datenmaterial präsentiert werden[259] noch besteht gar die Möglichkeit für den Leser, mit Hilfe der vorgelegten Angaben zusätzliche, eigene Fragen zu beantworten – wird von mühsamen Verknüpfungen und Sekundäranalysen etwa von Tabellen abgesehen.

Ähnlich starke Einschränkungen existieren zum anderen bei der Vermittlung von Raumbildern: Auch die literarisch höchste Qualität eines Textes kann ebensowenig wie etwa eindrückliche Fotografien oder aussagekräftige Grafiken das Problem der rein visuellen Darstellung oder das der inhärenten Statik, der mangelnden Dynamik der Raumbilder lösen. Zahlreiche natur- und kulturräumliche Phänomene verlieren durch eine bloß textliche und/oder bildliche Wiedergabe wesentliche Momente ihrer Multidimensionalität; deren Rekonstruktion über Text und Bild ist weder in allen Fällen möglich noch von allen (potentiellen) Adressaten zu verwirklichen.

Beide genannten Unzulänglichkeiten herkömmlicher Landeskunde grundsätzlich oder gar vollständig zu beseitigen, ist weder hier noch überhaupt durchführbar. Durchführbar sind jedoch landeskundliche Darstellungen, die zumindest eine Anerkenntnis der geschilderten Einschränkungen und zugleich wesentliche Verbesserungen beinhalten. Wenn diese im folgenden eher angekündigt als umgesetzt werden, liegt dem nicht nur die besondere Adressatenbezogenheit dieser Arbeit zugrunde, nämlich über Landeskunde zu schreiben und zugleich eine solche selbst zu produzieren, sondern auch und daraus resultierend der Mangel an finanziellen und andern Ressourcen, die Vorschläge zu realisieren.

Denn der wohl beste Weg, Landeskunde mit neuen Inhalten und – damit unmittelbar verbunden – neuen Formen zu versehen, führt über die Umsetzung in die digitale Form, deren heute wichtigste Medien – via Computer – die CD-ROM und das Internet (World Wide Web, WWW) sind.

Für die Nachfragerseite unterscheiden sich beide Medien nicht grundsätzlich. Zwar müssen CD-ROMs zunächst erworben werden und haben einen nicht veränderbaren Inhalt, während im Internet bei jedem Zugriff Kosten auftreten, die Inhalte aber permanent aktualisiert werden können. Dennoch überschneiden sich die Qualitäten beider Medien, indem einerseits CD-ROMs über ein Abonnement ebenfalls in gewissen Abständen Erneuerungen erfahren können oder gar Updates aus dem Internet geladen werden können. Bei hoher Rechnerleistung und sehr schneller Internetanbindung kann andererseits auch im Internet ein ähnlich hoher Nutzungskomfort wie bei einer CD-ROM erreicht werden (auch wenn dies für die Mehrzahl der Internet-Nutzer heute noch Zukunftsmusik ist).

Für die Anbieterseite, also die Autoren einer Landeskunde, unterscheiden sich beide Medien jedoch gravierend: Soll eine CD-ROM produziert werden, kann zum einen unter einer Vielzahl von Programmierungsverfahren gewählt werden, was lediglich durch das Know-how beschränkt ist. Zum anderen ist es im Regelfall möglich, einzelne Elemente der Darstellung (etwa Texte, Abbildungen, Videos) über die Herstellung eines ablauffähigen Programms so in das fertige Produkt einzubinden, daß diese nicht davon isoliert und für des Käufers eigene Verwendungen abgespeichert werden können.

---

[259] Ähnlich unbefriedigend gestaltet sich auch der Zugriff auf Literatur- und Adress-Datenbanken (vgl. Kap. 5.3).

Anders sieht es im Internet aus. Dies liegt daran, daß dem WWW eine übergreifende Sprache, genannt HTML (HyperText Markup Language), zugrunde liegt, die eine offene Architektur aufweist, wodurch alle Nutzer Zugang zu Struktur und Elementen eines jeden Informationsblocks („Seite") haben. Eine solche, evtl. aus zahlreichen Elementen wie Text, Bildern, Tönen etc. zusammengesetzte Seite ist dadurch für den Nutzer nicht nur eine einheitliche Darstellung, wie sie vom Autor erstellt wurde, sondern auch eine einfache Quelle für die einzelnen Elemente. Wird demnach der Zugang nicht insgesamt von bestimmten Voraussetzungen, z. B. der Bezahlung einer Gebühr, abhängig gemacht, sind Eigentumsrechte an einzelnen Bestandteilen einer Seite technisch nicht zu sichern.

Eine Programmierung für das Internet kann zudem nicht zwischen zahlreichen Programmiersprachen bzw. -oberflächen wählen; ihr liegt immer HTML mitsamt seinen Weiterentwicklungen sowie für zusätzliche Funktionen Java und Javascript[260] zugrunde. Trotz der recht simplen Struktur von HTML lassen sich jedoch effektvolle Formen der Darstellung, aber auch der Abfrage z. B. von Datenbankinformationen (so auch in Form eines GIS) konstruieren, obwohl zumeist nicht die Leistungsfähigkeit von Programmen z. B. auf CD-ROM erreicht wird, die mit anderen Programmiersprachen erstellt wurden.

Den größten Vorteil von HTML bildet aber nicht die einfache Handhabung, sondern die freie Verfügbarkeit und – daraus resultierend – die weite Verbreitung. Dies hat zum einen zur Folge, daß für die Erstellung einer digitalen Landeskunde keine Kosten anfallen – zumindest wenn auf gratis erhältliche Browser zurückgegriffen wird. Deshalb ist es zum anderen auch möglich, viele Autoren an einer Landeskunde zu beteiligen, da HTML-Kenntnisse in zunehmendem Maße zu den Basis-Fähigkeiten nicht nur von Studierenden, sondern auch von Lehrenden gehören (sollten).

Wenn an dieser Stelle die Bedeutung einer digitalen Form von Landeskunde hervorgehoben wird, so ist damit nicht impliziert, daß es sich dabei um ein völlig neues Unterfangen handelt. Vielmehr wird lediglich für die Übernahme bereits existierender Entwicklungen in die Geographie plädiert. Tatsächlich gibt es zahlreiche nichtgeographische Veröffentlichungen in digitaler Form, die als landeskundlich oder zumindest landeskundenah aufgefaßt werden können.

Für den Landesteil Schleswig liegen digitale Elemente von Landeskunde bisher hauptsächlich im Internet vor. Die aus landeskundlicher Sicht wichtigsten Adressen („Netsites" oder „Homepages") faßt Tab. 5-9 zusammen.

---

[260] Letzteres ist eine HTML-Ergänzung seitens des Browser-Produzenten Netscape; die entsprechende Variante des Hauptkonkurrenten Microsoft heißt JScript. Als Browser werden Programme bezeichnet, die zur Darstellung von HTML-Seiten dienen.

Tab. 5-9: Wichtige landeskundlich relevante Internet-Adressen im Landesteil Schleswig

Titel	Adresse
Regionale Informationen	
Kreis Schleswig-Flensburg	http://www.schleswig-flensburg.de
Kreis Nordfriesland	http://www.nordfriesland.de
Region Schleswig/Sønderjylland	http://www.region.dk
Lokale Informationen	
Kommunale Anbieter (Auswahl)	
Stadt Flensburg	http://www.flensburg.de
Stadt Kappeln	http://www.kappeln.de
Private Anbieter	
Flensburg-Online	http://www.flensburg-online.de
Flensburger Citynetz	http://www.flensburger.net
Schleswiger Citynetz	http://www.schleswiger.net
Nordfriesland-Online (Husum, Bredstedt, Niebüll)	http://www.nordfriesland-online.de
Portale	
Schleswig-Holstein	http://www.schleswig-holstein.de
Regional-SH	http://www.regional-sh.de
DINO-Regional	http://www.dino-regional.de
Sonstiges	
Wirtschaftsförderungs- und Regionalentwicklungsgesellschaft Flensburg/Schleswig	http://www.wireg.de
Internet-GIS mit Gemeinden in Schleswig-Holstein	http://www.uni-kiel.de:8080/Geographie/ Schwedler/Frank.html

Quelle: Eigene Zusammenstellung

Zunächst fällt wie schon bei den Regionalbeschreibungen in gedruckter Form das Fehlen von Veröffentlichungen über die Gesamtregion (Landesteil Schleswig) auf. Diesem aus der öffentlich-politischen Sprache stammenden Begriff entspricht also auch hier keinerlei praktizierte publizistische Regionsbildung. Die räumlichen Ebenen der Präsentation orientieren sich eindeutig an bestehenden Verwaltungsgrenzen: Oberhalb der Kreisebene finden sich Adressen von Schleswig-Holstein insgesamt oder aber die unlängst gegründete grenzüberschreitende Region Schleswig/Sønderjylland, im kleinräumigen Maßstab sind die territorialen Bezugseinheiten die Ämter und Gemeinden.

Auf der Ebene der Kreise präsentieren sich im Internet im wesentlichen die Kreisverwaltungen selbst. Diese Veröffentlichungen lassen sich auch als Entwicklungsformen der Homepages von Verwaltungseinheiten betrachten. Eine Frühform der Internetgestaltung stellt v. a. die durch spartanische Aufmachung und recht einfach strukturierte Inhalte charakterisierte Seite des Kreises Schleswig-Flensburg dar (Abb. 5-44).

Abb. 5-44: Internet-Seite (Homepage) des Kreises Schleswig-Flensburg

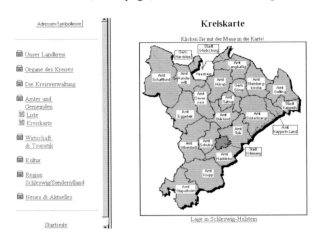

Quelle: Internet, 1.6.1998 (auch: 30.11.2000)

Wird diese Seite aufgerufen, zeigt sich ein senkrecht zweigeteilter Bildschirm, auf dessen linker Seite die Informationen ausgewählt werden können, die dann auf der rechten Seite dargestellt werden. Im abgebildeten Beispiel wird die Rubrik „Ämter und Gemeinden" nach einer entsprechenden Anwahl um die Unterpunkte „Liste" (der Ämter und Gemeinden) und „Kreiskarte" erweitert; der Aufruf letzterer führt zur Einblendung der nach Ämtern gegliederten Karte, worauf durch die Auswahl einzelner Ämter via Mausklick wichtige administrative Angaben zu diesen Raumeinheiten abgerufen werden können.

Die Veröffentlichung von Adressen, kommunalen Verlautbarungen und einzelnen Angaben aus der Gemeindestatistik geben solchen Seiten jedoch primär den Charakter eines amtlichen Mitteilungsblattes und unterscheiden sich deshalb – trotz ihrer digitalen Form – kaum von gedruckten Publikationen. Die Themen- und Gemeindeauswahl per Mausklick vornehmen zu können, stellt aufgrund der inhaltlichen Beschränkungen noch keine neue Qualität raumbezogener Information dar. Ohne hier in Zweifel ziehen zu wollen, daß auch solche digitalen Informationen z. B. für eine externe Nachfrage nach kommunalen Anschriften eine große Bedeutung haben können und ebendaraus ohne weiteres zu rechtfertigen sind, kann dennoch der Beitrag solcher Internet-Seiten im Rahmen einer Landeskunde als eher gering veranschlagt werden.

Etwas weniger spröden Charme versprüht die Homepage des Kreises Nordfriesland. Hier ist auch der Umfang regionaler Informationen größer. Neben den wichtigsten statistischen und lagebezogenen Daten werden vor allem Angaben zu einzelnen Aspekten der Wirtschaftsförderung (Adressen, Förderprogramme, Flächenangebot u. ä.), des Tourismus (div. Aktivitäten, Buchungsmöglichkeiten) und der Kultur (Museen, Veranstaltungen etc.) gemacht. Die hohe Informationsdichte leidet jedoch hier wie auf vielen ähnlichen semiprofessionell gefertigten Seiten an der gestalterischen Umsetzung, die nicht auf eine Vielzahl von blinkenden Bildchen etc. verzichten zu können glaubt, so daß nicht nur der optische Eindruck beeinträchtigt wird, sondern auch unverhältnismäßig lange Ladezeiten auftreten.

Die inhaltlich wie gestalterisch wohl beste Umsetzung von Regionalinformationen in das Medium des Internets bieten im Landesteil Schleswig aber nicht die Kreise, sondern lokale Anbieter. Darunter sind einerseits und mit Einschränkungen einzelne Kommunen zu verstehen, andererseits und mit oft besseren Resultaten private Anbieter. Zu den gelungenen kommunalen Internet-Seiten zählen im Landesteil vor allem Kappeln (www.kappeln.de; Abb. 5-45) und Flensburg (www.flensburg.de), zu den besten privaten Angeboten Homepages aus Flensburg (v. a. www.flensburg-online.de), Schleswig und nordfriesischen Städten (vgl. Tab. 5-9).

Abb. 5-45: Internet-Seite (Homepage) von Kappeln

Quelle: Internet, 30.11.2000

Der wichtigste Unterschied zwischen beiden Anbietertypen liegt darin, daß es sich im ersten Fall um die Kommune bzw. die städtische Kurverwaltung handelt, die Werbung für den Ort selbst mit deutlichem Bezug vor allem auf drei Adressatengruppen macht: Dies sind zum einen die eigenen Bürger, denen eine Art Bürgerinformationssystem angeboten wird; zum anderen sollen Touristen nicht nur von den Vorzügen der Stadt überzeugt werden, sondern auch die Möglichkeit der Rückmeldung oder der Direktbuchung erhalten; zum dritten sollen potentiellen gewerblichen Investoren erste Anreize zur Niederlassung gegeben werden (zur Bedeutung des Internets für das Regionalmarketing vgl. SEIBEL 2000).

Demgegenüber ist etwa Flensburg-Online (Abb. 5-46) als privates Unternehmen auf Werbung für einzelne Anbieter aus unterschiedlichen Branchen angewiesen, was auch seine Auswirkungen auf die Gestaltung hat. Daher sind die Versuche dieser Homepage, die Besucher zu einem Verweilen und vor allem zu einem Zugriff auf weitere, über Verzweigungen zu erreichende Seiten dieser Adresse zu ermuntern, deutlich ausgefallener und auch aufwendiger als die kommunalen Angebote. Dies erstreckt sich vom reinen Bildmaterial über das Layout bis zu integrierten interaktiven Elementen.

Für landeskundliche Zwecke warten beide Internet-Seiten mit Anregungen auf. Kappeln etwa bietet zahlreiche, wenn auch in ihrem Spektrum beschränkte Informationen, die eine klare Adressatenorientierung aufweisen. Flensburg-Online hingegen zeigt durch seinen Aufbau eine recht diffuse Adressatenorientierung an; obwohl umfangreiche Informationen zu erhalten sind, erweisen sich diese als thematisch oft wenig gegliedert, so daß aufwendige Suchprozesse nötig sind. Die Gestaltung selbst, aber auch die geringen Ladezeiten lassen dieses und ähnliche Angebote jedoch zu einem wichtigen Medium landeskundlicher Informationen werden.

Abb. 5-46: Internet-Seite (Homepage) von Flensburg-Online

Quelle: Internet, 1.6.1998 (ähnlich auch 30.11.2000)

Wenig nutzerfreundlich und stark an Werbepartnern ausgerichtet sind demgegenüber die sog. regionalen Portale, die von einer einheitlichen Startseite aus umfassende regionale Informationen versprechen, zumeist jedoch ausschließlich Verbindungen zu einzelnen Anbietern von Waren oder Dienstleistungen in der Region herstellen. Eine besonders fragwürdige Mischung aus Information und Werbung stellt die von der Landesregierung eingerichtete Homepage (www.schleswigholstein.de) dar, auf der politische Informationen und Online-Shops verknüpft sind.

Einen weiteren Typ regionaler Informationen im Internet bilden Versuche, (simple) GIS-Abfragen zu ermöglichen und die Ergebnisse kartographisch darzustellen (zur Internet-Kartographie allgemein vgl. DICKMANN 2000). Ein auch regional wichtiges Beispiel bildet das Internet-GIS des Kieler Geographen F. SCHWEDLER (Tab. 5-9), das auf dem – in seinen Basismodulen kostenlosen – Java-Applet *jshape* basiert (Abb. 5-47). Hier bilden die Gemeinden Schleswig-Holsteins die räumlichen Einheiten, die nach best. Kriterien ausgewählt und – farblich hervorgehoben – zusammengestellt werden können.

Es bedarf kaum der Erwähnung, daß derlei Produkte noch stark an die frühen Jahre in der Entwicklung Geographischer Informationssysteme erinnern – ein Befund, der bei anderen, kommerziell vertriebenen Internet-GIS-Programmen (vgl. dazu die Beispiele bei www.esri.com) nur unwesentlich günstiger ausfallen kann. Zugleich ist jedoch zu konzedieren, daß die Entwicklung von Internet-GIS erst am Anfang steht, d.h. mit zunehmenden Verbesserungen, etwa neuen Abfragefunktionen, aber auch zusätzlichen eingebundenen Datentypen (v. a. Multimedia) zu rechnen sein wird.

Ein wesentlich größeres Problem als diese technisch-konzeptionellen und darstellungsbezogenen Mängel bzw. Desiderata stellt neben der Frage der Aktualität (die ein großer Vorteil von Internetangeboten sein kann, durch mangelnde Pflege der Homepage aber oft nicht ist) die Informations*vermittlung* dar. Denn die immer noch zentrale Einschränkung der Internet-Nutzung ist der große Zeitaufwand, den der Transport von Bild-, Ton- und v. a. Video-Dateien, aber auch von Java-Applets u. ä. durch das Netz erfordert. Der Autor einer Homepage steht daher grundsätzlich vor dem Dilemma, zwischen attraktiven multimedialen oder abfragegesteuerten Elementen und der Nutzerfreundlichkeit kurzer Übertragungszeiten entscheiden zu müssen.

Abb. 5-47: Internet-GIS mit Gemeinden Schleswig-Holsteins

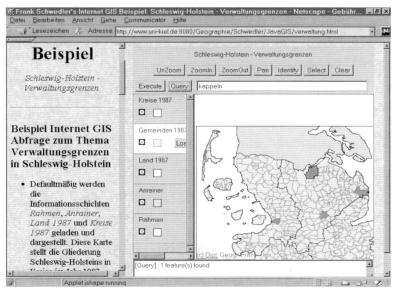

Quelle: Internet, 1.6.1998

Dieses Problem existiert bei regionalkundlichen Darstellungen auf CD-ROM nicht. Da diese jedoch deutlich höhere Produktions- und Vertriebskosten als Internet-Seiten haben, mithin auf einen entweder sehr zahlungskräftigen bzw. -willigen oder sehr großen Kundenkreis angewiesen sind, nimmt es nicht wunder, daß auf dem Markt der Informations- und Infotainment-Veröffentlichungen regionalkundliche CD-ROMs kaum vertreten sind.

Den bisher einzigen Versuch in diese Richtung von wissenschaftlich-geographischer Seite aus unternimmt die dem Pilotband des Atlas Bundesrepublik Deutschland beigelegte CD-ROM (INSTITUT FÜR LÄNDERKUNDE 1997). Wie aus dem Inhaltsverzeichnis der CD zu entnehmen ist (Abb. 5-48), untergliedert sich diese digitale Publikation in drei Teile:
- Thematische Karten der Bundesrepublik Deutschland mit ausgewählten statistischen Merkmalen („Interaktives Modul"),
- Großschutzgebiete („View-only-Modul") und
- Stadt-Umland-Wanderung („View-only-Modul").

Die thematischen Karten werden durch das Kartographie-Programm PCMap erstellt. Die „Interaktivität" besteht hier darin, daß der Kartenausschnitt, die Anzahl und die Grenzen der Merkmalsklassen, die Farbgebung sowie Elemente der Grundkarte verändert werden können; die Kombination von Variablen oder gar deren Modifikation zu raumanalytischen Zwecken ist hingegen nicht möglich.

253

Abb. 5-48: Inhaltsverzeichnis der CD-ROM zum Atlas Bundesrepublik Deutschland

Quelle: INSTITUT FÜR LÄNDERKUNDE 1997

Die als „View-only-Modul" bezeichneten Inhalte sind mit Hilfe der Internet-Sprache HTML programmiert und damit in ihren Einzelelementen auch direkt zugänglich (s. o.). Das Kapitel „Stadt-Umland-Wanderung" behandelt die Oberzentren in Deutschland. Neben grundlegenden statistischen Angaben zu den Städten, die in Form von Text und Graphiken vorliegen und durch ein Foto der jeweiligen Stadt ergänzt werden, lassen sich auch Karten über Wanderungsbewegungen aufrufen; in Abb. 5-49 ist das Beispiel Flensburg wiedergegeben.

Abb. 5-49: Stadt-Umland-Wanderung (Saldo) für Flensburg

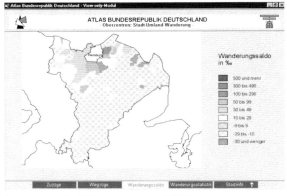

Quelle: INSTITUT FÜR LÄNDERKUNDE 1997

254

Ähnlich, jedoch deutlich komplexer ist der Teil über die Großschutzgebiete aufgebaut. Hier kann eine thematische und regionale Auswahl (letztere über eine Liste oder eine Karte) getroffen werden, welcher National- oder Naturpark oder welches Biosphärenreservat betrachtet werden soll. Wie am Beispiel des Nationalparks Schleswig-Holsteinisches Wattenmeer (Abb. 5-50) zu ersehen ist, werden die wichtigsten Informationen in Form von Tabellen und Karten dargestellt. Daneben werden auch zentrale Begriffe erklärt und Besonderheiten (hier: die Halligen) durch Fotografien und Text erläutert.

Abb. 5-50: Nationalpark Schleswig-Holsteinisches Wattenmeer (Startseite und Seite „Halligen")

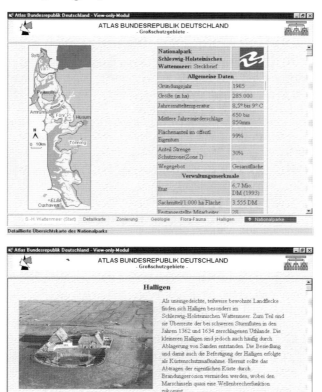

Quelle: INSTITUT FÜR LÄNDERKUNDE 1997

Die hier vorgestellte CD-ROM bezeichnet sich selbst als „Demoversion". Tatsächlich gelingt ihr eine mehrfache Demonstration: Zum einen zeigt sie, daß es möglich ist, auch mit relativ einfachen Mitteln (nutzungsbeschränktes Kartographie-Programm und HTML-Programmiersprache) eine digitale Version landeskundlicher

Informationen zu erstellen, und daß darin auch recht unterschiedliche Typen von Inhalten und Wiedergabeformen ihren Platz finden können. Zum anderen ist aber auch nicht zu übersehen, daß die Möglichkeiten des digitalen Mediums bei weitem nicht ausgeschöpft werden; so läßt sowohl die „Interaktivität" als auch der Einsatz multimedialer Elemente noch zu wünschen übrig. Das zentrale Manko liegt hingegen nicht in diesen konzeptintern relativ leicht zu verbessernden Punkten, sondern in der fehlenden Integration der Einzelteile. Die „Module" ergeben gerade *kein* Ganzes, stehen beziehungslos nebeneinander und sind nicht ineinander überführbar.

Dies liegt nicht zuletzt an den verwendeten Darstellungsinstrumenten. Denn ein reines Kartographieprogramm ist ebensowenig zur Verknüpfung unterschiedlicher Darstellungsformen geeignet wie über HTML Datenbankinhalte in variable, nach Bedarf zu erstellende Karten umgesetzt werden können.

Allgemein ist HTML als simples Steuerungsmedium von Seitengestaltungen vor allem für die international einheitliche Kommunikation via WWW konzipiert, nicht aber als Instrument, das auf eine spezielle Darstellungsaufgabe (hier etwa: landeskundliche Information auf CD-ROM) zugeschnitten ist. Besonders fällt dies bei Veröffentlichungen auf, in denen nicht einmal die beschränkten Möglichkeiten von HTML ausgeschöpft werden und auch kein Nutzen aus den spezifischen Qualitäten einer CD-ROM gegenüber dem Internet (keine Übertragungszeiten für Multimediamaterial) gezogen wird (ein wenig empfehlenswertes Beispiel dieser Kategorie ist etwa LIST ca. 1998).

Eine gewisse Verbesserung ist zu erreichen, wenn über einfaches HTML hinaus in Java programmiert oder ein bestehendes Java-Applet (zum Beispiel eines Internet-GIS; s. o.) eingebunden wird, wodurch dann zumindest zusätzliche Datenbankabfragen möglich sind. Daneben bieten auch verschiedene GIS-Programme die Möglichkeit der Integration von Multimedia-Elementen; hier jedoch ist die Verwendung der Programmpakete auf deren Besitzer beschränkt, was aufgrund der hohen Kosten kaum eine gangbare Möglichkeit digitaler Landeskunde ist.

Aus diesen Gründen geht heute noch kein Weg an eigenständigen, selbst ablaufenden Programmen vorbei, wenn es darum geht, regionalkundliche Inhalte mit multimedialen, Datenbank- und Karten(erstellungs)-Elementen zu verbinden. Im folgenden sollen drei sehr unterschiedliche Typen solcher Programme kurz vorgestellt und im Hinblick auf landeskundliche Zwecke diskutiert werden.

Als kartengestützte Datenbank kann das Programm „geografix96" bezeichnet werden (G DATA 1994-96; Abb. 5-51). Hier können auf der Basis einer (frei skalierbaren) karten- oder listenorientierten Auswahl von Orten zahlreiche Informationen aus der Gemeindestatistik, aber auch aus sonstigen Themenbereichen (von Baudenkmälern bis zu Vergnügungsmöglichkeiten) abgefragt werden. Ergänzt werden diese Angaben durch – verstreut auftauchende – Fotografien und Videos. Während die große Anzahl von Wissenswertem zu den positiven Seiten dieser CD-ROM zählt, wirken die Multimedia-Elemente eher zufällig. Das wichtigste Defizit ist jedoch die strikt räumliche Anordnung der Informationen; thematische Querverweise etwa fehlen demgegenüber völlig.

Abb. 5-51: Geografix96 – nach Gemeinden auswählbare Informationen

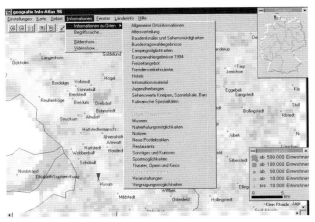

Quelle: G DATA 1994-96

In gewisser Weise ein Gegenbeispiel bildet der CD-ROM-Führer über den Nationalpark Hohe Tauern (NATIONALPARKVERWALTUNG SALZBURG 1996; Abb. 5-52). In graphisch recht ansprechender Weise wird mit Hilfe zahlreicher multimedialer Elemente ein umfassender Überblick über das behandelte Gebiet gegeben. Themen und Orte können über Listen, Karten oder durch Querverweise im Text ausgewählt werden; neben dem geschriebenen Text werden Fotografien, gesprochener Text und Videos eingesetzt. Die unterhaltsame Darstellung ist in hohem Maße zur Raumbildprägung geeignet; genaue und umfassende Informationen sind über die in das Raumbild integrierten Elemente der Natur- und Kulturlandschaft sowie der tourismusbezogenen Infrastruktur und Besuchsziele hinaus jedoch nicht vorhanden.

Abb. 5-52: Nationalpark Hohe Tauern – Themenseite „Bergbau"

Quelle: NATIONALPARKVERWALTUNG SALZBURG 1996

Die CD-ROM mit der klarsten Adressatenorientierung dient dazu, die Ansiedlung von Unternehmen zu fördern (WIRTSCHAFTSFÖRDERUNG SCHLESWIG-HOLSTEIN 1997). Auf der einen Seite wird versucht, mit zahlreichen multimedialen Elementen (von Musik unterlegte gesprochene Texte, Karten, Grafiken, Fotografien, Videos) Schleswig-Holstein und seine Regionen als optimalen Standort für eine Gewerbeansiedlung, aber auch als naturräumlich und kulturell attraktives Lebensumfeld zu präsentieren.

Auf der anderen Seite werden darüber hinaus zahlreiche Informationen vermittelt, die als „harte Standortfaktoren" in eine Niederlassungsentscheidung einfließen oder aber zumindest als Verweise auf genauere Angaben (etwa Adressen) fungieren. Die Art des kartengesteuerten Zugangs zu regionsbezogenen Angaben (hier: über Nordfriesland) mitsamt Verzweigungen zu wichtigen Unterpunkten zeigt Abb. 5-53.

Abb. 5-53: Besondere Standortfaktoren für Gewerbeansiedlungen in Nordfriesland – Startseite mit Verzweigungen

Quelle: WIRTSCHAFTSFÖRDERUNG SCHLESWIG-HOLSTEIN 1997

Ebenfalls thematisch sehr konzentriert ist die letzte hier vorgestellte CD-ROM, die – getitelt „Sydslesvig", die dänische Bezeichnung für den Landesteil Schleswig – eine Übersicht über wichtige Einrichtungen der dänischen Minderheit sowie allgemeine Angaben zu dieser Bevölkerungsgruppe aus Sicht des Südschleswigschen Vereins (SYDSLEVIGSK FORENING 1998) anbietet. Da diese CD-ROM nur in dänischer Sprache vorliegt, ist nicht anzunehmen, daß sie zur Information der deutschsprachigen Bevölkerung über die dänische Minderheit dient. Vielmehr kann davon ausgegangen werden, daß der primäre Zweck dieser Veröffentlichung insgesamt weniger in der – von der medialen Aufbereitung her gesehen recht gelungenen – Information über eine Bevölkerungsgruppe und v. a. über minderheitenpolitische Aktivitäten liegt als in einem Akt der Selbstvergewisserung der Bezugsgruppe selbst.

Wird von der CD-ROM des Instituts für Länderkunde und dem letzten, sehr speziellen Fallbeispiel abgesehen, läßt sich konstatieren, daß der Boom von CD-ROMs mit regionalkundlichem Inhalt zur Jahrtausendwende seinen Höhepunkt wohl schon überschritten hat. So ist es nicht als zufällig anzusehen, daß etwa das Produkt Geografix 1997 seine (bisher) letzte Auflage erlebt hat. Dies liegt nun nicht daran, daß sich die zugrundeliegenden Informationen nicht oder nur unwesentlich verändert hätten. Vielmehr ist davon auszugehen, daß das Medium Internet trotz seiner skizzierten Nachteile so viele Vorteile bietet – neben der Aktualität und den immer ausgefeilteren Präsentationswegen ist vor allem der Umstand zu nennen, daß die Informationen dort kostenlos sind –, daß das fertig aufbereitete Informationsangebot auf einer CD nicht mehr als Alternative zu Internet-Angeboten verstanden wird.

Gerade das Beispiel der Wirtschaftsförderung im Untersuchungsgebiet zeigt diesen Übergang von der CD zum Internet (vgl. a. Tab. 5-9). Lediglich dort, wo Programme flexibel auf Fragen des Nutzers reagieren (etwa bei Routenplanern) oder aber rein didaktische Ziele verfolgen (CD-ROMs der Schulbuchverlage), scheint das Angebot noch auf eine entsprechende Nachfrage zu treffen. Die geschilderten Formen landeskundlicher Informationen gehören jedoch nicht zu diesem Typus.

Zusammenfassend erweisen sich die heute existierenden digitalen Formen regionalkundlicher Information inhaltlich wie auch gestalterisch als sehr heterogen, was zum einen mit dem verwendeten Medium (Internet oder CD-ROM) zusammenhängt, zum anderen aber eine deutliche Adressatenorientierung verrät:

- Die Kreise im Landesteil Schleswig zeigen insgesamt nur wenig Interesse, sich (via Internet) nach außen zu präsentieren; es dürfte weitestgehend unklar sein, wer überhaupt und zu welchem Zweck angesprochen werden soll. Nicht zuletzt deshalb werden vor allem Adressen und grundlegende Angaben aus der Gemeindestatistik angeboten.
- Einzelne Gemeinden wie Kappeln oder Flensburg versuchen sich auch im neuen Medium darzustellen, wobei die inhaltliche wie formale Gestaltung direkt auf die (potentiellen) Adressaten – die eigenen Bürger, Touristen und ansiedlungswillige Unternehmen – ausgerichtet ist.
- Kommerzielle Orts- oder Regionalseiten im Internet haben ein recht heterogenes Publikum und verwenden häufig multimediale Elemente als Anreiz, um zahlreiche Nutzer ihres Angebots zu gewinnen, ohne diese Adressatengruppe thematisch spezifizieren zu können. Dementsprechend uneinheitlich fällt auch dessen Gestaltung aus.
- Die landeskundliche CD-ROM des Instituts für Länderkunde versucht, vor allem geographischen Adressaten zu zeigen, welche Typen von Inhalten in welcher Weise durch das digitale Medium dargestellt werden können. Insofern ist es auch nicht verwunderlich, daß die einzelnen Themen bereits gestaltungsbedingt unverbunden nebeneinander stehen.
- Im wesentlichen für ein reisendes Publikum sind andere CD-ROMs konzipiert; hier gibt es entweder zahlreiche Einzelinformationen über Gemeinden in ganz Deutschland oder umfassende, thematisch eng begrenzte Eindrücke einer kleineren Region. Im ersten Fall sind wohl vor allem Personen mit zahlreichen berufsbedingten Reisen in diverse Orte angesprochen, im zweiten Fall natur- und landeskundlich interessierte Touristen.
- Zur Niederlassung von Gewerbe soll eine weitere behandelte CD-ROM beitragen, indem potentiellen Ansiedlern einerseits ein Bild über die Lebensqualität in den einzelnen Regionen Schleswig-Holsteins vermittelt wird und andererseits

Informationen zu vielen ökonomischen Faktoren einer Niederlassungsentscheidung präsentiert werden.
- Zuletzt werden CD-ROMs mit (zumindest randlich) landeskundlichem Inhalt offensichtlich auch zu dem Zweck erstellt, bei den Adressaten über das Spektrum der angebotenen Informationen ein Gemeinschaftsgefühl zu stärken oder gar erst zu erzeugen.

Aus landeskundlicher Sicht läßt sich keines der skizzierten Beispiele uneingeschränkt als Muster für die angestrebte Form multimedialer Landeskunde verwenden. Zwar geht offensichtlich mit der Eindeutigkeit des Adressatenbezugs auch eine Steigerung inhaltlicher und formaler Qualität einher; eine solche Eindeutigkeit, wie sie etwa in den Bereichen Tourismus, Minderheitenpolitik oder Wirtschaftsförderung existiert, ist jedoch im Falle einer geographischen Landeskunde gerade nicht gegeben.

Wieder heißt es, dieses Problem offensiv anzugehen, d. h. die Selektivität und Vorläufigkeit als Wert zu formulieren, der sich vor allem in einer hohen Flexibilität geographischer Landeskunde artikuliert, was nicht zuletzt auch die Qualitäten digitaler Veröffentlichungsformen in besonderer Weise zur Geltung bringen kann. Im wesentlichen erscheinen daher zwei Entwicklungsrichtungen der Gestaltung von Landeskunde zukunftsträchtig: Entweder gelingt es, deutlich mehr Informationen als in den vorliegenden Beispielen vollständig digital nicht nur in ansprechender Form darzustellen, sondern auch zu einem integrierten Ganzen zusammenzufassen – verbunden mit zahlreichen multimedialen und interaktiven Elementen. Oder aber es kommt zu einer Synthese von gedrucktem Text und digitalen Inhalten, bei denen es sich weniger um z. B. Karten handelt, die mit unterschiedlichen Flächenfarben versehen werden können, als um Formen der Darstellung, an denen der gedruckte Text notwendigerweise scheitert: Modellabläufe, interaktive Simulationen und Filme.

Aufgrund der geschilderten Probleme rein digitaler Informationsvermittlung scheint zur Zeit die zweite Alternative die einfacher durchführbare zu sein. Es ist jedoch nicht auszuschließen, daß auf der Basis der zukünftigen Entwicklungen im Bereich der Informationstechnologie neue, verbesserte Möglichkeiten für eine geographische Landeskunde im Zuschnitt auch der ersten Variante entstehen werden. Das Medium der ersten Wahl wird dann auch das Internet sein und nicht mehr die CD-ROM.

Unabhängig von jeder Entwicklung der Darstellungsweisen bleiben demgegenüber die zentralen Elemente von Landeskunde:
- das Bewußtsein der Raumbildproduktion,
- die Notwendigkeit der Adressatenorientierung und
- die Umsetzung dieser Elemente in die inhaltliche Gestaltung und äußere Form der Darstellung selbst.

6 ZUSAMMENFASSUNG UND AUSBLICK

In der Einleitung der vorliegenden Abhandlung wurde ein weitestgehend verbindungsloses Nebeneinander, ja teilweise Gegeneinander von Theorie und Praxis der Landeskunde konstatiert und als Zielsetzung der Untersuchung die Aufgabe formuliert, dieses Problem primär als Problem der *Theorie* zu betrachten und entsprechende Lösungsvorschläge zu entwickeln.

In einem ersten Schritt der Theoriebildung wurde die Landschaftskunde als einstmals dominante Form von Landeskunde diskutiert. Als deren zentrale Qualitäten wurden die *Heuristik* und die *Pädagogik* identifiziert sowie die *Ästhetik* als der Weg der Verknüpfung und Integration dieser Qualitäten. Indem diese drei Merkmale der Landschaftskunde zumindest vorläufig als Elemente auch aktueller und zukünftiger Landeskunde postuliert wurden, konnte dann die Suche nach denjenigen Aspekten aktueller Geographie aufgenommen werden, die in möglichst umfangreicher Weise zunächst den Zielsetzungen der Heuristik und der Pädagogik entsprechen. In jeweils ausführlichen Diskussionen wurden die Geographischen Informationssysteme (GIS) als z. Zt. fortgeschrittenstes Instrument geographischer Heuristik und die sog. Oldenburger Variante der Bewußtseinsgeographie als besonders landeskundeaffine Form eines politisch-pädagogischen Wissenschaftstypus herausgearbeitet.

Aus dem Umstand, daß eine (modernisierte) Verwirklichung der heuristischen und pädagogischen Qualitäten traditioneller Landschaftskunde in einer aktuellen Landeskunde möglich ist, konnte jedoch nicht abgeleitet werden, daß ebendiese Elemente notwendigerweise einer Landeskunde inhärent zu sein haben. Daher wurden verschiedene Konzeptionen von Landeskunde nach ihrer (inneren, theoretischen) Konsistenz und (äußeren, praktischen) Anwendbarkeit diskutiert. Dabei zeigte sich, daß lediglich ein Verständnis von Landeskunde, das diese als Form der *Darstellung* versteht, über die notwendige Konsistenz und Anwendbarkeit verfügt.

Landeskunde als Form der Darstellung – einerseits als Präsentation von Daten, andererseits als Vermittlung von Raumbildern – kann sich nicht nur auf eine lange Tradition innerhalb der Geographie (zumindest seit Hettner) berufen und wird noch heute, wenn auch häufig lediglich implizit, aber auch immer häufiger explizit von zahlreichen Autoren vertreten; sie synchronisiert sich zudem in auffälliger Weise mit den in den vorangegangenen Kapiteln herausgearbeiteten Teildisziplinen der Geographischen Informationssysteme und der (Oldenburger Variante der) Bewußtseinsgeographie.

Um jedoch – darüber hinaus – auch in einer aktuellen Landeskunde das dritte Merkmal der Landschaftskunde, die Integration von Heuristik und Pädagogik, zu verwirklichen, war es nötig, ein Medium einer solchen Integration zu eruieren. In der Diskussion postmoderner Ansätze zeigte sich schließlich, daß in deren anwendungs- und praxisbezogenen Varianten ein solches Integrationsmedium zu sehen ist, das aufgrund der wesentlichen Mechanismen als „Ästhetik des Designs" bezeichnet werden kann.

Sowohl aus der Aufgabe der Darstellung selbst als auch aus der subjektbezogenen Vermittlungskategorie „Design" wurde die Forderung nach der strikten Adressatenorientierung von Landeskunde und die Notwendigkeit der Anerkenntnis ihrer Funktion als Bildproduzentin abgeleitet. Daraus wiederum folgte die Betonung von Darstellungsqualitäten wie Selektivität, Vorläufigkeit und Demonstrationscharakter. In diesen Aspekten unterscheidet sich die Ästhetik aktueller Landeskunde auch von älteren Postulaten geographischer Ästhetik.

Die in den geschilderten Analyseschritten entwickelte Konzeption von Landeskunde enthält wichtige Elemente, die in Richtung einer Auflösung des Theorie-Praxis-Problems von Landeskunde weisen:

1. Es wurde keine Theorie aufgestellt, welche eine fundamental veränderte Praxis nach sich zieht. Vielmehr wurde mit Hilfe einer ausschließlichen Neuinterpretation bestehender geographischer Praxis ein Rahmen geschaffen, innerhalb dessen eine theoretisch fundierte Zusammenschau regionaler Sachverhalte möglich ist.
2. Auch die Theorieentwicklung selbst konnte auf geographiefremde, disziplinintern nicht überprüfte Elemente verzichten. Stattdessen wurde die Konzeption der Landeskunde als Fortsetzung bestehender Entwicklungspfade bei gleichzeitiger Betonung synthetisierender Effekte verwirklicht.
3. Theorie und Praxis von Landeskunde wurden zugleich nicht als statische Momente definiert, sondern – nicht zuletzt in der Konsequenz der eingeforderten Adressatenorientierung – als wandelbare, interdependente und sich gegenseitig verändernde Aspekte von Landeskunde. Auf diesem Wege reduziert sich nun auch das Theorie-Praxis-Problem und kommt letztlich zum Verschwinden.

Als Beispiel einer solch vorläufigen, an einem multiplen Gesamtadressaten orientierten Landeskunde wurden abschließend Facetten einer Landeskunde des Landesteils Schleswig formuliert, wobei der Bogen von Formen simpler Datenpräsentation über komplexe raumanalytische Betrachtungsweisen und die Darstellung der Reichweite unterschiedlicher Raumbegriffe bis zur Dokumentation verschiedener Raumbilder reichte. Den Abschluß bildete die kursorische Diskussion der adressatenbezogenen Formen der für Landeskunde verwendeten Medien.

Der hier vorgebrachte Vorschlag einer Landeskunde ist in Theorie und Praxis ein Erst-Vorschlag, d. h. der erste Schritt innerhalb einer sich wechselseitig beeinflussenden Fortentwicklung dieser Elemente von Landeskunde. Die Aufgabenstellung wäre daher verfehlt und die Adressatenbezogenheit gescheitert, bliebe das Projekt Landeskunde – hier: am Beispiel des Landesteils Schleswig – auf die vorgelegten Gedanken und dargestellten Raumbilder beschränkt.

Denn Zweck dieser theoretischen wie praktischen Landeskunde ist es gerade, zu Weiterentwicklungen anzuregen, mögen dies im konzeptionellen Teil weitere oder gar abweichende Ansätze geographischer Wissenschaftspraxis sein oder im regionalen Teil zusätzliche, hier nicht behandelte Aspekte regionaler Lebenswirklichkeit. Nicht zuletzt sollte Landeskunde auch um die lebhafte Kommunikation mit der regionalen Bevölkerung und politischen Entscheidungsträgern ergänzt werden.

Diese Aufzählung möglicher Desiderata verweist über den Ausblick auf wichtige und interessante neue Inhalte von Landeskunde hinaus jedoch auch auf die immer noch vorhandenen Defizite aktueller landeskundlicher Theorie und Praxis. Diese Defizite in gewissem Rahmen zu reduzieren, war das eine, kleine Ziel dieser Arbeit, die Notwendigkeit von vermehrten Anstrengungen in und für Landeskunde verdeutlicht zu haben, das andere, große Ziel.

7 SUMMARY

In the introduction to the present study a juxtaposition of theory and practice almost without any interconnections, and partly a conflict of theory and practice was stated. It was suggested to regard this problem primarily as a problem of *theory* and to aim at the development of appropriate solutions.

As a first step in evolving a theory, Landschaftskunde (landscape studies), the formerly dominating form of Regional Studies (Landeskunde) was discussed. *Heuristics* and *education* were identified as its central qualities along with *aesthetics* as a way of combining and integrating these qualities. Postulating these three characteristics of Landschaftskunde at least primarily, the search could be started for those aspects of current geography that correspond in the most comprehensive way with the aims of heuristics and education. In separate detailed discussions Geographic Information Systems (GIS) as the most advanced instrument of geographic heuristics at present and the "Oldenburg variant" of the Geography of Regional Consciousness as a form of politico-educational theory of science particularly close to Regional Studies were worked out.

From the possibility of a (modernized) realization of the heuristic and educational qualities of traditional Landschaftskunde within current Regional Studies it could not be deducted that these very elements are necessarily inherent to Regional Studies. Correspondingly several concepts of Regional Studies were discussed according to their (inner, theoretical) consistency and their (outer, practical) applicability. Thus it was shown that only an interpretation of Regional Studies that interprets Regional Studies as a form of *presentation* has the necessary consistency and applicability.

Regional Studies as a form of presentation – presenting data on the one hand and conveying ideas of space on the other hand – can not only claim to have a long tradition within Geography (at least starting with Hettner); it is still supported by a large number of scientists, unfortunately often only implicitly. Nowadays it is more and more explicitly supported. Regional Studies is also synchronizing in a very conspicuous way with those auxiliary disciplines GIS and Geography of Regional Consciousness (Oldenburg variant) worked out in the preceding chapters.

To realize, in addition to this, the third characteristic feature of Landschaftskunde within current Regional Studies, i.e. the integration of heuristics and education, it was necessary to find a medium of such an integration. A Discussion of post modern approaches revealed that applicable practice-orientated variants of post modern approaches are to be regarded as such a medium. This medium can be named „Ästhetik des Designs" (aesthetics of design) due to its basic mechanisms.

From the purpose of presentation as well as from the subject-orientated category of negotiation, i.e. „design", the claim for a target group orientation of Regional Studies and the need for recognition of its function as producer of images was deduced. This again lead to the emphasis of presentation qualities such as selectivity and preliminary and demonstrational aspects. In these aspects the aesthetics of current Regional Studies are actually different from older postulates of geographic aesthetics.

The concept of Regional Studies developed in the mentioned steps of analysis contains many important elements that point towards a solution to the theory-versus-practice problem of Regional Studies:
1. No theory was developed that resulted in a fundamental change of practice. Rather, a framework for a theoretically founded overall view of regional phenomena was created on the sole basis of a new interpretation of existing geographic practices.
2. It was possible to develop a theory without falling back upon non-geographic elements that have not been proven valid within geography proper. The concept of Regional Studies was realized as a continuation of existing tracks of development, stressing at the same time synthesizing effects.
3. Theory and practice of Regional Studies were both defined not as static elements, but – also in accordance to the imperative target group orientation – as changeable, interdependent and mutually changing aspects of Regional Studies. Thus the theory-versus practice-problem is being reduced and disappears in the end.

Finally facets of Regional Studies of the Schleswig Region (Germany) were presented as an example of preliminary (non-specifically) target group orientated Regional Studies. The scope reached from forms of rather simple data presentation to more complex examinations of spatial analysis, the presentation of ranges of various spatial terms and finally to the documentation of various concepts of space. In conclusion, the media employed in target group orientated forms of Regional Studies were discussed.

8 LITERATURVERZEICHNIS

ABLER, RONALD/ADAMS, JOHN S./GOULD, PETER (1971): Spatial Organisation. The Geographer's View of the World. Englewood Cliffs.

ACHENBACH, HERMANN (1990): Rinderhaltung in Schleswig-Holstein. Strukturmerkmale und Standortverlagerungen. In: Geographische Rundschau 42, H. 5; S. 256-263.

ACHENBACH, HERMANN (Hg.) (1991): Beiträge zur regionalen Geographie von Schleswig-Holstein: Reinhard Stewig gewidmet. Kiel (=Kieler Geographische Schriften 80).

AGRARSTRUKTUR in Schleswig-Holstein 1995 (Statistisches Landesamt Schleswig-Holstein Hg.). Kiel 1996.

ALBERTSEN, N. (1988): Postmodernism, post-Fordism, and critical social theory. In: Environment and Planning D: Society and Space 6; S. 339-365.

ALBRECHT, JOCHEN (1996): Universal GIS-Operations. A Task-Oriented Systematization of Data Structure-Independent GIS Functionality Leading Towards a Geographic Modeling Language. Vechta (=Institut für Strukturforschung und Planung in agrarischen Intensivgebieten – Hochschule Vechta. Mitteilungen 23).

ANDERSON, BENEDICT (1991): Imagined communities: reflections on the origin and spread of nationalism. London.

ANDERSON, KAY UND GALE, FAY (Hg.) (1992): Inventing places: studies in cultural geography. New York.

ANSELIN, LUC AND GETIS, ARTHUR (1993): Spatial statistical analysis and geographic information systems. In: FISCHER, MANFRED M. UND NIJKAMP, PETER (Hg.): Geographic information systems, spatial modelling and policy evaluation. Berlin usw.; S. 35-49.

ARBEITSSTÄTTENZÄHLUNG 1987 (Statistisches Landesamt Schleswig-Holstein Hg.). (auch: Sonderauswertung auf Datenträger). Kiel 1989-90 (=Statistische Berichte des Landesamts Schleswig-Holstein).

ARING, JÜRGEN ET AL. (1989): „.... daß die Wahrnehmung wichtiger ist als die Realität?" Zur Krisenbewältigung und Regionalentwicklung im Ruhrgebiet. In: Berichte zur deutschen Landeskunde 63; S. 513-536.

ASCHAUER, WOLFGANG (1987): Regionalbewegungen – Aspekte eines westeuropäischen Phänomens und ihre Diskussion am Beispiel Südtirol. Kassel (=urbs et regio 45).

ASCHAUER, WOLFGANG (1990): Zum Nutzen von „Ethnizität" und „Regional-" oder „Heimatbewußtsein" als Erklärungskategorien geographischer Theoriebildung. Wien (=Kritische Geographie 7).

ASCHAUER, WOLFGANG (1995): Auswirkungen der wirtschaftlichen und politischen Veränderungen in Osteuropa auf den ungarisch-österreichischen und den ungarisch-rumänischen Grenzraum. Potsdam (=Potsdamer Geographische Forschungen 10).

ASCHAUER, WOLFGANG (1996a): Identität als Begriff und Realität. In: HELLER, WILFRIED (Hg.): Identität – Regionalbewußtsein – Ethnizität. Potsdam (=Praxis Kultur- und Sozialgeographie 13); S. 1-16.

ASCHAUER, WOLFGANG (1996b): Minderheitentheorie und Minderheitenpolitik in Schleswig-Holstein. In: Zeitschrift für Kultur- und Bildungswissenschaften 1, H. 1; S. 50-60.

ASCHAUER, WOLFGANG (2000): Verschränkungen und Unverträglichkeiten von regionaler und ethnischer Identität im Landesteil Schleswig. In: ASCHAUER, WOLFGANG/BECK, GÜNTHER/HAUSSER, KARL (Hg.): Heimat und regionale Identität. Flensburg (=Zeitschrift für Kultur- und Bildungswissenschaften 10); S. 89-98.

ASCHAUER, WOLFGANG U.A. (1994): Untersuchungen zur ökologischen, ökonomischen und sozialen Situation und Entwicklung der Insel Pellworm. Gutachten im Auftrag des Ministeriums für Natur und Umwelt des Landes Schleswig-Holstein und der Gemeinde Pellworm (Abschlußbericht). Flensburg.

ASSMANN, ALEIDA (1993): Zum Problem der Identität aus kulturwissenschaftlicher Sicht. In: Leviathan 21; S. 238-253.

AUGSTEIN, BIRGIT UND GREVE, KLAUS (1994): Umweltanwendungen Geographischer Informationssysteme. Bausteine für einen Referenzrahmen. In: DOLLINGER, FRANZ UND STROBL, JOSEF (Hg.): Angewandte Geographische Informationstechnologie VI. Salzburg (=Salzburger Geographische Materialien 21); S. 19-28.

BÄHR, JÜRGEN UND KORTUM, GERHARD (Hg.) (1987): Schleswig-Holstein. Berlin/Stuttgart (=Sammlung Geographischer Führer 15).

BÄHR, JÜRGEN UND KORTUM, GERHARD (1990): Schleswig-Holstein – ein Literaturüberblick. In: Geographische Rundschau 42, H. 5; S. 296-298.

BAHRENBERG, GERHARD (1972): Räumliche Betrachtungsweise und Forschungsziele der Geographie. In: Geographische Zeitschrift 60, H. 1; S. 8-24.

BAHRENBERG, GERHARD (1979): Anmerkungen zu E. Wirths vergeblichem Versuch einer wissenschaftstheoretischen Begründung der Länderkunde. In: Geographische Zeitschrift 67; S. 147-157.

BAHRENBERG, GERHARD (1987a): Unsinn und Sinn des Regionalismus in der Geographie. In: Geographische Zeitschrift 75; S. 149-160.

BAHRENBERG, GERHARD (1987b): Über die Unmöglichkeit von Geographie als „Raumwissenschaft" – Gemeinsamkeiten in der Konstituierung von Geographie bei A. Hettner und D. Bartels. In: BAHRENBERG, G. U.A. (Hg.): Geographie des Menschen. Dietrich Bartels zum Gedenken. Bremen (=Bremer Beiträge zur Geographie und Raumplanung 11); S. 225-240.

BAHRENBERG, GERHARD (1995): Der Bruch der modernen Geographie mit der Tradition. In: WARDENGA, UTE UND HÖNSCH, INGRID (Hg.): Kontinuität und Diskontinuität der deutschen Geographie in Umbruchphasen. Münster (=Münstersche Geographische Arbeiten 39); S. 151-159.

BAHRENBERG, GERHARD (1996): Die Länderkunde im Paradigmenstreit um 1970. In: Berichte zur deutschen Landeskunde 70, H. 1; S. 41-54.

BAHRENBERG, GERHARD UND FISCHER, MANFRED M. (Hg.) (1984): Theorie und quantitative Methodik in der Geographie. Bremen (=Bremer Beiträge zur Geographie und Raumplanung 5).

BAHRENBERG, GERHARD UND FISCHER, MANFRED M. (Hg.) (1986): Theoretical and quantitative geography. Bremen (=Bremer Beiträge zur Geographie und Raumplanung 8).

BAHRENBERG, GERHARD UND KUHM, KLAUS (1999): Weltgesellschaft und Region – eine systemtheoretische Perspektive. In: Geographische Zeitschrift 87, H. 4; S. 193-209.

BAHRENBERG, GERHARD UND TAUBMANN, WOLFGANG (1978): Quantitative Modelle in der Geographie und Raumplanung. Bremen (=Bremer Beiträge zur Geographie und Raumplanung 1).

BAILLY, ANTOINE (1984): Image de l'espace et pratiques commerciales: l'apport de la géographie de la perception. In: Annales de Géographie 93; S. 423-431.

BAILLY, ANTOINE U.A. (1987): Comprendre et maîtriser l'espace. Ou la science régionale et l'aménagement du territoire. Montpellier.

BARNES, TREVOR J. UND CURRY, M.R. (1992): Postmodernism in economic geography: metaphor and the construction of alterity. In: Environment and Planning D: Society and Space 10; S. 57-68.

BARNES, TREVOR J. UND DUNCAN, JAMES S. (1992a): Introduction: Writing Worlds. In: BARNES, TREVOR J. UND DUNCAN, JAMES S. (Hg.): Writing Worlds. Discourse, text and metaphor in the representation of landscape. London/New York; S. 1-17.

BARNES, TREVOR J. UND DUNCAN, JAMES S. (Hg.) (1992b): Writing Worlds. Discourse, text and metaphor in the representation of landscape. London/New York.

BARSCH, HEINER UND SAUPE, GABRIELE (Hg.) (1993): Zur Integration landschaftsökologischer und soziökologischer Daten in gebietliche Planungen. Potsdam (=Potsdamer Geographische Forschungen 4).

BARTELS, DIETRICH (1968): Zur wissenschaftstheoretischen Grundlegung einer Geographie des Menschen. Wiesbaden (=Geographische Zeitschrift, Beihefte 19).

BARTELS, DIETRICH (1969): Der Harmoniebegriff in der Geographie. In: Die Erde 100; S. 124-137.

BARTELS, DIETRICH (1970): Einleitung. In: BARTELS, DIETRICH (Hg.): Wirtschafts- und Sozialgeographie. Köln/Berlin (=Neue Wissenschaftliche Bibliothek 35); S. 13-45.

BARTELS, DIETRICH (1975(2)): Strandleben. In: BARTELS, D. UND HARD, G.: Lotsenbuch für das Studium der Geographie als Lehramt. Bonn, Kiel; S. 14-48.

BARTELS, DIETRICH (1981a): Ausgangsbegriffe chorischer Analytik. In: Geographie und Schule 3, H. 11; S. 1-10.

BARTELS, DIETRICH (1981b): Menschliche Territorialität und Aufgabe der Heimatkunde. In: RIEDEL, WOLFGANG (Hg.): Heimatbewußtsein. Erfahrungen und Gedanken. Beiträge zur Theoriebildung. Husum; S. 7-13.

BARTELS, DIETRICH (1981c): Länderkunde und Hochschulforschung. In: BÄHR, JÜRGEN UND STEWIG REINHARD (Hg.): Beiträge zur Theorie und Methode der Länderkunde. Kiel (=Kieler Geographische Schriften 52); S. 43-49.

BATTY, MICHAEL (1993): Using geographic information systems in urban planning and policy-making. In: FISCHER, MANFRED M. UND NIJKAMP, PETER (Hg.): Geographic information systems, spatial modelling and policy evaluation. Berlin usw.; S. 51-69.

BAUSINGER HERMANN (1980): Heimat und Identität. In: KÖSTLIN, KONRAD UND BAUSINGER, HERMANN (Hg.): Heimat und Identität. Probleme regionaler Kultur. Volkskunde-Kongreß in Kiel 1979. Neumünster; S. 9-24.

BECK, GÜNTHER (1981a): Zur Theorie der Verhaltensgeographie. In: Geographica Helvetica 36, H. 4; S. 155-162.

BECK, GÜNTHER (1981b): Darstellung und Kritik des verhaltens- und entscheidungstheoretischen Ansatzes in der Geographie. In: OSTHEIDER, M. UND STEINER, D. (Hg.): Theorie und Quantitative Methodik in der Geographie. Symposium in Zürich, 26.-28. März 1980. Zürich (=Zürcher Geographische Schriften 1); S. 119-139.

BECK, GÜNTHER (1982): Der verhaltens- und entscheidungstheoretische Ansatz. Zur Kritik eines modernen Paradigmas in der Geographie. In: SEDLACEK, PETER (Hg.): Kultur-/Sozialgeographie. Paderborn; S. 25-54.

BECK, GÜNTHER (1985): Erklärende Theorie und Landeskunde. Karlsruhe (=Karlsruher Manuskripte zur Mathematischen und Theoretischen Wirtschafts- und Sozialgeographie 70).

BECK, MARTIN U.A. (1986): Fremdenverkehr im Landesteil Schleswig. Flensburg.

BECKER, CHRISTOPH (1994): Die Landschaft in der Fremdenverkehrsforschung. In: PERRIG, ALEXANDER (Hg.): Landschaft – Entstehung, Gestaltung, Darstellung. Trier (=Trierer Beiträge. Aus Forschung und Lehre an der Universität Trier. Sonderheft 7); S. 61-67.

BECKER, JÖRG (1990): Postmoderne Modernisierung der Sozialgeographie? In: Geographische Zeitschrift 78, H. 1; S. 15-23.

BECKER, JÖRG (1991): Die postmoderne Stadt. Eine Literaturübersicht. In: Archiv für Kommunalwissenschaften 30, H. II; S. 262-272.

BECKER, JÖRG (1996): Geographie in der Postmoderne? Zur Kritik postmodernen Denkens in Stadtforschung und Geographie. Potsdam (=Potsdamer Geographische Forschungen 12).

BECKER, JÖRG (1997a): Stadt und Postmoderne. Zur Diskussion einer postmodernen Stadttheorie. In: Raumforschung und Raumordnung, H. 4-5; S. 358-366.

BECKER, JÖRG (1997b): Geographie und Postmoderne. Eine Kritik postmodernen Methodologisierens in der Geographie. Wien (=Beiträge zur Kritischen Geographie 1).

BENDER, GERHARD (1988): Die Zuckerwirtschaft in Schleswig-Holstein. Dargestellt am Beispiel der Zuckerfabrik Schleswig. Flensburg (=Flensburger Arbeitspapiere zur Landeskunde und Raumordnung 16).

BERG, LAWRENCE D. (1993): Between modernism and postmodernism. In: Progress in Human Geography 17, H. 4; S. 490-507.

BILL, RALF UND FRITSCH, DIETER (1991): Grundlagen der Geo-Informationssysteme. Bd. 1: Hardware, Software und Daten. Karlsruhe.

BIRKIN, MARK U.A. (1996): Intelligent GIS. Location decisions and strategic planning. Cambridge.

BLOTEVOGEL, HANS H. (1996a): Aufgaben und Probleme der Regionalen Geographie heute. Überlegungen zur Theorie der Landes- und Länderkunde anläßlich des Gründungskonzepts des Instituts für Länderkunde, Leipzig. In: Berichte zur deutschen Landeskunde 70, H. 1; S. 11-40.

BLOTEVOGEL, HANS H. (1996b): Region, Regionalbewußtsein und Regions-Marketing im Schnittfeld Ruhrgebiet/Niederrhein. Duisburg (=Manuskript von Vortrag Uni-Colleg Uni Duisburg am 19.6.1996/Fassung vom 24.6.1996).

BLOTEVOGEL, HANS H. (1996c): Auf dem Wege zu einer „Theorie der Regionalität": Die Region als Forschungsobjekt der Geographie. In: BRUNN, GERHARD (Hg.): Region und Regionsbildung in Europa: Konzeptionen der Forschung und empirische Befunde. Baden-Baden (=Schriftenreihe des Instituts für Europäische Regionalforschungen 1); S. 44-68.

BLOTEVOGEL, HANS H./HEINRITZ, GÜNTER/POPP, HERBERT (1986): Regionalbewußtsein. Bemerkungen zum Leitbegriff einer Tagung. In: Berichte zur deutschen Landeskunde 60, H. 1; S. 103-114.

BLOTEVOGEL, HANS H./HEINRITZ, GÜNTER/POPP, HERBERT (1987): Regionalbewußtsein – Überlegungen zu einer geographisch-landeskundlichen Forschungsinitiative. In: Informationen zur Raumentwicklung, H. 7/8; S. 409-417.

BLOTEVOGEL, HANS H./HEINRITZ, GÜNTER/POPP, HERBERT (1989): „Regionalbewußtsein". Zum Stand der Diskussion um einen Stein des Anstoßes. In: Geographische Zeitschrift 77, H. 2; S. 65-85.

BOBEK, HANS (1948): Stellung und Bedeutung der Sozialgeographie. In: Erdkunde 2, H. 2; S. 118-125.

BOBEK, HANS (1972): Die Entwicklung der Geographie – Kontinuität oder Umbruch? In: Mitteilungen der Österreichischen Geographischen Gesellschaft 114; S. 3-18.

BOBEK, HANS UND SCHMITHÜSEN, JOSEF (1949): Die Landschaft im logischen System der Geographie. In: Erdkunde 3; S. 112-120.

BOHRER, KARL HEINZ (1993): Die Grenzen des Ästhetischen. In: WELSCH, WOLFGANG (Hg.): Die Aktualität des Ästhetischen. München; S. 48-64.

BÖLTING, MICHAEL UND GOEKEN, SILVIA (1989): Zentrale Standorte und zentralörtliches System im Flensburger Umland: eine empirische Studie zur Nahbereichsgliederung unter besonderer Berücksichtigung der Gemeinden Eggebek und Handewitt. Flensburg (=Flensburger Arbeitspapiere zur Landeskunde und Raumordnung 22).

BOOTZ, PETER (1968): Die Bestimmung der Einflußbereiche städtischer Absatzzentren im Konsumgütersektor der Wirtschaft. In: AKADEMIE FÜR RAUMFORSCHUNG UND LANDESPLANUNG (Hg.): Zur Methodik der Regionalplanung. Hannover (=Forschungs- und Sitzungsberichte 41); S. 63-84.

BORCHERDT, CHRISTOPH U.A. (1991): Baden-Württemberg. Eine geographische Landeskunde. Darmstadt (=Wissenschaftliche Länderkunden 8. Bundesrepublik Deutschland, Bd. V).

BOURDIEU, PIERRE (1998(10)): Die feinen Unterschiede. Kritik der gesellschaftlichen Urteilskraft. Frankfurt (=Suhrkamp-Taschenbuch Wissenschaft 658).

BRASSEL, KURT (1991): Geographie und Geographische Informationssysteme. In: Geo-Informations-Systeme [GIS] 4, H. 3; S. 1-2.

BRASSEL, KURT/BÜTTLER, DANIEL/FLURY, ANDREAS (1986): Experimente zur Raumkognition der Schweiz. In: Geographica Helvetica 16; S. 3-10.

BREDOW, WILFRIED VON (1978): Heimat-Kunde. In: Aus Politik und Zeitgeschichte B32; S. 19-30.

BREDOW, WILFRIED VON (1990): Zwischen Apokalypse und Idyll. Chance und Gefahren einer kleinräumigen Perspektive für die politische Kultur. In: HINRICHS, ERNST (Hg.): Regionalität. Der „kleine Raum" als Problem der internationalen Schulbuchforschung. Frankfurt (=Studien zur Internationalen Schulbuchforschung 64); S. 21-32.

BRINKMANN, REIMAR UND SEIBEL, FRANK (1995): Wer oder was macht Region? Überlegungen zur Möglichkeit regionaler Identität. In: SCHILLING, HEINZ UND PLOCH, BEATRICE (Hg.): Region. Heimaten der individualisierten Gesellschaft. Frankfurt (=Kulturanthropologie-Notizen 50); S. 21-38.

BRÜCKLER, MANUELA UND RIEDLER, WALTER (1994): Einsatzmöglichkeiten von Geographischen Informationssystemen in der Kommunalverwaltung. In: DOLLINGER, FRANZ UND STROBL, JOSEF (Hg.): Angewandte Geographische Informationstechnologie VI. Salzburg (=Salzburger Geographische Materialien 21); S. 141-150.

BÜHRING, H.-U. UND PLEWA, CORNELIA (1985): Zentrale Orte und ihre Verflechtungsbereiche im Landesteil Schleswig. Eine empirische Analyse zentralörtlicher Strukturen. Flensburg.

BUNDESZENTRALE FÜR POLITISCHE BILDUNG (Hg.) (1990): Heimat. Analysen, Themen, Perspektiven. Bonn (=Schriftenreihe Band 294/I).

BURCKHARDT, LUCIUS (1978(2)): Landschaftsentwicklung und Gesellschaftsstruktur. In: ACHLEITNER, FRIEDRICH (Hg.): Die Ware Landschaft. Salzburg; S. 9-15.

BURGER, RUDOLF (1994): Das Denken der Postmoderne. Würdigung einer Philosophie für Damen und Herren. In: Leviathan 22, H. 1; S. 461-470.

BURKHARDT, FRANCOIS (1993): Das neue Design: Vom experimentellen Gestalten des einzelnen Objekts zur Schaffung künstlerischer Umwelten. In: WELSCH, WOLFGANG (Hg.): Die Aktualität des Ästhetischen. München; S. 200-224.

BUTTIMER, ANNE/BRUNN, STANLEY D./WARDENGA, UTE (Hg.) (1999): Text and Image. Social Construction of Regional Knowledges. Leipzig (=Beiträge zur Regionalen Geographie 49).

BUUR, JACOB UND BAGGER, KIRSTEN (1999): Replacing Usability Testing with User Dialogue. How a Danisch manufacturing company enhanced its product design process by supporting user participation. In: Communications of the ACM 42, H. 5; S. 63-66.

CALKINS, HUGH W. (1991): GIS and Public Policy. In: MAGUIRE, DAVID J./ GOODCHILD, MICHAEL F./RHIND, DAVID W. (Hg.): Geographical Information Systems. Volume 2: Applications. Harlow; S. 233-245.

CALLINACOS, ALEX (1989): Against Postmodernism. Cambridge.

CALLSEN, JOHANNES (Hg.) (1993): Angeln: ein Lesebuch. Husum.

CLAUSEN, AUGUST (1989): Peter Jünks Reisen mit der Silbermöve: Kreuz und quer durch Schleswig-Holstein. Ein Heimatbuch für Kinder. Rendsburg.

CLOKE, PAUL/PHILO, CHRIS/SADLER, DAVID (1991): Approaching Human Geography. An Introduction to Contemporary Theoretical Debates. London.

COCHRANE, ALLAN (1987): What a difference the place makes: The new structuralism of locality. In: Antipode 19, H. 3; S. 354-363.

COHEN, R. (Hg.) (1985): The development of spatial cognition. Hillsdale, New Jersey.

COOKE, PHILIP (1987): Individuals, localities and postmodernism. In: Environment and Planning D: Society and Space 5; S. 408-412.

COOKE, PHILIP (1990): Back to the future: Modernity, postmodernity and locality. London.

COOKE, PHILIP (Hg.) (1989): Localities: the changing face of urban Britain. London.

COSGROVE, D.E. (1984): Social Formation and Symbolic Landscape. London: Croom Helm.

COWEN, DAVID J. UND SHIRLEY, W. LYNN (1991): Integrated planning information systems. In: MAGUIRE, DAVID J./GOODCHILD, MICHAEL F./RHIND, DAVID W. (Hg.): Geographical Information Systems. Volume 2: Applications. Harlow; S. 297-310.

COX, KEVIN UND MAIR, ANDREW (1989): Levels of abstraction in locality studies. In: Antipode 21, H. 2; S. 121-132.

CRANG, P. (1992): The Politics of Polyphony. In: Environment and Planning D: Society and Space 10; S. 527-550.

CREMER, WILL UND KLEIN, ANSGAR (1990): Heimat in der Moderne. In: BUNDESZENTRALE FÜR POLITISCHE BILDUNG (Hg.): Heimat. Analysen, Themen, Perspektiven. Bonn (=Schriftenreihe Band 294/I); S. 17-32.

CURRY, M.R. (1991): Postmodernism, Language, and the Strains of Modernism. In: Annals of the Association of American Geographers 81, H. 2; S. 210-228.

DANIELS, STEPHEN AND COSGROVE, DENIS (1988): Introduction: iconography and landscape. In: COSGROVE, DENIS UND DANIELS, STEPHEN (Hg.): The Iconography of Landscape. Cambridge (=Cambridge Studies in Historical Geography 9); S. 1-10.

DANIELZYK, RAINER (1994): Regionalbewußtsein und regionale Kooperation als Voraussetzungen eines „Regionalmarketing Ostfriesland". In: Die Öffentlichkeitsarbeit und das Friesische (Vorträge beim Friesischen Kongreß 1994). Leeuwarden; S. 40-53.

DANIELZYK, RAINER UND KRÜGER, RAINER (1990): Ostfriesland: Regionalbewußtsein und Lebensformen. Ein Forschungskonzept und seine Begründung. Oldenburg (=Wahrnehmungsgeographische Studien zur Regionalentwicklung 9).

DANIELZYK, RAINER UND KRÜGER, RAINER (1993): Ostfriesland: Alltag, Bewußtseinsformen und Regionalpolitik in einem strukturschwachen Raum. In: Berichte zur deutschen Landeskunde 67; S. 115-138.

DANIELZYK, RAINER UND OSSENBRÜGGE, JÜRGEN (1993): Perspektiven geographischer Regionalforschung. „Locality Studies" und regulationstheoretische Ansätze. In: Geographische Rundschau 45, H. 4; S. 210-216.

DANIELZYK, RAINER UND WIEGANDT, CLAUS-CHRISTIAN (1987): Regionales Alltagsbewußtsein als Faktor der Regionalentwicklung? Untersuchungen im Emsland. In: Informationen zur Raumentwicklung; S. 441-449.

DANIELZYK, RAINER/KRÜGER, RAINER/SCHÄFER, BENJAMIN (1995): Ostfriesland: Leben in einer „besonderen Welt". Oldenburg.

DATENKOMPASS SCHLESWIG-HOLSTEIN (1992). (Hg. Der Ministerpräsident des Landes Schleswig-Holstein. Erstellt durch Scientific Consulting Dr. Schulte-Hillen BdU). Kiel.

DEAR, MICHAEL (1986): Post-modernism and planning. In: Environment and Planning D: Society and Space 4; S. 367-384.

DEAR, MICHAEL (1988): The postmodern challenge: reconstructing human geography. In: Transactions of the Institute of British Geographers, New Series 13; S. 262-274.

DEAR, MICHAEL (1990): Review of Postmodern Geographies. In: Annals of the Association of American Geographers 80; S. 649-654.

DEAR, MICHAEL (1994): Postmodern Human Geography. A preliminary assessment. In: Erdkunde 48; S. 2-13.

DEGN, CHRISTIAN UND MUUSS, UWE (1963): Topographischer Atlas Schleswig-Holstein. Herausgegeben vom Landesvermessungsamt Schleswig-Holstein. Neumünster.

DEGN, CHRISTIAN UND MUUSS, UWE (1965): Luftbildatlas Schleswig-Holstein. Neumünster.

DEGN, CHRISTIAN UND MUUSS, UWE (1968): Luftbildatlas Schleswig-Holstein. Teil II. Neumünster.

DEGN, CHRISTIAN UND MUUSS, UWE (1984): Luftbildatlas Schleswig-Holstein und Hamburg. Neumünster.

DER MINISTER FÜR WIRTSCHAFT, TECHNIK UND VERKEHR (1995): Grundsätze für die Auswahl und Förderung von Projekten im Rahmen des Regionalprogramms für strukturschwache ländliche Räume in Schleswig-Holstein. In: Amtsblatt für Schleswig-Holstein Bd. 14; S. 260-263.

DEURSEN, W.P.A. VAN (1995): Geographical Information Systems and Dynamic Models. Utrecht (=Nederlandse Geografische Studies 190).

DICKMANN, FRANK (2000): Webmapping (Teil I): Kartenpräsentation im World Wide Web. In: Geographische Rundschau 52, H. 3; S. 42-47.

DIE HEIMAT. Zeitschrift für Natur- und Landeskunde von Schleswig-Holstein und Hamburg. Husum versch. J.

DOEL, M.A. (1992): In stalling deconstruction: striking out the postmodern. In: Environment and Planning D: Society and Space 10; S. 163-179.

DOHSE, DIRK/HERRMANN, HAYO/RUPP, KIRSTIN (1992): Berufspendler- und Unternehmensverflechtungen in Schleswig-Holstein. Gutachten des Instituts für Regionalforschung der Universität im Auftrag der Staatskanzlei Schleswig-Holstein. Kiel (=Denkfabrik Schleswig-Holstein 21).

DOLLINGER, FRANZ (1989): Wie kam die Geographie zum GIS? Über die Entwicklung des GIS-Konzeptes in der Landschaftsforschung. In: DOLLINGER, FRANZ UND STROBL, JOSEF (Hg.): Angewandte Geographische Informationstechnologie. Salzburg (=Salzburger Geographische Materialien 13); S. 11-26.

DOLLINGER, FRANZ UND STROBL, J. (Hg.) (1994): Angewandte Geographische Informationstechnologie VI. Salzburg (=Salzburger Geographische Materialien 21).

DOWNS, ROGER M. UND STEA, DAVID (1982): Kognitive Karten: Die Welt in unseren Köpfen. New York.

DUNCAN, SIMON (1989): What is locality? In: PEET, RICHARD UND THRIFT, NIGEL (Hg.): New Models in Geography. Vol. 2. London usw.; S. 221-252.

DÜRRENBERGER, G. (1989): Menschliche Territorien. Zürich (=Züricher Geographische Schriften 33).

ECKERT, GERHARD (1992): Das Schleswig-Holstein-Wanderbuch. Nordsee, Ostsee, Binnenland mit Holsteinischer Schweiz. München.

ECKERT, MARKUS (1992): Industrialisierung und Entindustrialisierung in Schleswig-Holstein. Kiel (=Kieler geographische Schriften 83).

ECO, UMBERTO (1994(2)a): Postmoderne, Ironie und Vergnügen. In: WELSCH, WOLFGANG (Hg.): Wege aus der Moderne. Schlüsseltexte der Postmoderne-Diskussion. Berlin; S. 75-78.

ECO, UMBERTO (1994(8)b): Einführung in die Semiotik. München (=utb 105).

EISEL, ULRICH (1980): Die Entwicklung der Anthropogeographie von einer „Raumwissenschaft" zur Gesellschaftswissenschaft. Kassel (=Urbs et Regio 17).

EISEL, ULRICH (1982a): Die schöne Landschaft als kritische Utopie oder als konservatives Relikt. Über die Kristallisation gegnerischer politischer Philosophien. In: Soziale Welt 33, H. 2; S. 157-168.

EISEL, ULRICH (1982b): Regionalismus und Industrie. Über die Unmöglichkeit einer Gesellschaftswissenschaft als Raumwissenschaft und die Perspektive einer Raumwissenschaft als Gesellschaftswissenschaft. In: SEDLACEK, PETER (Hg.): Kultur-/Sozialgeographie. Paderborn usw.; S. 125-150.

EISEL, ULRICH (1987): Landschaftskunde als „materialistische Theologie". Ein Versuch aktualistischer Geschichtsschreibung der Geographie. In: BAHRENBERG, GERHARD U.A. (Hg.): Geographie des Menschen. Dietrich Bartels zum Gedenken. Bremen (=Bremer Beiträge zur Geographie und Raumplanung 11); S. 89-110.

ENTWICKLUNGSCHANCEN IM EIDER-TREENE-SORGE-GEBIET. (Hg. Die Ministerpräsidentin des Landes Schleswig-Holstein). Kiel 1994.

FACHSCHAFTEN D. GEOGRAPHISCHEN INSTITUTE DER BRD UND BERLINS (West) (1969): Bestandsaufnahme zur Situation der deutschen Schul- und Hochschulgeographie. In: Geografiker 3, Sonderheft zum 37. Deutschen Geographentag, 1969; S. 3-30. Zitiert nach: STEWIG, REINHARD (Hg.): Probleme der Länderkunde. Darmstadt 1979 (=Wege der Forschung 391); S. 157-185.

FAHN, HANS JÜRGEN (1982): Probleme von Inseln: gezeigt an Beispielen aus Nordfriesland. In: Zeitschrift für Wirtschaftsgeographie H. 3; S. 79-82.

FALTER, REINHARD (1994): Rettet die Natur vor den Umweltschützern! In: Süddeutsche Zeitung Magazin Nr. 16 v. 22.4. 1994; S. 16-17.

FICHTNER, UWE (1988): Regionale Identität am Südlichen Oberrhein – zur Leistungsfähigkeit eines verhaltenstheoretischen Ansatzes. In: Berichte zur deutschen Landeskunde 61, H. 1; S. 109-139.

FIEDLER, WALTER (1996): Nordfriesland. Natur, Kultur, Tourismus. Breklum.

FISCHER, MANFRED M. UND NIJKAMP, PETER (1993): Design and use of geographic information systems and spatial models. In: FISCHER, MANFRED M. UND NIJKAMP, PETER (Hg.): Geographic information systems, spatial modelling and policy evaluation. Berlin usw.; S. 1-13.

FISCHER, MANFRED M./SCHOLTEN, HENK J./UNWIN, DAVID (1996b): Geographic Information Systems, Spatial Data Analysis and Spatial Modelling: An Introduction. In: FISCHER, MANFRED M./SCHOLTEN, HENK J./UNWIN, DAVID (Hg.): Spatial Analytical Perspectives on GIS. London/Bristol (=Gisdata 4); S. 3-19.

FISCHER, MANFRED M./SCHOLTEN, HENK J./UNWIN, DAVID (Hg.) (1996a): Spatial Analytical Perspectives on GIS. London/Bristol (=Gisdata 4).

FLENSBURGER TAGEBLATT, versch. Ausgaben.

FREUND, MICHAEL (Hg.) (1991): Deutsch-dänisch-europäisch. Wissenswertes aus Nordfriesland, dem Grenzraum und der EG. Flensburg.

FREY, HANS-PETER UND HAUSSER, KARL (1987): Entwicklungslinien sozialwissenschaftlicher Identitätsforschung. In: FREY, HANS-PETER UND HAUSSER, KARL (Hg.): Identität. Stuttgart (=Der Mensch als soziales und personales Wesen 7); S. 3-26.

FRIEDRICHSEN, FRITZ (1981): Der Schleswig-Holsteinische Heimatbund: Entwicklung und Perspektive. In: RIEDEL, WOLFGANG (Hg.): Heimatbewußtsein. Erfahrungen und Gedanken. Beiträge zur Theoriebildung. Husum; S. 112-122.

FRITSCH, CAROLA (1995): Stadtökologische Planung auf Sylt. Inselplanung und Tourismus im Widerspruch? Münster (=Arbeitsgemeinschaft Angewandte Geographie Münster e.V., Arbeitsberichte 25).

G DATA SOFTWARE GMBH (1994-96): geografix96. Info-Atlas & Route '96. Ausgabe '97 (CD-ROM). Bochum.

GANS, RÜDIGER (1993): Regionalbewußtsein und regionale Identität. Ein Konzept der Moderne als Forschungsfeld der Geschichtswissenschaft. In: Informationen zur Raumentwicklung, H. 11; S. 781-792.

GANS, RÜDIGER (1994): Bedingungen und Zusammenhänge regionaler und nationaler Identifikationen in der Provinz im 19. Jahrhundert am Beispiel des Siegerlandes In: BRIESEN, DETLEF/GANS, RÜDIGER/FLENDER, ARMIN: Regionalbewußtsein in Montanregionen im 19. und 20. Jahrhundert. Bochum; S. 49-106.

GANS, RÜDIGER UND BRIESEN, DETLEF (1994): Das Siegerland zwischen ländlicher Beschränkung und nationaler Entgrenzung: Enge und Weite als Elemente regionaler Identität. In: LINDNER, ROLF (Hg.): Die Wiederkehr des Regionalen. Über neue Formen kultureller Identität. Frankfurt/New York; S. 64-90.

GASTGEBER- UND UNTERKUNFTSVERZEICHNISSE der Fremdenverkehrsvereine. Versch. O. u. J.

GATRELL, A. C. (1983): Distance and Space: A Geographical Perspective. Oxford.

GEBHARDT, HANS U.A. (1992): Heimat in der Großstadt. Räumliche Identifikation im Verdichtungsraum und seinem Umland (Beispiel Köln). In: Berichte zur deutschen Landeskunde 66, H. 1; S. 75-144.

GEBHARDT, HANS U.A. (1995): Überblick: Ortsbindung im Verdichtungsraum – Theoretische Grundlagen, methodische Ansätze und ausgewählte Ergebnisse. In: GEBHARDT, HANS UND SCHWEIZER, GÜNTHER (Hg.): Zuhause in der Großstadt. Ortsbindung und räumliche Identifikation im Verdichtungsraum. Köln (=Kölner Geographische Abhandlungen 61); S. 3-58.

GEIPEL, ROBERT (1984): Regionale Fremdbestimmtheit als Auslöser territorialer Bewußtwerdungsprozesse. In: Berichte zur deutschen Landeskunde 58, H. 1; S. 37-46.

GESLER, W. M. (1993): Therapeutic landscapes. Theory and a case study of Epidauros, Greece. In: Environment and Planning D: Society and Space 11; S. 171-189.

GIESE, ERNST (1980): Entwicklung und Forschungsstand der „Quantitativen Geographie" im deutschsprachigen Bereich. In: Geographische Zeitschrift 68; S. 256-283.

GIESE, ERNST (Hg.) (1975): Symposium „Quantitative Geographie" Gießen 1974. Gießen (=Gießener Geographische Schriften 32).

GLAESSER, HANS-GEORG (1991): Beiträge zur Landeskunde Schleswig-Holsteins und benachbarter Räume. Kiel (=Kieler Arbeitspapiere zur Landeskunde und Raumordnung 24).

GODKIN, MICHAEL A. (1980): Identity and Place: Clinical Applications Based on Notions of Rootedness and Uprootedness. In: BUTTIMER, ANNE UND SEAMON, DAVID (Hg.): The Human Experience of Space and Place. London; S. 73-85.

GOLD, JOHN R. (1982): Territoriality and human spatial behaviour. In: Progress in Human Geography 6; S. 44-67.

GORNIG, MARTIN/TOEPEL, KATHLEEN/HAHNE, ULF (1997): Evaluierung des Regionalprogramms in Schleswig-Holstein. Berlin (=wird noch veröffentlicht).

GOULD, P. UND WHITE, R. (1986): Mental Maps. Boston u.a.

GRADMANN, ROBERT (1924): Das harmonische Landschaftsbild. In: Zeitschrift der Gesellschaft für Erdkunde zu Berlin 59; S. 129-147.

GREGORY, DEREK (1987): Postmodernism and the politics of social theory. In: Environment and Planning D: Society and Space 5; S. 245-248.

GREGORY, DEREK/MARTIN, RON/SMITH, GRAHAM (Hg.) (1995): Human geography: Society, space and social science. Basingstoke.

GRIGG, DAVID (1970): Die Logik von Regionssystemen. In: BARTELS, DIETRICH (Hg.): Wirtschafts- und Sozialgeographie. Köln/Berlin (=Neue Wissenschaftliche Bibliothek 35); S. 183-211.

GROSJEAN, GEORGES (1986): Ästhetische Bewertung ländlicher Räume. Am Beispiel von Grindelwald im Vergleich mit anderen schweizerischen Räumen und in zeitlicher Veränderung. Bern (=Geographica Bernensia; P 13).

GRUNDMANN, MARTIN (1991): Die direkte Beschäftigungswirkung der Bundeswehr in Schleswig-Holstein. Kiel (Projektverbund Friedenswissenschaften) (=PFK-texte 4).

GRUNDMANN, MARTIN UND MATTHIES, MARGITTA (1993): Kleinere Bundeswehr und weniger Rüstungsproduktion: Konversion als regionale und betriebliche Gestaltung. Münster (=Kieler Schriften zur Friedenswissenschaft 3).

GÜNTER, ROLAND (1994): Im Tal der Könige. Ein Reisebuch zu Emscher, Rhein und Ruhr. Essen.

GÜSSEFELDT, JÖRG (1996): Regionalanalyse: Methodenhandbuch und Programmsystem GraphGeo. München, Wien.

GÜSSEFELDT, JÖRG (1997): Grundsätzliche Überlegungen zu Regionalisierungsmodellen. In: Geographische Zeitschrift 85, H. 1; S. 1-19.

HAGEN, DIETRICH/HASSE, JÜRGEN/KRÜGER, RAINER (1984): Bestand und Veränderungstendenzen räumlicher Identität (Heimatbewußtsein) angesichts bevorstehender Umweltveränderungen durch den Neubau eines Seedeiches innerhalb der Ortslage des Sielhafenortes Ditzum. Oldenburg (=Wahrnehmungsgeographische Studien zur Regionalentwicklung 2 [zus. m. Bd. 1]).

HAGGETT, PETER (1973): Einführung in die kultur- und sozialgeographische Regionalanalyse. Berlin, New York.

HAGGETT, PETER (1991(2)): Geographie. Eine moderne Synthese. New York.

HAHNE, ULF (1987a): Das Regionstypische als Entwicklungschance? Zur Identifizierbarkeit und Vermarktung regionaler Produkte. In: Informationen zur Raumentwicklung, H. 7/8; S. 465-473.

HAHNE, ULF (1987b): Fremdenverkehr im Kreis Schleswig-Flensburg. In: Die Heimat 94; S. 180-191.

HAHNE, ULF (1992): Regionale Entwicklungsdynamik und Technologiezentrum Flensburg. Flensburg (=Flensburger Regionale Studien 7).

HAHNE, ULF (1993a): Die Bedeutung kleiner und mittlerer Betriebe im ländlich-peripheren Raum und ihre Förderung durch Technologiezentren. Das Fallbeispiel nördliches Schleswig-Holstein. In: Entwicklungsperspektiven für ländliche Räume. Thesen und Strategien zu veränderten Rahmenbedingungen. Hannover (=Arbeitsmaterial der Akademie für Raumforschung und Landesplanung 197); S. 262-296.

HAHNE, ULF (1993b): Die Entwicklung der ländlichen Räume in Schleswig-Holstein – eine Bilanz. In: Zukunft für den ländlichen Raum Schleswig-Holsteins: Konzepte, Erfahrungen, Perspektiven. Kiel (=Denkfabrik Schleswig-Holstein); S. 17-28.

HAHNE, ULF (1995): Nachhaltige Regionalentwicklung im peripheren Raum – das Beispiel der Eider-Treene-Sorge-Niederung in Schleswig-Holstein. In: STEINECKE, ALBRECHT (Hg.): Tourismus und nachhaltige Entwicklung. Strategien und Lösungsansätze. Trier (=ETI (Europäisches Tourismus-Institut) – Texte 7); S. 32-51.

HAHNE, ULF U.A. (1990): Die Halligen Hooge und Gröde. Eine wirtschafts- und sozialgeographische Untersuchung. Flensburg (=Flensburger Regionale Studien 1).

HAHNE, ULF U.A. (1993): Integrierte Entwicklung ländlicher Räume. Neuere Konzepte und Erfahrungen und ihre Übertragung auf Schleswig-Holstein. Kiel (=Denkfabrik Schleswig-Holstein 28).

HAHNE, ULF UND VON ROHR, GÖTZ (1999): Das Zentrale-Orte-System in Schleswig-Holstein. Aufarbeitung der Kritik und Prüfung von Weiterentwicklungsvorschlägen. Flensburg (=Flensburger Regionale Studien 10).

HAMER, BERTHOLD (1986): Bibliographie zur Geschichte und Landeskunde der Landschaft Angeln. Kappeln.

HAMER, BERTHOLD (1994): Topographie der Landschaft Angeln. Band I. Husum.

HANDELS- UND GASTSTÄTTENZÄHLUNG 1993 (Statistisches Landesamt Schleswig-Holstein Hg.). G/Handelszensus 1993-7; auch: Sonderauswertung. Kiel 1996.

HANSEN, KIRSTEN CATARINA (1992): Der Strukturwandel im deutsch-dänischen Grenzgebiet: dargestellt an ausgewählten Beispielen aus dem ländlichen Raum. Stuttgart (=Mitteilungen der Geographischen Gesellschaft in Hamburg 82).

HARD, GERHARD (1964): Geographie als Kunst. Zu Herkunft und Kritik eines Gedankens. In: Erdkunde 18; S. 336-341.

HARD, GERHARD (1970): Die „Landschaft" der Sprache und die „Landschaft" der Geographie. Semantische und forschungslogische Studien. Bonn (=Colloquium Geographicum 11).

HARD, GERHARD (1971): Die Gleichzeitigkeit des Ungleichzeitigen – Anmerkungen zur jüngsten methodologischen Literatur in der deutschen Geographie. In: Geografiker 6; S. 12-24.

HARD, GERHARD (1973a): Die Methodologie und die „eigentliche Arbeit". Über Nutzen und Nachteil der Wissenschaftstheorie für die geographische Forschungspraxis. In: Die Erde 104; S. 104-131.

HARD, GERHARD (1973b): Die Geographie. Eine wissenschaftstheoretische Einführung. Berlin, New York (=Sammlung Göschen 9001).

HARD, GERHARD (1979): Die Disziplin der Weißwäscher. Über Genese und Funktion des Opportunismus in der Geographie. In: SEDLACEK, PETER (Hg.): Zur Situation der deutschen Geographie zehn Jahre nach Kiel. Osnabrück (=Osnabrücker Studien zur Geographie 2); S. 11-44.

HARD, GERHARD (1981): Problemwahrnehmung in der Stadt. Studien zum Thema Umweltwahrnehmung. Osnabrück (=Osnabrücker Studien zur Geographie 4).

HARD, GERHARD (1982a): Länderkunde. In: JANDER, LOTHAR U.A. (Hg.): Metzler Handbuch für den Geographieunterricht. Stuttgart; S. 144-160.

HARD, GERHARD (1982b): Landschaft. In: JANDER, LOTHAR U.A. (Hg.): Metzler Handbuch für den Geographieunterricht. Stuttgart; S. 160-171.

HARD, GERHARD (1983): Einige Bemerkungen zum Perzeptionsansatz anhand einer Studie über Umweltqualität im Münchener Norden. In: Geographische Zeitschrift 71; S. 106-110.

HARD, GERHARD (1986): Der Raum – einmal systemtheoretisch gesehen. In: Geographica Helvetica 41, H. 2; S. 77-83.

HARD, GERHARD (1987a): Storks and Children, Orchids and the Sun. Berlin, New York.

HARD, GERHARD (1987b): Seele und Welt bei Grünen und Geographen. Metamorphosen der Sonnenblume. In: BAHRENBERG, G. U.A. (Hg.): Geographie des Menschen. Dietrich Bartels zum Gedenken. Bremen (=Bremer Beiträge zur Geographie und Raumplanung 11); S. 111-140.

HARD, GERHARD (1987c): Das Regionalbewußtsein im Spiegel der regionalistischen Utopie. In: Informationen zur Raumentwicklung, H. 7/8; S. 419-439.

HARD, GERHARD (1987d): „Bewußtseinsräume". Interpretationen zu geographischen Versuchen, regionales Bewußtsein zu erforschen. In: Geographische Zeitschrift 75, H. 3; S. 127-148.

HARD, GERHARD (1987e): Auf der Suche nach dem verlorenen Raum. In: FISCHER, M.M. UND SAUBERER, M. (Hg.): Gesellschaft – Wirtschaft – Raum. Beiträge zur modernen Wirtschafts- und Sozialgeographie. Wien (=Mitteilungen des Arbeitskreises für Neue Methoden in der Regionalforschung – AMR-Info 17); S. 24-38.

HARD, GERHARD (1988): Geographische Zugänge zur Alltagsästhetik. In: Kunst + Unterricht, H. 124; S. 9-13.

HARD, GERHARD (1993): Zum Gebrauch des Wortes „Raum" in sozialwissenschaftlichem Zusammenhang. In: MAYER, JÖRG (Hg.): Die aufgeräumte Welt. Raumbilder und Raumkonzepte im Zeitalter globaler Marktwirtschaft. Rehberg-Loccum; S. 53-77.

HARD, GERHARD (1994): Regionalisierungen. In: WENTZ, MARTIN (Hg.): Region. Frankfurt/New York (=Die Zukunft des Städtischen. Frankfurter Beiträge 5); S. 53-57.

HARD, GERHARD (1995): Ästhetische Dimensionen in der wissenschaftlichen Erfahrung. In: JÜNGST, PETER UND MEDER, OSKAR (Hg.): Agressivität und Verführung, Monumentalität und Territorium. Kassel (=urbs et regio 62); S. 323-367.

HARD, GERHARD (1996): „Regionalbewußtsein als Thema der Sozialgeographie". Bemerkungen zu einer Untersuchung von Jürgen Pohl. In: HELLER, WILFRIED (Hg.): Identität – Regionalbewußtsein – Ethnizität. Potsdam (=Praxis Kultur- und Sozialgeographie 13); S. 17-41.

HARD, GERHARD UND GLIEDNER, ADELHEID (1978(2)): Wort und Begriff Landschaft anno 1976. In: ACHLEITNER, FRIEDRICH (Hg.): Die Ware Landschaft. Salzburg; S. 16-23.

HARD, GERHARD UND SCHERR, RITA (1976): Mental Maps, Ortsteilimage und Wohnstandortwahl in einem Dorf der Pellenz. In: Berichte zur deutschen Landeskunde 50; S. 175-200.

HARTUNG, BARBARA UND HARTUNG, WERNER (1991): Heimat – „Rechtsort" und Gemütswert. Anmerkungen zu einer Wechselbeziehung. In: KLUETING, EDELTRAUD (Hg.): Antimodernismus und Reform. Zur Geschichte der deutschen Heimatbewegung. Darmstadt; S. 157-170.

HARVEY, DAVID (1987a): Flexible Akkumulation durch Urbanisierung: Überlegungen zum „Postmodernismus" in amerikanischen Städten. In: Prokla, H. 69; S. 109-131.

HARVEY, DAVID (1987b): Three myths in search of reality in urban studies. In: Environment and Planning D: Society and Space 5; S. 367-376.

HARVEY, DAVID (1989): The Condition of Postmodernity. An Enquiry into the Origins of Cultural Change. Oxford/Cambridge.

HASSE, JÜRGEN (1980): Wahrnehmungsgeographie als Beitrag zur Umwelterziehung. In: Geographische Rundschau 32; S. 99-113.

HASSE, JÜRGEN (1987): Heimat. Anmerkungen über nie erreichte Ziele. Oldenburg.

HASSE, JÜRGEN (1990): Räumliche Metaphern- POST-MODERNE. In: Nachrichten des Arbeitskreises für Regionalforschung. Sonderdruck aus Heft 1; S. 7-15.

HASSE, JÜRGEN (1991): Jüngere Denkansätze in Philosophie und Sozialwissenschaft. Impulse für die Geographiedidaktik. In: HASSE, JÜRGEN UND ISENBERG, WOLFGANG (Hg.): Die Geographiedidaktik neu denken. Perspektiven eines Paradigmenwechsels. Osnabrück (=Osnabrücker Studien zur Geographie 11); S. 35-53.

HASSE, JÜRGEN (1993a): Ästhetische Rationalität und Geographie. Oldenburg (=Wahrnehmungsgeographische Studien zur Regionalentwicklung 12).

HASSE, JÜRGEN (1993b): Heimat und Landschaft. Über Gartenzwerge, Center Parks und andere Ästhetisierungen. Wien (=Passagen Philosophie).

HASSE, JÜRGEN UND KRÜGER, RAINER (1984): Raumentwicklung und Identitätsbildung in der nordwestdeutschen Küstenregion. Oldenburg (=Wahrnehmungsgeographische Studien zur Regionalentwicklung 1).

HAUBRICH, HARTWIG/SCHILLER, ULRICH/WETZLER, HERBERT (1990): Regionalbewußtsein Jugendlicher am Hoch- und Oberrhein. Freiburg.

HAUS, ULRIKE (1989): Zur Entwicklung lokaler Identität nach der Gemeindegebietsreform in Bayern. Passau (=Passauer Schriften zur Geographie 6).

HEINRITZ, GÜNTER (1982): Nach 100 Jahren immer noch am Leben? Deutsche Landeskunde 1981. In: Berichte zur deutschen Landeskunde 56, H. 1; S. 9-15.

HEINRITZ, GÜNTER (1989): Ist Regionsbewußtsein machbar? Untersuchungen zur Akzeptanz von Raumabstraktionen. In: Berichte zur deutschen Landeskunde 63, H. 1; S. 45-47.

HEINRITZ, GÜNTER (1992): Regionsbewußtsein in der Hallertau. In: Berichte zur deutschen Landeskunde 66, H. 2; S. 303-333.

HELBRECHT, ILSE (1994): „Stadtmarketing". Konturen einer kommunikativen Stadtentwicklungspolitik. Basel, Boston, Berlin (=Stadtforschung aktuell 44).

HELLER, WILFRIED (Hg.) (1997): Migration und sozioökonomische Transformation in Südosteuropa. München (=Südosteuropa-Studien 59).

HELLER, WILFRIED (Hg.) (1998): Romania: Migration, Socio-economic Transformation and Perspectives of Regional Development. München (=Südosteuropa-Studien 62).

HERRMANN, HAYO (1989): Beschäftigten- und Arbeitsmarktentwicklung in den Regionen Schleswig-Holsteins 1980-1987. Kiel (=Beiträge aus dem Institut für Regionalforschung der Universität Kiel 9).

HERRMANN, HAYO (1991): Beschäftigung und Arbeitslosigkeit in Schleswig-Holstein: die Entwicklung von 1980 bis 1989/1990. Kiel (=Beiträge aus dem Institut für Regionalforschung der Universität Kiel 12).

HERRMANN, HAYO (1997): Arbeitsmarktbericht für Schleswig-Holstein 1996. Kiel (=Beiträge aus dem Institut für Regionalforschung der Universität Kiel 23).

HETTNER, ALFRED (1932): Das länderkundliche Schema. In: Geographischer Anzeiger 33; S. 1-6.

HEYWOOD, D. IAN UND CARVER, STEPHEN J. (1994): Decision Support or Idea Generation: The Role of GIS in Policy Formulation. In: DOLLINGER, FRANZ UND STROBL, JOSEF (Hg.): Angewandte Geographische Informationstechnologie VI. Salzburg (=Salzburger Geographische Materialien 21); S. 259-265.

HINGST, KLAUS UND MUUSS, UWE (1978): Landschaftswandel in Schleswig-Holstein. Neumünster.

HINRICHS, WOLFGANG (1991): Heimatbindung, Heimatkunde, Ökologie im nationalen und europäischen Kontext. Das Standortproblem in Erziehung und Wissenschaft, Natur und Kultur. Bonn: Kulturstiftung d. dt. Vertriebenen (=Forschungsunternehmen d. Humboldt-Ges. f. Wissenschaft, Kunst u. Bildung; 11).

HOBSBAWM, ERIC UND RANGER, TERENCE (Hg.) (1983): The Invention of Tradition. Cambridge.

HOEKFELD, GERARD A. (1990): Regional geography must adjust to new realities. In: JOHNSTON, RONALD J./HAUER, JOOST/HOEKVELD, GERARD A. (Hg.): Regional geography. London; S. 11-31.

HOFFMEYER, MARTIN/KRIEGER, CHRISTIANE/SOLTWEDEL, RÜDIGER (1987): Zur wirtschaftlichen Bedeutung des Fremdenverkehrs in Schleswig-Holstein. Kiel.

HÖHL, GUDRUN (1981): Landschaft und Mensch geographische Aktualität. In: HÖHL, GUDRUN UND KESSLER, HERBERT (Hg.): Landschaft und Mensch. Mannheim (=Abhandlungen der Humboldt-Gesellschaft 6); S. 15-36.

HOLLER, LOTTE (1991): Zur Entwicklung des Fremdenverkehrs in der deutsch-dänischen Grenzregion. In: BODE, ECKHARDT U.A.: Struktur und Entwicklungsmöglichkeiten der Wirtschaft in der deutsch-dänischen Grenzregion. Kiel (=Kieler Sonderpublikationen); S. 145-241.

HÖLLHUBER, DIETRICH (1975): Die Mental Maps von Karlsruhe. Wohnstandortpräferenzen und Standortcharakteristika. Karlsruhe (=Karlsruher Manuskripte zur Mathematischen und Theoretischen Wirtschafts- und Sozialgeographie 11).

HÖLLHUBER, DIETRICH (1976): Wahrnehmungswissenschaftliche Konzepte in der Erforschung innerstädtischen Umzugsverhaltens. Karlsruhe (=Karlsruher Manuskripte zur Mathematischen und Theoretischen Wirtschafts- und Sozialgeographie 19).

HÖLLHUBER, DIETRICH (1982): Innerstädtische Umzüge in Karlsruhe. Plädoyer für eine sozialpsychologisch fundierte Humangeographie. Erlangen (=Erlanger Geographische Arbeiten, Sonderband 13).

HUBRICH-MESSOW, GUNDULA (Hg.) (1989): Sagen und Märchen aus Nordfriesland. Husum.

HUBRICH-MESSOW, GUNDULA (Hg.) (1991): Sagen und Märchen aus Angeln. Husum.

HUBRICH-MESSOW, GUNDULA (Hg.) (1992): Sagen und Märchen aus Flensburg. Husum.

HUBRICH-MESSOW, GUNDULA (Hg.) (1993): Sagen aus Schleswig-Holstein. München.

HUBRICH-MESSOW, GUNDULA (Hg.) (1994): Sagen und Märchen aus Schleswig. Husum.

HUBRICH-MESSOW, GUNDULA (Hg.) (1996): Sagen und Märchen aus Stapelholm. Husum.

HUBRICH-MESSOW, GUNDULA (Hg.) (1997): Schleswig-Holsteinische Volksmärchen. Husum.

HUFF, DAVID L. (1964): Defining and Estimating a Trading Area. In: Journal of Marketing, H. 28; S. 34-38.

HUNZIKER, MARCEL (1992): Tourismusbedingte Landschaftsveränderungen im Urteil der Touristen. In: Geographica Helvetica 47, H. 4; S. 143-149.

INSTITUT FÜR LÄNDERKUNDE (Hg.) (1997): Atlas Bundesrepublik Deutschland. CD-ROM – Demoversion. Leipzig.

INSTITUT FÜR WELTWIRTSCHAFT AN DER UNIVERSITÄT KIEL (1990): Struktur und Entwicklungsperspektiven der Wirtschaft Schleswig-Holsteins. Gutachten im Auftrag der Staatskanzlei des Landes Schleswig-Holstein. Kiel (=Denkfabrik Schleswig-Holstein 4).

IPSEN, DETLEV (1986): Neue urbane Zonen – Raumentwicklung und Raumbilder. In: Stadtbauwelt 91; S. 1343-1347.

IPSEN, DETLEV (1987): Raumbilder. Zum Verhältnis des ökonomischen und kulturellen Raumes. In: PRIGGE, WALTER (Hg.): Die Materialität des Städtischen. Stadtentwicklung und Urbanität im gesellschaftlichen Umbruch. Basel/Boston (=Stadtforschung aktuell 17); S. 139-152.

IPSEN, DETLEV (1993): Regionale Identität. Überlegungen zum politischen Charakter einer psychosozialen Raumkategorie. In: Raumforschung und Raumordnung 1993, H. 1; S. 9-18.

IPSEN, DETLEV (1996): Region zwischen System und Lebenswelt. In: BRUNN, GERHARD (Hg.): Region und Regionsbildung in Europa: Konzeptionen der Forschung und empirische Befunde. Baden-Baden (=Schriftenreihe des Instituts für Europäische Regionalforschungen 1); S. 112-118.

IPSEN, DETLEV UND KÜHN, MANFRED (1994): Grenzenlose Stadt und begrenztes Bewußtsein: Regionale Identität. In: WENTZ, MARTIN (Hg.): Region. Frankfurt/ New York (=Die Zukunft des Städtischen. Frankfurter Beiträge 5); S. 20-25.

JÄCKEL, WOLFRAM (1991): Das relationale Datenmodell – zum Beispiel in der Regionalanalyse. Karlruhe (=Karlsruher Manuskripte zur Mathematischen und Theoretischen Wirtschafts- und Sozialgeographie 99).

JÄCKEL, WOLFRAM (1994): The Dubious Epistemology of Postmodern Geography. Some Remarks on Warf. In: Tijdschrift voor Economische en Soziale Geografie 85, H. 5; S. 387-397.

JAHRBUCH DES HEIMATVEREINS DER LANDSCHAFT ANGELN. Husum versch. J.

JAHRBUCH FÜR DIE SCHLESWIGSCHE GEEST (Hg. Heimatverein Schleswigsche Geest). Husum versch. J.

JANKOWSKI, PIOTR (1995): Integrating geographical information systems and multiple criteria decision-making methods. In: International Journal of Geographical Information Systems 9, H. 3; S. 251-273.

JEGGLE, UTZ (1980): Wandervorschläge in Richtung Heimat. In: Vorgänge, H. 47/ 48; S. 55-62.

JENCKS, CHARLES (1994(2)): Die Sprache der postmodernen Architektur In: WELSCH, WOLFGANG (Hg.): Wege aus der Moderne. Schlüsseltexte der Postmoderne-Diskussion. Berlin; S. 85-98.

JESSEL, HANS (Hg.) (1994): Das große Sylt-Buch. Hamburg.

JOHNSTON, RONALD J. (1990): The challenge for regional geography: some proposals for research frontiers. In: JOHNSTON, RONALD J./HAUER, JOOST/HOEKVELD, GERARD A. (Hg.): Regional geography. London; S. 122-139.

JOHNSTON, RONALD J. (1991): A place for everything and everything in its place. In: Transactions of the Institute of British Geographers 16; S. 131-147.

JOHNSTON, RONALD J./HAUER, JOOST/HOEKFELD, GERARD A. (1990): Region, place and locale: an introduction to different conceptions of regional geography. In: JOHNSTON, RONALD J./HAUER, JOOST/HOEKVELD, GERARD A. (Hg.): Regional geography. London; S. 1-10.

JONGE, IRIS DE (1988): Strukturwandel der Milchwirtschaft in Schleswig-Holstein, mit Beispielen aus dem Landesteil Schleswig. Flensburg (=Flensburger Arbeitspapiere zur Landeskunde und Raumordnung 18).

KERSCHER, UTA (1992): Raumabstraktionen und regionale Identität. Kallmünz/ Regensburg (=Münchner Geographische Hefte 68).

KETELSEN, BRODER M. (1986): Die liebestrunkenen Nachtläufer. Sagen des Schleswiger Landes zwischen Nordschleswig und Holstein. Essen.

KETELSEN, BRUNO (1968-69): Sagen und Märchen aus dem Schleswigschen Land. Leck.

KILCHENMANN, ANDRÉ (1971): Statistisch-analytische Landschaftsforschung. In: Geoforum 7; S. 39-53.

KILCHENMANN, ANDRÉ (1991a): Geographie/Geoökologie und GIS. In: SCHILCHER, MATTHÄUS (Hg.): Geo-Informatik: Anwendungen, Erfahrungen, Tendenzen. Berlin/München; S. 127-134.

KILCHENMANN, ANDRÉ (1991b): Klassifikation, Datenanalyse und Informationsverarbeitung in der Geographie und Geoökologie. Karlsruhe (=Karlsruher Manuskripte zur Mathematischen und Theoretischen Wirtschafts- und Sozialgeographie 98).

KLIMA, ANDREAS (1989): Das Abbild der Raumvorstellung „Allgäu" als Facette des Regionalbewußtseins einer heimattragenden Elite. In: Berichte zur deutschen Landeskunde 63, H. 1; S. 49-78.

KLUG, HEINZ UND KLUG, ANDREA-CHR. (1994a): Der Fremdenverkehr als Belastungsfaktor an der schleswig-holsteinischen Nordseeküste. Raumbeispiele aus Sylt und Eiderstedt. In: LAMPE, REINHARD (Hg.): Geographie der Meere und Küsten (Beiträge zur 11. Tagung des Arbeitskreises. Greifswald (=Greifswalder Geographische Arbeiten 10); S. 157-171.

KLUG, ANDREA-CHR. UND KLUG, HEINZ (1994b): Küstentourismus in Schleswig-Holstein – ein Verfahren zur Ausgliederung von natürlichen Eignungsräumen für die Erholung. In: LAMPE, REINHARD (Hg.): Geographie der Meere und Küsten (Beiträge zur 11. Tagung des Arbeitskreises. Greifswald (=Greifswalder Geographische Arbeiten 10); S. 172-183.

KLÜTER, HELMUT (1986): Raum als Element sozialer Kommunikation. Gießen (=Giessener Geographische Schriften 60).

KLÜTER, HELMUT (1994): Raum als Objekt menschlicher Wahrnehmung und Raum als Element sozialer Kommunikation. Vergleich zweier humangeographischer Ansätze. In: Mitteilungen der Österreichischen Geographischen Gesellschaft 136; S. 143-178.

KNEISLE, ALOIS (1983): Es muß nicht immer Wissenschaft sein ... Methodologische Versuche zur Theoretischen und Sozialgeographie in wissenschaftsanalytischer Sicht. Kassel (=Urbs et Regio 28).

KOCH, TIL P. (1992): Raumordnung im deutsch-dänischen Grenzraum. In: Grenzüberschreitende Raumplanung. Erfahrungen und Perspektiven der Zusammenarbeit mit den Nachbarstaaten Deutschlands. Hannover (=Forschungs- und Sitzungsberichte der Akademie für Raumforschung und Landesplanung 188); S. 50-56.

KOOPS, HEINRICH (1991): Die Insel Föhr. Eine Bibliographie (1961-1985). Bredstedt (=Studien und Materialien [des Nordfriisk Institut] 25).

KÖSTLIN, KONRAD (1980): Die Regionalisierung von Kultur. In: KÖSTLIN, KONRAD UND BAUSINGER, HERMANN (Hg.): Heimat und Identität. Probleme regionaler Kultur. Neumünster (=Studien zur Volkskunde und Kulturgeschichte Schleswig-Holsteins 7); S. 25-38.

KRAAS, FRAUKE (1993): Von der Reisebeschreibung zum Geographischen Informationssystem (GIS). Zum Problem der Erhebung und Verarbeitung geographisch relevanter Daten. In: Geographische Rundschau 45, H. 12; S. 710-716.

KRÜGER, RAINER (1987): Wie räumlich ist die Heimat – oder: Findet sich in Raumstrukturen Lebensqualität? In: Geographische Zeitschrift 75; S. 160-177.

KRÜGER, RAINER (1988): Die Geographie auf der Reise in die Postmoderne? Oldenburg (=Wahrnehmungsgeographische Studien zur Regionalentwicklung 5).

KRÜGER, RAINER (1991): Perspektiven differenzierter Raumentwicklungen. Eine Herausforderung an die Sozialgeographie. In: Geographische Zeitschrift 79, H. 3; S. 138-152.

KÜHN, PETER (1995): Mehrfachadressierung. Untersuchungen zur adressatenspezifischen Polyvalenz sprachlichen Handelns. Tübingen (=Reihe Germanistische Linguistik).

KUHN, THOMAS S. (1967): Die Struktur wissenschaftlicher Revolutionen. Frankfurt/M.

LACOSTE, YVES (1990): Wozu dient die Landschaft? Was ist eine schöne Landschaft? In: LACOSTE, YVES: Geographie und politisches Handeln. Perspektiven einer neuen Geopolitik. Berlin (=Kleine Kulturwissenschaftliche Reihe 26); S. 63-91.

LAGOPOULOS, A.P. (1993): Postmodernism, geography, and the social semiotics of space. In: Environment and Planning D: Society and Space 11; S. 255-278.

LAKE, ROBERT W. (1993): Planning and applied geography: positivism, ethics, and geographic information systems. In: Progress in Human Geography 17, H. 3; S. 404-413.

LANDESVERMESSUNGSAMT SCHLESWIG-HOLSTEIN (Hg.) (1963): Topographischer Atlas Schleswig-Holstein. Neumünster.

LANDESZENTRALE FÜR POLITISCHE BILDUNG SCHLESWIG-HOLSTEIN (1992): Schleswig-Holstein – eine politische Landeskunde. Kiel (=Gegenwartsfragen 68).

LANDTAGSWAHL in Schleswig-Holstein am 24. März 1996 (Statistisches Landesamt Schleswig-Holstein Hg.). Kiel 1996.

LAUR, WOLFGANG (1992): Historisches Ortsnamenlexikon von Schleswig-Holstein. Neumünster.

LAUTENSACH, H. (1952): Der geographische Formenwandel. Studien zur Landschaftssystematik. Bonn (=Colloquium Geographicum 3).

LEHMANN, HERBERT (1950): Die Physiognomie der Landschaft. In: Studium Generale 3/1950; S. 182-195. Zitiert nach: PAFFEN, KARLHEINZ (Hg.): Das Wesen der Landschaft. Darmstadt 1973 (=Wege der Forschung 39); S. 39-70.

LEHMANN, HERBERT (1964): Die Rolle des Landschaftsklischees im Italienbild des Deutschen. In: List-Jubiläum-Almanach. Müchen 1964; S. 313-325. Zitiert nach: LEHMANN, HERBERT: Essays zur Physiognomie der Landschaft. Herausgegeben von Anneliese Krenzlin und Renate Müller. Stuttgart 1986 (=Erdkundliches Wissen 83); S. 197-209.

LESER, HARTMUT (1991): Ökologie wozu? Der graue Regenbogen oder Ökologie ohne Natur. Berlin usw.

LIEBRENZ, FRANK (1992): Geplante Truppenreduzierung und Standortkonversion: das Beispiel Schleswig-Holstein. In: Geographische Rundschau 44; S. 600-605.

LIEDTKE, HERBERT (1984): Namen und Abgrenzungen von Landschaften in der Bundesrepublik Deutschland gemäß der amtlichen Übersichtskarte 1:500 000 (ÜK 500). Trier (=Forschungen zur deutschen Landeskunde 222).

LIST, BRIGITT (ca. 1998): Flensburg für Entdecker – Info-CD. Flensburg.

LIST, GÜNTHER (1977): Adressaten, Autoren, Akteure. Über Partizipation an der Geschichte. In: FENSKE, HANS/REINHARD, WOLFGANG/SCHULIN, ERNST (Hg.): Historia Integra. Festschrift für Erich Hassinger zum 70. Geburtstag. Berlin; S. 409-426.

LOCATION GUIDE SCHLESWIG-HOLSTEIN (1994). (Hg. Die Ministerin für Wissenschaft, Forschung und Kultur in Schleswig-Holstein). Kiel.

LÖFFLER, GÜNTER (1987a): Konzeptionelle Grundlagen der chorologischen Betrachtungsweise in deterministischen Modellansätzen. In: BAHRENBERG, GERHARD U.A. (Hg.): Geographie des Menschen. Dietrich Bartels zum Gedenken. Bremen (=Bremer Beiträge zur Geographie und Raumplanung 11); S. 195-206.

LÖFFLER, GÜNTER (1987b): Strukturen im Raum – das Grundthema der Landeskunde. In: BAHRENBERG, GERHARD U.A. (Hg.): Geographie des Menschen. Dietrich Bartels zum Gedenken. Bremen (=Bremer Beiträge zur Geographie und Raumplanung 11); S. 533-540.

LONGLEY, PAUL UND BATTY, MICHAEL (Hg.) (1996a): Spatial Analysis: Modelling in a GIS Environment. Cambridge/New York (=Geoinformation International).

LONGLEY, PAUL UND BATTY, MICHAEL (1996b): Analysis, modelling, forecasting, and GIS technology. In: LONGLEY, PAUL UND BATTY, MICHAEL (Hg.): Spatial Analysis: Modelling in a GIS Environment. Cambridge/New York (=Geoinformation International); S. 1-15.

LYOTARD, FRANCOIS (1994): Das postmoderne Wissen. Wien (=Edition Passagen 7).

MAAK, NIKLAS (1998): Lebenslügen: Sylt. In: Süddeutsche Zeitung vom 12.8.1998; S. 13.

MACMILLAN, BILL (Hg.) (1989): Remodelling Geography. Oxford.

MAGISTRAT DER STADT FLENSBURG, AMT FÜR STADTENTWICKLUNG (Hg.) (1991): Einkaufen in Flensburg. Eine Passantenbefragung und Leistungsdaten des Flensburger Einzelhandels. Flensburg.

MAGUIRE, DAVID J. (1991): An Overview and Definition of GIS. In: MAGUIRE, DAVID J./GOODCHILD, MICHAEL F./RHIND, DAVID W. (Hg.): Geographical Information Systems. Volume 1: Principles. Harlow; S. 9-20.

MAGUIRE, DAVID J./GOODCHILD, MICHAEL F./RHIND, DAVID W. (Hg.) (1991): Geographical Information Systems. Volume 1: Principles. Volume 2: Applications. Harlow.

MAI, ULRICH (1993): Kulturschock und Identitätsverlust. Über soziale und sinnliche Enteignung von Heimat in Ostdeutschland nach der Wende. In: Geographische Rundschau 45, H. 4; S. 232-237.

MANDL, PETER (1993): GIS-Modellbildung und Integrierte Geographische Datenverarbeitung als Hauptarbeitsbereiche der GIS-Applikationsforschung in den 90er Jahren. In: DOLLINGER, FRANZ UND STROBL, JOSEF (Hg.): Angewandte Geographische Informationsverarbeitung V. Salzburg (=Salzburger Geographische Materialien 20).

MANDL, PETER (1994): Räumliche Entscheidungsunterstützung mit GIS: Nutzwertanalyse und Fuzzy-Entscheidungsmodellierung. In: DOLLINGER, FRANZ UND STROBL, JOSEF (Hg.): Angewandte Geographische Informationstechnologie VI. Salzburg (=Salzburger Geographische Materialien 21); S. 463-473.

MARDEN, PETER (1992): The deconstructionist tendencies of postmodern geographies: a compelling logic? In: Progress in Human Geography 16, H. 1; S. 41-57.

MARGRAF, OTTI (1994a): Zum Ansatz eines länderkundlichen GIS für Sachsen. In: DOLLINGER, FRANZ UND STROBL, JOSEF (Hg.): Angewandte Geographische Informationstechnologie VI. Salzburg (=Salzburger Geographische Materialien 21); S. 487-498.

MARGRAF, OTTI (1994b): Zum Aufbau länderkundlicher Geographischer Informationssysteme. In: Europa Regional 2, H. 1; S. 27-40.

MASCHKE, JOACHIM UND FEIGE, MATHIAS (1991): Fremdenverkehrsentwicklungsplan für die Stadt Friedrichstadt. München (=Deutsches Wirtschaftswissenschaftliches Institut für Fremdenverkehr an der Universität München).

MEIER-DALLACH, HANS-PETER (1980): Räumliche Identität – Regionalistische Bewegung und Politik. In: Informationen zur Raumentwicklung, H. 5; S. 301-313.

MEIER-DALLACH, HANS-PETER ET AL. (1982): Zwischen Zentren und Hinterland. Diessenhofen.

MEIER-DALLACH, HANS-PETER/HOHERMUTH, SUSANNE/NEF, ROLF (1985): Soziale Strukturen und räumliches Bewußtsein. Von der Analyse zu Postulaten regionaler Politik. Bern/Stuttgart (=Publikationen des Schweizerischen Nationalfonds aus den Nationalen Forschungsprogrammen 29).

MEIER-DALLACH, HANS-PETER/HOHERMUTH, SUSANNE/NEF, ROLF (1987a): Regionalbewußtsein, soziale Schichtung und politische Kultur. Forschungsergebnisse und methodologische Aspekte. In: Informationen zur Raumentwicklung, H. 7/8; S. 377-393.

MEIER-DALLACH, HANS-PETER/HOHERMUTH, SUSANNE/NEF, ROLF (1987b): Zur Berücksichtigung regionaler Sozialstrukturen und Identitäts- und Verhaltensmuster in der Raumentwicklungspolitik. In: Informationen zur Raumentwicklung, H. 7/8; S. 451-463.

MEISSNER, HANS-GÜNTHER (1995): Stadtmarketing – Eine Einführung. In: BEYER, ROLF UND KURON, IRENE (Hg.): Stadt- und Regionalmarketing – Irrweg oder Stein der Weisen? Bonn (=Materialien zur Angewandten Geographie 29); S. 21-27.

MEYNEN, EMIL (1955): Die Stellung der amtlichen Landeskunde im Rahmen der geographischen Arbeit. In: Berichte zur deutschen Landeskunde 14/1955; S. 12-22. Zitiert nach: STEWIG, REINHARD (Hg.): Probleme der Länderkunde. Darmstadt 1979 (=Wege der Forschung 391); S. 118-131.

MINISTERIUM FÜR WIRTSCHAFT, TECHNOLOGIE UND VERKEHR DES LANDES SH (1997): Jahreswirtschaftsbericht 1996. Kiel.

MONDADA, LORENZA UND RACINE, JEAN-BERNARD (1999): Ways of Writing Geographies. In: BUTTIMER, ANNE/BRUNN, STANLEY D./WARDENGA, UTE (Hg.): Text and Image. Social Construction of Regional Knowledges. Leipzig (=Beiträge zur Regionalen Geographie 49); S. 266-280.

MÜLLER, MANFRED J. U. A. (1992): Die Halligen Langeneß, Oland und Nordstrandischmoor. Eine Untersuchung über Lebensbedingungen und Perspektiven ihrer Bewohner. Flensburg (=Flensburger Regionale Studien 6).

MUUSS, UWE UND PETERSEN, MARCUS (1971): Die Küsten Schleswig-Holsteins. Neumünster.

NATIONALPARKVERWALTUNG SALZBURG (Hg.) (1996): Nationalpark Hohe Tauern – Salzburger Anteil (CD-ROM). Neukirchen.

NATTER, WOLFGANG UND JONES, JOHN PAUL III (1993): Signposts toward a Poststructuralist Geography. In: JONES, JOHN PAUL III/NATTER, WOLFGANG/ SCHATZKI, THEODORE R. (Hg.): Postmodern contentions. Epochs, politics, space. New York/London; S. 165-203.

NDR WELLE NORD (Hg.) (1986): Geschichte und Gegenwart Schleswig-Holsteins. Husum (=Radiotexte 1).

NEEF, ERNST (1967): Die theoretischen Grundlagen der Landschaftslehre. Gotha/ Leipzig.

NEEF, ERNST (1982): Geographie – einmal anders gesehen. In: Geographische Zeitschrift 70; S. 241-260.

NEGT, OSKAR (1990): Wissenschaft in der Kulturkrise und das Problem der Heimat. In: BUNDESZENTRALE FÜR POLITISCHE BILDUNG (Hg.): Heimat. Analysen, Themen, Perspektiven. Bonn (=Schriftenreihe Band 294/I); S. 185-195.

NETZWERK SELBSTHILFE HOLSTEIN UND SCHLESWIG (Hg.) (1987): Statt- und Landbuch Schleswig-Holstein 1988. Kiel.

NIJKAMP, PETER (1990): Geographical information systems in perspective. In: SCHOLTEN, HENK J. UND STILLWELL, JOHN C.H. (Hg.): Geographical information systems for urban and regional planning. Dordrecht/Boston/London; S. 241-252.

NORDFRIESISCHES JAHRBUCH (Hg. Nordfriesisches Institut). Bredstedt versch. J.

NORDFRIESLAND (Hg. Nordfriesisches Institut). Bredstedt versch. J.

NUHN, HELMUT (1990): Von der Agroindustrie zur Medizintechnik. Wirtschaftsstruktureller Wandel in Schleswig-Holstein. In: Geographische Rundschau 42, H. 5; S. 246-255.

NUSSER, HORST (1993): Arbeitsplatzzentralität und Pendlerstrukturen in strukturschwachen Städten in Norddeutschland im Vergleich: Flensburg, Lübeck, Leck (Ostfriesland). München (=Geographie kompakt 87).

OLSSON, GUNNAR (1970): Zentralörtliche Systeme, räumliche Interaktion und stochastische Prozesse. In: BARTELS, DIETRICH (Hg.): Wirtschafts- und Sozialgeographie. Köln/Berlin (=Neue Wissenschaftliche Bibliothek 35); S. 141-178.

OPENSHAW, STAN (1990): Spatial analysis and geographical information systems: a review of progress and possibilities. In: SCHOLTEN, HENK J. UND STILLWELL, JOHN C.H. (Hg.): Geographical information systems for urban and regional planning. Dordrecht/Boston/London; S. 153-163.

OSSENBRÜGGE, JÜRGEN (1987): Raumbegriffe in Ansätzen zu selbstbestimmten Regionalentwicklung. In: BAHRENBERG, GERHARD U.A. (Hg.): Geographie des Menschen. Dietrich Bartels zum Gedenken. Bremen (=Bremer Beiträge zur Geographie und Raumplanung 11); S. 499-512.

OSSENBRÜGGE, JÜRGEN (1993): Umweltrisiko und Raumentwicklung. Wahrnehmung von Umweltgefahren und ihre Wirkung auf den regionalen Strukturwandel in Norddeutschland. Berlin.

OSTHEIDER, MONIKA UND STEINER, DIETER (Hg.) (1981): Theorie und Quantitative Methodik in der Geographie. Zürich (=Züricher Geographische Schriften 1).

OTREMBA, ERICH (1948-49): Gegenwartsaufgabe der deutschen Landeskunde. In: Berichte zur deutschen Landeskunde 6; S. 54-55.

PATERSON, JOHN HARRIS (1979): Regionalgeographie. Probleme und Fortschritte im anglo-amerikanischen Raum. In: STEWIG, REINHARD (Hg.): Probleme der Länderkunde. Darmstadt (=Wege der Forschung 391); S. 269-300.

PAULSEN, JOHANNES (1938(2)): Heimatkunde der Provinz Schleswig-Holstein. Langensalza/Berlin/Leipzig.

PEET, RICHARD UND THRIFT, NIGEL (Hg.) (1989): New Models in Geography. Vol. 1 u. 2. London usw.

PERRIG, ALEXANDER (1994): Die malerische Erschließung der Alpen. In: PERRIG, ALEXANDER (Hg.): Landschaft – Entstehung, Gestaltung, Darstellung. Trier (=Trierer Beiträge. Aus Forschung und Lehre an der Universität Trier. Sonderheft 7); S. 26-44.

PETERSEN, MARCUS (1981): Die Halligen. Küstenschutz – Sanierung – Naturschutz. Neumünster.

PEZ, PETER (1991): Abfallwirtschaft im Kreis Nordfriesland: Ein Beispiel ökonomischen und ökologischen Fortschritts im ländlichen Raum. In: ACHENBACH, HERMANN (Hg.): Beiträge zur regionalen Geographie von Schleswig-Holstein: Reinhard Stewig gewidmet. Kiel (=Kieler Geographische Schriften 80); S. 223-235.

PFEIFER, GOTTFRIED (1928): Das Siedlungsbild der Landschaft Angeln. Breslau (=Schriften der Baltischen Kommission zu Kiel 14).

PIEPMEIER, RAINER (1980): Das Ende der ästhetischen Kategorie „Landschaft". Zu einem Aspekt neuzeitlichen Naturverhältnisses. In: Westfälische Forschungen 30; S. 8-46.

PLOCH, BEATRICE UND SCHILLING, HEINZ (1994): Region als Handlungslandschaft. Überlokale Orientierung als Dispositiv und kulturelle Praxis: Hessen als Beispiel. In: LINDNER, ROLF (Hg.): Die Wiederkehr des Regionalen. Über neue Formen kultureller Identität. Frankfurt/New York; S. 122-157.

POHL, JÜRGEN (1984): Einige Bemerkungen zum Perzeptionsansatz anhand einer Studie über Umweltqualität im Münchener Norden. Eine Erwiderung. In: Geographische Zeitschrift 72; S. 60-64.

POHL, JÜRGEN (1993): Regionalbewußtsein als Thema der Sozialgeographie. Theoretische Überlegungen und empirische Untersuchungen am Beispiel Friaul. Kallmünz (=Münchener Geographische Hefte 70).

POHL, JÜRGEN (1996): Ansätze zu einer hermeneutischen Begründung der Regionalen Geographie: Landes- und Länderkunde als Erforschung regionaler Lebenspraxis? In: Berichte zur deutschen Landeskunde 70, H. 1; S. 73-92.

POPP, HERBERT (1983): Geographische Landeskunde. Was heißt das eigentlich? In: Berichte zur deutschen Landeskunde 57, H. 1; S. 17-38.

POPP, HERBERT (1996): Ziele einer modernen geographischen Landeskunde als gesellschaftsbezogene Aufgabe. In: Tagungsbericht und wissenschaftliche Abhandlungen des 50. Deutschen Geographentages in Potsdam 1995. Bd. 4: Der Weg der dt. Geogr. Stuttgart; S. 142-150.

POPPER, KARL (1987(6)): Das Elend des Historizismus. Tübingen (=Die Einheit der Gesellschaftswissenschaften 3).

POTTHOFF, KLAUS/ZÜHLKE-ROBINET, KLAUS/RUPP, KIRSTIN (1991): Endbericht für das Gutachten „Reduzierung der Bundeswehrpräsenz in Flensburg und im Kreis Schleswig-Flensburg". Wirtschaftliche Auswirkungen und Handlungsmöglichkeiten. Kiel.

PRESSESTELLE DER KREISVERWALTUNG SCHLESWIG-FLENSBURG (Hg.) (ca. 1996): Kreis-Chronik für den Kreis Schleswig-Flensburg 1996/97. Schleswig.

PRESSESTELLE DER LANDESREGIERUNG SCHLESWIG-HOLSTEIN (Hg.) (1993): Schleswig-Holstein. Ein Lesebuch. Kiel.

PRESSESTELLE DER LANDESREGIERUNG SCHLESWIG-HOLSTEIN (Hg.) (1994): Wirtschaft und Arbeit. Wer macht was in Schleswig-Holstein? Kiel.

PRIEBS, AXEL (1987): Räumliche Identität und administrative Raumgliederung. In: BAHRENBERG, GERHARD U.A. (Hg.): Geographie des Menschen. Dietrich Bartels zum Gedenken. Bremen (=Bremer Beiträge zur Geographie und Raumplanung 11); S. 541-555.

QUASTEN, HEINZ UND WAGNER, JUAN MANUEL (1996): Inventarisierung und Bewertung schutzwürdiger Elemente der Kulturlandschaft – eine Modellstudie unter Anwendung eines GIS. In: Berichte zur deutschen Landeskunde 70, H. 2; S. 301-326.

RADTKE, GERD P. (1992): Kooperationsführer Regionalpolitische Initiativen. Kiel.

RAFFESTIN, CLAUDE (1986): Territorialité: Concept ou Paradigme de la géographie sociale. In: Geographica Helvetica 41, H. 2; S. 91-96.

RANDOW, GERO VON (1995): Macht der Koordinaten. In: Die Zeit Nr. 29 v. 14. Juli 1995; S. 23-24.

RAUMORDNUNGSBERICHT 1991 der Landesregierung Schleswig-Holstein. (Hg. Der Minister für Natur, Umwelt und Landesentwicklung) Kiel 1991 (=Landesplanung in Schleswig-Holstein, Heft 23).

RAUMORDNUNGSBERICHT 1996 der Landesregierung Schleswig-Holstein. (Hg.) Landesregierung Schleswig-Holstein. Kiel 1996 (=Schleswig-Holsteinischer Landtag, Drucksache 13/3385 v. 19.02.1996).

RELPH, EDWARD (1987): The Modern Urban Landscape. Baltimore.

RELPH, EDWARD (1991): Review Essay: Post-modern Geography. In: The Canadian Geographer 35, H. 1; S. 98-105.

RHODE-JÜCHTERN, TILMAN (1995): Raum als Text. Perspektiven einer Konstruktiven Erdkunde. Wien (=Materialien zur Didaktik der Geographie und Wirtschaftskunde 9).

RICHTHOFEN, FERDINAND V. (1883): Aufgaben und Methoden der heutigen Geographie. Akademische Antrittsrede, gehalten in der Aula der Universität Leipzig am 27. April 1883. Leipzig.

RIECKEN, GUNTRAM (1982): Die Halligen im Wandel. Husum.

RITTER, JOACHIM (1978(2)): Landschaft. Zur Funktion des Ästhetischen in der modernen Gesellschaft. Münster (=Schriften der Gesellschaft zur Förderung der Westfälischen Wilhelms-Universität zu Münster 54).

RÖTZER, FLORIAN (1994): Ästhetik der Wissenschaft? In: RÖTZER, FLORIAN (Hg.): Vom Chaos zur Endophysik. Wissenschaftler im Gespräch. München; S. 9-38.

RUPPERT, KARL U.A. (1987): Bayern. Eine Landeskunde aus sozialgeographischer Sicht. Darmstadt (=Wissenschaftliche Länderkunden 8. Bundesrepublik Deutschland und Berlin (West), Bd. II).

SACK, ROBERT D. (1972): Geography, Geometry and Explanation. In: Annals of the Association of American Geographers 62; S. 61-78.

SACK, ROBERT D. (1983): Human Territoriality: A Theory. In: Annals of the Association of American Geographers 73; S. 55-74.

SCHIDLOWSKI, WILLI (1990): Wirtschaft in Nordfriesland. Husum (=Schriften des Kreisarchivs Nordfriesland 14).

SCHILLING, HEINZ UND PLOCH, BEATRICE (Hg.) (1995): Region. Heimaten in der individualisierten Gesellschaft. Frankfurt (=Kulturanthropologie-Notizen 50).

SCHLENGER, HERBERT/PAFFEN, KARLHEINZ/STEWIG, REINHARD (Hg.) (1970(2)): Schleswig-Holstein. Ein geographisch-landeskundlicher Exkursionsführer. Kiel.

SCHLESWIG-HOLSTEIN (Hg. Schleswig-Holsteinischer Heimatbund). Husum versch. J.

SCHLESWIG-HOLSTEINISCHE LANDESBIBLIOTHEK (Hg.) (1997): Schleswig-Holsteinische Bibliographie. Bd. 15 (1993-1994). Neumünster.

SCHLESWIG-HOLSTEINISCHER HEIMATKALENDER (auch: Jahrbuch für Schleswig-Holstein. Heimatkalender). Rendsburg versch. J.

SCHMIDT, KIM (o.J.): Hedwig-Holzbein (Plakat). Flensburg.

SCHMIDT, SIEGFRIED J. (1993): Wissenschaft als ästhetisches Konstrukt? Anmerkungen über Anmerkungen. In: WELSCH, WOLFGANG (Hg.): Die Aktualität des Ästhetischen. München; S. 288-302.

SCHMITHÜSEN, JOSEF (1961): Natur und Geist in der Landschaft. Brief an den sechsjährigen Sohn. In: Natur und Landschaft. Zeitschrift für Freunde und Schützer der deutschen Landschaft 36, H. 1; S. 70-73.

SCHMITHÜSEN, JOSEF (1964): Was ist eine Landschaft? Wiesbaden (=Geographische Zeitschrift, Beihefte 9).

SCHMITHÜSEN, JOSEF (1976): Allgemeine Geosynergetik: Grundlagen der Landschaftskunde. Berlin, New York (=Lehrbuch der allgemeinen Geographie 12).

SCHOTT, CARL (Hg.) (1953): Beiträge zur Landeskunde von Schleswig-Holstein. Kiel (=Schriften des Geographischen Instituts der Universität Kiel. Sonderband).

SCHRAEDER, WILHELM F. UND SAUBERER, MICHAEL (Hg.) (1976): Methoden der empirischen Raumforschung. Dortmund.

SCHRAMKE, WOLFGANG (1978): Geographie als politische Bildung – Elemente eines didaktischen Konzepts. In: FICHTEN, WOLFGANG U.A. (Hg.): Geographie als politische Bildung. Göttingen (=Geographische Hochschulmanuskripte 6); S. 9-46.

SCHRAND, HERMANN (1996): Heimat als „geistiges Wurzelgefühl". Zur Ideologisierung und Instrumentalisierung der Heimat im Erdkundeunterricht. In: Tagungsbericht und wissenschaftliche Abhandlungen des 50. Deutschen Geographentages in Potsdam 1995. Bd. 4: Der Weg der dt. Geogr. Stuttgart; S. 61-73.

SCHRETTENBRUNNER, HELMUT (1974): Methoden und Konzepte einer verhaltenswissenschaftlich orientierten Geographie. In: Der Erdkundeunterricht, H. 19; S. 64-86.

SCHULTZ, HANS-DIETRICH (1971): Versuch einer ideologiekritischen Skizze zum Landschaftskonzept. In: Geografiker 6; S. 1-12.

SCHULTZ, HANS-DIETRICH (1980): Die deutschsprachige Geographie von 1800 bis 1970. Ein Beitrag zur Geschichte ihrer Methodologie. Berlin (=FU Berlin. Abhandlungen des geographischen Instituts – Anthropogeographie 29).

SCHULZE, H.-J. (1989): Regionale Identität Erwachsener. In: Raumforschung und Raumordnung 47, H. 5/6; S. 319-325.

SCHULZE-GÖBEL, HANSJÖRG UND WENZEL, HANS JOACHIM (1978): Umwelt und Sozialisation als Gegenstand der Sozialgeographie und als Problem von Wahrnehmung, Identitätsbildung und enteigneter Realität. In: FICHTEN, WOLFGANG U.A. (Hg.): Geographie als politische Bildung. Göttingen (=Geographische Hochschulmanuskripte 6); S. 295-307.

SCHWARZE, THOMAS (1996): Landschaft und Regionalbewußtsein. Zur Entstehung und Fortdauer einer territorialbezogenen Reminiszenz. In: Berichte zur deutschen Landeskunde 70, H. 2; S. 413-433.

SCHWIND, MARTIN (1950): Sinn und Ausdruck der Landschaft. In: Studium Generale 3/1950; S. 196-201. Zitiert nach: PAFFEN, KARLHEINZ (Hg.): Das Wesen der Landschaft. Darmstadt 1973 (=Wege der Forschung 39); S. 353-366.

SCOTT, JAMIE S. UND SIMPSON-HOUSLEY, PAUL (1989): Relativizing the relativizers: on the postmodern challenge to human geography. In: Transactions of the Institute of British Geographers, New Series 14; S. 231-236.

SEIBEL, FRANK UND STAROVIĆ, ZORANA (1995): Und zwischen den Orten ein Vakuum. Zur Konstruktion von Raum in den regionalen Tageszeitungen. In: SCHILLING, HEINZ UND PLOCH, BEATRICE (Hg.): Region. Heimaten der individualisierten Gesellschaft. Frankfurt (=Kulturanthropologie-Notizen 50); S. 313-354.

SEIBEL, MARKUS (2000): Regionalmarketing im Internet. In: Standort – Zeitschrift für Angewandte Geographie, H. 1; S. 28-32.

SELK, PAUL (1985/94): Sagen aus Schleswig-Holstein. Husum.

SELK, PAUL (1986): Märchen aus Schleswig-Holstein. Husum.

SELK, PAUL (1992): Volksgeschichten aus Angeln. Husum.

SELK, PAUL (1993): Gesammelte Aufsätze zur Volkskunde. Heide.

SIVERTUN, AKE (1993): Geographical Information Systems (GIS) as a tool ... Umea (=Geographical Reports 10).

SMITH, NEIL (1987): Dangers of the empirical turn: some comments on the CURS initiative. In: Antipode 19, H. 1; S. 397-406.

SOJA, EDWARD W. (1989): Postmodern Geographies: The Reassertion of Space in Critical Social Theory. New York.

SPARING, MARGARETHE WILMA (1984): The perception of reality in the Volksmärchen of Schleswig-Holstein: a Study in Interpersonal Relationships and World View. Lanham/New York/London.

SPERLING, WALTER (1982): Deutsche Landeskunde oder Landeskunde von Deutschland? In: Berichte zur deutschen Landeskunde 56, H. 1; S. 133-149.

SPERLING, WALTER (1994a): Kindliche Phantasielandkarten. In: PERRIG, ALEXANDER (Hg.): Landschaft – Entstehung, Gestaltung, Darstellung. Trier (=Trierer Beiträge. Aus Forschung und Lehre an der Universität Trier, Sonderheft 7); S. 45-60.

SPERLING, WALTER (1994b): Theorie, Methodik und Aufgaben der Landeskunde heute. In: HAASE, G. UND BERNHARD, A. (Hg.): Sächsisch-Thüringische Landeskunde. Berlin (=Sitzungsberichte der Sächsischen Akademie der Wissenschaften zu Leipzig. Mathematisch-naturwissenschaftliche Klasse, Bd. 124, H. 6); S. 19-29.

SPRANGER, EDUARD (1923): Der Bildungswert der Heimatkunde. Berlin.

STAR, JEFFREY UND ESTES, JOHN (1990): Geographic Information Systems. An Introduction. Englewood Cliffs, New Jersey.

STATISTISCHES JAHRBUCH SCHLESWIG-HOLSTEIN 1996 (Statistisches Landesamt Schleswig-Holstein Hg.). Kiel 1996.

STATISTISCHES LANDESAMT SCHLESWIG-HOLSTEIN (Hg.) (1997): Bevölkerung der Gemeinden in Schleswig-Holstein am 31.12.1996. (auch: Bevölkerungszahlen früherer Jahre auf Datenträger). Kiel (=Statistische Berichte A I 2 – j/96).

STEENSEN, THOMAS (1992): „Die" Nordfriesen. Kleines Volk in Schleswig-Holstein. Bredstedt.

STEENSEN, THOMAS (1994): Wer sind die Friesen? Bredstedt (=Nordfriisk Instituut 128).

STEWIG, REINHARD (Hg.) (1971): Beiträge zur geographischen Landeskunde und Regionalforschung in Schleswig-Holstein. Kiel (=Schriften des Geographischen Instituts der Universität Kiel 37).

STEWIG, REINHARD (1979): Das Problem der Länderkunde in der BRD. In: Die Erde 110; S. 181-190.

STEWIG, REINHARD (1981): Länderkunde als wissenschaftliche Disziplin. In: BÄHR, JÜRGEN UND STEWIG, REINHARD (Hg.): Beiträge zur Theorie und Methode der Länderkunde. Kiel (=Kieler Geographische Schriften 52); S. 57-64.

STEWIG, REINHARD (1982(2)): Landeskunde von Schleswig-Holstein. Berlin/ Stuttgart (=Geocolleg 5).

STIENS, GERHARD (1972): Überlegungen zu einer öffentlichkeitsgerechten amtlichen Landeskunde. In: Rundbrief der Bundesforschungsanstalt für Landeskunde und Raumordnung 1972/0; S. 10-16. Zitiert nach: STEWIG, REINHARD (Hg.): Probleme der Länderkunde. Darmstadt 1979 (=Wege der Forschung 391); S. 249-256.

STIENS, GERHARD (1987): Regionale Geographie und die Rekonstruktion von Bereichen mittlerer Größenordnung – zum Wandel der Anwendung von Geographie in der Landeskunde. In: BAHRENBERG, GERHARD U.A. (Hg.): Geographie des Menschen. Dietrich Bartels zum Gedenken. Bremen (=Bremer Beiträge zur Geographie und Raumplanung 11); S. 513-540.

STIENS, GERHARD (1996): Die deutsche Landeskunde nach Emil Meynen und Versuch eines Ausblicks auf die Zukunft. In: Berichte zur deutschen Landeskunde 70, H. 1; S. 93-113.

STRASSEL, JÜRGEN (1994): Vier Plätze in Barcelona. Zum Erleben ästhetischer Umwelten. In: Die Erde 125; S. 243-260.

SÜDDEUTSCHE ZEITUNG (1997): Restlos beliebig. In: SZ v. 25./26.1.1997; S. 15.

SWYNGEDOUW, ERIK A. (1989): The heart of the place. The resurrection of locality in an age of hyperspace. In: Geografiska Annaler 71B, H. 1; S. 31-42.

SYDSLESVIGSK FORENING [Südschleswigscher Verein] (Hg.) (1998): Sydslesvig – med Lille Klaus på besøg hos det danske mindretal. Flensburg.

TAUBMANN, W. (1987): Adressatenorientierte Aspekte zu einer regionalen Geographie. In: Verhandlungen des 45. Deutschen Geographentages 1985 in Berlin Stuttgart; S. 154-160.

TERKESSIDIS, MARK (1995): Kulturkampf. Volk, Nation, der Westen und die Neue Rechte. Köln.

THIEDE, K. (Hg.) (1962): Schleswig-Holstein. Landschaft und wirkende Kräfte. Essen.

THORMÄHLEN, LUDWIG (1993): Der Stellenwert ländlicher Räume in Schleswig-Holstein – das Beispiel „Entwicklungskonzept für die Eider-Treene-Sorge-Niederung". In: Entwicklungsperspektiven für ländliche Räume. Thesen und Strategien zu veränderten Rahmenbedingungen. Hannover (=Arbeitsmaterial der Akademie für Raumforschung und Landesplanung 197); S. 410-441.

TIEDEMANN, DIRK (1988): Schleswig-Holstein. In: Praxis Geographie 18, H. 2; S. 6-11.

TIETZE, WOLF U.A. (Hg.) (1990): Geographie Deutschlands. Bundesrepublik Deutschland. Staat – Natur – Wirtschaft. Stuttgart.

TUAN, Y.-F. (1975): Images and Mental Maps. In: Annals of the Association of American Geographers 65; S. 205-213.

VAAGT, GERD (1994): Landeskundliche Quellenhefte für den Unterricht in Schleswig-Holstein und ihr bildungskundlicher Hintergrund. In: Berichte zur deutschen Landeskunde 86, H. 2; S. 381-391.

VAJEN, HOLGER (1993): Fortentwicklung der Region Stadt Flensburg/Kreis Schleswig-Flensburg. Abschluß-Bericht. Hamburg.

VENTURI, ROBERT (1994(2)): Komplexität und Widerspruch in der Architektur. In: WELSCH, WOLFGANG (Hg.): Wege aus der Moderne. Schlüsseltexte der Postmoderne-Diskussion. Berlin; S. 79-84.

VOLKSZÄHLUNG 1987 (Statistisches Landesamt Schleswig-Holstein Hg.). (auch: Sonderauswertung auf Datenträger). Kiel 1990-92 (=Statistische Berichte des Statistischen Landesamts Schleswig-Holstein).

VON DER HEIDE, HANS-JÜRGEN (1995): Grundlagen für das Regionalmarketing – Eine Einführung. In: BEYER, ROLF UND KURON, IRENE (Hg.): Stadt- und Regionalmarketing – Irrweg oder Stein der Weisen? Bonn (=Materialien zur Angewandten Geographie 29); S. 85-95.

VOS, JOCHEN (1989): Dorferneuerung der Schleswig-Holsteinischen Landesregierung. Eine Zwischenbilanz. Eckernförde.

WARDENGA, UTE (1995): Geographie als Chorologie. Zur Genese und Struktur von Alfred Hettners Konstrukt der Geographie. Stuttgart (=Erdkundliches Wissen 100).

WARDENGA, UTE (1996): Von der Landeskunde zur „Landeskunde". In: Tagungsbericht und wissenschaftliche Abhandlungen des 50. Deutschen Geographentages in Potsdam 1995. Bd. 4: Der Weg der dt. Geogr. Stuttgart; S. 132-141.

WARDENGA, UTE (1997): Die Bedeutung des Regionalen in der Moderne. In: Rundbrief Geographie, H. 140; S. 7-11.

WARF, BARNEY (1993): Postmodernism and the localities debate: ontological questions and epistemological implications. In: Tijdschrift voor Economische en Sociale Geografie 84, H. 3; S. 162-168.

WEICHHART, PETER (1987): Geography as a „multi-paradigm game" – a pluralistic discipline in a pluralistic post-industrial society. In: Vechtaer Arbeiten zur Geographie und Regionalwissenschaft 5; S. 49-54.

WEICHHART, PETER (1990): Raumbezogene Identität. Bausteine zu einer Theorie räumlich-sozialer Kognition und Identifikation. Stuttgart (=Erdkundliches Wissen 102).

WEICHHART, PETER (1992): Heimatbindung und Weltverantwortung. In: Geographie heute 13, H. 100; S. 84-90.

WEICHHART, PETER (1996): Die Region – Chimäre, Artefakt oder Strukturprinzip sozialer Systeme? In: BRUNN, GERHARD (Hg.): Region und Regionsbildung in Europa: Konzeptionen der Forschung und empirische Befunde. Baden-Baden (=Schriftenreihe des Instituts für Europäische Regionalforschungen 1); S. 25-43.

WEIGAND, KARL (1988): Drei Jahrzehnte Reiseverkehr und Einkaufstourismus in der deutsch-dänischen Grenzregion: eine zusammenfassende Bilanz für die Zeit von 1957-1987/88. Flensburg (=Flensburger Arbeitspapiere zur Landeskunde und Raumordnung 10).

WEIGAND, KARL (1989): Die dänische Volksgruppe in SH im Jahre 1988. Flensburg (=Flensburger Arbeitspapiere zur Landeskunde und Raumordnung 20).

WEIGAND, KARL (1990): Drei Jahrzehnte Einkaufstourismus über die deutsch-dänische Grenze. In: Geographische Rundschau 42; S. 286-290.

WEIGAND, KARL (1991): Grenzhandelstourismus zwischen Schleswig-Holstein und Dänemark. In: GLAESSER, HANS-GEORG (Hg.): Beiträge zur Landeskunde Schleswig-Holsteins und benachbarter Räume. Kiel (=Kieler Arbeitspapiere zur Landeskunde und Raumordnung 24); S. 51-65.

WEIXLBAUMER, NORBERT (Hg.) (1992): Italien in Imagination und Realität. Wien (=Materialien zur Didaktik der Geographie und Wirtschaftskunde 9).

WELSCH, WOLFGANG (1988): „Postmoderne". Genealogie und Bedeutung eines umstrittenen Begriffs. In: KEMPER, PETER (Hg.): „Postmoderne" oder Der Kampf um die Zukunft. Die Kontroverse in Wissenschaft, Kunst und Gesellschaft. Frankfurt/M.; S. 9-36.

WELSCH, WOLFGANG (1992): Ästhetische Zeiten? Zwei Wege der Ästhetisierung. Saarbrücken.

WENZEL, HANS-JOACHIM (1982): Raumwahrnehmung/Umweltwahrnehmung. In: LANDER, LOTHAR U.A. (Hg.): Metzler Handbuch für den Geographieunterricht Stuttgart; S. 326-332.

WENZEL, RÜDIGER (1998): Schleswig-Holstein. Kurze politische Landeskunde. Kiel (=Labskaus 9).

WERLEN, BENNO (1992): Regionale oder kulturelle Identität? Eine Problemskizze. In: Berichte zur deutschen Landeskunde 66, H. 1; S. 9-32.

WERLEN, BENNO (1993): Identität und Raum. Regionalismus und Nationalismus. In: Soziographie 7; S. 39-73.

WERLEN, BENNO (1995): Landschafts- und Länderkunde in der Spät-Moderne. In: WARDENGA, UTE UND HÖNSCH, INGRID (Hg.): Kontinuität und Diskontinuität der deutschen Geographie in Umbruchphasen. Münster (=Münstersche Geographische Arbeiten 39); S. 161-176.

WERLEN, BENNO (1997): Sozialgeographie alltäglicher Regionalisierungen. Band 2: Globalisierung, Region und Regionalisierung. Stuttgart (=Erdkundliches Wissen 119).

WERLEN, BENNO (1998): „Länderkunde" oder Geographie der Subjekte? Zehn Thesen zum Verhältnis von Regional- und Sozialgeographie. In: KARRASCH, H. (Hg.): Geographie: Tradition und Fortschritt. Heidelberg (=HGG-Journal 12); S. 106-125.

WILLMS, MANFRED UND KIRSTEN, WOLFGANG (1983): Zentrale Orte im Landesteil Schleswig. Analyse und Wertung des zentralörtlichen Gefüges im Landesteil Schleswig. Kiel.

WIRTH, EUGEN (1970): Zwölf Thesen zur aktuellen Problematik der Länderkunde. In: Geographische Rundschau 22/1970; S. 444-450. Zitiert nach: STEWIG, REINHARD (Hg.): Probleme der Länderkunde. Darmstadt 1979 (=Wege der Forschung 391); S. 186-199.

WIRTH, EUGEN (1978): Zur wissenschaftstheoretischen Problematik der Länderkunde. In: Geographische Zeitschrift 66; S. 241-261.

WIRTH, EUGEN (1979): Theoretische Geographie. Grundzüge einer theoretischen Kulturgeographie. Stuttgart (=Teubner Studienbücher: Geographie 11).

WIRTH, EUGEN (1981): Kritische Anmerkungen zu den wahrnehmungszentrierten Forschungsansätzen in der Geographie. Umweltpsychologisch fundierter „Behavioural Approach" oder Sozialgeographie auf der Basis moderner Handlungstheorien? In: Geographische Zeitschrift 69; S. 161-198.

WIRTH, EUGEN (1987): Franken gegen Bayern – ein nur vom Bildungsbürgertum geschürter Konflikt? Aspekte regionalen Zugehörigkeitsbewußtseins auf der Mesoebene. In: Berichte zur deutschen Landeskunde 61; S. 271-297.

WIRTSCHAFTSFÖRDERUNG SCHLESWIG-HOLSTEIN GMBH (1997): Standort Schleswig-Holstein. Deutsche Version 1997/98 (CD-ROM). Kiel.

WOLF, KLAUS (1994): Der gesellschaftliche Auftrag der Landeskunde. In: Berichte zur deutschen Landeskunde 68, H. 2; S. 361-367.

WOOD, GERALD (1989): Regionalbewußtsein im Ruhrgebiet in der Berichterstattung regionaler Tageszeitungen. In: Berichte zur deutschen Landeskunde 63, H. 2; S. 537-562.

WOOD, GERALD (1996): Regionale Geographie im Umbruch? Ansätze einer sozialwissenschaftlichen „New Regional Geography" im angelsächsischen Sprachraum. In: Berichte zur deutschen Landeskunde 70, H. 1; S. 55-72.

ZWISCHEN EIDER UND WIEDAU. Heimatkalender für Nordfriesland (Hg. Nordfriesischer Verein und Heimatbund Landschaft Eiderstedt). Husum versch. J.

FORSCHUNGEN ZUR DEUTSCHEN LANDESKUNDE

Auszug aus dem Verzeichnis der lieferbaren Bände

Bd 185 I. Dörrer: Die tertiäre und periglaziale Formengestaltung des Steigerwaldes, insbesondere des Schwanberg-Friedrichsberg-Gebietes. Eine morphologische Untersuchung zum Problem der Schichtstufenlandschaft. 1970. DM 18,00

Bd 186 W. Rutz: Die Brennerverkehrswege: Straße, Schiene, Autobahn-Verlauf und Leistungsfähigkeit. 1970. DM 19,50

Bd 187 H.-J. Klink: Das naturräumliche Gefüge des Ith-Hils-Berglandes. Begleittext zu den Karten. 1969. DM 22,90

Bd 188 F. Scholz: Die Schwarzwald-Randplatten. Ein Beitrag zur Kulturgeographie des nördlichen Schwarzwaldes. 1971. DM 36,00

Bd 189 Ch. Hoppe: Die großen Flußverlagerungen des Niederrheins in den letzten zweitausend Jahren und ihre Auswirkungen auf Lage und Entwicklung der Siedlungen. 1970. DM 25,50

Bd 190 H. Boehm: Das Paznauntal. Die Bodennutzung eines alpinen Tales auf geländeklimatischer, agrarökologischer und sozialgeographischer Grundlage. 1970. DM 72,00

Bd 191 H. Lehmann: Die Agrarlandschaft in den linken Nebentälern des oberen Mittelrheins und ihr Strukturwandel. 1972. DM 26,50

Bd 192 F. Disch: Studien zur Kulturgeographie des Dinkelberges. 1971. DM 46,00

Bd 195 E. Riffel: Mineralöl-Fernleitungen im Oberrheingebiet und in Bayern. 1970. DM 19,00

Bd 196 W. Ziehen: Wald und Steppe in Rheinhessen. Ein Beitrag zur Geschichte der Naturlandschaft. 1970. DM 20,00

Bd 197 J. Rechtmann: Zentralörtliche Bereiche und zentrale Orte in Nord- und Westniedersachsen. 1970. DM 35,00

Bd 198 W. Hassenpflug: Studien zur rezenten Hangüberformung in der Knicklandschaft Schleswig-Holsteins. 1971. DM 35,00

Bd 200 R. Pertsch: Landschaftsentwicklung und Bodenbildung auf der Stader Geest. 1970. DM 50,00

Bd 201 H.P. Dorfs: Wesel. Eine stadtgeographische Monographie mit einem Vergleich zu anderen Festungsstädten. 1972. DM 21,00

Bd 202 K. Filipp: Frühformen und Entwicklungsphasen südwestdeutscher Altsiedellandschaften unter besonderer Berücksichtigung des Rieses und Lechfelds. 1972. DM 16,50

Bd 203 S. Kutscher: Bocholt in Westfalen. Eine stadtgeographische Untersuchung unter besonderer Berücksichtigung des inneren Raumgefüges 1971. DM 52,00

Bd 205 H. Schirmer: Die räumliche Verteilung der Bänderstruktur des Niederschlags in Süd- und Südwestdeutschland. Klimatologische Studie für Zwecke der Landesplanung. 1973. DM 47,50

Bd 206 W. Plapper: Die kartographische Darstellung von Bevölkerungsentwicklungen. Veranschaulicht am Beispiel ausgewählter Landkreise Niedersachsens, insbesondere des Landkreises Neustadt am Rübenberge. 1975. DM 16,50

Bd 208 R. Loose: Siedlungsgenese des oberen Vintschgaus. Schichten und Elemente des Theresianischen Siedlungsgefüges einer Südtiroler Paßregion. 1976. DM 48,00

Bd 209 H. Vogel: Das Einkaufszentrum als Ausdruck einer kulturlandschaftlichen Innovation. 1978. DM 66,00

Bd 211 J.F.W. Negendank: Zur känozoischen Geschichte von Eifel und Hunsrück (Sedimentpetrographische Untersuchungen im Moselbereich) 1978. DM 39,00

Bd 212 R. Kurz: Ferienzentren an der Ostsee. Geographische Untersuchungen zu einer neuen Angebotsform im Fremdenverkehrsraum. 1979. DM 52,00

Bd 215 H.-M. Closs: Die nordbadische Agrarlandschaft - Aspekte räumlicher Differenzierung. 1980. DM 62,00

Bd 216 W. Weber: Die Entwicklung der nördlichen Weinbaugrenze in Europa. 1980. DM 76,00

Bd 218 R. Ruppert: Räumliche Strukturen und Orientierungen der Industrie in Bayern. 1981. DM 75,00

Bd 219 M. Hofmann: Belastung der Landschaft durch Sand- und Kiesabgrabungen, dargestellt am Niederrheinischen Tiefland. 1981. DM 58,00

Bd 220 D. Barsch / G. Richter: Geowissenschaftliche Kartenwerke als Grundlage einer Erfassung des Naturraumpotentials. 1983. DM 58,00

Bd 221 H. Leser: Geographisch-landeskundliche Erläuterungen der topographischen Karte 1:100 000 des Raumordnungsverbandes Rhein-Neckar. 1984. DM 38,00

Bd 224 V. Hempel: Staatliches Handeln im Raum und politisch-räumlicher Konflikt (mit Beispielen aus Baden-Württemberg). 1985. DM 78,00

Bd 226 F. Schaffer: Angewandte Stadtgeographie. Projektstudie Augsburg. 1986. DM 72,00

Bd 227 K. Eckart: Veränderungen der agraren Nutzungsstruktur in beiden Staaten Deutschlands. 1985. DM 49,50

Bd 228 H. Leser / H.-J. Klink (Hrsg.): Handbuch und Kartieranleitung Geoökologische Karte 1:25 000 (KA GÖK 25). Bearbeitet vom Arbeitskreis Geoökologische Karte und Naturraumpotential des Zentralausschusses für deutsche Landeskunde. 1988. DM 24,80

Bd 229 R. Marks / M.J. Müller / H. Leser / H.-J. Klink (Hrsg.): Anleitung zur Bewertung des Leistungsvermögens des Landschaftshaushaltes (BA LVL). 2. Auflage 1992. DM 24,80

Bd 230 J. Alexander: Das Zusammenwirken radiometrischer, anemometrischer und topologischer Faktoren im Geländeklima des Weinbaugebietes an der Mittelmosel. 1988. DM 49,00

Bd 231 H. Möller: Das deutsche Messe- und Ausstellungswesen. Standortsstruktur und räumliche Entwicklung seit dem 19. Jahrhundert. 1989. DM 65,00

Bd 232 H. Kreft-Kettermann: Die Nebenbahnen im österreichischen Alpenraum - Entstehung, Entwicklung und Problemanalyse vor dem Hintergrund gewandelter Verkehrs- und Raumstrukturen. 1989. DM 76,70

Bd 233 K.-A. Boesler u. H. Breuer: Standortrisiken und Standortbedeutung der Nichteisen-Metallhütten in der Bundesrepublik Deutschland. 1989. DM 47,60

Bd 234 R. Gerlach: Die Flußdynamik des Mains unter dem Einfluß des Menschen seit dem Spätmittelalter. 1990. DM 75,00

Bd 235 M. Renners: Geoökologische Raumgliederung der Bundesrepublik Deutschland.1991. DM 49,00

Bd 236 S. Pacher: Die Schwaighofkolonisation im Alpenraum. Neue Forschungen aus historisch-geographischer Sicht. 1993. DM 59,00

Bd 237 N. Beck: Reliefentwicklung im nördlichen Rheinhessen unter besonderer Berücksichtigung der periglazialen Glacis- und Pedimentbildung. 1995. DM 67,00

Bd 238 K. Mannsfeld u. H. Richter (Hrsg.): Naturräume in Sachsen. 1995. DM 33,00

Bd 239 H. Liedtke: Namen und Abgrenzungen von Landschaften in der Bundesrepublik Deutschland. Mit Karte im Maßstab 1 : 1 000 000. 1994. (Neuauflage vorgesehen)

Bd 240 H. Greiner: Die Chancen neuer Städte im Zentralitätsgefüge unter Berücksichtigung benachbarter gewachsener Städte - dargestellt am Beispiel des Einzelhandels in Traunreut und Waldkraiburg. 1995. DM 39,00

Bd 241 M. Hütter: Der ökosystemare Stoffhaushalt unter dem Einfluß des Menschen - geoökologische Kartierung des Blattes Bad Iburg.1996. DM 49,00

Bd 242 M. Hilgart: Die geomorphologische Entwicklung des Altmühl- und Donautales im Raum Dietfurt-Kelheim-Regensburg im jüngeren Quartär. 1995. DM 46,00

Bd 244 H. Zepp u. M.J. Müller: Landschaftsökologische Erfassungsstandards. Ein Methodenhandbuch. 1999. DM 75,00

Bd 245 F. Dollinger: Die Naturräume im Bundesland Salzburg. Erfassung chorischer Naturraumeinheiten nach morphodynamischen und morphogenetischen Kriterien zur Anwendung als Bezugsbasis in der Salzburger Raumplanung. 1998. (mit CD im Anhang) DM 65,00

Bd 246 R. Glawion u. H. Zepp: Probleme und Strategien ökologischer Landschaftsanalyse (und -bewertung). 2000. DM 49,50

Bd 247 H. Schröder: Abriß der Physischen Geographie und Aspekte des Natur- und Umweltschutzes Sachsen-Anhalts. 1999. DM 49,50

Bd 248 H. Job: Der Wandel der historischen Kulturlandschaft und sein Stellenwert in der Raumordnung. 1999. DM 69,00

Bd 249 W. Aschauer: Landeskunde als adressatenorientierte Form der Darstellung – ein Plädoyer mit Teilen einer Landeskunde des Landesteils Schleswig. 2001. DM 69,00

Neudruck/Neubearbeitung älterer Hefte:

Bd XXVIII, 1 Th. Kraus: Das Siegerland. Ein Industriegebiet im Rheinischen Schiefergebirge. 1969. DM 13,75

Bd XXVIII, 4 A. Krenzlin: Die Kulturlandschaft des hannoverschen Wendlands. 1969. DM 9,50

Bd XXVI, 3 E. Meynen: Das Bitburger Land. 1967. DM 12,10

Bd 199 B. Andreae u. E. Greiser: Strukturen deutscher Agrarlandschaft. Landbaugebiete und Fruchtfolgesysteme in der Bundesrepublik Deutschland. 2. überarb. Aufl. 1978. DM 38,00